LA JUSTICE PÉNALE AMERICAINE DE NOS JOURS

5-7, rue de l'Ecole polytechnique ; 75005 Paris

http://www.librairieharmattan.com
diffusion.harmattan@wanadoo.fr
harmattan1@wanadoo.fr

ISBN : 978-2-296-04750-1
EAN : 9782296047501

Eliane LIDDELL

LA JUSTICE PÉNALE AMÉRICAINE DE NOS JOURS

L'Harmattan

BIBLIOTHÈQUES DE DROIT

COLLECTION FONDÉE ET DIRIGÉE PAR JEAN-PAUL CÉRÉ

Cette collection a pour vocation d'assurer la diffusion d'ouvrages scientifiques sur des thèmes d'actualité ou sur des sujets peu explorés dans le domaine des sciences juridiques. Elle se destine notamment à la publication de travaux de jeunes chercheurs.

Ouvrages parus :

S. GRUNVALD et J. DANET, La composition pénale. Une première évaluation

G. ROUSSEL, Les procès-verbaux d'interrogatoire. Rédaction et exploitation

R. MONTAGNON, Quel avenir pour les juridictions de proximité ?

N. BIENVENU, Le médecin en milieu carcéral. Etude comparative France/Angleterre et pays de Galle

G. BEAUSSONIE, Le rôle de la doctrine en droit pénal

I. DENAMIEL, La responsabilisation du détenu dans la vie carcérale

C.J. GUILLERMET, La motivation des décisions de justice

C. OLIVA, Breveter l'humain ?

N. BRONZO, Propriété intellectuelle et droits fondamentaux

I. MANSUY, La protection des droits des détenus en France et en Allemagne

Introduction

En 1968, observant tous les acquis constitutionnels entourant la procédure pénale américaine, le professeur californien Herbert L. Packer[1] prédisait l'obsolescence de la prison comme méthode de contrôle de ce qu'on appelait alors des "déviances" ou, selon l'expression de Michel Foucault, des "illégalismes populaires". Ces propos résonnent aujourd'hui étrangement, comme venant de très loin.

Les Etats-Unis détiennent, depuis le tournant du siècle, le plus haut taux d'incarcération du monde, dépassant la Russie. Ce taux, en 2006, est de 750 personnes emprisonnées pour 100 000 habitants, soit plus de deux millions d'individus derrière les barreaux.[2] Par comparaison, le taux moyen en Europe est de l'ordre de 90 pour 100 000 ; la France affiche un taux de 85 (chiffres de 2006) ; l'Angleterre, qui présente l'un des taux les plus élevés en Europe aux côtés de pays comme la Pologne, culmine à 148. Dans la zone de *common law* [3],

---

[1] Herbert PACKER, *The Limits of the Criminal Sanction*, Palo Alto, Stanford University Press, 1968.

[2] Source : "Prison and Jail Inmates at Midyear 2006", *US Department of Justice, Bureau of Justice Statistics*, juin 2007. Il y avait 2 245 189 détenus en juin 2006, en d'autres termes : un habitant des Etats-Unis sur 133 est emprisonné. Il ne faut pas se fier au chiffre beaucoup plus bas, autour de 500, souvent donné dans la presse. Celui-ci correspond au taux d'incarcération dans les prisons d'Etat. Or, les maisons d'arrêt (*jails*) servent souvent de lieu de détention pour les petits délinquants. Seul le chiffre global, *prisons and jails*, rend compte de la situation réelle.

[3] La *common law* est le système de droit d'origine anglaise qui a essaimé dans de nombreux pays comme l'Australie, la Nouvelle-Zélande, l'Afrique du Sud. La *common law* a de lointaines origines françaises (ce qui explique les restes de français dans la langue juridique anglaise tels que venire ou voir dire pour la sélection des jurys) car elle prit sa source dans la conquête normande de 1066. Guillaume le Conquérant désigna des juges itinérants chargés de recenser les pratiques et coutumes locales. Une sélection des plus raisonnables forma ensuite le corpus jurisprudentiel centralisé. C'est l'adhésion populaire qui fit la force de la *common law*. Les habitants du Nouveau-monde, nourris par le grand rêve démocratique, ne pouvaient pas renier les sources vives de ce système mûri pendant des siècles au contact du peuple.

on ne peut pas trouver non plus d'équivalent : le taux du Canada, par exemple, se situe à 107 ; en Australie, il est de 125.[4]

L'élévation du taux américain en trois décennies a été spectaculaire. En 1972, date correspondant à peu près au moment où les chiffres commencent à grimper, il était de 160 pour 100 0000, soit 4 à 5 fois moins qu'aujourd'hui. En 1995, il atteignait 600. Certains chiffres actuels donnent le vertige. Ainsi, si l'on ajoute aux chiffres de la prison tous les cas d'individus sous main de justice, on arrive à un total de presque sept millions d'adultes concernés par une mesure pénitentiaire, soit un adulte sur 32 (alors qu'en 1980 ce ratio était de un pour 91 adultes).

En 2006, 41 % des prisonniers sont des hommes afro-américains. Dans la tranche d'âge 25-29 ans, environ un homme noir sur 13 est derrière les barreaux, soit 11,7 % des Noirs de 25-29 ans. Presque 5 % de la population noire totale est en détention, par rapport à un chiffre de 0,7 pour les Blancs et 1,9 pour les Hispaniques. De manière générale, on estime qu'une écrasante majorité des condamnés est pauvre, mal éduquée. Beaucoup ne savent pas lire.

On ne peut pas dire que ce phénomène soit caché. Il a au contraire la particularité d'être en grande partie visible, au cœur-même de la société, s'exposant dans les centres-villes. Il suffit, pour s'en convaincre, de se rendre dans le quartier administratif *(civic center)* de nombreuses villes américaines, envahi par les tribunaux, maisons d'arrêt (*jails*) et tous les organismes qui gravitent autour - voir par exemple l'impressionnant maillage carcéral du centre-ville de Santa Ana située au Sud de Los Angeles. La mairie, les équipements récréatifs et éducatifs ainsi que les administrations d'aide sociale disparaissent à côté de tous les bâtiments consacrés à l'organisation pénale : prison fédérale, tribunaux, bureaux de médecine légale, centres de détention, police, bureaux des expertises judiciaires, cabinets d'avocats...

La montée fulgurante du taux d'incarcération est due à la fois à l'allongement des peines et à un nombre croissant d'inculpations. Ainsi, dans le système judiciaire fédéral où la hausse a été plus forte encore que dans les systèmes des Etats fédérés, le nombre d'inculpés a augmenté de 41 % en moins de dix ans. En 2006, la justice fédérale totalise 12,3 % de tous les prisonniers des Etats-Unis, un chiffre remarquable quand on sait que pendant presque toute l'histoire du pays, le fédéral ne représenta guère plus de 3 % du total des détenus. L'ascension de la justice fédérale a été vertigineuse. La moitié des prisonniers fédéraux purgent des peines dans le cadre de la guerre contre la drogue.

Par ailleurs, le temps passé en prison en 1988 était en moyenne de 27 mois ; en 2002, il atteignait 46 mois.[5]

---

[4] Source : Centre International d'Etudes Pénitentiaires, *King's College,* London, disponible sur www.prisonstudies.org

Dans les Etats fédérés, le nombre de prisonniers condamnés pour possession d'une substance illicite a crû de plus de 1000 % entre 1980 et 2005.[6] Les disparités entre Etat restent importantes, Louisiane, Texas, Mississippi et Oklahoma affichant les taux les plus élevés. Mais il faut noter que tous les Etats ont un taux plus élevé qu'en Europe ; seuls quatre Etats : Maine, Minnesota, Rhode Island et New Hampshire sont en-dessous de la barre de 200. Il s'agit donc bien d'un phénomène national.

Devant son ampleur extraordinaire, on parle maintenant couramment d' "emprisonnement de masse" (*mass incarceration*). Les spécialistes qui ont étudié la question tirent la sonnette d'alarme depuis la fin du 20ème siècle. David Garland stigmatise une "culture du contrôle" ; Nils Christie emploie l'expression "goulag à l'occidentale" ; Ruth Wilson Gilmore intitule son ouvrage consacré aux prisons californiennes *golden gulag* ; Jonathan Simon montre comment la guerre contre le crime a généré une culture de la peur.[7] Bien d'autres encore tentent d'alerter l'opinion, de rompre l'indifférence et parmi eux, de nombreuses associations, *Drop the Rock, Families Against Mandatory Minimums, Mothers Reclaiming Our Children, No More Prisons* ... En ce début de 21ème siècle, une prise de conscience semble se dessiner aux Etats-Unis. De nombreuses mesures ont été prises pour tenter de desserrer l'étau carcéral. Mais tout semble se passer comme si le pays s'était laissé piéger par un processus qu'il n'arrive plus à maîtriser, une machine répressive aux implications économiques si vastes qu'il est de plus en plus difficile de faire machine arrière. Malgré les clameurs de protestations qui se font de plus en plus pressantes[8], le nombre de détenus augmente toujours d'année en année. En 2006, la population carcérale avait encore augmenté de 2,8 % par rapport à 2005, soit plus de 60 000 détenus de plus que l'année précédente.

Dans les années 70, l'augmentation de la répression s'expliquait par un taux de criminalité et d'instabilité sociale en très forte hausse. Mais dès les années 80, la tendance s'est inversée et la décennie 90 a vu une chute nette de la criminalité dans tout le pays, sans provoquer un relâchement de l'inflation carcérale. Il est aujourd'hui généralement admis, parmi les spécialistes de la question, que la

---

[5] Source : *Bureau of Justice Statistics*, "Federal Criminal Case Processing, 2002", rapport 2005. Par comparaison, la durée moyenne de détention effectuée par les condamnés libérés en 2001 en France s'établit à 11,2 mois (source : Les Chiffres-clés de la justice 2002, Annuaire Statistique de la Justice, France). Dans les juridictions des Etats fédérés, le taux moyen était en 1999 de 34 mois.

[6] Source : *Bureau of Justice Statistics*, "Prisoners 2005".

[7] Jonathan SIMON, *Governing Through Crime*, Oxford University Press, 2007.

[8] Voir par exemple l'éditorial du *New York Times* en date du 25 janvier 2007, "Closing the Revolving Door" qui en appelle au Congrès pour essayer d'enrayer le processus d'hécatombe carcérale. Processus qui, entre autres, côute à la nation plus de 60 milliards de dollars par an. Selon ce journal, le système a créé une "caste" de détenus et anciens détenus (*ex-felons*) – c'est-à-dire des gens qui ont dans certains Etats perdu le droit de vote, n'ont plus accès aux bourses universitaires ni à certaines allocations sociales et dont l'extrait du casier judiciaire (*rap sheet*) est largement divulguée auprès des employeurs potentiels –, cette caste est évaluée à 16 millions d'individus.

répression forte et la baisse de la criminalité n'ont qu'un lien mineur.[9] La chute de la délinquance a commencé avant l'instauration des politiques les plus répressives. Franklin Zimring a par exemple montré que la criminalité était en baisse en Californie plusieurs années avant que ne soient mises en application les lois draconiennes sur la récidive.[10]

De même, le professeur canadien Marc Ouimet pense que "la hausse de l'incarcération n'apparaît pas comme une cause probable de la baisse de la criminalité aux Etats-Unis dans la mesure où une baisse comparable est observable au Canada sans que le taux d'incarcération ait varié."[11] Certes, il faut tenir compte du fait que les Etats-Unis ont toujours eu en moyenne un taux de criminalité plus élevé que la plupart des autres pays occidentaux, tout particulièrement en termes de violence par armes à feu. Mais ces différences se sont estompées. On observe même des phénomènes d'inversion de tendances en ce qui concerne les délits de vol et cambriolage (les USA ayant des taux moins élevés que certains pays d'Europe).[12] De surcroît, la violence a fortement augmenté de 1960 à 1991, date à laquelle elle commence à régresser pour revenir aujourd'hui à son niveau de 1975 toujours préoccupant.[13] On ne peut pas dire que l'emprisonnement de masse ait eu des résultats concluants. De nombreux rapports en 2006 font état d'un soudain infléchissement vers le haut de la courbe de la violence qui pourrait être dû au phénomène de l'apprentissage de l'agressivité en prison se déversant sur la société dès que les détenus sont relâchés sans préparation ni suivi. Notons que cette tendance se produit dans les Etats du Midwest fortement punitifs.

Enfin, on sait aujourd'hui que les grandes villes qui n'ont pas mis en place de nouvelles pratiques répressives caractérisées ont assisté à une chute aussi marquée de leur taux de délinquance que celles qui ont eu recours à une répression très forte. Michael Jacobson a conduit une enquête approfondie à ce propos. Comme il ne s'agit pas dans cet ouvrage d'analyser *in fine* les politiques de lutte contre la délinquance mais seulement d'en observer les conséquences sur le système judiciaire, je me contenterai de renvoyer le lecteur vers ce livre remarquable, écrit par un homme de terrain qui a dirigé les services de prison

---

[9] Certaines des meilleures études à ce sujet ont été synthétisées dans *The Crime Drop in America*, Ed Alfred BLUMSTEIN & Joel WALLMAN, New York, Cambridge University Press, 2000. Parmi les causes de cette baisse de la délinquance, qui s'observe aussi dans beaucoup d'autres pays occidentaux, on trouve principalement des changements démographiques et économiques. Voir aussi le rapport paru en janvier 2007 de l'organisme officiel *Vera Institute of Justice*, disponible sur www.vera.org

[10] Franklin ZIMRING &al, *Punishment and Democracy : Three Strikes and You're Out in California*, Oxford University Press, 2001.

[11] Marc OUIMET in "Oh Canada ! La baisse de la criminalité au Canada et aux Etats-Unis entre 1991 et 2002",mars 2004, http://champpenal.revues.org/document11.html .

[12] Pour une étude comparative, voir notamment Michael TONRY, *Thinking About Crime, Sense and Sensibility in American Penal Culture*, Oxford, Oxford University Press, 2004, p.27-34 et 118-130.

[13] Source : FBI, United States Crime Index Rates Per 100,000 Inhabitants 1960-2005.

pendant vingt ans à New York..[14] On ne saurait trop insister sur le danger de lier hausse de l'incarcération et lutte efficace contre la criminalité. Les conclusions des études des experts indépendants sont formelles à ce sujet.

Les criminologues américains ont abondamment écrit sur la question et les explications de ce tournant répressif, sans précédent dans ce pays, sont nombreuses, presque toutes pointant le populisme pénal (*populist punitiveness*). Ce terme apparu récemment désigne d'une part la démagogie des politiques consistant à entretenir et exploiter un climat de peur parmi les citoyens afin de gagner leurs suffrages par le vote fédérateur de lois de répression toujours plus sévères. Il désigne également le fait que les institutions américaines, conçues pour être au plus près des attentes des citoyens, ne sont pas équipées pour résister aux vents de panique, ces "*crime panics*" qui agitent périodiquement la population. Les professeurs Michael Tonry, Franklin Zimring, Samuel Walker, ou encore James Whitman, pensent que l'institution judiciaire devrait bénéficier de garde-fous afin de la protéger de ces mouvements irrationnels. Ils stigmatisent en particulier l'élection des juges et procureurs dans les systèmes judiciaires d'Etat ainsi que la politisation du fédéral et n'hésitent pas à tourner leur regard envieux vers l'Europe où les magistrats ont un statut de fonctionnaires protégés, pensent-ils, des manipulations politiques :

Only rarely in Western Europe or the other major English-speaking countries are judges and prosecutors elected. Prosecutors and judges elsewhere are often career civil servants. Nowhere else do legislators try to micro-manage sentencing and parole decisions. In the United States, however, policy makers and public officials often pride themselves on responding to changes in public opinion and to heightened anxieties, and are accordingly less likely than those elsewhere to stand firm against winds of emotion when they sweep across the national consciousness.[15]

Nous sommes là au centre de la problématique qui va nous occuper et qui touche à la conception-même de la démocratie. Les Etats-Unis sont une démocratie libérale, terme double qui symbolise la dualité du concept. Démocratie car ils sont gouvernés par des représentants choisis par le peuple, dans toutes les instances de pouvoir, nationales, étatiques, jusqu'à l'échelon local. Libérale par l'engagement fondateur à respecter la liberté et la dignité de chaque être humain :

The foundational moral commitment of liberal democracy is to the true and full humanity of every human being –and, therefore, to the inviolability of every human being.[16]

---

[14] Michael JACOBSON, *Downsizing Prisons : How to Reduce Crime and End Mass Incarceration,* New York University Press, 2005.

[15] Michael TONRY, *Thinking About Crime*, p. 9.

[16] Michael J. PERRY, "Protecting Human Rights in a Democracy : What Role for the Courts ?" in *Public Law and Legal Theory Research paper Series*, Wake Forest University School of Law, 2003, p. 7, disponible sur http://ssrn.com/abstract_id=380283

Ici le mot "libéral" est replacé dans son sens originel, tel qu'il est compris en théorie politique, à savoir "attaché à la protection des droits individuels". Par la suite, aux Etats-Unis, le mot prit un sens politique plus large, pour désigner toute la gauche progressiste – certains diraient même "radicaux de gauche" – adversaire des conservateurs. Tout au long de cet ouvrage, le mot sera pris uniquement dans son acception politique, tel qu'il est utilisé couramment par les Américains.[17]

Or, ces deux conceptions de la démocratie ne se recouvrent pas forcément lorsqu'il s'agit de protéger les droits des minorités. Tout en admirant la démocratie américaine, Tocqueville avait bien perçu le danger d'une "tyrannie de la majorité", à l'instar des Pères fondateurs.[18] Le droit constitutionnel a été conçu en partie pour empêcher la volonté majoritaire, qui s'exprime en démocratie représentative par les urnes, de piétiner les libertés des plus faibles.[19]

La justice pénale a la mission difficile de respecter ces deux impératifs démocratiques. D'une part, elle doit incarner les valeurs fortes de la communauté, et cela de deux façons : grâce au respect des lois et par le recours au juge élu ou au jury populaire. D'autre part, elle doit se conformer aux règles constitutionnelles pour offrir à ces êtres souvent les plus déchus et les plus méprisés de la société que sont les accusés, la garantie d'un procès équitable et d'une peine non cruelle, gage du respect inconditionnel de la dignité humaine.

Ceci suppose que le système judiciaire soit mis à l'abri des pressions, préjugés et désirs de vengeance. L'acte de juger et de punir est trop sérieux pour être laissé aux mains des politiques. C'est pourquoi les notions de juge impartial et d'individualisation de la peine sont au cœur du procès équitable. Mais comment leur mise en œuvre serait-elle possible dès lors que les magistrats sont élus ? Et comment faire si des lois scélérates votées par des représentants élus viennent

---

[17] Une traduction par "de gauche" serait trop approximative dans le contexte du droit pénal. Par exemple, nous verrons que les Démocrates ne se rangent pas forcément parmi les *liberals*, d'où la nécessité de rester fidèle au concept politique du mot "libéral".

[18] Voir par exemple Federalist Papers n°X rédigé par James Madison sur le danger des factions : "Quand une faction comprend la majorité, la forme du gouvernement populaire peut lui fournir les moyens de sacrifier à sa passion ou à ses intérêts dominants le bien public ainsi que les droits des autres citoyens."

[19] Le philosophe américain John Rawls s'est attaché à réconcilier démocratie majoritaire et droits des minorités, en montrant que "sous un voile d'ignorance", c'est-à-dire placé hypothétiquement dans des limbes où il ne saurait rien de son identité et des conditions de sa vie sur terre, un individu, par intérêt personnel, choisirait un mode d'organisation sociale qui octroie des protections spéciales aux moins chanceux. Dans une longue étude, Sharon Dolovich a appliqué le modèle de John Rawls au droit pénal pour démontrer qu'une punition ne tire pas forcément sa légitimité d'un simple plébiscite populaire, mais que la véritable volonté du corps social est révélée par un mode d'analyse plus profond. Voir Sharon DOLOVICH, "Legitimate Punishment in Liberal Democracy" , *Social Science Research Network,* http://ssrn.com/abstract=503468

bafouer les droits fondamentaux ?[20] C'est ce genre de questionnement anxieux qui traverse le débat sur l'emprisonnement de masse aux Etats-Unis.

Les causes de l'hypertrophie pénitentiaire sont multiples et devant cette gangrène sociale, les institutions américaines ne peuvent pas éternellement jouer à se renvoyer la balle pour s'en déclarer chacun à leur tour irresponsable. L'institution judiciaire, au cœur-même du processus, n'échappe pas à cette exigence. Comment a-t-elle réagi face aux politiques ultra-sécuritaires mises en place ? Et si elle n'a pas réagi, n'est-on pas en face d'une tyrannie de la majorité incarnant les pires craintes de Tocqueville ?

Car si le système judiciaire américain, de par son mode de sélection des magistrats, est à sa base très dépendant des humeurs volatiles de la rue, il dispose en revanche d'un formidable instrument pour réguler les excès, un instrument qui n'a pas d'équivalent en France : le contrôle de constitutionnalité, ou pouvoir judiciaire d'invalidation des actions publiques (*judicial review*). Un contrôle aux potentialités puissantes : il s'applique aux lois et actes de tous les pouvoirs publics, il est accessible à chaque citoyen s'estimant lésé et tous les tribunaux peuvent en être saisis. Je soutiendrai que le contrôle de constitutionnalité ne s'est pas suffisamment exercé et que le pouvoir judiciaire a trop souvent cautionné des lois et pratiques policières abusives.

En droit criminel, ce contrôle s'appuie sur le principe du *due process of law*, concept qu'il est indispensable de bien comprendre.

Contrôle de constitutionnalité et *due process*

Dans toute démocratie qui se respecte, le procès pénal, parce qu'il place un individu désarmé dans les griffes de la puissante force publique qui peut exercer sur lui sa violence légale, doit obéir à des règles impérieuses. Ces règles, en droit américain, ont pour nom *due process of law*.

Le *due process of law* est un très ancien principe qui remonte au droit anglais, signifiant simplement, dans son acception large, que l'individu a des droits fondamentaux, garantis par la loi, face aux prérogatives du pouvoir. L'expression est très difficile à traduire car les formules usuelles "procédure légale régulière" ou "jugement en bonne et due forme" ne rendent compte ni de sa dimension non formelle ni de son rôle fondateur des libertés individuelles.

---

[20] On peut penser en effet, dans le sillage de Claude Lefort, que les Droits de l'homme ne sont pas tant des droits de l'individu que des "libertés de rapport", à savoir des attributs de l'espace démocratique. C'est en tant que membre d'une société démocratique que l'individu acquiert certains droits. Toucher à ces droits met en péril la démocratie en tant que telle. On peut ainsi justifier le contrôle constitutionnel, non comme une défense de l'individu, mais surtout comme une défense de la démocratie. Voir Hugues POLTIER, *Claude Lefort. La découverte du politique*, Paris, Michalon, 1997, p. 101-112.

Premièrement, dimension non formelle car les Américains distinguent le *due process* procédural du *due process* "substantiel" ou "matériel" (*substantive due process*) qui concerne les règles de fond, appelées plus communément les "valeurs". Dignité humaine, liberté de l'individu, liberté d'expression, justice sont les valeurs les plus citées. Droit de voyager d'un Etat à l'autre, droit à la vie privée sont des exemples de *substantive due process.* L'interdiction des châtiments cruels et inhabituels (8ème Amendement) en est un autre. Il ne s'agit plus seulement d'un devoir d'équité exigé de l'Etat. Le contenu même des lois est contrôlé, afin de vérifier leur respect des valeurs fondamentales. Cette partie du *due process* est celle qui génère les débats les plus passionnés car elle n'a souvent pas de support textuel direct dans la Constitution, si l'on excepte le 8ème Amendement.[21] Mais comme le dit très sagement Elisabeth Zoller, "*il est illusoire de penser enfermer et contenir tout le droit dans les textes adoptés par les générations précédentes.*"[22]

Les deux composantes du *due process,* procédural et substantiel, se complètent et s'influencent, obligeant à les prendre toutes deux en considération. En ce qui concerne le droit pénal, le *due process* substantiel s'intéresse surtout à la proportionnalité des peines, pour répondre à la difficile question : à partir de quel moment un châtiment est-il cruel, disproportionné et injuste ? On parle alors de "jurisprudence du Huitième Amendement".

On pourrait même dire que le *due process* procédural n'est au fond qu'un dérivé du *due process* substantiel, puisque l'équité et l'impartialité sont des valeurs fondamentales. Je pense néanmoins qu'il convient de conserver la distinction entre *due process* procédural et *due process* substantiel de façon claire car il serait dangereux de transformer les garanties procédurales en valeurs immuables. Ainsi, nous aurons maintes fois l'occasion de voir l'incomplétude, la relativité et les contradictions des droits procéduraux inscrits dans la Constitution. Le *due process* procédural, quoique d'une importance primordiale, ne peut suffire à produire des décisions justes. Il vient en complément du *due process* substantiel.

Deuxièmement, pour comprendre son rôle fondateur des libertés individuelles, il faut surtout retenir que le *due process* ne concerne que les relations entre l'individu et l'Etat, et de ce fait, doit reposer sur un corpus de droits que

---

[21] Il y a bien sûr une autre raison. Parce que le *due process* constitue une entrave aux pouvoirs de l'Etat, il est à la source de lourdes interrogations philosophiques sur les droits individuels face à la puissance publique censée incarner l'intérêt général. L'arrêt *Lochner v. New York* (1905), qui invalida une loi limitant le temps de travail des boulangers à 60 heures par semaine au nom de la liberté contractuelle de l'employeur, symbolise aujourd'hui le danger d'une lecture extensive du *due process* substantiel.

[22] Elisabeth ZOLLER, "*Due process* of law et principes généraux du droit", *Centre de Droit Américain*, Paris, p. 8, www.u-paris2.fr/cda/ (rubrique recherche). L'auteur explique que, à l'origine, le *due process* n'entraînait que des garanties procédurales. Peu à peu, au 19ème siècle, il a englobé des protections substantielles : "Ce glissement sémantique était inévitable et compréhensible dès lors que l'arbitraire du pouvoir peut se manifester tant par les procédés qu'il utilise pour parvenir à ses fins que par les objectifs et le contenu même des lois qu'il impose." p.4.

les pouvoirs en place ne peuvent aliéner. Les Américains le considèrent donc comme étant par essence un droit en surplomb, supra-législatif et supra-exécutif. "*Le due process peut être considéré comme la forme primitive du constitutionnalisme dans la mesure où sa signification première est de protéger l'être humain face au pouvoir organisé*", écrit Elisabeth Zoller.[23] Il est remarquable que même en France, pays où règne la souveraineté parlementaire (en ce sens que, contrairement à ce qui se passe aux Etats-Unis, une cour de justice ne peut annuler une loi votée par le législateur) le respect des droits de la défense a été consacré comme "droit fondamental à caractère constitutionnel".[24]

La Cour suprême des Etats-Unis détient ce rôle prestigieux de dire le droit fondamental face à tous les pouvoirs établis, grâce au contrôle constitutionnel (*judicial review*), qui lui permet d'invalider une loi (législatif), un décret (exécutif) ou un arrêt d'une cour inférieure (judiciaire). Il faut noter que dans cet immense pays, les cours fédérales intermédiaires d'appel - 13 tribunaux de circuit - jouent également un rôle considérable car bien sûr la Cour suprême ne peut entendre qu'une partie réduite de l'énorme contentieux provenant à la fois du système judiciaire fédéral - 94 "cours de district" (US *district courts* [25]) réparties sur tout le territoire – et des 50 systèmes judiciaires étatiques.

Le *due process* apparaît à deux endroits dans le texte de la Constitution des Etats-Unis. La clause du Cinquième Amendement s'applique au gouvernement fédéral : "Nul ne sera privé de vie, de liberté ou de propriété sans le bénéfice des garanties dues par le droit". La clause du Quatorzième Amendement adopté en 1868 s'applique aux Etats de l'Union en reprenant les mêmes termes : "*nor shall any State deprive any person of life, liberty, or property, without due process of law*".

Dans une acception strictement américaine, le *due process* peut donc être défini comme les garanties constitutionnelles accordées à tout individu[26] contre les visées oppressives de l'Etat, celui-ci étant compris comme incluant tous les organes représentant la force publique. C'est uniquement dans ce sens étroit que l'expression *due process* sera utilisée tout au long de notre ouvrage. Il va sans dire que le *due process* ne doit donc pas être pris pour de simples règles de procédure codifiées par le législateur mais bien comme des garanties constitutionnelles, des principes généraux fondamentaux.

---

[23] E. ZOLLER, ibid, p.2.

[24] E. ZOLLER, ibid, p.8. C'est le Conseil constitutionnel qui s'est prononcé en ce sens. Celui-ci cependant n'a pas du tout le même statut que la Cour suprême car il intervient juste après le vote des lois mais avant leur promulgation. C'est donc un contrôle a priori par un organe qui n'est pas une cour de justice mais un pouvoir public.

[25] Le terme *district court* n'est pas réservé au système fédéral, certains Etats nomment ainsi leurs tribunaux de première instance et donc pour les distinguer, les cours fédérales sont appelées *US district courts.*

[26] Notons que la Constitution n'utilise pas le mot *citizen* mais *person* ou *people* plus universalisant.

Les garanties du *due process* ont, pour une grande part, été intégrées au droit constitutionnel par la jurisprudence (*case law*) de *common law*, c'est-à-dire s'appuyant sur les traditions héritées du droit anglais interprétées ensuite par les cours américaines. La procédure dite accusatoire (*adversary*) est appliquée dans tous les pays de *common law*, dont les Etats-Unis, par opposition à la procédure inquisitoire (*inquisitorial*) du droit romain qui est en usage en Europe continentale. En effet, que l'on sillonne les Etats d'Est en Ouest et du Nord au Sud, on retrouve, par-delà les disparités, les mêmes caractéristiques majeures qui démontrent que la justice américaine s'appuie sur un socle d'us et coutumes commun, bien reconnaissable par son contraste avec la procédure européenne de droit romain dont nous verrons les traits saillants dans le premier chapitre d'exposition. C'est ce contraste qui définit le mieux le droit pénal américain et les analystes ont souvent recours à la méthode comparative. Par exemple Neil Vidmar, grand spécialiste des jurys du monde entier, constate que les Etats-Unis sont le seul pays au monde, avec l'Ecosse, où le juge a le devoir de ne pas influencer le jury.[27] Il s'agit là d'une règle nationale mais il y en a bien d'autres, comme la charge de la preuve (*standard of proof*) qui suit la tradition de *common law*. Dans une affaire criminelle la norme s'appelle "la preuve au-delà du doute raisonnable" (*proof beyond a reasonable doubt*).[28]

Mais le principe de *due process of law* restant ouvert à une large interprétation, les Pères fondateurs crurent bon de consacrer plus explicitement certaines règles qu'ils jugeaient absolument inaliénables car constitutives de l'idée-même de la démocratie américaine. La Charte des Droits (*Bill of Rights*), promulguée en 1791 et composée des dix premiers Amendements à la Constitution, fonde ainsi les grands principes pénaux tels que le jury populaire, le droit au silence, le droit d'être jugé au niveau local etc, contenus dans les 4ème, 5ème, 6ème et 8ème Amendements, dont voici le texte intégral :

4ème Amendement : *Le droit des citoyens à la sécurité de leurs personnes, domiciles, documents et effets, contre les perquisitions et saisies non motivées ne sera pas enfreint, et aucun mandat ne sera délivré, si ce n'est sur une présomption sérieuse, corroborée par serment ou déclaration solennelle, ni sans qu'il décrive précisément le lieu à perquisitionner ainsi que les personnes ou les choses à saisir.*

5ème Amendement : *Nul ne sera tenu de répondre d'un crime capital ou infamant sans l'acte de mise en accusation, spontané ou provoqué d'un grand jury, sauf en cas de crimes commis alors que l'accusé servait dans les forces terrestres ou navales, ou dans la milice, en temps de guerre ou de danger public ; nul ne pourra pour le même chef d' accusation être deux fois menacé dans sa vie ou dans sa chair ; nul ne pourra, dans une affaire criminelle, être obligé de témoigner contre lui-même, ni être privé de sa vie, de sa liberté ou de ses biens sans*

---

[27] Neil VIDMAR, *World Jury Systems*, Oxford University Press, 2000.

[28] Comme en un clin d'oeil pour signifier leur distanciation du droit anglais, les Américains utilisent l'article indéfini "a" devant "*reasonable*", alors que les Anglais disent "*proof beyond reasonable doubt*".

procédure légale régulière (without due process of law) ; nulle propriété privée ne pourra être réquisitionnée dans l'intérêt public sans une juste indemnité.

6ème **Amendement :** *Dans toutes les poursuites criminelles, l'accusé aura le droit d'être jugé promptement et publiquement par un jury impartial de l'Etat et du district où le crime aura été commis - le district ayant été préalablement délimité par la loi – ainsi que d' être instruit de la nature et du motif de l'accusation, d'être confronté avec les témoins à charge, de pouvoir exiger par des moyens légaux la comparution de témoins à décharge, et d'être assisté d'un conseil pour sa défense.*

8ème **Amendement :** *Des cautions excessives ne seront pas exigées, des amendes excessives ne seront pas non plus imposées ; de même, des châtiments cruels et inhabituels ne seront pas infligés.*

Le problème se complique lorsque l'on tient compte de la structure fédérale du pays. Chaque Etat est doté de sa propre Constitution, de sa Charte des Droits, de ses tribunaux d'appel et d'une Cour suprême investie du contrôle de constitutionnalité (*judicial review*). A l'origine, en vertu du principe de souveraineté de chaque Etat, le *Bill of Rights* fédéral ne s'appliquait donc qu'au droit fédéral, chaque Etat régissant sa propre procédure pénale à l'aune de sa Charte – en général assez proche en contenu des Chartes des autres Etats et de la Charte fédérale. Mais l'application accusait des disparités énormes. Puis vint le 14ème Amendement et la formidable avancée du droit fédéral dans les affaires des Etats. Il en sera longuement question dans cet ouvrage.

En effet, la question du fédéralisme[29] est au cœur de la problématique du procès pénal car le retentissement de la jurisprudence des cours fédérales dépend étroitement de la répartition des compétences et pouvoirs dans une double dialectique : fédéral contre Etat fédéré et judiciaire contre législatif et exécutif. La question que se pose une cour d'appel lorsqu'elle choisit par exemple de rejeter un appel ou d'annuler une sentence et de demander la tenue d'un nouveau procès ne concerne pas seulement le bien-fondé de la requête mais aussi, et plus que jamais aujourd'hui, les limites de son pouvoir. Jusqu'où doit-elle suivre la règle de *stare decisis*[30] ou à quel moment et dans quelles conditions

---

[29] Le sens du mot "fédéralisme" doit être éclairci pour éviter les confusions. Dans une acception usuelle, il signifie un système de gouvernement dans lequel plusieurs Etats forment une union tout en gardant leur indépendance concernant leurs affaires internes. Aux Etats-Unis, ce mot a fini par prendre un sens particulier, à coloration idéologique : par opposition à la centralisation des pouvoirs, le fédéralisme incarne aujourd'hui de plus en plus les droits des Etats, les *States' Rights*. Cette évolution du concept de fédéralisme outre-Atlantique étonne les Européens mais elle a partie liée avec la puissante thématique des contre-pouvoirs, associant liberté et fragmentation du pouvoir. C'est ainsi qu'on parlera de néofédéralisme (*New Federalism*) pour signifier un regain des pouvoirs des Etats fédérés.

[30] *Stare decisis* : suivant une longue tradition du droit anglo-américain, toute décision jurisprudentielle doit se baser sur l'étude minutieuse des précédents grâce à un travail de recoupements de données, déduction, induction. Cette règle du précédent est cependant régulièrement enfreinte et l'histoire légale des Etats-Unis est émaillée de retournements spectaculaires des décisions passées.

peut-elle faire preuve d'audace et interpréter la jurisprudence dans un sens novateur ? De même, le juge de première instance fera en sorte que le verdict du procès et la sentence prononcée ne soient pas cassés en appel pour vice de procédure. Il sait que sa bonne réputation est en jeu. Mais jusqu'où doit-il faire attention ? Et jusqu'à quel point un procureur peut-il aller dans ses tactiques d'accusation sans être remis en cause en appel ? Tout dépendra des signaux envoyés par les cours d'appel, de leur dynamisme et activisme. Consciemment ou non, tout le comportement des professionnels de la justice est modelé par cette connaissance de l'aboutissement des appels. Le procès pénal est ainsi soumis à des forces indirectes qui ont pour nom : contrôle de constitutionnalité.

C'est pourquoi, pour comprendre les ressorts du procès pénal, on ne peut se contenter de décrire les règles et les pratiques apparentes de la procédure. Celle-ci s'insère dans un contexte plus général et il est nécessaire d'en saisir la dynamique d'ensemble. Face au raz-de-marée punitif dans les tribunaux, les cours suprêmes – et tout particulièrement la Cour suprême des Etats-Unis - ont-elles fait bon usage de leur pouvoir de contrôle de constitutionnalité ? Si elles l'ont fait, devrait-on conclure alors que l'incapacité actuelle des tribunaux américains à rendre une justice humaine et raisonnable est le fait de tares systémiques dans le système judiciaire ?

Je ne le crois pas et je pense tout au contraire que les fondements du procès américain moderne sont admirables. Mais celui-ci a été dénaturé car le contrôle de constitutionnalité a failli et le *due process* a été mis en posture d'infériorité face à des considérations politiques. Mon but est de montrer que la dégradation de la justice n'est pas le résultat de mauvaises procédures mais la conséquence des lois répressives qui les ont fait dévier de leur vocation première. La procédure judiciaire américaine n'est pas en cause – et peut-être faut-il cesser en France de se servir complaisamment de cette procédure comme repoussoir pour éviter de se poser des questions dérangeantes sur nos pratiques -, c'est le manque de contrôle constitutionnel des cours suprêmes face aux lois répressives qui pose problème.

Plan de l'ouvrage

Il importe dans un premier temps de bien comprendre le fonctionnement de cette justice si différente de la nôtre, de la caractériser pour nous la rendre familière et surtout de l'extraire de tous les préjugés à son égard, sous lesquels elle s'est trouvée ensevelie.[31] Il est dommage que les Français s'en tiennent uniquement à une vision de la justice américaine véhiculée par des séries télévisées comme *Law and Order* (en français, *New York District*). Loin de moi l'idée de critiquer la valeur artistique d'une telle série, mais il faut rappeler que ce n'est qu'une fiction absolument pas fidèle à la réalité de la vie des tribunaux. Dans un registre compassionnel mais très réaliste, l'un des meilleurs ouvrages actuels décrivant la réalité judiciaire de terrain est le livre de David Feige, *Indefensible*.[32]

Les aspects principaux du procès américain seront tout d'abord exposés à partir de l'observation d'un procès français afin de mettre leur originalité en perspective. Pour ce faire, je décris un procès réel qui a eu lieu à la Cour d'assises de Haute-Garonne en 2003. Il s'agit de saisir la logique derrière chaque spécificité culturelle. Cette approche est d'autant plus utile que certaines différences peuvent finalement être assez ténues et nécessitent donc un effet de contraste pour faire ressortir leurs vraies couleurs. Non seulement les deux systèmes tendent à se rapprocher sous la pression internationale[33] mais il existe forcément un socle universel dans tout procès criminel. Ainsi, d'apparentes disparités peuvent parfois se révéler n'être qu'un habillage distinct d'un même principe.[34] Inversement, des différences apparaissent comme criantes et révèlent alors une vision opposée, souvent liée à l'histoire des institutions mais aussi au rôle que joue le système judiciaire dans la culture. C'est pourquoi le déroulement du procès n'est pas traité de façon exhaustive. Ne sont décrites que les lignes de fond qui évoquent des spécificités culturelles américaines.

Il convient de noter que, tout le long de l'ouvrage, je ne présente que la justice "ordinaire", à savoir celle rendue tous les jours dans les tribunaux des villes

---

[31] Voir Elayne RAPPING, Law and Justice as Seen on TV, New York, New York University Press, 2003. L'auteur montre le rôle calamiteux qu'a joué Court TV, cette chaîne de télévision créée en 1991 et consacrée à la couverture des grands procès. La Cour suprême a autorisé en 1981 l'entrée des caméras de télévision dans les prétoires (*Chandler v. Florida*). Elayne Rapping analyse la transcription médiatique des procès atypiques des frères Menendez et O.J. Simpson pour montrer la vision déformée de la justice américaine que la télévision a véhiculée. A la suite de ces deux expériences désastreuses, les procès télévisés (soumis à l'assentiment du juge) sont devenus rares. En France on a surtout retenu l'image d'avocats brillants manipulateurs réservés aux riches. Cette image bien exagérée fait le désespoir des milliers d'avocats de la défense qui se battent pour leurs clients pauvres. Aux Etats-Unis la télévision a surtout projeté l'image d'un système judiciaire laxiste (soft on crime), une représentation fausse dont la justice n'arrive plus à se débarrasser.

[32] David FEIGE, *Indefensible, One Lawyer's Journey into the Inferno of American Justice*, New York, Little, Brown &Co, 2006.

[33] En France, les deux réformes les plus notables en direction du droit américain sont l'introduction de la transaction sur le plaider coupable (*plea bargaining*) et la nouveauté de l'entretien avec un avocat dès la 1ère heure après l'arrestation (loi du 15 juin 2000) inspiré de la jurisprudence américaine *Miranda*.

[34] C'est ce que pense par exemple Richard S. FRASE, juriste américain qui a longuement étudié le système judiciaire français. Voir son article "Comparative Criminal Justice as a Guide to American Law Reform : How Do the French Do it, How Can we Find Out, and Why Should we Care ?" in 78 *California Law Review* 539, 1990.

et comtés et qui concerne avant tout une myriade de délits moyens ou mineurs, bien souvent liés à la drogue. En dépit d'une problématique centrée sur les libertés individuelles, il n'est donc pas question d'ouvrir le lourd dossier des tribunaux d'exception qui défrayent la chronique depuis 2001. Mon propos concerne uniquement le phénomène d'incarcération de masse.

Par ailleurs, les procès de célébrités richissimes tel O.J. Simpson sont atypiques et ne rendent pas compte de la routine des tribunaux qui font face aux problèmes engendrés par la pauvreté. C'est la justice ordinaire qui doit nous intéresser, pas celle tapageuse dont les journaux à sensations se délectent.

La première partie est donc consacrée à la présentation des grands traits communs à toute la justice pénale américaine – c'est-à-dire les cinquante systèmes judiciaires ainsi que le système fédéral[35] - afin de souligner l'importance qu'y jouent les droits des accusés et le principe du débat contradictoire. Il nous faudra retourner cinquante ans en arrière pour comprendre comment ces fameux droits qui aujourd'hui structurent profondément tout l'édifice judiciaire, se sont enracinés dans le droit constitutionnel de la Nation. Les années 1950 et 1960 ont vu en effet éclore un formidable mouvement de constitutionnalisation fédérale de la procédure pénale qu'on a nommé "la révolution du *due process* ".

Puis dans la deuxième partie, sont analysées les offensives des pouvoirs législatif et exécutif et la mise au pas du système judiciaire pénal dès la fin des années 70, comment dès lors la justice peine à trouver ses marques, et gère au quotidien le flot sans cesse grandissant des gens arrêtés par la police. C'est le règne du bricolage (*tinkering*) dont on verra les aspects les plus remarquables ainsi que les conséquences souvent dramatiques.

Californie, 1993 : après avoir été arrêté pour une infraction routière, un garçon sans antécédents judiciaires découvre que son nom est fiché dans la base de données des membres de gangs suivant le STEP Act. Le procureur lui signifie qu'il est passible de 91 ans de prison mais qu'en plaidant coupable, il ne fera que 6 ans. Ayant entre-temps atteint sa majorité, il est finalement condamné à 19 ans de réclusion criminelle.[36]

Boston, 2004 : la presse locale révèle que des dizaines de personnes ont été arrêtées par la police, emprisonnées pendant des semaines, sans avocat et sans voir un juge.

[35] Notons que les réserves amérindiennes se sont aussi dotées de systèmes judiciaires indépendants. Leur juridiction reste très limitée. Il existe environ 325 cours de justice tribales (*tribal court*).

[36] Affaire rapportée par Ruth Wilson GILMORE, *Golden Gulag*, Berkeley, University of California Press, 2007, p. 213.

Virginie, 2005 : le directeur du cabinet public des avocats de la défense démissionne, devant l'afflux des clients. En un an, les vingt avocats que comptait ce service avaient eu à défendre plus de huit mille clients.[37]

San Francisco, 2005 : un clochard alcoolique, souffrant de schizophrénie, est arrêté pour exhibitionnisme et inculpé sur la foi d'un seul témoignage. On m'assure qu'il n'ira pas en prison mais il doit passer en procès devant jury car le procureur n'en démord pas : il a commis un acte de délinquance sexuelle et de ce fait, doit être inscrit à vie dans le fichier des délinquants sexuels au même titre que pédophiles et violeurs. S'il commet par la suite le moindre délit mineur, il tombera sous le coup de la récidive et ira en prison pour de longues années.

Arizona, 2004 : un professeur de lycée sans antécédents judiciaires est condamné à 200 ans de prison ferme pour avoir téléchargé sur Internet vingt photographies d'enfants à caractère pornographique (soit dix ans de prison pour chaque photo, les peines s'additionnant). Cette sentence non assortie d'une possibilité de libération conditionnelle (*parole*) a été confirmée par la Cour suprême de l'Arizona.[38]

Géorgie, 2006 : la Cour suprême de l'Etat confirme le jugement condamnant le jeune Genarlow Wilson (19 ans) à dix ans de prison ferme pour avoir eu, lors d'une soirée de Nouvel An bien arrosée, un rapport sexuel oral consenti avec une fille de 15 ans. Fait assez inhabituel, cette affaire a fait grand bruit grâce au zèle de l'avocat de la défense qui a réussi à alerter les médias. En vain.

Contrairement à ce que l'on pourrait croire, de telles histoires n'ont rien d'exceptionnel : la justice pénale américaine est aujourd'hui victime de terribles distorsions. Je voudrais dire combien l'étonnement que le professeur Packer éprouverait s'il voyait la situation pénale actuelle dans son pays a été le mien au fur et à mesure de mes enquêtes de terrain, de mes observations d'audiences et entretiens menés auprès de juges et avocats depuis le début de mes recherches en 2001. Un étonnement mêlé d'effroi devant un tel gâchis et tant de vies brisées. Tant d'êtres humains traînant à la dérive dans les couloirs des tribunaux et dans les enclos de détention alors qu'ils devraient, dans bien des cas, être pris en charge par des centres de soins médicaux.

Je reste fascinée par les exigences démocratiques de haut niveau du procès états-unien – exigences qui ont partie liée avec le Rêve fondateur de la nation, son omniprésent débat contradictoire, ce jury de douze citoyens au verdict souverain. Il y a ainsi de très beaux, très forts moments de la procédure américaine où l'on ressent les tressaillements de l'âme d'un pays tout entier, comme par exemple l'invocation du droit au silence au nom de la présomption

---

[37] Mary Sue et Paul BACKUS in " The Right to Counsel in Criminal Cases, a National Crisis ", *Hastings Law Journal*, vol 57, juin 2006, p. 1033.

[38] *Arizona v. Berger*, (Mai 2006)

d'innocence. Mais ces moments se sont faits rarissimes et le procès devant jury est en voie d'extinction.

Il s'agit donc de retracer la trajectoire singulière d'un système judiciaire qui, en l'espace d'une quarantaine d'années, a subi coup sur coup deux quasi-révolutions, d'abord la dite "révolution du *due process*", puis celle, à bien des égards dévastatrice, du droit de la peine (*sentencing*).

1ère PARTIE

LE PROCÈS PÉNAL À LA LUMIÈRE DU *DUE PROCESS*

Chapitre 1. Deux conceptions opposées du procès pénal

Rien ne permet mieux de comprendre les arcanes de la procédure américaine que de la mettre en perspective grâce à la comparaison avec une autre procédure. Et aucun cours théorique ou résumé abstrait ne peut rendre compte de sa dynamique profondément humaine. Il faut avoir assisté à des audiences pour en saisir la teneur réelle et voir à quel point le procès pénal se situe au cœur de la citoyenneté. Antoine Garapon a très bien résumé en quoi il est un terrain privilégié d'étude des mœurs et valeurs dominantes dans une société : "*parce qu'une société qui juge est toujours sous l'emprise d'une forte émotion qui fait céder les barrières convenues de la socialité, qui trouble le jeu classique des institutions*".[1]

La fascination que procure l'observation de tout procès, contrairement à ce que l'on pourrait croire de prime abord, ne tient pas tellement à l'aspect cérémoniel – toujours entaché d'une certaine facticité, au charme suranné, comme prêt à verser à tout moment dans le tragi-comique, et qui rappelle le procès fameux de Meursault dans l'œuvre d'Albert Camus, où l'on rit beaucoup. Ce rire, qui revient dans ce grand roman classique de procès chaque fois que l'on parle de "l'âme de l'accusé", représente ces moments du procès, fréquents, où affleure l'absurde. Double ridicule chez Camus de la parure vestimentaire inconfortable et encombrante de l'avocat, et des décalages fréquents des accusations :

Mais mon avocat, à bout de patience, s'est écrié en levant les bras, de sorte que ses manches en retombant ont découvert les plis d'une chemise amidonnée : 'Enfin, est-il accusé d'avoir enterré sa mère ou d'avoir tué un homme ?' Le public a ri. [2]

Ce rire libéré par la fiction se retrouve également aux Etats-Unis dans les vieux films de procès de John Ford, où l'accusé risque pourtant la peine de mort, *Young Mr Lincoln* (1939) ou *Judge Priest* (1934).

La véritable fascination qu'éveille le procès chez le spectateur vient surtout de ce que les mots, les idées, les valeurs, les croyances, tout d'un coup,

---

[1] Antoine GARAPON, Ioannis PAPADOPOULOS, *Juger en Amérique et en France,* Paris, Odile Jacob, p. 35.
[2] Albert CAMUS, *L'étranger*, Paris, Folio p. 147.

prennent corps et perdent leur évanescence. Le procès est le lieu de l'épaisseur restituée aux mots et aux actes. La fonction performative du langage – les mots qui sont en soi des actes – y est constamment à l'œuvre. La société plonge au cœur de ses mythes et valeurs culturelles dont elle doit accepter les conséquences douloureuses. Coupable, non coupable ? Il n'est plus possible de louvoyer.

En observant le déroulement de procès français et américains, on doit garder à l'esprit que les niveaux de juridictions ne sont pas équivalents. En simplifiant, il y a en France trois niveaux, là où les Etats-Unis en ont généralement deux, si l'on ne tient pas compte de l'institution restreinte du *justice of the peace.* Celui-ci, communément appelé JP, est encore dans beaucoup d'Etats un notable élu, sans formation juridique et qui accomplit diverses tâches courantes de la vie municipale, condamnant les petits délits mais aussi officiant aux mariages civils.[3] Bien sûr, dans les grandes villes comme à New York, le *justice of the peace* a pris le statut de *magistrate* (mot à ne pas confondre avec *judge* de plus haut niveau) et a une formation juridique du fait de l'ampleur de ses fonctions. La taxinomie des tribunaux montre une disparité importante entre les Etats à ce niveau, essentiellement du fait des différences démographiques.

En France, le tribunal de police s'occupe des contraventions et peut infliger des peines de prison jusqu'à deux mois ; pour des délits (gravité moyenne) les inculpés comparaissent en tribunal correctionnel devant un ou trois magistrats et dans les cas très graves seulement (crimes), les accusés sont renvoyés en cour d'assises devant neuf jurés et trois juges (le Président et ses deux assesseurs).

Aux Etats-Unis, contraventions et petits délits (*misdemeanors*) sont du ressort des *petty courts* aux noms divers selon les Etats, généralement *municipal courts, district courts.* Pour simplifier, on les regroupe sous le nom de *courts of limited jurisdiction.* Les tribunaux de procès, *trial courts,* nom le plus courant pour ce qu'on regroupe sous la bannière *courts of general jurisdiction,* dont les procès se déroulent devant jury, s'occupent de toutes les autres affaires, les *felonies* - mot d'acception assez large, recoupant toutes les infractions de gravité moyenne ou sérieuse - mais aussi les *misdemeanors* dès lors que l'infraction est passible d'un emprisonnement de plus de six mois d'emprisonnement. Ainsi les procès devant jury pour des infractions de gravité moyenne sont courants.

---

[3] L'institution des *justices of the peace* a été abolie en 1945 dans le Missouri (remplacés par un *magistrate court*). Ils ont disparu dans le New Jersey en 1948, la Californie les a éliminés dans sa Constitution de 1950. Presque tous les autres Etats leur emboîtèrent le pas, réduisant leur nombre et transformant leur tâche en de vrais emplois salariés.

Le procès français d'assises, beaucoup plus rare et concernant des faits très graves (moins de 1% du total des affaires pénales), ne recoupe pas du tout le *jury trial* à ressort bien plus étendu. Une *misdemeanor* peut parfaitement être justifiable d'un procès devant jury, bien que, dans les faits, les avocats tentent au mieux, par le truchement du plaider coupable, de réduire le nombre de ces procédures lourdes.

D'où une certaine incompréhension parfois : des affaires qui seraient correctionnalisées en France passent devant jury populaire aux Etats-Unis. Il est néanmoins possible d'oser un rapprochement entre cour d'assises et *jury trial* dans la mesure où celui-ci représente aussi, à la suite des procédures préliminaires et surtout du plaider coupable, moins de 10 % de la juridiction pénale (taux très variable suivant les juridictions). Dans les deux systèmes, le procès, partie visible de l'iceberg pénal, sert de norme ultime et de reflet de l'esprit qui anime toute la procédure judiciaire. Et puis, dans l'imaginaire du public, le procès d'assises et le *jury trial* sont constamment mis en parallèle, occasionnant beaucoup de malentendus qu'il est possible de dissiper en montrant les logiques internes.

Nous parlerons donc de *jury trial*, dénomination usuelle bien que le jury ne soit pas une obligation comme en cour d'assises. L'accusé peut demander à être jugé par un juge professionnel unique, c'est la "renonciation au jury" (*waiving the jury right*). On parle alors de procès devant le juge, *bench trial.*

En France, le jury n'a pas la valeur symbolique forte qu'il possède pour les citoyens américains. Jean Larguier l'explique très bien : devant la méfiance envers ce jury "*imitation de la procédure anglaise* ", nous dit-il, "*la loi, pour fuir la cour d'assises, correctionnalise certains crimes ; pour les mêmes raisons, des juges emboîtent le pas et transforment certains crimes en délits. Les correctionnalisations, légales ou judiciaires, font que la cour d'assises n'a plus qu'un rôle restreint*".[4]

Mais aux Etats-Unis, tout comme en Angleterre, le *jury trial* exerce une grande influence dans l'imaginaire du peuple : il fait partie de la coutume ancestrale. Le jury, même vilipendé et manipulé, reste le plus fort symbole du contrôle démocratique de la justice, et cela d'autant plus que ce droit au jury populaire est inscrit aux Etats-Unis dans le 6ème Amendement du *Bill of Rights* (Déclaration des Droits) de la Constitution, cette icône vieille de plus de 200 ans, fondement juridique de la Nation.

Pour être viable, l'institution du jury suppose que le procès soit équilibré entre les parties de l'accusation et de la défense. Aussi s'accorde-t-elle bien avec la procédure accusatoire de *common law* qui s'appuie sur la neutralité du juge face au combat des deux parties. Notons à ce sujet que le terme tradi-

---

[4] Jean LARGUIER, *La procédure pénale*, Paris, PUF 2001.

tionnel "accusatoire" (*accusatory ou accusatorial*), qu'on oppose à "inquisitoire" (procédure française), n'est pratiquement jamais utilisé par les Américains qui lui préfèrent le mot "*adversary*". Ce glissement sémantique n'est certes pas anodin, il évoque la mise en scène de deux adversaires dans une grande bataille d'arguments contradictoires, postulant que la vérité finit par sortir de ces joutes oratoires à armes égales. Les citoyens américains sont très attachés à cet aspect fondamental de leur système judiciaire qui a en effet atteint un niveau de sophistication sans précédent.[5] Avocats et juges brandissent volontiers l'étendard du *due process of law* comme le fleuron de la démocratie américaine. Malheureusement, nous verrons aussi que la réalité, avec tous ses détours insidieux, n'est pas toujours à la hauteur de ces principes généreux.

Pour garder un ton neutre et par commodité, le système anglo-américain est souvent désigné par le terme usuel de *common law*, bien qu'il soit dans un sens littéral peu approprié dans la mesure où le droit pénal est aujourd'hui largement sous la coupe des lois et codes édictés par le législateur. Par prudence sémantique, il sera toujours préférable de parler tout simplement de droit "américain". De même, le mot "inquisitoire", prête à confusion et n'a en effet rien à voir avec la terrible Inquisition qui décima les paisibles Cathares ! Ainsi les Américains parlent volontiers de *continental lawyers* ou d'avocat de *civil law* ou encore *Roman law* par opposition à *common lawyer*.

Je commencerai donc par l'analyse d'un procès réel qui s'est déroulé à la Cour d'assises de Haute-Garonne, à Toulouse.

Section 1. Mise en place du procès

Pour Antoine Garapon, "*l'imaginaire juridique latin renvoie à une sorte de confrontation avec le sacré alors qu'outre-Manche il consacre la discussion*".[6]

Ce sentiment de sacré se transmet à la cour d'assises par la solennité des lieux, les larges robes noires des avocats, le rouge du costume de l'avocat général. Les hauts plafonds et l'important espacement entre les personnes, qui obligent à parler fort, semble propice aux grandes déclamations et aux envolées lyriques.

A l'inverse, le tribunal américain frappe par son dépouillement, son exiguïté qui rapproche les personnages. Dans cette petite salle, les douze chaises du jury trônent sur le côté, occupant parfois jusqu'à un tiers de

---

[5] Règles de procédure extrêmement complexes et codifiées.

[6] Antoine GARAPON, *Bien juger, Essai sur le rituel judiciaire*, Paris, Odile Jacob, 1997, p.150.

l'espace. Point de gravures solennelles aux murs mais souvent une petite bibliothèque de livres reliés derrière le bureau du juge, comme pour rappeler que le procès est un acte austère, basé sur l'argumentation et la logique, et non l'émotion.[7] Cette sobriété n'est pas fortuite, elle est inscrite dans l'esprit de la justice américaine et en imprègne tous les niveaux.

A Boston, le tribunal sert également en rez-de-chaussée de bureau de poste, paradigme de la volonté d'inscrire la justice dans les institutions publiques, une justice profane : le tribunal n'est pas empreint de connotation sacrée comme en France.[8] A Salem, dans la ville où furent jugées les célèbres sorcières, on entre de plain-pied dans le tribunal, la salle d'audience est juste au bout d'un petit couloir de l'entrée, ouverte en permanence.

Lisons, pour mieux sentir la différence, ce qu'écrit Antoine Garapon pour qui l'espace judiciaire en Europe est un espace sacré, opérant une clôture ; il décrit le Palais de justice de Paris :

A l'entrée sud, deux lions gardent les portes, évoquant les temples antiques dont l'entrée était protégée par 'les gardiens du seuil' qui étaient des hommes (statues d'archers), des animaux (dragons, lions), des demi-dieux (Sphinx), voire des dieux, comme Janus le dieu de la porte, à Rome. Ces gardiens, qui participent à l'aspect monstrueux et terrifiant du sacré, soulignent la rupture de l'espace et préviennent les passants du risque à pénétrer par mégarde, sans y être préparé, dans l'enceinte sacrée.[9]

Cependant, notons que les différences architecturales s'amenuisent au fur et à mesure que la justice s'ouvre sur des échanges transnationaux. La France s'est engagée dans une politique de justice de plus grande proximité qui se traduit par la construction de palais de justice très modernes, en rupture avec une esthétique religieuse et aristocratique.

Laurent Goualle a décrit l'architecture des 18ème et 19ème siècles de certains tribunaux américains, ces majestueuses colonnes blanches qu'on trouve surtout à New York et Washington, qui évoquent la pureté originelle du classicisme grec. Certes imposantes, elles n'ont pourtant pas de sens religieux, mais se réfèrent au "*thème de la république naissante pour en célébrer les vertus, la noblesse et la simplicité. Ce style se propage symboliquement dans les bâtiments publics, les bibliothèques, les banques, mairies, etc*".[10]

---

[7] L'austérité est d'ailleurs rehaussée par le fait que la plupart des salles d'audience n'ont pas de fenêtres, les baies vitrées étant réservées aux bureaux des juges (*chambers*) situés à l'arrière.

[8] Il est d'ailleurs évident que les juges américains sont très mal à l'aise face à toute forme de décorum. Le fameux marteau (*gavel*) est posé sur leurs bureaux mais n'est jamais utilisé. Certains juges se présentent en salle d'audience en oubliant de revêtir leur blouse noire.

[9] Antoine GARAPON, *Bien juger* ..., ibid, p. 32.

[10] Laurent GOUALLE, *Le drame judiciaire ou la représentation du procès dans le cinéma américain*, thèse de doctorat Cinéma, Paris 3, 2001, p. 31.

Que même les banques aient adopté ce style montre bien qu'il s'incarne dans la vie civile, profane, industrieuse, les affaires de ce monde et non d'un outre-monde. C'est la Grèce de Platon et Aristote, celle de la Cité idéale, de la sagesse socratique, de la démocratie athénienne[11] qui est évoquée, et non la mythologie religieuse ancienne dont on ne trouve pas trace dans les *courthouses*.

On retrouve cette symbolique architecturale dans le beau film *Twelve angry men*[12] qui s'ouvre sur les immenses colonnes doriques du tribunal de New York. Le héros, ce juré qui emportera l'adhésion de tout le jury, est architecte, il paraît tout de blanc vêtu, à l'image du classicisme des lignes épurées de ce temple de la Raison. Dans ce film lyrique à l'esthétique fortement symbolique, on voit à plusieurs reprises l'architecte plonger son regard vers la rue éloignée en contrebas, à travers les fenêtres de la salle des délibérés. Les clameurs de la rue ne doivent pas pénétrer dans l'enceinte judiciaire, cependant que le dépouillement des lieux doit consacrer la réflexion.

Section 2. La sélection du jury

Par un jour de janvier, comparaissait en cour d'assises Medi Beka[13], Français né en Centrafrique, pour un double meurtre.

Le procès s'ouvrit par le tirage au sort des jurés, neuf titulaires et deux remplaçants. La défense et l'accusation peuvent procéder, tout comme aux Etats-Unis, à un certain nombre de récusations non justifiées. Le jury se trouva ainsi composé de onze hommes blancs. Aucune femme ni aucun Noir. La seule femme qui fut appelée fut récusée par le Parquet.

En France, ce manque d'équilibre ne choque pas, sans doute parce qu'on veut penser que la justice doit rester universelle, ignorant les préjugés attachés à l'appartenance à une catégorie naturelle (sexe, couleur de peau, âge). Ce principe, dit républicain, existe aussi aux Etats-Unis. Il a partie liée avec le concept d'universalisme aveugle à la couleur de peau *(color blindness)* mais pose de graves problèmes d'application. Car en refusant la diversité représentative de la population, l'universalisme unificateur, forcément idéo-

---

[11] Je fais référence ici au mythe grec, en sachant bien sûr que la réalité fut tout autre : la "démocratie" athénienne n'était pas démocratique au sens moderne du mot mais oligarchique, aristocratique, esclavagiste.

[12] *Douze hommes en colère*, 1957, réal : Sidney Lumet, 1er rôle Henry Fonda. Film mythique. Thème : célébration de l'idéal de justice grâce au principe de la délibération et de l'unanimité des voix du jury populaire.

[13] Par respect pour le condamné qui purge actuellement une longue peine de prison, son vrai nom a été changé. En revanche, tous les faits relatés et paroles rapportées sont véridiques.

logique, se dépossède lui-même de tout moyen d'agir sur le préjugé lorsqu'il apparaît chez l'autre. Et donc, on récuse la seule femme appelée, au nom de la trop grande émotivité féminine, mais sans reconnaître ouvertement qu'on fait usage du stéréotype.[14]

Mais on doit aussi tenir compte du fait que le procès français est plus consensuel qu'aux Etats-Unis, les récusations sont moins nombreuses, la sensibilité aux catégories moins forte et n'engage pas des batailles de jurys.

Aux Etats-Unis, après le désastre médiatique des procès de Rodney King (1992) et de O.J. Simpson (1995), d'immenses précautions ont dû être prises pour éviter d'asseoir des jurys trop marqués racialement et sexuellement.

Pourtant, on ne peut pas dire que le problème de la représentativité des jurés ait été laissé en friche par les cours d'appel depuis un siècle. Trois arrêts majeurs de la Cour suprême, *Strauder v. West Virginia* (1880), *Ballard v. U.S.* (1946) et surtout *Taylor v. Louisiana* (1975) avaient instauré le principe constitutionnel de l'impartialité du jury lié à sa représentativité de la population (*fair cross-section*). Toute discrimination était dès lors proscrite. *Ballard* surtout insiste sur l'idée que les deux sexes ne sont pas interchangeables, "*not fungible*" et que la présence des femmes dans le jury est nécessaire pour assurer la diversité.

Mais prudemment, la Cour réitérait aussi l'idée que le jury ne devait pas être adapté à chaque cas, donc qu'un Noir n'a pas automatiquement le droit d'être jugé par des Noirs, ni une femme accusée d'avoir un jury féminin. Des mesures ont alors été prises pour s'assurer que la première liste de citoyens (*venire*) soit représentative de la population, avant la sélection finale du jury (*voir dire*). C'est le cas de *Taylor* qui empêche l'exemption automatique des femmes.

La décision la plus importante en la matière fut *Batson v. Kentucky* (1986). Celle-ci visait à prévenir le danger des récusations péremptoires, appelées *peremptory challenges* (c'est-à-dire non justifiées, à l'opposé des "*challenges for cause*", motivées) en déclarant inconstitutionnels les critères de race ou de sexe. Pour empêcher qu'un juré soit exclu selon sa race ou son sexe, il est

---

[14] La littérature anglo-saxonne est abondante à ce sujet. En particulier aux Etats-Unis, les cabinets de consultants en sélection de jury se sont emparés de ce domaine, avec l'espoir de contrôler les verdicts, voir Neil & Dorit KRESSEL, *Stack and Sway*, Boulder, Oxford, Westview Press, 2002. Pour avoir un bon résumé des résultats d'enquêtes menées sur les comportements des jurés et en particulier l'impact des caractéristiques des jurés sur le verdict, consulter l'étude très fournie de Penny DARBYSHIRE, " What can the English Legal System Learn from Jury Research Published up to 2001 ?", *Kingston Law school*, England, disponible sur le site www.criminal-courts-review.org.uk

permis à une partie, quand celle-ci a un doute sur la raison de l'autre partie de récuser une personne, de l'obliger à en exposer les raisons. Par exemple, dans l'affaire de Medi Beka, il aurait été alors possible à la défense d'exiger du Parquet qu'il explique pourquoi il choisissait de récuser la seule femme appelée.

Cette procédure, bien sûr, peut être manipulée par des avocats rusés mais elle a été conçue pour servir de simple garde-fou. Aux Etats-Unis, sachant qu'une ou deux personnes peuvent faire pencher la balance dans un jury, comme l'a bien montré le film *Twelve Angry Men*, un déséquilibre flagrant de la composition du jury est un motif suffisant pour faire appel d'un verdict, en s'appuyant sur la clause d'égale protection des lois du 14ème Amendement.

Cependant, la discrimination sexuelle devenant un sujet de plus en plus sensible, la Cour suprême a rendu un arrêt en 1994 qui clarifie l'esprit de *Batson* : *J.E.B. v. Alabama.* L'Opinion de la Cour rédigée par le juge Blackmun fait état de la longue et difficile lutte des femmes pour faire reconnaître leur place dans le jury, bien plus longue encore que celle des Noirs : *Strauder* (pour les Noirs) date de 1880, *Ballard* (pour les femmes) date de 1946. Et le chemin a été long depuis que William Blackstone énonçait dans ses *Commentaries* la doctrine du *propter defectum sexus*, le sexe défectueux, citée dans l'Opinion de la Cour.

On voit donc que la composition du jury est une préoccupation majeure aux Etats-Unis.[15] Certes, il faut s'attendre à voir parfois des déséquilibres se produire mais ils sont surtout dus à la clause dite de *vicinage* du 6ème Amendement, c'est-à-dire le droit d'être jugé par un jury local, du voisinage. Or, on sait que de plus en plus, la société américaine se parcellise en communautés homogènes et il devient difficile dans certains comtés d'obtenir un jury diversifié, à moins d'introduire des quotas, ce qui demeure strictement interdit.[16]

Les jurés sont assistés en France de trois juges professionnels (système dit de l'échevinage). La responsabilité du jury français est très lourde, paradoxalement souvent bien plus qu'aux Etats-Unis où le jury ne se prononce que sur la culpabilité et où la charge de prononcer la peine est laissée au juge seul (sauf en cas de peine de mort), dans une phase ultérieure. Le jury américain qui traditionnellement ne dit pas la peine se prononce dans certains cas sur la

---

[15] En juin 2005, la Cour suprême a confirmé sa détermination à éradiquer les récusations sur critère racial non avoué, en resserrant les modes de contrôle de *Batson* (arrêt *Miller-el v. Dretke*).

[16] Interrogés sur la composition raciale des jurys, les avocats se défendent vigoureusement de faire du "profilage". Ils n'y ont d'ailleurs guère intérêt car, sur ce sujet devenu sensible à l'extrême, ils s'exposeraient à de vives critiques de l'opinion publique. Rien de plus visible que la composition d'un jury.

qualification de l'infraction (par exemple meurtre au premier degré ou second degré ou homicide, *manslaughter*), ce qui conditionnera fortement la peine prononcée ultérieurement par le juge, tenu de respecter des limites codifiées. Mais il faut noter que le jury américain n'a souvent même pas la possibilité de qualifier le délit, il doit suivre le réquisitoire du procureur en rendant une décision abrupte : coupable ou innocent. Il est impossible de moduler.

La législation française prévoit des maxima mais la tradition veut que le juge soit souverain pour établir le minimum, en vertu du grand principe d'individualisation de la peine. Medi Beka était passible d'une peine pouvant aller de deux ans de prison à la perpétuité. Lourde responsabilité pour le jury que de se déterminer face à un choix punitif aussi vaste. En ce sens, le pouvoir du jury américain n'est pas aussi étendu.

La sélection du jury avait pris seulement une quinzaine de minutes. De façon routinière aux Etats-Unis, presque la moitié du procès est consacrée à cette procédure. Elle se déroule en général sur plusieurs séances. Une fois encore, il serait hâtif et erroné d'en conclure à une volonté de manipulation du jury. Tout analyste du procès américain doit absolument assister à ce fameux *voir dire*, ce grand rituel préliminaire qui consiste à choisir les douze jurés (14 dans les faits, avec les remplaçants), premier face à face de tous les acteurs du procès qui apprennent à se connaître. N'oublions pas que le jury américain n'est pas assisté des juges, les douze jurés délibèrent dans le plus grand des secrets et leur décision d'acquitter est irrévocable : le procureur n'a pas le droit de faire appel. Une subtile pédagogie de l'impartialité est indispensable, non sous forme de discours assommants comme le sont toujours les *instructions* récitées sur un ton monocorde par le juge, mais sous forme de dialogue lors du *voir dire*.

Chapitre 2. Raconter la vérité

Section 1. La lecture de l'acte d'accusation (arrêt de renvoi)

Les crimes pour lesquels Medi Beka, 22 ans, comparaissait en cour d'assises, donnaient vraiment froid dans le dos. Après avoir coupé les cheveux de son petit frère de neuf ans, il fut pris d'un accès de violence inexpliqué et l'étrangla. Alors sa folie se déchaîna, il chercha à cacher son crime, transporta le corps dans une benne et y mit le feu. Revenu chez lui, il s'attaqua à un autre proche, une fille de quatorze ans qu'il larda de soixante coups de couteau. Hagard, il finit au poste de police et raconta tout. Il ne comprenait pas ce qui lui était arrivé, dit seulement qu'il avait éprouvé des angoisses très fortes dans les jours précédant le drame.

Les faits étaient simples, limpides en apparence, lus avec beaucoup de neutralité. Ils s'appuyaient sur l'enquête menée par la police et le juge d'instruction.[1] Après cela, on passa à l'audition des témoins.

Mais il n'y avait eu qu'un seul récit, certes le plus objectif possible, étayé par le dossier de l'Instruction. Qu'en pensait la défense ? C'est ici que la procédure française justifie son appellation d' "inquisitoire" car elle ne laisse pas de place à la défense à ce moment crucial où le jury cherche à reconstruire la trame logique de la vérité. L'avocat de la défense ne pourra donner sa version des faits qu'au moment de la plaidoirie finale. C'est ce qui fait dire à Antoine Garapon :

Lorsque l'avocat dispose des moyens de faire valoir sa mise en récit des faits, celle qui sera la plus favorable à son client, il n'en a déjà plus les moyens : l'autre mise en récit est trop forte. Voici pourquoi dans notre tradition continentale, il est condamné à la combattre par la stratégie du harcèlement, de la dérision, du doute ; bref, ne pouvant déployer ses

---

[1] Le juge d'instruction n'intervient que dans les cas graves, moins de 6 % des affaires.

divisions face à celle de l'ennemi, il est acculé à recourir à la guérilla, la stratégie de David contre Goliath. [2]

La lecture de l'arrêt de renvoi, autrefois appelé acte d'accusation, correspond à l'*arraignment*, mais celui-ci fait l'objet d'une séance préliminaire à l'audience sur la culpabilité (autrement dit le procès) car à cette lecture correspond la fameuse question posée à l'accusé "*how do you plead* ?".

Le procès américain s'ouvre sur les déclarations initiales (*opening statements*) des deux parties, par la formule rituelle : "nous allons prouver que..." ("*the evidence will show that...*") et donnant deux versions contradictoires des faits. Moment crucial. En quelques minutes chaque récit doit mettre en lumière le point central qui formera sa ligne argumentative. Epreuve vitale car le juge à ce stade peut encore arrêter le procès et rendre autoritairement un verdict en vertu de l'absence d'élément contradictoire (*directed verdict*). Il dira alors "*If that's what even you say happened, then the law says you should lose the case* ".

La logique de la dualité des récits s'appuie sur l'idée, bien analysée par les linguistes dans la lignée de Roland Barthes, de l'impossibilité de s'en tenir au degré zéro de la narration, de la parfaite objectivité. Toute narration est interprétation. Ainsi, Robert Burns parle des deux visages de la réalité : "*every fact has two faces*" et demande à la défense d'exposer la face cachée, "*unencumbered by officially approved logic and officially approved morality*".[3]

La dimension idéologique se dessine en arrière-plan, dont le pluralisme démocratique est le maître-mot. La procédure contradictoire, "*bulwark against the invulnerability of One Big Story*"[4] selon la formule de Robert Burns, prémunit contre les ravages du totalitarisme, monstre toujours aux aguets.

De ces deux histoires aux versions opposées, découle logiquement le débat qui s'installe avec l'interrogation des témoins (*examination),* suivie de la *cross-examination*, par les deux parties, sous l'œil vigilant du juge, arbitre silencieux. Et donc, en toute logique, le témoin devra donner sa version des faits dans le langage de la perception, car "*seeing is seeing as*". Le témoignage,

---

[2] Antoine GARAPON, "Mise en récit du procès, mise en procès du récit " in *Droit et cultures* n°36, 1998, p.156.

[3] Robert P. BURNS, *A Theory of the Trial*,, Princeton University Press, 1999, p. 120.

[4] Robert BURNS, ibid, p.81. A partir de cette idée de pluralisme, les critiques du juge d'instruction pleuvent. "Inquisitoire" est pris dans un sens littéral. Les faiblesses réelles de cette institution bien française ont été analysées, à la suite d'une étude de terrain, par des chercheurs anglais, dans Jacqueline HODGSON, " The Police, the Prosecutor and the Juge d'Instruction ", in *British Journal of Criminology* n° 41-2001, p.342-361. L'aspect bureaucratique est mis en avant, la dépendance au rapport écrit de police, la collusion, "*there is pressure from being part of the same institution. You want to satisfy your colleagues*" p. 358. La version officielle des faits risque alors de ne pas enquêter sur les éléments dérangeants. Mais il faut toujours se rappeler que le juge d'instruction n'intervient que dans les dossiers lourds et sensibles.

même honnête, charrie des valeurs qu'il convient de faire ressortir et mettre en doute.

Dans la très grande majorité des affaires, loin des images de duel télévisé, et d'une poignée de procès à sensations, ce débat est très paisible, certains diraient ennuyeux, tant il est acquis que le fondement doit rester argumentatif et non émotionnel : *review the cold evidence.* Le spectateur espérant assister à un duel selon les clichés véhiculés de la "*sporting theory*" en est pour ses frais. Il règne plutôt une atmosphère qu'on pourrait appeler de consensus d'opposition. Le juge garde la tête baissée tout au long du procès et les avocats sont tellement préoccupés par le respect des règles compliquées de la découverte des preûves ainsi que la manière la plus judicieuse de poser les questions qu'ils semblent perdus dans leurs réflexions, et s'adressent aux témoins avec une circonspection infinie. Les règles de courtoisie sont de mise, un procureur par exemple salue toujours la personne qu'il va ensuite assaillir de questions mettant en cause la fiabilité de son discours.

De plus, l'image du procès américain devenu la proie des médias ne correspond pas à la réalité quotidienne des petits tribunaux locaux. Le public américain ne s'intéresse guère aux procès de routine et les bancs du public restent en général vides, si ce n'est pour la famille venue soutenir l'accusé. Et comme aux Etats-Unis la détention provisoire est moins courante qu'en France, il n'est pas rare pour le visiteur occasionnel de se retrouver assis dans le couloir à côté d'un accusé endimanché pour l'occasion.

Notons enfin que, même si l'avocat de la défense mène avant le procès sa contre-enquête (puisque le juge d'instruction n'existe pas), la plupart des preuves doivent être communiquées avant le procès, tout comme en France. Les effets de surprise de l'avocat brandissant une preuve de dernière minute ou appelant à la barre un témoin imprévu relèvent des techniques de création de suspense des séries télévisées. Strictement interdites à l'accusation, elles sont tolérées dans certains cas pour la défense.[5]

Cet aspect raisonnable du procès ordinaire américain s'explique en partie par le fait que la culpabilité s'établit selon la formule "*guilty beyond a reasonable doubt*", qu'on peut opposer à "l'intime conviction" française, plus vague, plus

---

[5] Il faut toutefois préciser que, en vertu du droit inscrit dans le 5ème Amendement de ne pas s'auto-incriminer, la défense n'est pas tenue de divulguer à l'avance le résultat de ses investigations, à l'inverse de l'accusation . Cette clause est plus ou moins appliquée et sujette à controverse. De même, le dossier du procureur n'est pas remis à la défense ; seuls les documents écrits servant pour les témoignages. Cependant, le DA a le devoir de révéler à la défense avant le procès les faits à décharge qu'il a découverts dans son enquête. Pour les règles de droit pénal détaillées, voir William BURNHAM, *Introduction to the Law and Legal System of the United States*, St Paul, West Publishing, 1995, chapitre III.

morale[6], alors que la notion de doute raisonnable s'appuie plus sur le contrôle légal rationnel des preuves.

Section 2. Plaider coupable

Dans le procès de Medi Beka, quoi qu'il en soit, la gravité des faits justifiait tout à fait les assises.

Et pourtant, il est fort probable qu'aux Etats-Unis, il n'y aurait pas eu de procès. Car il reconnaissait les faits et les preuves ne laissaient de toute façon aucun doute. Son avocat lui aurait alors conseillé le plaider coupable[7] avec son corollaire, le *plea bargaining*, qu'on peut traduire par "transaction sur la culpabilité" ou "*plea* négocié".

Rappelons, tout d'abord, en quoi ce "marchandage"(*bargaining*) consiste. Il s'agit d'un compromis entre l'accusation et la défense au terme duquel le *district attorney* (autrement dit, le procureur) promet à l'accusé son indulgence afin qu'il ait une peine moins élevée s'il admet sa culpabilité. Il peut y avoir âpre discussion sur la qualification du délit (*charge bargaining*). Souvent le procureur accepte de ne retenir qu'un seul chef d'inculpation lorsqu'il en a plusieurs à sa disposition. L'accord est présenté au juge et s'il accepte – il est très rare qu'il refuse[8] -, l'accusé renonce de fait à son droit au procès et à tous les droits constitutionnels afférents. La procédure est stoppée et le juge prononce la peine au cours d'une audience sommaire.

Le *plea bargaining* n'a jamais eu bonne presse. Ainsi le très américain Lawrence Friedman en souligne à la fois le caractère regrettable mais inéluctable : "*it is devilishly hard to get rid of*". Le vocabulaire familier qu'il utilise montre son aspect informel, comme un arrangement à l'amiable : "*they copped a plea* ", "*it was part of a deal*".[9] Il a envahi toute la procédure de *common law*. En

---

[6] Cet élément moral n'a rien d'étonnant puisque le jury français se prononce à la fois sur les faits et sur la personne.

[7] Traduction en vigueur en France mais qui porte à confusion avec la vraie procédure de plaider coupable. *Plea bargaining* n'en est que l'accessoire, nous le traduirons par " *plea* négocié ", la traduction proposée par Jean Cédras. L'expression "transaction sur la peine" met trop en valeur la peine, alors que le procureur ne peut en théorie pas décider la peine, il ne peut qu'émettre une recommandation au juge. En revanche, il gouverne les chefs d'inculpation et c'est bien à ce niveau-là qu'a lieu la principale transaction.

[8] Rare mais toujours possible, surtout au fédéral quand les enjeux sont élevés. Observation d'audiences à la *District Court of Northern California*, sise à San Francisco : le juge fédéral examine avec soin les termes de la transaction et il arrive assez fréquemment qu'il les désapprouve ; il consacre alors un temps substantiel en audience publique à expliquer les raisons de son refus. Il exhorte ensuite les parties à revoir leur accord. Cette volonté de ne pas prendre une décision unilatéralement mais d'inciter les parties à plus réfléchir à leur décision montre à quel point l'autoritarisme est contraire à l'esprit de la procédure.

[9] Lawrence FRIEDMAN, *Law in America*, New York, The Modern Library, 2002, p. 93.

Angleterre il est très mal vu : "*the most virulent virus ever to have invaded the criminal justice system's body*".[10]

Ses origines sont officieuses, situées dans le courant du 19ème siècle. Depuis toujours, il est vécu comme une nécessité pour désengorger les tribunaux. Lawrence Friedman accuse la lourdeur du procès devant jury populaire d'être le corollaire de la pratique. Car pour éviter un procès à l'issue imprévisible, que ne ferait-on pas ? [11] Cette idée que le jury ne peut malheureusement pas être contrôlé, est aussi développée par Burns qui constate : "*prosecutors who cannot reach a plea bargain often conclude negotiations by saying, 'Well then, let's roll the dice.*" [12]

Bien sûr, l'accusé peut renoncer au jury (*waive the jury right*), et préférer un procès devant le juge seul. Il convient de bien noter que c'est le juge qui garde le contrôle de la peine. Le procureur ne fait que requérir, même si sa requête est généralement suivie par le juge car celui-ci y voit un moyen de gérer efficacement les rôles d'audience.

Et puis, en filigrane, les avocats se servent de ce moyen pour mettre à l'épreuve l'innocence de leur client. C'est une forme détournée de pression morale pour faire avouer, qui peut dans certains cas s'avérer pernicieuse. L'idée est qu'un innocent n'accepterait jamais de se salir en s'accusant par exemple d'un viol, même sous la promesse d'une peine très adoucie. Bien sûr, tout comme le détecteur de mensonge largement utilisé, ce genre de "preuve" est irrecevable devant jury. Un avocat de la défense ne peut s'adresser au jury en ces mots : "Nous avons proposé à cet homme une importante remise de peine mais il a refusé. Voyez à quel point il est sincère en plaidant non coupable !" Mais la question mérite d'être posée : un juré n'est-il pas mieux disposé vis-à-vis d'un accusé lorsqu'il est conscient que celui-ci a pris le risque de plaider non coupable et d'écoper d'une peine plus lourde qu'en négociant ? La complexité du *plea bargaining* est aussi grande qu'est insondable l'âme humaine. D'un autre côté, on ne peut pas occulter un danger qui se profile : en s'obstinant à plaider non coupable, un innocent peut se retrouver devant un jury qui le condamnera lourdement, tandis qu'un vrai coupable sera, lui aussi, condamné en *plea bargaining*, mais à une peine atténuée.

---

[10] Mike MCCONVILLE, *The Handbook of the Criminal Justice Process*, Oxford University Press, 2002, p. 376.

[11] Le plaider coupable a été partiellement adopté en France en 2004 avec la loi Perben. Daniel Soulez Larivière et Jacques Vergès s'accordent pour penser qu'il s'agit là d'une petite révolution de la justice française (voir *Le Monde* du 10 mai 2003). *Le Monde* du 23 mai 2003 : "Une personne reconnaissant les faits qui lui sont reprochés pourra, pour des infractions passibles d'au maximum cinq ans de prison, se voir proposer directement par le procureur, sans procès, plusieurs peines, moins élevées que celles encourues". Le *Plea* négocié s'appelle en France Comparution avec Reconnaissance Préalable de Culpabilité (CRPC). Le *plea bargaining* a été adopté en 2000 par l'Espagne pour certains délits. Il existe en Angleterre et au Canada, bien que moins utilisé qu'aux Etats-Unis.

[12] Robert BURNS, op.cit., p.32.

Aujourd'hui, 90 à 95 % des condamnations pénales résultent du *plea bargaining.*[13] Dans ce chiffre officiel, il est bien sûr difficile de savoir quel pourcentage résulte du simple fait de plaider coupable en audience publique, ce qu'on appelle un *open plea*, et combien font l'objet d'une négociation préalable. Celle-ci ne constitue en effet pas un droit et le *district attorney* peut refuser de négocier. En outre, la plupart des délits mineurs se soldent par un *open plea*, et ceci pour une raison simple, bien décrite par Malcolm Feeley :

In essence, the process itself is the punishment. The time, effort, money, and opportunities lost as a direct result of being caught up in the system can quickly come to outweigh the penalty that issues from adjudication and sentence. [14]

Perte d'emploi à cause des multiples convocations au tribunal, coûts financiers divers sont le lot fréquent de tous ceux qui s'attachent à négocier. C'est en effet une erreur courante de croire que le *plea* négocié américain constitue une mesure de justice expéditive. Malcolm Feeley a montré qu'en réalité, on doit distinguer trois modèles de justice : la voie royale (*due process model)* est le procès devant jury, procédure longue et risquée ; la deuxième voie, plus rapide, est celle du *plea* négocié (*plea bargaining model*), elle s'accompagne d'une guerre à l'usure entre les parties et ne débouche que rarement sur un accord immédiat ; le dernier modèle – que Feeley nomme *pretrial process model* – consiste à plaider coupable sans négocier. La plupart des personnes accusées de délits mineurs choisissent la dernière option, tant leur désir le plus cher est de mettre fin à la procédure et de fuir le tribunal.

Le *plea* négocié peut cependant avoir lieu dans n'importe quel type d'affaire, de la plus mineure à la plus grave. Et l'on ne doit pas perdre de vue que celui-ci a permis à de nombreux accusés de meurtre de sauver leur tête : en cela il peut constituer une véritable bouée de sauvetage.

Devant la propagation du phénomène, la Cour suprême dut se résoudre à exercer son contrôle de constitutionnalité, mais non sans réticence. Elle le fit progressivement. Une affaire retentissante, *North Carolina v. Alford*, eut lieu en 1970. Alford se disait innocent mais sur les conseils de son avocat, plaida coupable de meurtre au second degré avec promesse d'une peine de trente ans, pour éviter un procès qui, s'il était déclaré de meurtre au premier degré, le condamnerait probablement à mort. Par la suite, il fit appel - ce qui reste possible dans des cas bien spécifiques, puisqu'en principe, dès lors qu'on a plaidé coupable, l'accusé est censé avoir renoncé à tout appel -, et affirma que son *plea* avait été forcé (*coerced*). Il n'avait plaidé coupable que pour échapper à la mort. Le *Legal Defense Fund* de la NAACP en profita pour déposer un *amicus curiae* au nom de trois condamnés à mort qui, eux, avaient refusé de plaider

---

[13] Dans le système fédéral, le chiffre est encore plus élevé : il frôle les 98 %.

[14] Malcolm FEELEY, *The Process is the Punishment*, New York, Russell Sage Foundation, 1992, p. 31.

coupable et s'étaient ainsi retrouvés dans le couloir de la mort. Ils se disaient pénalisés pour avoir exercé leur droit au procès devant jury. S'ils avaient plaidé coupable, ils n'en seraient pas arrivés là. La Cour suprême réfuta leurs arguments : ils devaient assumer leur choix d'aller au procès. Elle confirma par ailleurs la validité du plaider coupable d'Alford car, dit-elle, la procédure avait œuvré à son avantage en lui évitant une condamnation à mort presque certaine. H. Pohlman appelle la jurisprudence *Alford* une victoire à la Pyrrhus (*a Pyrrhic victory*) [15] : pour quelques avantages, d'énormes pertes à la clé. On assiste à un "effet d'aubaine" : les coûts sont supportés par tout le système. Pour protéger quelques accusés de la peine de mort par voie de négociation, on accepte de cautionner une pratique inique qui ternit l'image du système judiciaire. Celui-ci court en effet le risque d'un effondrement de son capital-confiance auprès du public. Une justice égale pour tous ? Pour le même crime, l'un va à la mort, l'autre en prison. Les trois condamnés à mort défendus par la NAACP avaient eu leur chance de négocier et l'avaient laissé passer. Contrairement à Alford, condamné aussi pour meurtre aggravé, c'était la chaise électrique qui les attendait.

La Cour suprême officialisa le *plea bargaining* cette même année dans son arrêt *Brady v. United States*.[16] Quant au *Alford plea*, c'est-à-dire le fait de pouvoir négocier une peine tout en se déclarant officiellement non coupable, il est naturellement devenu un symbole du caractère immoral du *plea* négocié.[17]

Mais les véritables opposants au *plea* négocié restent peu nombreux. La plupart des professionnels en dénoncent les abus mais pas le principe de base. L'avantage de ce système, disent ses partisans, est que l'accusé, en tant qu'acteur de sa propre punition, est mieux amené à la comprendre et l'accepter. En ce sens, le *plea bargaining* ressortirait de la thématique de l'aveu. L'individu, en acceptant pleinement les termes de sa punition, s'inscrit dans une démarche de régénération tandis que la société, symboliquement, en adoucissant sa peine, lui marque sa reconnaissance d'avoir avoué et donc se place dans une logique de

---

[15] H. L. POHLMAN, *Constitutional Debate in Action*, New York, Harper Collins, p. 147.

[16] La Cour soutiendra ouvertement la pratique dans *Santobello v. New York* (1971).

[17] Il faut se garder de la caricature. Le *Alford plea* est un bon exemple d'une mesure qui peut être mal comprise. En effet, ce *plea* n'est pas habituel, le juge en examinant les raisons et pouvant le rejeter. Il est utilisé dans des cas très particuliers, lorsque, exceptionnellement, un concours de circonstances malheureux donne des semblants de preuves à l'accusation alors que la personne est innocente et le risque devant le jury d'être condamné est très grand. Mais surtout, dans les affaires de mœurs, l'accusé peut considérer que la protection de sa famille contre le scandale public prévaut sur toute autre considération. Paradoxalement, on peut dire que le le *plea Alford* consacre la valeur de liberté et de responsabilité individuelle qui sert de faire-valoir au *plea* négocié. Dans un entretien le 1er avril 2005, un avocat de la défense à Indio (Californie) se dit favorable à ce type de négociation car aux Etats-Unis, explique-t-il, les médias peuvent facilement détruire une réputation et dans les affaires sexuelles, certains accusés veulent à tout prix préserver l'honneur de leurs proches.

semi-pardon. Faute avouée est à moitié pardonnée, dit-on.[18] De même en Angleterre, Mike McConville admet que "*it is a common belief among practitioners that a plea of guilty should be rewarded with a one-third reduction in sentence*".[19]

Avantage tout relatif car subordonné à la condition impérieuse de la pleine liberté de choix du défendeur. Celui-ci subit parfois des pressions qui peuvent au contraire offrir à ses yeux l'image d'une justice de palabres, jungle où seul règne le rapport de forces négocié et d'où la morale est absente. Et puis c'est surtout pour avoir économisé le temps et l'argent de la justice que l'accusé est récompensé.[20]

En France, la critique principale porte sur le fait que c'est le procureur et non plus le juge qui devient le pivot du jugement. Mais le juge américain est le premier à encourager le *plea* négocié. Bien souvent, les négociations ont lieu dans son cabinet, en sa présence et les avocats peu enclins à négocier se font rabrouer : ils alourdissent le travail de la justice inutilement. De plus, la logique accusatoire veut qu'une solution à l'amiable, déterminée par les parties adverses soit plus juste qu'une décision autoritaire d'un juge unique qui ne disposerait le plus souvent que d'un rapport de police. C'est pourquoi le juge américain accorde assez généreusement les requêtes en ajournement *(motion for continuance)* qui permettent à un accusé de ne pas plaider coupable dans la précipitation. Il est devenu courant lors de l'*arraignment* que les accusés plaident non coupable sur les conseils de leur avocat car il est toujours possible de revenir sur cette décision : le plaider coupable peut avoir lieu à n'importe quel moment de la procédure, y compris une fois qu'un procès devant jury est engagé. Ainsi, en ne plaidant pas coupable lors de l'*arraignment*, les parties peuvent-elles, chacune de leur côté, évaluer sereinement les preuves, conduire des investigations supplémentaires, obliger la partie adverse à fournir des preuves (*motion for discovery*), afin de parvenir à des conditions plus avantageuses dans la négociation. Le plaider coupable n'intervient alors que lorsque les parties sont parvenues à un accord, souvent après des semaines et des mois, ce qui oblige à déposer des requêtes en renonciation au droit à un procès rapide inscrit dans la Constitution

---

[18] Il semble que tous les systèmes judiciaires aient prévu des formes de justice sommaire basée sur l'aveu. Elles sont en général à la limite de la légalité. Ainsi voir Marie-José DESCAZEAUX : dans sa thèse de doctorat sur "l'aveu" (droit privé, Université des Sciences sociales, Toulouse 1, 1998, p. 450-453), elle montre les points communs du *plea bargaining* et du système de correctionnalisation français basé sur une disqualification artificielle des faits, procédé d'évitement de la cour d'assises en théorie illégal mais accepté dès lors qu'il rencontre le consensus de toutes les parties. L'auteur écrit ainsi : "Curieux est le discours des praticiens qui se dit hermétique à toute forme de justice négociée, alors que ces pratiques sous une forme déguisée existent depuis toujours." (p. 456)

[19] Mike MCCONVILLE, op.cit., p. 368.

[20] Pour une analyse détaillée du *plea bargaining*, voir Ioannis PAPADOPOULOS, "L'accès à la justice : prérogative publique ou bien aliénable ? " in *Juger en Amérique et en France*, p. 67-87. Ainsi que *"Plaider coupable". La pratique américaine.* Le texte français, PUF, 2005.

(*motion to waive time*).[21] On voit que l'avocat de la défense joue un rôle-clé, et les Américains ont bien compris que sans lui, toute la procédure est viciée.

Mais, disent aussi les partisans du *plea* négocié, le procès devant jury est-il plus fiable que la négociation pour parvenir à une peine juste ? Tous les juges vous diront que les jurys sont imprévisibles et que les erreurs judiciaires les plus terribles ont eu lieu après un procès, suite par exemple à des témoignages douteux d'experts.[22]

En revanche, le grave défaut du *plea* négocié, quel que soit le système judiciaire dans lequel il s'inscrit, est bien mis en exergue dans l'article que publie Robert Badinter à la suite de son introduction (très partielle) en France :

Quant à la publicité des débats, cette garantie essentielle de la justice dans un Etat de droit, elle disparaît. Le cabinet du procureur est un lieu clos et la procédure d'homologation devant le juge se tiendra en chambre du conseil, loin des regards indiscrets. [...] Dans la pénombre qui enveloppera la CRPC, le public soupçonnera, s'il s'agit de notables, d'obscurs accommodements.[23]

Justice must be seen to be done, tout le problème se trouve résumé dans cet adage. Nous ne citerons ici qu'un exemple célèbre. Martin Luther King a été assassiné en 1968, mais aucun procès public n'a jamais fait la lumière sur les détails de l'affaire car le meurtrier officiel, James Earl Ray, a été condamné à 99 ans de prison suite à un plaider coupable sans plus de formalités. Or, trois jours plus tard, il se rétracta, affirmant que son *plea* avait été le résultat des pressions de son avocat. Du fond de sa prison et jusqu'à sa mort en 1998, il ne cessa dès lors de clamer son innocence. Le fils de Martin Luther King lui apporta son soutien et l'Attorney General Janet Reno dut se résoudre à ouvrir une enquête qui prit fin en 2000, concluant à la probabilité (likelihood) de complicités mais sans l'innocenter. Trente ans après les faits, il était sans doute trop tard pour établir des preuves. Aujourd'hui, des théories nombreuses circulent encore sur les véritables coupables. Mafia, FBI, CIA sont soupçonnés : toutes les rumeurs, même les plus folles, sont permises. James Earl Ray aura passé le restant de ses

---

[21] En Californie, par exemple, le procès doit obligatoirement avoir lieu dans un délai de 60 jours après la mise en accusation pour *felony*. Pour une *misdemeanor* le délai est de 45 jours. Le *time waiver motion*, ainsi que l'on désigne le fait de demander à la cour l'autorisation de repousser la date du procès, est une pratique devenue courante. On assiste ainsi à des scènes étonnantes au tribunal : les avocats de la défense font la queue pour venir à la barre déposer leurs incessantes requêtes en ajournement. Au mur un grand calendrier. Le juge passe un temps infini à discuter des dates de procès, accordant presque toujours les ajournements demandés et sachant très bien qu'il n'y aura dans la plupart des cas pas de procès, mais que plus le temps passe et plus les preuves sont soupesées, plus il y a de chance que l'affaire se termine par un accord entre les parties.

[22] Thèse développée notamment par le juge Frank H. EASTERBROOK, "*Plea* bargaining as Compromise" in 101 *Yale Law Journal* 1969, 1992. Voir aussi plus récemment Stephanos BIBAS, "Bringing Moral Values into a Flawed *Plea* bargaining System" in 88 *Cornell Law Review* 1425, 2003. L'auteur préconise une réforme du système mais veut préserver l'esprit du *plea* négocié.

[23] Robert BADINTER, "Une loi de régression" in *Le Nouvel Observateur*, 12 février 2004, p. 56.

jours à demander un procès qui lui fut refusé parce que, dans le feu des événements, il avait plaidé coupable. Mais on voit bien que c'est la société tout entière qui est perdante car la vérité ne pourra plus jamais être connue. Ainsi une question redoutable est posée : le *plea* négocié est-il vraiment en accord avec le *Bill of Rights* qui a inscrit le droit au procès public ? Ce droit s'adresse-t-il uniquement à l'accusé, ne s'adresse-t-il pas aussi, dans sa pénombre, au public lui-même ?

Et cependant, on ne peut nier que le *plea bargaining* reste culturellement en harmonie avec la façon de penser de la grande famille de *common law* à laquelle les Etats-Unis restent viscéralement attachés. En *common law*, on juge des faits incriminés. Dans le procès français, héritier d'une justice religieuse et absolutiste, c'est la personne toute entière qui est jugée, corps et âme, comme nous allons le voir. En un sens le *plea bargaining* découle du fait que le procès, de toute façon, ne jugerait rien d'autre que l'acte dont on détermine contractuellement le degré de gravité. Si donc les faits sont clairs et la culpabilité est évidente (cas par exemple des flagrants délits ou lorsque les preuves sont écrasantes), le procès devient superflu. Le *plea bargaining* a partie liée avec le principe de la procédure accusatoire qui suppose un litige. Les parties sont des *litigants*. A quoi bon encombrer le système avec des affaires dont l'issue est pratiquement connue d'avance ?

Cette façon de penser est corroborée par l'existence du *directed verdict,* puisqu'un juge peut stopper un procès en arguant du fait qu'il n'y a pas d'éléments probants contradictoires. Ce n'est donc pas le *plea bargaining* en soi qui pose problème, mais son utilisation excessive et ses dérives possibles, son manque d'encadrement.[24]

En fin de compte, ce qui choque tant l'esprit français dans l'idée du *plea bargaining* n'est-ce pas cette vision totalement sécularisée, dénuée de toute transcendance, qui lui enlève sa vertu de rachat de la faute par appel à la conscience et acte de contrition ? Le *plea* négocié, représentant d'une justice contractuelle, sans dimension sacrée, effraie par son caractère flottant et instable. Les grands principes contenus dans le *due process* - procès public, équité, droit de ne pas s'auto-incriminer, égale protection des lois - entrent en conflit avec cette approche transactionnelle.

Et le terne plaider coupable qui a lieu en quelques secondes au cours d'une l'audience publique où l'accusé marmonne quelques mots sans même avoir à jurer solennellement, ne sonde pas le cœur, il n'arrache pas d'aveu ni de contrition. C'est bien ce qui le rend détestable pour certains. Ainsi Medi Beka aurait sans doute écopé de la même peine mais sans procès. Il aurait évité

---

[24] La critique du *plea bargaining* ne peut se faire qu'en fonction du degré des pressions exercées. Il dépend étroitement de la structure globale dans laquelle il s'insère, des pressions politiques. Aussi nous bornons-nous à ce stade à brosser la problématique générale du *plea* négocié. Il sera traité dans sa dynamique actuelle, propre aux Etats-Unis, en deuxième partie.

l'humiliation d'un déballage public de sa jeune existence alors que c'est précisément ce que le procès aux assises cherchait à opérer, dans l'espoir de purger l'horreur du crime.

Section 3. Juger des faits ou de la personne ?

La logique du *plea bargaining* met en lumière la doctrine du jugement des faits seuls et non de la vie entière de la personne, doctrine fondamentale dans le *due process*. Deux droits constitutionnels y sont rattachés : le principe selon lequel nul ne peut être jugé deux fois pour le même fait (*double jeopardy*), et le droit de ne pas "s'auto-incriminer". 5ème Amendement à la Constitution (*Self-Incrimination clause*) : nul ne pourra, dans une affaire criminelle, être obligé de témoigner contre lui-même.

Ces deux droits n'ont jamais été vraiment intégrés en France, ainsi que l'observation du procès de Medi Beka le montre.

Toute l'assistance est confortablement assise mais on demande à Medi Beka, l'accusé, de se lever dans son "box" pour être interrogé. Cette simple coutume fait frémir un Américain qui y voit une violation de la présomption d'innocence, en plus du droit de ne pas se compromettre (*self-incriminate*). L'accusé au *trial* est assis à côté de l'avocat et il est interrogé comme témoin : il n'est pas encore coupable. Il peut de même garder le silence sans que cela puisse être retenu contre lui. Ce n'est pas à lui-même de prouver sa culpabilité, mais à l'accusation qui le poursuit en justice : la charge de la preuve (*the burden of proof*) incombe à celui qui met une personne en cause. Grande règle de base : un accusé qui se tait ne peut être accusé de ne pas "coopérer".

Le juge s'adresse à Medi Beka : "*Nous allons tenter de cerner votre personnalité. Qu'avez-vous à dire sur vous-même* ? " Et devant le mutisme de l'accusé, le juge feuillette l'épais dossier remis par le juge d'instruction. Il égrène tous les faits saillants de sa jeune existence, s'arrêtant sur les détails les plus intimes, sa vie sexuelle inexistante. Que veut-il prouver puisqu'on sait que le crime n'était pas de nature sexuelle ? Ici aurait résonné dans le *trial* le fameux "*Objection Your Honor* !" qui fuse tant parce que les parties sont à l'affût de la moindre entorse aux règles qui pourrait permettre de faire appel par la suite.

Le juge est excédé par le mutisme de l'accusé. Grands silences. "*Pourquoi n'aviez-vous pas de vie sexuelle ?* " Le public retient son souffle. L'accusé baisse la tête et murmure une bribe inaudible. Toute la grand'messe des assises est basée sur l'espoir d'assister à la cérémonie de l'humiliation et des remords, seule ligne possible de rachat de la faute. Pour Antoine Garapon, " *le juge américain est un diseur de droit* ", en France "*il est un ministre de vérité, un intercesseur avec le sacré*".[25]

[25] Antoine GARAPON, op.cit., p. 155.

Robert Badinter parlait de la "tentation du juge-Dieu", d'un juge omniscient qui concilie droit et équité, comme le prêtre au confessionnal.

Le droit français a retenu les leçons de Platon mais pas d'Aristote. Le juge français est de la race des Sages, un philosophe qui lit dans le cœur des hommes. Il ne faut pas s'en tenir aux faits, ombres de la Réalité mais voir plus loin, jusque dans les tréfonds du passé de l'accusé. On juge un homme, pas des faits.

L'humiliation de l'accusé dont on cherche à sonder les profondeurs, a été analysée par Michel Foucault qui y voit un déplacement de l'ancien supplice physique des criminels vers une torture-expiation mentale liée à une atténuation de la punition corporelle.

Depuis 150 ou 200 ans que l'Europe a mis en place ses nouveaux systèmes de pénalité, les juges, peu à peu, mais par un processus qui remonte fort loin, se sont donc mis à juger autre chose que les crimes : l' "âme" des criminels.[26]

Cependant cette explication emphatique a sans doute été exagérée. Il faut aussi rappeler que cette pratique découle en grande partie du poids de l'investigation conduite par le juge d'instruction. Si les faits sont déjà établis minutieusement avant le procès et consignés par écrit dans le dossier, il ne reste plus au procès qu'à apprécier le caractère de la personne, d'autant plus que le jury devra se prononcer tout autant sur la peine à infliger que sur la culpabilité.

En cour d'assises, la personnalité de l'accusé est disséquée doublement : d'abord pendant la divulgation en public de son intimité puis par l'observation de son comportement au procès : est-il humble, arrogant, agressif ? La cérémonie de la repentance, feinte ou réelle, fait fondre les années de prison comme neige au soleil.

Gilles Perrault a montré comment avec ce système le coupable avait plus de chance de s'en tirer que l'innocent : Christian Ranucci – le dernier guillotiné de France - rendu fou de colère par l'accusation monstrueuse de meurtre d'un enfant qui pesait sur lui clama son innocence jusqu'au bout et se comporta à son procès de façon impertinente et agressive. Il fut condamné à mort. Peu de temps après, eut lieu le procès d'un meurtrier, Patrick Henry, qui avait entendu la leçon. Maître Badinter raconte :

Il demandait pardon aux parents ; toute sa vie si on le laissait vivre, il regretterait son crime, il expierait. Il avait un accent d'une profondeur, d'une sincérité totales. Un peu plus tard, je lui ai demandé : " Qu'est-ce qui vous a fait parler ? " Il m'a dit : " La lettre que Mme Ranucci a envoyée à ma mère. " S'il n'y avait pas eu cette lettre, conclura maître Badinter, il est probable qu'il se serait tu. Il est possible qu'il aurait été condamné à mort.[27]

---

[26] Michel FOUCAULT, *Surveiller et punir*, Paris, Gallimard, 1975, p.26.
[27] Cité par Gilles PERRAULT, *Le pullover rouge*, op.cit., p. 455.

Mais cette habitude de lier le verdict au comportement de l'accusé au procès est ancrée dans les mœurs françaises.[28] De fait, les avocats de *common law* sont déconcertés par cette règle de droit tant le principe d'impartialité leur semble mis à mal par l'idée de laisser des jurés décider de la "personnalité" d'un accusé. Le professeur australien Bron MC Killop, analysant un procès français qu'il a eu l'occasion de suivre en cour d'assises, se refuse à traduire le mot "personnalité" (laissé en français dans son texte) car, dit-il, "*it includes personal history, schooling, work record, military service, material situation, leisure interests and character traits...*"[29] Pour lui il n'existe pas de mot équivalent dans la langue anglaise, recouvrant toutes les données personnelles d'un individu.

Le droit de *common law* traditionnel a-t-il pressenti les dangers que faisait courir, derrière un semblant d'humanité, l'usage des analyses sauvages de personnalité au tribunal ? En tout cas, la règle aux Etats-Unis est appliquée le plus fidèlement possible et toute tentative de déballage public de la vie privée de l'accusé (sauf pour les points précis directement liés au délit) est immédiatement stoppée par le juge-arbitre qui sait bien les menaces d'annulation de procès pesant sur lui dans le cas contraire. Celui-ci dans ses instructions au jury le leur répétera maintes fois : "*You are the trier of facts.*"

Et de même, le défendeur (*defendant*) est toujours assis à côté de son avocat, protégé par lui. Il n'a pas à parler, seulement quand il veut bien témoigner. Son silence ne peut être retenu contre lui. Difficile de le juger sur son comportement à l'audience car c'est l'avocat qui parle à sa place.

Le *Federal Rules of Evidence* parle de "*danger of undue prejudice*"[30], et souligne surtout la nécessaire pertinence (*relevance*) de l'analyse du caractère de l'accusé, donc du lien direct avec les faits. La valeur de preuve (*probative value*) est à analyser avec soin avant d'être déclarée admissible. Robert Burns a ce commentaire révélateur de toute une philosophie éloignée du droit romain :

> *I believe that the common law's historical aversion to 'character evidence' was intertwined with an Augustinian belief that ultimate moral judgments of persons were a divine prerogative which political-legal institutions ought not to exercise.*[31]

---

[28] L'exemple le plus remarquable est sans doute l'histoire de Patrick Dils innocenté après quinze ans passés en prison. Dans ses premiers procès il baisse la tête et ne se défend pas, on retient cela comme une preuve supplémentaire de sa culpabilité. A son dernier procès où il sera acquitté, il s'est "préparé", a fait avec son camarade de cellule des répétitions de mise en scène, s'est théâtralisé, a travaillé sa diction et ses formules, et pris de l'assurance. Au procès il va réussir à impressionner l'auditoire, chose qu'à dix huit ans il ne savait pas faire...

[29] "Anatomy of a French Murder Case" in *The American Journal of Comparative Law*, Vol 45, 1997, p.532.

[30] Federal Rule of Evidence 401

[31] Robert P. BURNS, *A theory of the trial*, op.cit, p.93.

Autre règle notable : il est interdit de faire valoir des croyances religieuses pour asseoir la crédibilité de l'accusé. Celui-ci ne doit pas être jugé par rapport à ses convictions personnelles.

Et puis le spectre de l'esprit lyncheur, du racisme, de tous les préjugés inconscients que peuvent générer les analyses psycho-sociales, fait toujours peur. Pour juguler le risque d'une résurgence de fantasmes populaires – puisque c'est le jury seul qui décide – il faut instaurer des garde-fous, empêcher les débordements de tous genres, que ce soit par une victimisation de l'accusé ou au contraire une diabolisation.

Certes, cette notion de responsabilité est battue en brèche et des affaires célèbres ont défrayé la chronique, trahissant une érosion certaine de la doctrine. Mais le simple constat de l'énorme scandale provoqué par ces affaires montre bien que la culture américaine y demeure très attachée.

En 1989, en Californie, les frères Menendez abattent leurs parents dans leur luxueuse résidence de Beverly Hills ; aidés d'une brillante avocate, Leslie Abramson, ils invoquent la légitime défense en se présentant comme des victimes torturées et abusées par leurs parents. Au premier procès, le jury, ne parvenant pas à l'unanimité, est suspendu (*hung jury - mistrial*). Les critiques se déchaînent contre une Amérique qui se déresponsabilise.[32] Dans le sillage de cette affaire, l'avocat célèbre Alan Dershowitz publie un livre qui rencontre un grand succès, *The Abuse Excuse*[33], dénonçant l'apparition de théories douteuses pour s'inventer des circonstances atténuantes. Au deuxième procès, en mars 1996, les frères Ménendez sont finalement condamnés à la prison à perpétuité. La stratégie de la défense a échoué, le jury en est resté aux faits.

La personnalité de l'accusé pourra être évoquée par des témoins sous forme de "perception" uniquement car eux-aussi sont soumis à des règles strictes : pas de ouï-dire, pas d'opinion personnelle. Si par inadvertance le témoin de bonne moralité cité par la défense appuie un peu trop son témoignage, il peut être sûr d'être poliment remis à sa place lors du contre-interrogatoire. "Pasteur, vous n'avez pas envie de voir votre ami en prison, n'est-ce pas ?" Le jury comprend le message.

Medi Beka se tient toujours debout face au juge. L'avocat de la défense n'a pas encore dit un mot. Puis vient la question suivante : "*Racontez-nous votre dernier délit.*" Devant les nouveaux bredouillements de l'accusé, le juge décrit les blessures légères infligées lors d'une altercation qui avait donné lieu à une peine de prison avec sursis. Le Président de la Cour parle et tout le monde écoute reli-

---

[32] Voir par exemple Edward BEHR, *Une Amérique qui fait peur* (traduit de l'américain), Paris, Plon, 1995, chapitre 5.
[33] New York, Little Brown, 1994.

gieusement. Ni la défense ni l'avocat général ne bronchent. Ce sera ainsi pendant presque tout le procès. L'ordre et le respect du volumineux dossier écrit d'instruction commandent le silence. Un silence assourdissant, en vérité, car chacun se pose alors la question : cet homme qui avait déjà commis un acte violent, aussi mineur fût-il, est-il dangereux pour la société ?

Pendant ce temps, aux Etats-Unis, sur cette simple question de l'évocation au procès des délits antérieurs, les juristes débattent sans fin et la procédure ne cesse de se complexifier sous le coup de querelles de plus en plus sibyllines.

En droit américain, les règles des preuves sont très strictes et celle qui exige le silence sur le passé de l'accusé est sans doute la plus étonnante et la plus controversée, y compris dans les pays de *common law*. Chacun sait que nul ne doit être jugé deux fois pour le même délit. En vertu de ce principe, il est interdit de mentionner devant le jury des éléments du passé judiciaire de l'accusé qui n'ont pas de rapport de causalité direct avec l'affaire en question.[34]

Cette règle a ses fervents défenseurs, y compris en France, lesquels y voient une garantie d'impartialité du *due process*. Ainsi le professeur François Rigaux affirme :

La tentation de céder à des stéréotypes n'est pas moins pernicieuse quand, avant de prendre parti sur la culpabilité, le juge ou le jury est informé du passé judiciaire de l'accusé. Autant une telle information est indispensable pour déterminer la nature et le taux de la peine, autant elle encourt de sérieuses objections quand, avant la décision de culpabilité, elle incline les jurés ou les juges à se fonder sur le stéréotype de la propension à la récidive. Une réforme qui paraît indispensable consisterait à restreindre de telles informations jusqu'à ce que le jugement sur la culpabilité eût été arrêt.[35]

En 2002, une affaire a ému la population et relancé le débat en Angleterre. Un gynécologue accusé à Preston Crown Court du viol sous hypnose d'une de ses patientes fut acquitté par un jury horrifié quand ils apprirent, après le verdict, que l'homme avait déjà été condamné pour le viol de neuf autres patientes, sans que ce lourd passé judiciaire n'ait été mentionné au procès. La victime se dit violée une deuxième fois, par la loi.

Mais le débat n'est pas prêt de s'éteindre car à ce premier droit vient s'ajouter celui de la présomption d'innocence. C'est toujours le fait qu'on juge et personne n'a le droit de présumer la culpabilité à cause d'actes passés.

Cependant le fait que ce scandale ait éclaté en Angleterre plutôt qu'aux Etats-Unis n'est pas fortuit. Outre Manche le secret de la procédure est pris très au sérieux et la loi sur l'outrage à magistrat (*Contempt of Court Act*) décourage les

---

[34] Principe pour la détermination de culpabilité. Le juge, en établissant par la suite la peine, tient compte du passé judiciaire.

[35] François RIGAUX, "L'opacité du fait face à l'illusoire limpidité du droit", Revue *Droit et Société* 41-1999, p. 91.

velléités de la presse de divulguer le nom et le passé d'une personne en instance de procès. C'est tout le contraire aux Etats-Unis où la publicité[36], au nom de la liberté d'expression, prime.[37] L'adage dit aussi que "*justice should not only be done, it must be seen to be done* ". Difficile dans ces conditions de cacher au jury les détails de l'affaire qui va être jugée quand il leur suffit de lire la presse. Des tentatives de réduire l'impact des médias tels que séquestration du jury, récusations des jurés attestant leur connaissance préalable du dossier[38], délocalisation du procès *(change of venue)* dans une région où la presse locale n'a pas eu vent de l'histoire, parfois dans des cas rares et très sensibles injonction du juge aux avocats de garder le silence (*gag-orders*), ajournement du procès (*continuance*) n'ont pas vraiment réussi à écarter le risque du parasitage du procès par le pouvoir de la presse.[39] Et des avocats pas toujours honnêtes savent parfois insinuer des rumeurs non recevables, en écho à des allégations des médias. Les insinuations peuvent alors avoir un effet pire que des déclarations exprimées simplement et noyées dans l'énoncé d'autres preuves. Les jurys savent bien que les règles des preuves sont très strictes, il leur suffit pour cela d'observer la pratique courante des apartés entre le juge et les avocats durant l'audience. De là à imaginer qu'on leur cache des vérités essentielles …vérités qu'ils trouveront ailleurs qu'au tribunal, par exemple sur un site Internet. Le *global village* de la communication signifie que les règles de circulation des informations sont radicalement changées. Autrement dit, à l'âge du tout-communication, toutes les règles complexes

---

[36] Mot pris dans son sens large, acte de rendre public.

[37] La doctrine veut que, sauf en cas de "*clear and present danger* ", la presse soit libre et ne puisse être attaquée en justice pour des informations divulguées ou des critiques du jugement. Seuls les avocats peuvent parfois encourir des sanctions disciplinaires. De même le huis clos est rare. Les principaux arrêts de la Cour suprême établissant cette doctrine sont *Bridges v. California* (1941), *Wood v. Georgia* (1962). Cependant, en 1966, la Cour suprême mit en place le principe de protections (*remedies*) contre l'emprise des médias dans l'affaire *Sheppard v. Maxwell.*

[38] Une analyse approfondie du problème des jurys ayant eu connaissance des affaires par les médias avant l'ouverture du procès est conduite par Jeffrey ABRAMSON, *We the Jury, The Jury System and the Ideal of Democracy*, Harvard University Press, 1994, p. 36-55. Aux Etats-Unis lors de la première sélection, un long questionnaire est posé aux jurés potentiels. On cherche à savoir en particulier s'ils ont des préjugés par rapport à l'affaire à traiter. J. Abramson essaye de résoudre le dilemme du jury ignorant de l'affaire mais suffisamment éduqué par ailleurs. Ainsi la plaisanterie qui circulait au moment de l'affaire O.J. Simpson : "*- Knock Knock – Who's there ? – O.J. – O.J. who ? – Great ! You can be on the jury* ! "
La critique acerbe de Mark Twain au 19ème siècle reste dans toutes les mémoires ; celui-ci constatant que les jurés étaient retenus sur le critère de leur ignorance s'indigna devant une justice rendue par "*the fools and rascals*".

[39] La place à accorder aux médias est un problème délicat en *common law*, souvent débattu. Voir Michael Chesterman, "OJ and the Dingo : How Media Publicity Relating to Criminal Cases Tried by Jury is Dealt with in Australia and America" in 45 *American Journal of Comparative Law*, 1997, 109-147. M. Chesterman, relevant la grande différence entre l'Australie/Angleterre et les USA dans ce domaine, émet l'idée que le système de liberté américain est très injuste à l'égard des accusés car ce sont eux qui doivent supporter les coûts et inconvénients des mesures de remédiation dues au comportement débridé de la presse ; par exemple l'ajournement (*continuance*) signifie que l'accusé doit attendre plus longtemps son procès et jugement.

de l'exclusion de preuves dites préjudiciables ont-elles encore un sens autre que celui de préserver le mythe de la pureté procédurale ?

Mais tout se complique encore lorsqu'on se réfère aux règles énoncées dans le *Federal Rules of Evidence* (FRE règles 608 et 609) : il est interdit de mentionner les délits antérieurs pour prouver le mauvais caractère d'une personne, mais pour d'autres motifs le juge peut autoriser le procureur à y recourir, "*for impeachment purposes* ", le mot "*impeach* " en droit pénal voulant seulement dire récuser, mettre en doute.

Or, cette règle d'*impeachment* est consubstantielle à la logique des débats car le contre-interrogatoire vise à diminuer la crédibilité du témoin. C'est pourquoi les avocats américains mettent tant en avant la notion de *circumstantial evidence*, c'est-à-dire les preuves indirectes, obtenues par inférence. Il faut alors mettre sur le gril le témoin pour déterminer la fiabilité de son témoignage. Un adage dit ainsi : "*Juries rule for those they like and trust* ", parlant de tous les témoins, tenus de démontrer sous les feux des questions adverses et pointues qu'ils sont honnêtes dans leur narration des événements. D'où une assez grande latitude de stratégie pour l'interrogateur, y compris le dévoilement public d'aspects liés à la vie privée du témoin et de ses croyances.

Ceci étant, dans le cas où le défendeur est déclaré coupable, le juge, énonciateur de la peine, tient évidemment compte du passé judiciaire et surtout de la récidive ; le droit américain se montre très sévère à l'encontre des récidivistes. Mais dans le cas le plus fréquent d'une condamnation par plaider coupable, la personnalité de l'accusé n'a guère droit au chapitre.

Section 4. Trouble mental et responsabilité pénale

Medi Beka ne savait pas pourquoi il avait été pris d'une folie furieuse, tuant sauvagement deux êtres proches qu'il aimait. Il parla d'un "malheur", un maléfice, un grigri africain dans la maison : "*ce n'était plus moi, il y avait un autre en moi.* "

C'était un assez gros fumeur de cannabis, et ce depuis plusieurs années, mais il n'en avait pas fumé plus que d'habitude ce jour-là. Les experts, psychiatre et psychologue, le trouvaient normal, gentil, débonnaire, assez intelligent, d'une "normalité anormale". La police n'avait pu trouver d'indices conduisant à un mobile de crime. Pouvait-il s'agir d'une crise psychotique aiguë, un cas de démence passagère relevant de l'article 64 du Code Pénal ? Il y avait bien un petit indice que ne manqua pas de souligner l'avocat de la défense dans sa plaidoirie finale : des études récentes tendaient à montrer que la dépendance au cannabis pouvait provoquer chez certaines personnes fragiles des états psychotiques. Or, Medi Beka rapporta avoir souffert de très fortes angoisses avant son acte. Mais pour être crédible, il aurait fallu citer un expert sur le sujet. Cela n'avait pas été prévu car dans le système inquisitoire, les contre-expertises demandées par la défense, bien que possibles, sont rares. Le sujet était clos.

L'appréciation de la "démence au moment des faits" (*insanity plea*) avait déjà eu lieu, dans le bureau du juge d'instruction, au regard de rapports d'experts commandités par le juge. Celui-ci seul décide alors du renvoi en jugement ou non. Sans débat, au vu d'expertises non contradictoires, le sort du prévenu est jeté car le simple fait d'aller en cour d'assises le désigne responsable de ses actes et donc coupable. Denis Salas parle de "déjudiciarisation" problématique : ce sont les experts psychologues et psychiatres qui ont décidé à la place de la Justice.

Alors que le moindre comportement illicite a droit à un procès équitable, tout se passe comme si, en cas de "démence", l'emprunt monopolisé par le juge d'une vérité dans un code extérieur avait, en évacuant le procès, valeur de jugement. [40]

A contrario alors, s'il y a bel et bien un procès, c'est que la "normalité" et la responsabilité sont déjà établies. Dans un cas comme dans l'autre, il n'y a pas de débat sur la question. En comparaissant en cour d'assises, Medi Beka avait déjà été condamné dans le bureau du juge d'instruction. Il ne restait plus qu'à lui chercher des circonstances atténuantes ou aggravantes.

Certes, la frontière mouvante entre le normal et l'anormal ne se plie guère à la catégorisation juridique. De plus, l'individu vraiment fou n'est pas en mesure de suivre le cours rationnel du procès, et il doit être protégé de la vindicte populaire. Mais aux Etats-Unis, il faudra avoir à faire à une débilité profonde ou une démence avérée pour que le procureur refuse d'entamer le procès qui, rappelons-le, est vécue comme un droit civique, le droit symbolique d'être reconnu comme membre à part entière de la société et d'être jugé par ses pairs. Du fait de cette visibilité de la folie dans les procès, *l'insanity plea* a connu une histoire mouvementée et continue d'alimenter des débats houleux.

La première définition légale apparut vers 1850, copie exacte du modèle anglais[41] adopté suite à l'assassinat d'Edward Drummond, le secrétaire privé du Premier Minintre Robert Peel, par un fou nommé McNaghten. Le *McNaghten test* fut bientôt appelé le *right-or-wrong test* car il suffisait alors de prouver qu'au moment des faits, la personne ne pouvait plus discerner le bien du mal. MacNaghten fut déclaré non coupable, "*not guilty by reason of insanity*", ce qui n'équivaut pas à un acquittement : le défendeur est assigné en asile psychiatrique.

Très vite des critiques fusèrent de toutes parts, alimentant un débat qui n'allait guère cesser jusqu'à nos jours. Dans certains Etats on y ajouta la for-

---

[40] Denis SALAS, *Du procès pénal*, Paris, PUF, 1992, p. 124.

[41] Le droit anglais était très respecté et volontiers copié au 19ème siècle. Dans le film *Young Mr Lincoln,* on voit Abraham Lincoln avocat se délecter de la lecture des Commentaries de Blackstone.

mule de l'acte impulsif[42] irrésistible (*irresistible impulse*). Le 19ème siècle confiant dans les nouvelles sciences médicales croyait qu'une lésion du cerveau ou des neurones pouvait provoquer des états incontrôlables, tout comme l'intoxication par des drogues ou l'alcool pouvait entraîner des états de confusion qui empêchaient la personne de discerner le bien du mal.

De plus, les critiques du *McNaghten test* soulignaient son cognitivisme exclusif (récurrence du verbe *know*) qui ne tenait pas compte de la volition. En effet le *mens rea*, l'intention délictueuse, qui forme la base de la responsabilité pénale, implique une volonté délibérée de nuire (*an unconstrained will*). Ainsi une personne, tout en discernant toujours le bien du mal, peut se trouver dans un état où elle ne contrôle plus sa volonté. Avec le principe de "*irresistible impulse*", la notion de folie temporaire commença à être bien acceptée. Bien sûr l'ivresse, par exemple, était sévèrement punie mais un crime commis sous l'empire de l'alcool était le plus souvent qualifié de meurtre au second degré.[43]

Cependant cette définition étonnamment large de la folie temporaire était intenable. Elle laissait s'engouffrer toutes les manipulations possibles. L'argument de la démence passagère s'est ainsi prêtée dans l'histoire américaine à toutes sortes de récupérations. Friedman décrit plusieurs affaires célèbres du 19ème siècle où *l'insanité plea* fut utilisé au gré des conventions sociales et de la politique. La définition légale de la folie évolua au 20ème siècle pour tenter d'empêcher les débordements. On introduisit par exemple la notion de "responsabilité diminuée" (*diminished responsibility*) dans les années cinquante, laquelle avait le mérite d'introduire des degrés dans le trouble mental.

Mais les jurys continuaient à déclarer non coupables ou coupables d'homicide involontaire (*involuntary manslaughter)* les criminels dont le désordre psychique était patent, et les cours suprêmes d'Etat soutenaient en général cette indulgence.[44] Peu à peu cependant, le vent de la contestation populaire commença à souffler avec l'augmentation de la criminalité vers la fin des années soixante. L'affaire qui fit le plus changer la conception juridique de l'aliénation mentale, en en rétrécissant le champ considérablement, fut la tentative d'assassinat de Ronald Reagan en mars 1981 par John Hinckley. Le président fut sérieusement blessé et son secrétaire de presse, James Brady, fut atteint de

---

[42] *Impulse* ne peut pas vraiment se traduire par "pulsion" (*urge, drive*) car si la pulsion insiste sur l'idée de psychologie des profondeurs, de libido, l'acte impulsif (ou coup de tête) met plus en avant le caractère exceptionnel et spontané, involontaire.

[43] On peut se poser la question du viol : pouvait-on se prévaloir de la défense de "*irresistible impulse*" ? Mais en fait, la question ne semblait jamais se poser en ces termes. Les violeurs reconnus étaient des pervers et punis très sévèrement : on ne voyait pas cela en termes pathologiques mais moraux. Et puis la notion de viol était beaucoup plus étroite, liée à une agression caractérisée. Beaucoup n'étaient pas reconnus. De plus, le détournement de mineur (*statutory rape*) est une notion relativement moderne. L'âge de consentement légal jusqu'à la fin du 19ème siècle était fixé à ... dix ans.

[44] Voir par exemple l'arrêt de la Cour suprême du Nouveau Mexique *State v. Padilla (*1959).

graves lésions au cerveau. Hinckley était un personnage très bizarre : il avait tiré sur le président pour se faire remarquer de l'actrice Jodie Foster. Toute la ligne de la défense se concentra sur la folie de l'accusé et le procès, qui dura huit semaines, se mua en un véritable ballet d'experts et contre-experts en psychiatrie. Finalement le jury déclara Hinckley non coupable "*not guilty by reason of insanity*".[45] Le verdict déchaîna un torrent de protestations dans tout le pays : l'invocation de la folie n'était plus qu'une lamentable échappatoire pour tous les criminels. Le jour suivant l'énoncé du verdict, un sondage montra que les trois quarts de la population pensaient que justice n'avait pas été faite et 70% se prononçaient pour l'élimination du *insanity plea*[46]. Le Congrès en profita pour s'emparer de l'affaire et en 1984 de nouvelles règles fédérales virent le jour, vite imitées par la plupart des Etats. La loi stipule qu'on ne peut se prévaloir de *l'insanity plea* que si la maladie est reconnue : "*as a result of a severe mental disease or defect* ". Dès lors, cette ligne de défense amorça un déclin rapide.

Il est vrai aussi que le mouvement de l'anti-psychiatrie et la mise au point de nouveaux médicaments psychotropes efficaces favorisaient alors la désinstitutionnalisation des troubles psychiques. On ne craignait plus d'envoyer en prison des gens en plein naufrage mental. Il n'y aurait plus désormais de Miss Ratched et les Mc Murphy iraient en prison.[47]

Le procès de Hinckley met en évidence une des spécificités du procès de *common law* : le statut de l'expert. Celui-ci est diligenté par chacune des parties et soumis à un contre-interrogatoire par l'autre partie, il est un témoin[48] tandis que l'expert en France n'est pas considéré comme témoin, car il a un statut officiel et obéit à une injonction du juge. Son avis est très rarement remis en question : il fait partie des Sages qui président à la découverte de la Vérité. C'est lui qui dira si une personne est folle ou non, en *common law* ce sera le jury. Expert contre jury populaire, voilà une belle métaphore d'un fossé culturel bien réel entre les rivages de l'Atlantique. Le traitement du trouble psychique reste une grosse pierre d'achoppement pour les tribunaux, où qu'ils soient. Mais le droit américain, quoi qu'il en soit, refuse de laisser aux seuls "experts" le soin de déterminer le niveau de responsabilité.

---

[45]Pour une analyse détaillée du procès de John Hinckley, voir Robert HARIMAN, *Popular Trials*, University of Alabama Press, 1990, chapitre 5.

[46] Cité par William LEWIS, "Power, Knowledge and Insanity" p. 117 in Robert HARIMAN (editor), *Popular Trials*, ibid.

[47] L'imaginaire américain a intégré le personnage de Big Nurse, nouveau fantôme des autorités menaçantes, sous les traits d'une infirmière en chef, dans le film tiré du roman de Ken Kesey, *One flew over the cuckoo's nest*, (Vol au-dessus d'un nid de coucou).

[48] Notons cependant que le *Federal Rules of Evidence* autorise la Cour à nommer un expert neutre (Rule 706) quand elle le juge nécessaire. Mais, remarque Oscar G. CHASE : "*this power is seldom invoked, and party selected experts dominate the American courtroom*" ("American Exceptionalism" in *The American Journal of Comparative Law*, vol 50, 2002, p. 300).

Chapitre 3. Punir pour panser une blessure

Section 1. Le sens de la justice

A la fin du procès, ont lieu le réquisitoire de l'avocat général et les plaidoiries des avocats (*closing arguments*). La première grande spécificité du procès français, absente du *trial*, est ce qu'on pourrait appeler la "déclamation", ces discours enflammés, très longs et émouvants. Antoine Garapon parle de "magie des mots", "d'effet cathartique", "chant, jubilation, lamentation, imprécation".[1] Les *closing arguments* américains font pâle figure en comparaison : courts, percutants, ils ne sont qu'un résumé des preuves exposées. Non dénués de charge émotionnelle, ils évitent l'emphase qui éveille chez l'Américain le soupçon d'imposture du langage.

Au procès de Medi Beka, le feu sacré couvait. Un des avocats des parties civiles entama une longue plaidoirie, lançant d'une voix tonitruante des tirades tragiques sur les soixante coups de couteau portés à cette "belle belle jeune fille massacrée" par ce "monstre d'égoïsme". Eût-elle été d'un physique disgracieux, sa vie aurait sans doute eu moins de valeur. Et peu importait que le nombre ahurissant de coups de couteau portait justement la marque d'un acte fou, non réfléchi. Emporté par le flot émotionnel, le public médusé ne se posait plus guère de questions.

Mais il n'était pas le seul à s'exprimer ainsi. Un autre se tourna vers l'accusé : "*Vous êtes un monstre, un démon. Vous êtes Caïn tuant Abel. Je souhaite que l'Oeil vous poursuive jusque dans votre tombe.*"

Car, autre grande spécificité française, ils étaient trois avocats, figures de cette institution inconnue aux Etats-Unis : les parties civiles, ce qui implique qu'au procès en France, les victimes ou leurs ayants droit sont "assistés" d'avocats qui plaident contre l'accusé, en sus du réquisitoire de l'avocat général. Autrement dit, deux accusations contre une défense. Henri Leclerc reconnaît qu'il s'agit là d'une singularité du droit français et que "*aucune convention internationale ne lui réserve cette place, à côté de l'accusation.*"[2]

---

[1] Antoine GARAPON, op.cit., p. 144.

[2] Henri LECLERC, " Pour un nouveau procès pénal ", in Hubert DALLE et al, *Notre justice* ..., Paris, Robert Laffont, 2002, p.213.

En droit américain, les présumées victimes ou leurs familles ne sont entendues que comme témoins dans un procès pénal. Ne pouvant donc pas se constituer parties civiles, elles ne sont pas représentées au procès par un avocat. Ce qui ne veut pas dire que le droit des victimes n'est pas respecté, loin s'en faut. Le dédommagement fait l'objet d'une procédure à part et les familles des victimes peuvent engager des poursuites civiles si elles ne s'estiment pas assez remboursées du préjudice subi. Ce fut le cas dans l'affaire *O.J. Simpson.* Il arrive que le défaut de preuves suffisantes au pénal entraîne un acquittement mais au civil qui n'est pas soumis à des règles aussi drastiques - "responsabilité " (règne de la 'prépondérance' des preuves) n'a pas le même sens que "culpabilité " (domaine régi par le '*guilty beyond a reasonable doubt*') – la même personne acquittée au pénal peut être condamnée à verser des dommages et intérêts à la victime.

Pourquoi ce luxe procédural ? Le procès de Medi Beka en donnait la clé, à partir du sentiment de malaise qu'on ressentait à voir l'esprit de vengeance s'installer au cœur du procès. Chaque personne s'estimant victime peut faire appel à son propre avocat et ainsi peut s'installer toute une rangée d'avocats juste au dessous du banc du Ministère Public, tous habilités à prendre la parole, face à un seul avocat de la défense qui, du coup, se sent bien seul.

De nombreux avocats français sont conscients de ce problème délicat de la prise en compte de la souffrance des victimes sans qu'elle ne dégénère en une contagion de violence par le système judiciaire. Daniel Soulez Larivière, avocat français, explique que "*il y a quatre mille ans, la loi du talion encadrait la vengeance privée par la règle de la proportionnalité, puis la paix civile s'est progressivement fondée sur la confiscation de cette vengeance par l'Etat*"[3] et parle d'une boîte de Pandore qui s'ouvre en faisant revenir les victimes au centre du système judiciaire pénal.

La loi française du 15 juin 2000 a encore augmenté les droits des victimes, les élevant au statut de véritables acteurs du procès pénal. En toile de fond de cette réforme se profile peut-être la peur d'une "judiciarisation à l'américaine".[4] Il s'agirait de décourager les citoyens d'avoir recours trop facilement au procès civil. Aux Etats-Unis les parties civiles au pénal n'existant pas, les procès civils occupent une place considérable. Civil et pénal ont des champs distincts clairement définis. *Criminal law* et *civil law* sont deux domaines du droit bien séparés.

On doit admettre que la place des victimes au procès demeurera toujours ambivalente. Antoine Garapon préfère mettre l'accent sur "l'exclusion du pardon interpersonnel " qu'induit la mainmise publique. Peut-être peut-on considérer également que la charge émotionnelle des plaidoiries des avocats des

---

[3] Hubert DALLE, ibid, p. 309.

[4] En France, en simplifiant, le plaignant peut opter pour une procédure civile ou pénale avec des conditions différentes. Ceci est impossible aux Etats-Unis. D'autre part, lorsqu'un plaignant choisit le pénal, il ne peut plus par la suite recourir à une procédure civile en France. Rien de tel aux Etats-Unis puisque les deux procédures ont des champs d'application bien distincts.

victimes, cette *catharsis,* produit un effet de deuil qui permet ensuite d'envisager une peine moins lourde, puisque l'accusé a déjà été immolé symboliquement, torturé psychologiquement par les parties civiles. Il est intéressant d'observer que leurs avocats ne prennent parfois même pas la peine d'assister à tout le procès, ils ne paraissent qu'à la dernière audience, comme au procès de Medi Beka. Leur rôle est alors uniquement incantatoire, comme pour conjurer la colère des dieux et purger le besoin de vengeance. On pourrait alors parler d'un modèle réhabilitatif plutôt que rétributif de la justice, le tribunal comme succédané du confessionnal catholique. Mais dans ce cas, les imprécations ne devraient-elles pas avoir lieu après le verdict (car la culpabilité n'est pas censée être établie avant le jugement du jury) ? Difficile pourtant d'imaginer accabler encore une personne qu'on vient juste de condamner à des années de prison. Comment sortir de ce nœud gordien si ce n'est en plaçant la victime dans un champ hors de la procédure pénale active, c'est- à- dire comme aux Etats-Unis, dans le rôle de témoin ?

Et puis, il faut évoquer un autre risque lié aux parties civiles. Le philosophe Robert Brisart relate son expérience de juré et comment, dans un cas complexe, le jury a unanimement acquitté un homme accusé du meurtre d'une prostituée.[5] Il raconte que les faits, opaques et invérifiables, ont rapidement lassé les jurés ; ils se sont alors tournés vers la personnalité de l'accusé qu'ils ont fini par trouver "sympathique". En droit américain, il est vraisemblable qu'il aurait aussi été acquitté, mais pas en vertu de sa personnalité attachante, seulement parce que l'embrouillamini des faits permettait de dégager un "doute raisonnable" : la formule du "*guilty beyond a reasonable doubt*" ne pouvait être prononcée dans un tel cas.

Mais ce qui rend ce récit remarquable est le fait que le philosophe fasse part d'un malaise qui l'a envahi après le verdict : "*Quelle justice avions-nous rendu à cette jeune personne [la prostituée] dont le crime restait à présent impuni ? Elle qui semblait n'avoir inspiré à ses proches que de la honte, puisque personne ne s'était porté pour elle partie civile ?* "

Le principe du rôle actif des avocats des parties civiles au procès pénal induit un rapport de forces social, voire socio-économique, entre victime et accusé. Ainsi ce n'est pas seulement le jugement de la personne de l'accusé, son corps, son âme, qui est rendu à la cour d'assises, mais aussi celui de la victime. Selon que celle-ci aura plus ou moins de valeur, l'accusation aura plus ou moins de poids. Si la prostituée, pâle fantôme, avait été une "belle belle jeune fille" de

---

[5] "La vérité est ailleurs " in revue *Droit et société* n° 51/52 – 2002, p.423.

bonne famille, représentée par un puissant et très médiatique avocat, y aurait-il eu aussi facilement acquittement ? [6]

Le principe des parties civiles au procès semble donc définitivement établi en France. Tout comme aux États-Unis celui de tenir à distance au contraire les victimes du pénal. Certes, il ne faut pas exagérer cet éloignement. Les victimes témoignent de façon expressive, assises face au jury et au public. Mais elles n'ont pas d'autre pouvoir. Examinons alors les données qui permettent d'expliquer ce choix américain.

Tout d'abord, cet ancrage juridique s'explique indéniablement par le spectre très présent dans la société américaine des pratiques de lynchage qui ont eu lieu jusqu'au milieu du 20ème siècle. L'esprit de vengeance privée planait alors, surtout dans le Sud du pays.[7] A l'Ouest, la loi de Lynch tenait souvent aussi lieu de procès. Le *justice of the peace* était parfois le tenancier du saloon local[8] et acquittait ou pendait sans s'embarrasser de formalités, suivant le statut social de la victime et de l'accusé. Si par malheur l'accusé était un étranger, par exemple un Mexicain, il n'avait aucune chance de s'en sortir. Pour un vol de cheval, il était pendu. Dès que de véritables tribunaux se mirent en place, on comprit qu'il était vital d'éloigner cette idée de justice communautaire expéditive, *vigilante justice,* pour rétablir un peu de sérénité.[9] Encore aujourd'hui, les études mon-

---

[6] Dans toute l'Europe, le principe d'une participation active des victimes au procès est admis, mais avec de grandes variations dans les mécanismes. L'Espagne va très loin : elle admet les " poursuites populaires ", c'est-à-dire que même des groupes d'intérêts peuvent initier une poursuite pénale selon le principe de légalité. La France suit le "principe d'opportunité", c'est-à-dire que le procureur évalue le bien-fondé de la plainte et peut la refuser à sa discrétion. Nous verrons que même l'Angleterre admet les poursuites privées (bien que rares car indépendantes des poursuites publiques et donc très chères) Les Etats-Unis se distinguent donc de tout le reste du monde occidental sur ce point. Le problème est très bien posé par le professeur Stephen THAMAN : "*Is it fair that a number of prosecutors, public, private and popular, square off against a single defendant in a criminal case ? Does that violate the principle of equality of arms ?*" in *Comparative Criminal Procedure*, Durham, Carolina Academic Press, 2002, p. 28.

[7] Le lynchage concerna presque tous les Etats, même s'il se pratiquait surtout dans le Sud. La plupart du temps, il avait lieu en public, ainsi que le montre le livre de photographie de James ALLEN (ed), *Without Sanctuary : Lynching Photography in America,* New York, Twin Palms Publishers, 2000. Sur l'histoire du lynchage et de ses horreurs, voir Daniel ROYOT, *Les Etats-Unis, civilisation de la violence ?,* Paris, Armand Colin, 2003, p. 77-82.

[8] Par exemple, le célèbre juge Roy Bean. En 1882, le tribunal devant lequel comparaît le cheminot irlandais qui a tué, au vu et au su de tous, Ah Ling, teinturier chinois, … s'établit sous la véranda du Jersey Lilly, le saloon de Roy Bean, dont la façade proclame fièrement "'Loi à l'Ouest du Pecos" ' et "bière glacée". "A la satisfaction de la nombreuse assistance, le juge acquitte l'accusé à la seule condition qu'il paie les frais d'enterrement de sa victime." in *Les grands procès* dir Nadeige LANEYRIE-DAGEN, Paris, Larousse, 1997, p. 176.

[9] Trois films représentatifs. 1) Le film le plus connu comme plaidoyer d'une force extraordinaire contre l'esprit de lynchage qui gangrénait alors la société américaine sortit en 1936 : *Fury* de Fritz lang. Ce film dut son succès au fait qu'il exploitait le thème du lynché (sauvé de justesse) devenant à son tour symboliquement le lyncheur, sombre allégorie de l'homme devant résister à ses pulsions vengeresses par le respect inconditionnel de la règle du droit.

trent que la couleur de la peau de la victime a une incidence sur le degré de sévérité des sanctions. Hantée par le spectre d'un retour à cet esprit justicier, ce *take justice into your own hands* sauvage, la procédure pénale a appris à prévenir le déversement des ressentiments nés des clivages sociaux dans l'enceinte du prétoire. En France aussi, mais dans une bien moindre mesure, on entend des récriminations de juristes sur les sévices de l'esprit de vengeance : on parle alors de constitutions de parties civiles abusives, paralysantes.

Les dérives judiciaires dans le civil aux Etats-Unis sont bien connues. Ce pays d'immigrants ne peut pas prendre le risque de raviver au pénal la flamme de tous les conflits potentiels qui couvent entre ses multiples catégories et cultures.

La réponse demeure également juridique, dans la droite ligne de la culture de *common law*. Si les faits ont toujours deux visages, comme l'explique Burns, et que la vérité ne peut sortir que d'un débat contradictoire, alors tous les dires des témoins peuvent faire l'objet d'une attaque lors des contre-interrogatoires, y compris ceux des victimes et de leurs familles. Où s'arrête le droit de contredire ? Peut-on décemment remettre en question les affirmations d'une victime qui vient au procès parler de sa souffrance ?

La place de la victime dans le procès pénal américain (et non civil) est malaisée. Elle ne se plie pas à cette structure de dialectique permanente. Les avocats de la défense doivent choisir leurs tactiques judicieusement : parfois attaquer, parfois compatir et ne rien dire. Par exemple, dans les cas de viol, l'avocat de la défense essaiera d'attaquer la crédibilité du témoignage de la victime, mais à ses risques et périls. La démarche pourrait vite paraître de très mauvais goût face à une victime éplorée.[10]

Dans certains Etats, ont été alors mis en place des rapports écrits distribués au jury, donc hors du champ du débat contradictoire, sur l'impact de l'infraction sur la/les victime(s) : les *Victim Impact Statements* (VIS). Ces rapports, d'un genre nouveau en *common law* car ne respectant pas le principe de la preuve orale au procès, ont tôt fait l'objet d'une récupération pour faire appel de verdicts de peine de mort. En 1987, *Booth v. Maryland*, par cinq voix contre quatre, renverse un verdict de peine capitale parce qu'un VIS qui a emporté la décision

---

2) Dans *Young Mr Lincoln* de John Ford sorti en 1939, Abraham Lincoln alors simple avocat, stoppe in extremis le lynchage de deux Blancs après une altercation qui a mal tourné à New Salem. L'institution judiciaire n'allait pas de soi, même dans les Etats sans esclavage.
Dans 3) *In the Bedroom* de Todd Field (2001), écho de ce passé, un couple aidé d'amis se fait justice en tuant eux-mêmes le meurtrier de leur fils, en liberté sous caution en attendant son procès. Mais la perspective est renversée. Ford le cinéaste prêcheur inculquait la foi en la justice tandis que la morale de In the bedroom est trouble, voire glauque : les victimes fondent de grands espoirs dans la justice mais déçus, ils tendent un piège au meurtrier, le tuent puis rentrent tranquillement chez eux se laver les mains et boire du café.

10 Voir par exemple John M. CONLEY et William O'BARR, *Just Words, Law , Language and Power*, Chicago University Press, 1998, chapitre 2 : "The Revictimization of Rape Victims".

du jury, est déclaré contraire au 8ème Amendement. Mais en 1991, dans un autre cas de peine de mort *Payne v. Tennessee*, la Cour se ravise : l'évaluation des torts causés aux victimes est à prendre en compte sérieusement par le jury. Les preuves de dommages émotionnels sont déclarés admissibles. Dans cette affaire, Payne avait tué une mère et sa petite fille, puis s'était attaqué au fils. Payne, condamné à mort, faisait appel en excipant du fait que, suivant le précédent arrêt de la Cour suprême, le témoignage de la grand'mère de l'enfant rescapé de la tuerie n'aurait pas dû être admis au procès. La Cour lui donna tort.

Cependant, il est bien établi que le principe d'équilibre du débat contradictoire, fondement du procès équitable, ne supporterait pas la participation d'*attorneys* d'un troisième type à l'intérieur du procès.

It is unlikely that the civil party system would be welcomed by the parties in adversarial systems. The defense would not want a second opponent, seeking damages as well as punishment, and the prosecution would not want a third party with the potential to adversely affect the presentation of its case.[11]

Cette réflexion émane non d'un Américain mais d'un Australien. C'est bien la preuve que l'esprit de *common law* imprègne la doctrine ; il ne s'agit pas là d'une spécificité américaine, même si l'histoire du pays a su l'instrumentaliser pour atténuer les effets du populisme lyncheur.

Enfin, une remarque formulée par Stamatios Tzitzis nous met sur la piste d'une troisième explication :

Les jugements de la criminologie de l'acte sont fondés sur le principe de la réciprocité. Tout diagnostic caractérologique du criminel exige la prise en considération de l'état de la victime. Toute décision de justice, prise en fonction de la personnalité de l'un, nécessite la même procédure pour l'autre.[12]

Cette affirmation est étonnante : elle suppose une sorte de vase communicant entre droits des accusés et droits des victimes. Si le niveau des uns monte, celui des autres doit le faire tout autant. Mais c'est bien, en partie, la logique du système américain. Nous retrouvons ici le thème de la prise en compte de la personnalité dont se défie la procédure américaine, que ce soit pour l'accusé ou pour la victime, en tout cas au stade de l'évaluation de la culpabilité. Et à mesure que les droits des accusés ont augmenté, ceux des victimes sont devenus de plus en plus insistants.

Cependant le *due process* veille ! Le pragmatisme aristotélicien de la doctrine de procès équitable s'en tient aux faits intentionnels. Introduire une sorte de mystique des dommages non intentionnels ne peut avoir sa place dans un cadre

---

[11] Bron MCKILLOP, " Readings and Hearings in French Criminal Justice " in *the American Journal of Criminal Law* vol 46, 1998, p. 782.

[12] L. NEGRIER-DORMONT, S.TZITZIS, *Criminologie de l'acte et philosophie pénale*, Paris, Litec,1994, p. 100.

strictement juridique. L'Amérique puritaine qui a placé le légalisme au cœur de sa société ne peut déroger à ce grand principe juridique.

Ce point du droit pénal américain – c'est la puissance publique seule, incarnation du Peuple, qui détient le pouvoir répressif - reste l'un des plus remarquables car il déboulonne le mythe d'une justice déclinée sur le mode politique du *laissez-faire*, d'un droit sans l'Etat en matière criminelle. Le commentaire d'Antoine Garapon sur la constitution de la justice royale autrefois en Europe pourrait ironiquement parfaitement s'appliquer au droit pénal américain actuel :

Le monopole de l'Etat moderne sur la peine s'est constitué en excluant les victimes et en faisant de chaque crime un outrage au souverain, et à travers lui au corps politique sacralisé. Le prince devenait dans chaque délit l' " éminente victime ", ce qui justifiait qu'il bénéficiât du monopole des poursuites par l'intermédiaire de ses procureurs.[13]

En l'occurrence, si le prince moderne est symboliquement la *community*, son procureur n'est autre que le *District attorney*, personnage élu, donc vassal de son peuple. Et, nous dit Jean Cédras, "*dans la mesure où la victime ne peut obliger la poursuite à agir et où le DA n'est pas hiérarchiquement subordonné à l'Attorney general (ce sont deux personnages élus), le District attorney jouit d'une autonomie quasi illimitée dans le déclenchement et dans l'exercice de la poursuite.* "[14] Son pouvoir n 'est limité que par le *grand jury* mais celui-ci n'existe que dans une vingtaine d'Etats et est de moins en moins utilisé. C'est dire que la victime aux Etats-Unis doit s'incliner devant le procureur, figure de l'Etat et lui remettre symboliquement les armes défendues de la vengeance privée.

Section 2. Le pari démocratique du procès pénal

Le jury d'assises se retire pour délibérer dans le plus grand secret comme aux Etats-Unis. Mais, différence de taille, il est assisté du Président de la Cour qui a eu connaissance du dossier d'instruction (non communiqué aux jurés) et de ses deux assesseurs.

Le jury américain, totalement indépendant, qui décide donc sans la présence du juge, reste énigmatique aux yeux du monde extérieur. Il défie certainement la logique moderne, au vu de la complexification des lois et du monde. Il n'est pas exempt de critiques aux Etats-Unis non plus.

Cependant, l'idée d'une justice rendue par des non-juristes, représentant la société civile, a fait son chemin dans toute l'Europe. Ce sont par exemple les *lay magistrates* en Angleterre, ces juges bénévoles et non professionnels qu'on

---

[13] Antoine GARAPON, Frédéric GROS, Thierry PECH, *Et ce sera justice, punir en démocratie,* Paris, Odile Jacob, 1996, p.259.

[14] Jean CEDRAS, *Le droit pénal américain*, Paris, PUF, 1997, p.14.

trouve dans tous les tribunaux de première instance. En Hollande (qui n'a pas de jurys), les juges sont souvent des cadres et fonctionnaires reconvertis.

Notons aussi que le jury français dans sa forme actuelle (neuf jurés assistés de trois juges) ne date que du Code de Procédure Pénale de 1958 (en 1980 une réforme étendit par ailleurs les listes de sessions). De la Révolution à la seconde guerre mondiale, il ressemblait étrangement au jury américain : les jurés étaient maîtres du jugement dit "de faits", décidant seuls de la culpabilité. Mais, tout comme son homologue américain, il ne puisait pas dans toutes les couches sociales et on avait inventé des mécanismes de filtrage de la population. La procédure de mise sous tutelle eut lieu sous le régime de Vichy, en 1941 car depuis ses débuts le jury français était l'objet d'une méfiance teintée de mépris de la part des professionnels qui stigmatisaient la "commisération abusive " des jurés. Les travaux de Louis Gruel ont remarquablement mis en lumière à quel point l'institution du jury en France a longtemps été perçue comme une greffe maladroite et inadaptée du droit anglais :

> *Les adversaires de l'institution mettent notamment l'accent sur l'incompatibilité supposée du jury avec le tempérament national français, estimé (par opposition à la rigueur anglaise) trop indifférent à l'administration publique et trop peu ferme ou encore caractérisé par "ce sentiment trop ordinaire de générosité et d'indulgence dans les uns, de timidité et d'insouciance dans les autres, qui portera toujours à la commisération..." et qui aboutit "au triste résultat de l'impunité des plus grands crimes" (Muraire, cour de cassation, an XI).* [15]

André Gide, qui en 1912 fut juré d'assises et en publia des mémoires (*Souvenirs de la cour d'assises*, 1914), reprenait cette idée. Gide fut surpris par "*une condescendance mêlée de commisération pour le milieu social misérable et brutal où évoluent accusés et victimes*", il entendit des jurés dire qu'il s'agissait de "*vétilles comme il s'en commet, disent-ils, chaque jour de tous côtés.*"[16] Le jury français nouveau, guidé par trois professionnels, se montra plus sévère. Selon l'étude de Louis Gruel, le taux d'acquittement s'abaissa considérablement, de 40 % dans les années les plus indulgentes à 8 % en 1943.

On ne peut pourtant pas vraiment dire que l'idée de ce jury populaire, totalement indépendant dans sa décision, soit intrinsèquement attachée à la logique du système accusatoire de *common law*. L'institution du jury en Angleterre subit, depuis des décennies, le même processus de déclin qu'en France, sous des formes différentes et, il est vrai, moins avérées. Et ceci de diverses manières.

D'une part, contrairement à ce qui se passe aux Etats-Unis où le *jury trial* règne en maître, les affaires sont majoritairement traitées par les *Magistrate Courts* (environ 95 %), c'est-à-dire sans jury, celui-ci demeurant réservé à la prestigieuse et coûteuse *Crown Court*. Le *Criminal Justice Act* de 2003 augmente

---

[15] Louis GRUEL, *Pardons et châtiments*, Paris, Nathan, 1991, p. 21.
[16] Louis GRUEL, ibid, p. 65 et 66.

encore les pouvoirs des tribunaux sans jury. L'Angleterre semble se rapprocher du modèle français et de son rôle restreint dévolu à la cour d'assises.

D'autre part, le jury outre-Manche est fortement guidé par le juge qui préside au procès. A la fin des débats, le juge anglais "résume" longuement les faits pour le jury, ce qui est strictement interdit en droit américain. Le *summing-up* anglais ou *summation* n'est pas l'équivalent des *jury instructions* américaines, celles-ci servant uniquement à rappeler le code éthique du jury et les lois en vigueur s'appliquant à l'affaire. Lorsque se tiennent ces *jury instructions* aux Etats-Unis, les portes de la salle d'audience sont souvent fermées à clef par l'huissier de justice (*bailiff*) *et* le public ne peut sortir de la salle. C'est un moment solennel, où l'attention du jury ne supporte pas d'être dérangée et le juge doit choisir ses mots avec beaucoup de prudence.[17] Si celui-ci venait à émettre une quelconque opinion, la défense pourrait s'en saisir et le verdict être rejeté en appel.

Le jury américain n'est donc guère comparable à ses homologues européens, y compris anglais. Aux Etats-Unis, il est empreint d'une valeur forte, celle du ciment social dont cette société éminemment multiculturelle a bien besoin. Le jury, puisé dans toutes les couches sociales et ethniques, réunit dans l'imaginaire tous ses membres épars en un lieu mythique, celui du jugement univoque. Ce qui explique sans doute pourquoi presque tous les Etats restent très attachés au principe de l'unanimité du verdict.[18] Douze voix qui s'accordent, c'est loin d'être évident et il suffit d'une seule voix discordante pour que tout bascule. Le jugement est dans l'impasse (*deadlocked*) et suspendu (*hung jury*). Il appartient alors à l'accusation de décider s'il convient d'organiser de nouvelles poursuites, ce qui induit la tenue d'un nouveau procès avec un jury différent. On comprend que les juges redoutent le *hung jury* !

Malgré les graves défauts dont souffre ce système de jury, maintes fois soulignés – imprévisibilité, encouragement au *plea bargaining*, perméabilité aux préjugés populaires, mais surtout lourdeur des procédures – il a au moins un mérite indubitable : il rend la justice plus proche, moins effrayante. Le citoyen peut se reconnaître dans les présupposés culturels qui traversent inévitablement toute décision de justice.

Et puis, il crée un effet catalyseur sur la société civile, comme en témoigne l'usage abondant d'expressions juridiques passées dans le langage courant, du type "*the jury is still out on this question*" pour dire qu'un problème de société n'est pas réglé. Et enfin, par la familiarité qu'il induit du système judiciaire, il encourage les mouvements de vigilance citoyenne – car bien sûr la loi et les procédures telles qu'elles sont écrites dans les livres (*black letter law*, selon

---

[17] Certains juges ont même tellement peur de ces *jury instructions*, objet de tant d'appels pour vice de forme, qu'ils s'en tiennent à la lecture d'un texte officiel pré-établi. Ce qui n'est pas sans poser de problème car le style écrit de ces textes a été à l'origine de mini-scandales où il apparut que le jury n'avait rien compris !

[18] En France, majorité de sept ou huit voix sur douze votants (culpabilité : huit).

l'expression familière) ne sont pas toujours scrupuleusement respectées dans les tribunaux. Il n'est donc pas trop de dire que, pour le meilleur comme pour le pire, le jury populaire est ressenti comme étant le mur de soutènement de l'édifice judiciaire américain. Et la formule consacrée, en vieil anglais, "H*as the jury reached a verdict ? What say you ?* " continuera encore longtemps de résonner dans les tribunaux.

Dans le procès de Medi Beka, la plaidoirie de l'avocat de la défense dura deux heures. Intelligente, éclairée, elle ne manqua pas d'arguments en faveur des circonstances atténuantes mais ils arrivaient trop tard et sonnaient un peu creux car non étayés par des experts. Par exemple l'hypothèse d'une pathologie liée au cannabis et à l'alcool aurait justifié l'intervention d'un expert indépendant (et contre-expert) en toxicologie.

Le jury condamna le jeune homme à trente ans de réclusion criminelle. Il avait cependant échappé à la perpétuité demandée par le procureur. Mais le procès se terminait bizarrement : on ne savait toujours pas pourquoi il avait tué. La Cour condamnait à une lourde peine de prison sans se prononcer véritablement sur l'intention délictueuse, encore moins sur le mobile introuvable. Ce pis-aller qui consistait à condamner lourdement un acte apparemment incommensurable (puisqu'aucune piste scientifique n'avait été retenue, ni médicamenteuse, ni physiologique, ni psychanalytique) consacrait une forme de défaite de la pensée rationnelle. Car si, comme le dit Garapon, le procès est "instrument de reconnaissance symbolique"[19] à travers une mise en récit collectif, un ordonnancement du monde, le vide d'explication logique laissait le champ libre à un récit occulte, archaïque, qui risquait de faire basculer le geste tragique de Medi Beka dans le registre d'un retour à la barbarie. La procédure française a choisi la linéarité du récit en partant du principe que la puissance publique saura démasquer la Vérité. Mais c'est un pari risqué et difficile car contrairement à ce qui se passe dans la littérature, il n'y a pas d'auteur omniscient dans le récit juridique. La procédure américaine privilégie les narrations rivales, n'espérant pas faire sortir une vérité absolue, inatteignable. Elle condamne au delà du "doute raisonnable".

Ainsi, le procès français pèche par son manque de débat contradictoire.[20] A l'inverse, le procès américain a poussé l'idéal de débat contradictoire jusqu'à son paroxysme.

---

[19] Antoine GARAPON, Thierry PECH, " Mise en récit du procès, mise en procès du récit " in Droit et Cultures, n°36, 1998, p.150.

[20] Le principe du contre-interrogatoire au procès a été introduit en juin 2000 dans la procédure française. Mais il peine à être appliqué. En 2005, est paru sur le sujet un petit ouvrage de l'avocat français Christophe Ayela, *Vérités croisées : cross-examination, une petite révolution procédurale*, Paris, Litec. L'auteur exhorte ses confrères à enfin oser en audience se servir de ce nouveau moyen qui leur est offert.

Chapitre 4. Les rouages de la justice américaine

Le *jury trial*, galerie d'honneur, vitrine d'un édifice gigantesque, demeure incompréhensible s'il n'est pas replacé dans l'architecture globale de la procédure judiciaire. Même lorsque le procès devant jury n'a pas lieu (avec le *plea bargaining* et le recours au *bench trial*, c'est le cas le plus fréquent), son ombre mythique s'étend sur toute la procédure.

Pour comprendre un procès américain devant jury, il importe de savoir ce qui se passe en coulisses ainsi que les diverses fonctions qu'exercent les trois piliers de l'édifice judiciaire : le procureur (par commodité de langage, on utilisera le mot *procureur* pour parler de l'officier du Ministère public, *prosecutor*), l'avocat de la défense et le juge.

L'idéal de débat contradictoire a été poussé si loin que le déroulement du procès devient souvent incompréhensible, y compris pour les accusés. Cette illisibilité des procédures découlant des astuces fines développées par les avocats dans la bataille contradictoire a pour conséquence de susciter la méfiance du public et d'écorner la crédibilité du système judiciaire américain. Essayons donc d'en démêler quelques fils avant d'observer le déroulement d'un procès proprement dit.

Section 1. Les débuts de la poursuite judiciaire

Au stade de l'arrestation, la police ne subit pas encore de contrôle judiciaire, elle a un pouvoir discrétionnaire important, sauf lorsque l'arrestation est consécutive à une opération diligentée par le procureur, ce qui demeure assez rare. La présence de l'avocat au poste de police, exigible, rappelle que l'enquête doit se conformer à des règles constitutionnelles que nous allons présenter. Le bouleversement des codes de perquisitions et saisies a contribué aussi à améliorer la déontologie policière. Ainsi le *terry-stop* (du nom d'un arrêt de 1968 de la Cour suprême *Terry v. Ohio*) qui consiste à stopper des gens sur la voie publique, les questionner et les effleurer/palper pour voir s'ils n'ont pas d'arme sur eux, euphémisme pour la fouille au corps (*stop and frisk*) est autorisé mais au terme de règles précises dont le fameux *reasonable suspicion.*

De même, le mandat d'arrêt doit faire suite à une *probable cause*, elle-même appuyée par un *written affidavit*, c'est-à-dire une déclaration écrite sous serment d'un officier de police. En ce qui concerne les flagrants délits, la police américaine bénéficie d'une grande liberté. Elle a toute latitude pour arrêter une personne sur la voie publique à la moindre incartade pouvant relever d'une *misdemeanor*, et même depuis 1996, dès qu'une infraction plus grave est soupçonnée. En 2001, au Texas, une mère de famille, Gail Atwater, fut interpellée car elle conduisait, avec ses deux enfants dans la voiture, sans port de la ceinture de sécurité. L'officier de police irascible la mit en prison. L'affaire monta jusqu'à la Cour suprême qui ne trouva rien à en redire (*Atwater v. City of Lago Vista*).

L'arrêt de la Cour suprême *Whren et al v. United States* concernait la légalité des contrôles de police-prétexte (*pretextual stops*), c'est-à-dire la possibilité de contrôler n'importe qui sur la voie publique pour un motif superficiel et feint de contrôle routier, en réalité dans l'espoir dissimulé de découverte d'un délit grave. Cette technique est beaucoup utilisée dans les cas de drogues. Dans l'affaire *Whren,* la cocaïne fut découverte "par hasard" sous couvert d'un contrôle de vitesse par des policiers en civil. La Cour Rehnquist déclara que des contrôles inopinés de ce type étaient acceptables, "*even if a reasonable officer would not have stopped the motorist absent some additional law enforcement objective*". De plus, était posée la question des contrôles par des policiers ne portant pas l'uniforme pour mieux piéger les personnes ciblées. La Cour considéra qu'il ne s'agissait pas là d'une pratique "extrême" attentatoire aux libertés et qu'elle se justifiait. L'arrêt *Whren* augmenta donc considérablement les moyens d'action de la police et, du même coup, le travail des cours d'appel. Le professeur américain Stephen Thaman ne cache pas sa profonde désapprobation de cette licence accordée à la police en la comparant aux règles strictes qui régissent les arrestations publiques dans toute l'Europe.[1]

Quant à la jurisprudence sur la durée de la garde à vue (*police custody*), l'arrêt de référence date de 1975 : *Gerstein v. Pugh* institua la notion de "promptitude" tout en insistant sur le droit de chaque Etat de légiférer à sa guise. *Gerstein* rendit inconstitutionnelle la garde à vue de 30 jours, voire plus, qui sévissait en Floride, mais la Cour n'alla pas plus loin. En 1991, dans l'affaire *County of Riverside v. McLaughlin*, la Cour introduisit, avec réticence, le critère des 48 heures après arrestation. Sandra O'Connor, la rédactrice de l'opinion de la Cour, écrit :

Although we hesitate to announce that the Constitution compels a specific time limit, it is important to provide some degree of certainty so that States and counties may estab-

[1] Stephen C. THAMAN, Comparative Criminal Procedure, op.cit, p.44.

lish procedures with confidence that they fall within constitutional bounds. Taking into account the competing interests articulated in Gerstein, we believe that a jurisdiction that provides judicial determinations of probable cause within 48 hours of arrest will, as a general matter, comply with the promptness requirement of Gerstein. For this reason, such jurisdictions will be immune from systemic challenges.

Le juge 0'Connor semble impliquer que cette norme des 48 heures n'est instituée que pour décharger les tribunaux des innombrables recours découlant du flou de *Gerstein.* Mais très vite elle se reprend :

Where an arrested individual does not receive a probable cause determination within 48 hours, the calculus changes. In such a case, the arrested individual does not bear the burden of proving an unreasonable delay. Rather, the burden shifts to the government to demonstrate the existence of a bona fide emergency or other extraordinary circumstance.

Police et procureurs sont avertis : vous jouissez d'une grande autonomie mais sachez que vous pouvez être mis en cause si vous en abusez.

Mais dans l'ombre de *Gerstein* et *Riverside* sont apparues de pitoyables affaires d'innocents jetés en prison pour plusieurs jours ou semaines avant qu'on ne découvre l'erreur. Circonstances extraordinaires, urgence sérieuse ? Toujours est-il que la durée de la garde à vue n'est pas un problème dont on parle beaucoup outre-Atlantique, contrairement à l'Europe. Est-ce dû à la présence de l'avocat de la défense ? Pourtant, l'avocat n'intervient souvent pas dès la première heure puisque la plupart des Etats considèrent que, pour obtenir un avocat gratuit, la condition de l'"indigence" doit être évaluée par le magistrat à la première comparution.[2] Il n'y a pas de permanence d'un avocat au commissariat de police comme c'est le cas en Angleterre. Les suspects peuvent-ils résister aux pressions psychologiques et se tenir cois pendant des jours, en attendant un avocat ?

Considérons un dernier exemple de la liberté dont jouit la police américaine grâce à la générosité de la Cour suprême depuis les années 70. L'identification du coupable par l'alignement de suspects derrière une vitre teintée (il n'existe pas de mot spécifique en français) s'appelle en anglais *the parade*, en américain *the lineup.* Cette méthode est considérée comme cruciale. Or, elle est souvent conduite par la police pendant la phase d'enquête préliminaire. Depuis 1972 (*Kirby v. Illinois),* la présence d'un avocat n'est pas exigible quand l'identification a lieu avant le début de la procédure judiciaire.

---

[2] Cependant, une pratique de terrain tend à se développer qui consiste à fournir un avocat gratuit à quiconque le demande, sans vérification. C'est ce qui se passe en Californie. Interrogée à ce sujet (avril 2005), Teresa Caffese, Chief *Public defender*, m'explique qu'il s'agit là d'une mesure d'allègement administratif sans incidence notable sur la charge de travail des avocats publics, dans la mesure où une majorité écrasante d'inculpés est très pauvre. De plus, les *public defenders* sont des fonctionnaires, donc on peut considérer que leurs services s'adressent peu ou prou à tous.

Stephen Thaman fait remarquer qu'en comparaison, dans toute l'Europe un avocat assiste à ces séances d'identification. On a pu établir qu'aux Etats-Unis, de nombreuses erreurs judiciaires avaient découlé de fausses identifications par des témoins. Une pratique, étrange aux yeux d'un Européen, s'est développée dans les procès : on demande au témoin de l'accusation d'étendre le bras et pointer du doigt l'accusé pour être sûr qu'il ne se trompe pas de personne, puis il lui est encore demandé de détailler la couleur des habits de l'accusé, comme pour s'assurer qu'il est mentalement capable de distinguer une personne d'une autre. Est-ce une mesure de conjuration pour oublier tout l'aléatoire que la psychologie moderne a révélé dans le processus de reconnaissance visuelle d'un coupable ? Pour oublier aussi qu'on ne sait pas dans quelle mesure la police n'a pas usé de moyens discriminatoires pour le "reconnaître" ?

Le *sheriff* est presque partout une personnalité locale élue au suffrage universel, ce qui est supposé l'immuniser contre des pressions extérieures, en particulier politiques. Même si la police est essentiellement municipale, un maire par exemple n'a pas le pouvoir de suspendre le *sheriff*, de le déplacer ou encore de lui ordonner ou enlever des enquêtes. L'indépendance de la police continue d'être très appréciée. Elle se fonde sur la croyance marquée par le libéralisme américain en des responsabilités librement assumées. Les relations entre police et procureur sont de ce fait assez complexes. Le procureur saisi d'une affaire en est le *Chief Law Enforcer* mais en même temps, il est entendu que la police œuvre à la recherche de la vérité et donc que toute mise sous tutelle par le procureur lui ôterait les moyens d'une recherche impartiale. Impartialité bien hypothétique du reste, qui achoppe sur l'éternelle question : un organe d'investigation, quel qu'il soit, peut-il jamais rester neutre ?

En contrepartie, pour équilibrer les forces, les avocats de la défense ont toute liberté pour mettre en cause les policiers. Autrement dit, libre à ces derniers, jusqu'à un certain point, de conduire leurs enquêtes comme bon leur semble, mais ils savent qu'ils devront rendre des comptes devant la justice. Pour un observateur continental habitué à des polices judiciaires obéissant sagement aux juges, les procès anglo-américains[3] sont stupéfiants à cet égard. Les attaques frontales par les avocats de la défense contre les policiers appelés comme témoins frappent par leur agressivité à peine voilée. L'efficacité de la remise en cause *(impeachment)* devant le jury des méthodes policières conditionnera souvent le résultat du procès.

---

[3] Il en est de même en Angleterre où la police est très libre dans ses méthodes et enquêtes. Le procès anglais est lui aussi le théâtre d'affrontements vifs entre la défense et la police appelée à témoigner.

Il faut aussi prendre en compte l'extrême diversité de la police elle-même composée de différents corps qui entrent souvent en concurrence car leur lien hiérarchique est très mal défini : police municipale, police du sheriff (comté), polices spéciales (diligentées par les organes législatifs comme la police luttant contre les drogues), polices privées... Il arrive que les fautes professionnelles soient difficiles à imputer à un corps ou à une personne particulière car il n'existe pas de pouvoir centralisé supervisant les fonctionnaires de police.

Peter Hay met également en relation la liberté policière avec des prémices de *plea bargaining*. Le suspect peut à ce stade se voir promettre des mesures de "diversion" - aide psychiatrique, cure de désintoxication, libération assortie d'un avertissement - au lieu d'être déféré à la justice.[4]

Cette extrême liberté de la police américaine (alliée souvent à des pratiques de cooptation au niveau des recrutements) a toujours posé problème et explique pourquoi le 4ème Amendement donne lieu à une jurisprudence abondante. Mais la Constitution peut-elle suffire à empêcher les dérives ? La liberté policière est constamment mise en exergue par les analystes d'erreurs judiciaires, comme dans les scandales des affaires d'abus sexuels mensongers des années 90.[5]

La première audience au tribunal est publique et dirigée par un *magistrate* qu'il ne faut pas confondre avec le juge du procès devant jury. Le *magistrate*, juge de rang inférieur, qui est aussi la personne en charge de la délivrance des mandats de perquisition et d'arrestation, apprécie le caractère probable de la culpabilité. Il décide de l'opportunité de mettre un suspect en détention provisoire mais la plupart du temps, il fixe un montant de caution pour remettre le suspect en liberté.

La caution est une pratique largement répandue, elle a donné naissance à toute une industrie de prêteurs professionnels (*bail bondsmen*). Ils sont accompagnés de leurs propres policiers privés, les *private bail enforcement officers*, plus communément nommés chasseurs de primes (*bounty hunters*). On en dénombre aujourd'hui environ 7000, leur mission est de retrouver les fuyards (*bail jumpers*). Leur travail est officiel, souvent en liaison directe avec la police publique chargée d'arrêter la personne qu'ils ont repérée.

La libération sous caution des personnes mises en examen est vraiment inscrite dans la culture américaine. Cependant la détention provisoire est de

[4] Peter HAY, *Law of the United States*, op.cit., p. 289.

[5] L'Amérique a connu de nombreux scandales "Outreau". Lire par exemple Dorothy RABINOWITZ, *No Crueler Tyrannies : Accusation, False Witness and Other Terrors of our Times*, New York, Wall Street Journal Book, 2003.

plus en plus reconnue et utilisée ; la Cour suprême l'a avalisée dans l'arrêt *Salerno* en 1987. Et le scandale des prêtres catholiques pédophiles qui débuta sur la côte Est, à la fin des années 80, a attiré l'attention sur un effet pervers de la libération trop généreuse des personnes suspectées d'infractions graves tels les crimes sexuels sur des enfants. En effet, parallèlement à la remise en liberté sous caution, se mettaient en place des listes rouges de personnes suspectées, listes créées par des associations civiles de vigilance et diffusées au grand public. Le bruit courait que de dangereux "*predators*" vivaient sans contrôle judiciaire au sein de la collectivité. Ces listes conduisirent à certains endroits à de véritables campagnes de dénonciation abusives frisant l'hystérie collective et la diffamation. La caution, née de l'idée qu'on ne peut pas punir quelqu'un avant d'être sûr de sa culpabilité (présomption d'innocence), butait contre un autre grand principe du droit, le principe de précaution. On s'aperçut alors que la détention provisoire, paradoxalement, servait parfois la cause de la présomption d'innocence, en ôtant aux citoyens de la rue la charge de protéger la société : il revenait à l'institution judiciaire seule d'assumer ce rôle.

Néanmoins, la mise en liberté sous caution reste une pratique très répandue car la détention rencontre un autre problème majeur : comment dédommager une personne innocentée qui vient de subir d'éprouvantes semaines de détention ? Une détention provisoire qui se solde par un acquittement peut déboucher aux Etats-Unis sur un procès civil de la personne injustement incarcérée avec versement d'une indemnisation élevée (n'oublions pas que le verdict au civil est également rendu par un jury populaire).

Par comparaison, la culture française admet mal la libération des personnes mises en examen en attente de leur procès et la détention provisoire y est habituelle, à tel point qu'on parle d'une exception française en ce domaine. Jean-Paul Céré rappelle pourtant qu'elle est antinomique avec le principe de la présomption d'innocence.[6] Et le magistrat français Daniel Stilinovic, dans son style pamphlétaire, montre bien les dangers de la détention provisoire : "*La manie qu'ont les juges de couvrir les détentions provisoires. Quand le prévenu a été placé sous mandat de dépôt par le magistrat instructeur, il est rarissime que le tribunal n'inflige pas une peine au moins égale à la détention provisoire effectuée, de telle sorte que l'institution ne s'en trouve pas discréditée.*"[7]

---

[6] Jean-Paul CÉRÉ, *La prison*, Dalloz, 2007, p.23.

[7] Daniel STILINOVIC, *Voyage au pays de la présomption d'innocence*, Paris, Bibliophane, 2003, p. 174

Section 2. Mise en accusation officielle : le procureur, représentant du peuple

A ce stade de première comparution qui est une audience publique et contradictoire, sorte de premier procès, le procureur joue un rôle central. Il peut en effet récuser la décision du *magistrate* suivant l'idée que celui-ci ne dispose que d'informations encore incomplètes relevant de la *probable cause.* Dès lors, le procureur assume la mission de contrôle du travail de la police, il est véritablement *Chief law enforcement officer* et a le pouvoir d'ordonner des enquêtes de police supplémentaires.

Le procureur du comté (que nous appelons ici par commodité *District attorney*, DA, son nom le plus usuel) a un très grand pouvoir car bien souvent c'est lui et lui seul qui décide et annonce les poursuites (*information)*, le *grand jury* n'ayant jamais été incorporé formellement dans le droit des Etats par la Cour suprême. Ainsi, seulement 22 Etats y ont recours ponctuellement (procédure d'*indictment)*, le plus souvent dans les affaires graves et délicates, pour permettre au DA de conforter sa décision de poursuite. Qu'est-ce donc que ce *grand jury,* à ne pas confondre bien sûr avec le *petty jury* du procès ?

Le *grand jury,* chambre d'accusation, réunit jusqu'à 23 citoyens choisis au hasard dans la population. Ceux-ci vont, moyennant une modique rétribution, avoir la responsabilité de déterminer, pour toute une série d'affaires différentes, si les motifs d'inculpation sont suffisants pour mettre en accusation la personne arrêtée (*indict*) et la déférer au tribunal.

Contrairement au jury de procès, le *grand jury* n'est pas convoqué pour une seule affaire précise, il s'occupe de nombreux cas dans un temps imparti. Il a théoriquement de grands pouvoirs : il interroge le prévenu, convoque des témoins, peut décider d'accorder le statut de repenti, forme d'immunité judiciaire pour inciter les témoins à collaborer avec la justice, peut aussi examiner des preuves obtenues de façon illégale (non recevables au procès). Tout faux témoignage et tout refus de comparaître sont passibles d'emprisonnement. Chaque juré peut poser des questions directes au suspect. Ni avocat ni juge n'a accès aux audiences qui se déroulent à huis clos.Mais de nos jours, le grand jury dépend de plus en plus du procureur. Dans l'Illinois, par exemple, le jury siège pendant un mois et examine quelque 1500 affaires. Son rôle se ramène à évaluer brièvement les preuves que le procureur lui soumet. D'autre part, son caractère inquisitoire et secret fait l'objet de critiques.[8]

A l'issue de cette procédure, le grand jury déclare un non-lieu (*no bill*) ou la mise en examen (*true bill* ou *indictment*). On procède ensuite à l'*arraignment* : l'acte de mise en accusation est lu au prévenu qui plaide coupable ou non coupable.

---

[8] Le *grand jury* a été supprimé en Angleterre en 1933.

On ne peut pas comparer le *grand jury* au juge d'instruction français. Celui-ci instruit à charge et à décharge, organise des confrontations de témoins et élabore un dossier transmis au Siège. Le *grand jury* se contente de réunir des éléments d'accusation de prime abord [9] (*prima facie case*), la véritable instruction n'ayant lieu que par la suite.

La tendance actuelle n'est pas à l'extension de ce *grand jury* objet de vives critiques. On lui reproche son anachronisme (pour chaque *grand jury*, de quelques affaires à examiner en 1791, on est passé à des dizaines de nos jours), son caractère inquisitoire (chambre d'accusation sans débat contradictoire), son manque d'instructions qui le rend manipulable par le procureur.

L'*arraignment* est une audience publique au cours de laquelle le juge procède à la lecture officielle des chefs d'accusation. Audience capitale : on demande à l'accusé s'il plaide coupable.

Le juge a un rôle de contrôle crucial et délicat. Il doit, par un questionnement adroit de la personne poursuivie, vérifier que le plaider coupable est complètement volontaire, mais aussi que la personne en a bien compris l'enjeu. Plaider coupable signifie mettre fin à la procédure et donc que l'accusé renonce à tous ses droits constitutionnels. Il ne pourra plus par exemple faire appel de la sentence prononcée, sauf pour contester *a posteriori* le caractère volontaire de la négociation. Le juge qui en douterait ou trouverait le marché conclu à l'issue d'un *plea bargaining* abusif , est tenu d'ordonner la mise en place du procès.

Le juge doit aussi s'assurer que l'accusé a bien compris qu'il peut se rétracter et, s'il plaide non coupable, il lui sera encore possible de plaider coupable jusqu'au dernier moment, c'est-à-dire juste avant le verdict du procès. A ses risques et périls bien sûr : un plaider coupable de dernière minute est peu récompensé par le procureur.

Le plaider coupable confère cependant un pouvoir énorme au DA puisqu'il en est le pivot grâce au *plea bargaining*. Il convient donc d'analyser le rôle que joue ce personnage-pivot de la procédure pénale.

Dans la plupart des Etats, le procureur, tout comme le juge, est élu au suffrage universel, pour un mandat assez court mais renouvelable (généralement deux à quatre ans) : il doit rendre des comptes au peuple (*the People*), qu'il représente. Sa fonction se trouve donc politisée : le peuple lui-même est un des acteurs du système, telle une éminence grise qui oriente les décisions du procureur. Comment expliquer l'élection du DA, phénomène inconnu dans les autres pays occidentaux ?

---

[9] Avec une exception notoire : les *presentments*, sorte de rapports d'investigation lorsque le grand jury pense avoir fait des découvertes importantes qu'il convient de porter à l'attention des juges. Ces rapports sont très controversés.

Tout d'abord, rappelons que le DA ne reçoit pas directement les plaintes des victimes, lesquelles par ailleurs ne peuvent se constituer parties civiles dans un procès pénal. Or, il faut mesurer tout ce que cette distance institutionnalisée entre l'organe public de poursuites et la victime a de fragile car elle n'a rien de traditionnel, c'est une lente évolution, s'écartant de la *common law*, tout au long des deux siècles passés. L'Américain reste historiquement méfiant devant l'indépendance d'un organisme professionnel public chargé de décider de l'opportunité des poursuites en justice en son nom. L'exemple, par comparaison, du pays d'origine de la *common law*, l'Angleterre, est éclairant.

Durant des siècles, aucune différence n'était faite entre procédure civile et pénale. Le crime était considéré comme une blessure personnelle qui se traitait par le duel ou par une poursuite judiciaire instituée par la personne lésée. La procédure accusatoire, basée sur l'esprit de bataille entre deux parties (*adversary*), trouvait en ce principe un terrain naturel et il faut attendre 1879 pour voir la création du premier *Office of the Director of Public Prosecutions* par le Parlement anglais.[10] Jusqu'en 1985, donc – aussi incroyable que cela puisse paraître - la fin du 20ème siècle, les poursuites en justice restèrent soit privées soit, le plus souvent, exercées directement par la police, le *Director of Public Prosecutions* n'intervenant que dans les affaires très graves. Des avocats étaient alors engagés pour l'accusation au procès. En 1985, suite à de retentissantes erreurs judiciaires induites par le manque d'honnêteté ou de discernement de la police, le *Crown Prosecution Service* fut enfin créé, mais non sans réticences. Notoirement mal doté, il est critiqué pour son manque de compétence. De plus, tout sujet de la Reine a gardé la possibilité d'exercer directement une action pénale (*lay an information*), pourvu qu'il accepte de payer des avocats (*solicitor, barrister*) qu'il charge de l'accusation au procès. Divers organismes publics ont aussi le droit d'initier des procédures pénales.[11]

L'héritage anglais devait peser lourdement sur les pratiques américaines. Jusqu'à la fin du 19ème siècle, les poursuites pénales étaient souvent exercées par des personnes privées ou semi-privées (notables locaux). Cependant, le personnage du procureur public apparut très tôt dans les annales de la justice car les Américains épris d'égalité et de justice, comme l'a bien remarqué Alexis de Tocqueville, prenaient le droit très au sérieux et ne pouvaient guère se contenter du système à l'anglaise, livré aux désirs de vengeance privée et dépendant des mannes financières des victimes.

---

[10] Il faut bien admettre que sans forces de police le service d'un procureur n'aurait eu guère de sens car il lui faut s'appuyer sur des investigations dont il apprécie la valeur probante. Or en Angleterre la police n'a été créée qu'au début du 19ème siècle, suite aux réformes de Robert Peel.

[11] Les poursuites privées sont en réalité très rares. Par contre, les organismes publics ont un rôle important dans les poursuites. Ceux-ci se chargent des infractions à caractère public tels pollution, non-respect de règles conduisant à des accidents, fraude fiscale. Aux Etats-Unis, les agences administratives n'ont pas le droit de poursuivre en justice directement, elles doivent saisir le DA, ou bien, dans les affaires graves comme les cas de fraude à grande échelle, *l'Attorney General*.

Mais l'avènement du procureur public est sans doute également lié à la menace pressentie d'un pouvoir débridé des citoyens qui risquait de se retourner contre les grandes sociétés industrielles en plein essor au 19ème siècle. Au Canada, autre pays de *common law*, les *private prosecutions* ont été préservées. Elles sont aujourd'hui de plus en plus utilisées par des associations militantes canadiennes qui poursuivent au pénal les entreprises lorsque celles-ci dérogent aux règlements stricts en vigueur. Ces poursuites ont été exercées par exemple dans des affaires de pollution industrielle.[12]

Aux Etats-Unis, où la poursuite pénale privée n'existe pratiquement plus[13], le citoyen délesté exige un droit de regard et ce sont les urnes qui le lui fournissent.

L'élection au suffrage universel du *District attorney* se justifie pour plusieurs raisons et d'abord par le redoutable monopole de la poursuite des faits délictueux, y compris commis par des personnes influentes ou détentrices de pouvoirs dans le cadre d'une activité professionnelle ou sociale à l'échelon local (à une échelle plus vaste, c'est *l'Attorney General* qui s'en charge). La tâche du DA est alors intrinsèquement politique. En guise d'illustration, voici un exemple révélateur.

Le *New York Times* a mené en 2003 une vaste enquête sur les poursuites pénales contre les employeurs qui, suite à leur non-application volontaire des règlements de sécurité, causent la mort de leurs ouvriers.[14] Constatant la rareté des poursuites, le journal stigmatise la timidité et la lâcheté des administrations (*agencies*) chargées de la surveillance et censées déférer les cas de violations flagrantes au bureau du procureur. Il montre aussi combien le DA se doit d'être la voix du peuple, respectant les intérêts de toute la collectivité aussi bien que ceux de la victime. Le système américain subit la pression des lobbies mais parfois la

---

[12] Ces poursuites privées au pénal de la *common law* n'ont rien à voir avec les constitutions de parties civiles françaises. D'abord, en France l'Etat prend toujours en charge les frais de justice (sauf la "consignation"), contrairement à la "private prosecution" soumise à conditions, - mais il est vrai que ce sont le plus souvent des associations, donc avec un budget substantiel, qui initient la procédure en droit de *common law*, et vice-versa.
Ensuite le préjudice en France doit être subi par une personne privée, les infractions dites d'intérêt général ne sont pas acceptées. Seules quelques associations triées rigoureusement, telle Enfance et Partage, sont habilitées à ester en justice. Les procès à la canadienne ne pourraient donc pas avoir lieu.
Enfin la constitution de partie civile est soumise au procureur qui décide de l'opportunité de la poursuite et peut décider de prendre des " réquisitions de non-informer ". Ce n'est donc pas équivalent à une poursuite privée de *common law*.

[13] Voir l'article de Gary & Robert UDASHEN, avocats d'un cabinet privé spécialisé en droit pénal à Dallas, qui résume très bien la problématique : " Private Attorney or Public Prosecutor : when Private Attorneys Take over the Prosecution of a Criminal Case", disponible sur www.sorrelsudashen.com

[14] "When Workers Die" Articles parus le 22 décembre 2003 : "US Rarely Seeks Charges for Deaths in Workplace" et le lendemain "California Leads in Making Employer Pay for Job Deaths".

voix des électeurs a raison des pressions et pouvoirs occultes. En Californie, soutenu par les médias et une population momentanément émue devant des morts affreuses d'ouvriers (le journaliste s'étend longuement sur le cas d'un ouvrier immigré qui se noya dans une fosse à purin, ne disposant pas d'un harnais de sécurité pourtant obligatoire), un procureur courageux osa braver toute l'industrie laitière de la région et mettre en examen un exploitant agricole bien inséré dans le tissu local. Mais ce ne fut pas chose facile, comme en témoigne ce passage :

Roy Hubert and the Circuit prosecutor Project cannot go forward with a case without the permission of the local district attorney who is an elected official. The question, then, was whether they could get the go-ahead from Gordon Spencer, a popular and moderate Republican in his fifth term as the district attorney of Merced County... Mr Spencer was hardly blind to the political sensitivities of prosecuting a popular dairy farmer from Gustine, especially in a county where dairy farmers as a group exert such influence. During his 27 years as a prosecutor in Merced County, he could recall just one case where an employer had been prosecuted for safety violations...[15]

Il faut dire que le procureur en Californie a la chance d'avoir recours dans les cas difficiles, comme ce le fut dans cette affaire, à un *grand jury* de 18 citoyens qui pourra le soutenir dans la prise de décision. Car notons les atermoiements du District Attorney devant une poursuite aussi dangereuse pour sa carrière électorale (*hardly blind to the political sensitivities*).[16] Le journaliste n'a d'ailleurs pas manqué de souligner le caractère exceptionnel de cette poursuite pénale à haut risque (la première en 27 ans pour ce genre d'affaires). Le DA ne doit pas trop s'écarter des intérêts collectifs locaux, et de la volonté politique. En l'occurrence, l'affaire, bénéficiant pourtant d'un large soutien médiatique grâce au *New York Times*, tourna très mal pour le DA local. En 2005, un jury acquitta l'exploitant agricole car selon le journaliste du *Los Angeles Times*, l'opinion locale tenait trop à la bonne image de son agriculture : elle désavoua l'action de son DA.[17]

L'élection du DA a donc une puissante valeur symbolique : elle sert à lui rappeler constamment que son pouvoir n'est que délégué et pour la population, à accepter la renonciation à cette arme puissante que pourrait constituer le

---

[15] Extrait de l'article du 23 déc.

[16] Le problème d'une justice à double vitesse, c'est-à-dire plus clémente et tolérante dès lors que des intérêts économiques sont en jeu, telle la survie d'une entreprise, se retrouve dans tous les systèmes judiciaires. Andrew SANDERS le montre bien en Angleterre (" Prosecution Systems" chap 9, in McConville, *The Handbook of the Criminal Justice Process*, 2002). L'adage "*Don't rock the economic boat*" conduit les organismes de contrôle à fermer les yeux sur les violations de règlements.

[17] "Outside Prosecutors Feel Urban-Rural Rift", *Los Angeles Times*, 19 avril 2005.

recours aux poursuites pénales privées ou semi-privées.[18] De façon caractéristique, le procès commence par l'annonce de l'accusation en ces termes : *The People versus* x, ou bien *The Commonwealth versus* y.[19]

En outre, l'élection met le procureur à l'abri des pressions politiques du pouvoir exécutif ou de la hiérarchie judiciaire. Parce qu'il est protégé par son mandat électoral, un maire par exemple ne peut le révoquer, le déplacer ou lui enlever un dossier délicat. Il est placé sous l'autorité du *State Attorney General* mais il est admis que celui-ci n'intervient pas dans ses décisions.[20] Le procureur est vraiment redevable devant la population. A chaque nouveau scrutin, il présente son bilan : il aura fait attention de ne pas abuser du *plea bargaining*, son taux de classements sans suite (*nolle prosequi*) sera si possible dévoilé ainsi que son taux de condamnations, il devra aussi avoir assumé un rôle éducatif en se rendant dans les écoles, il aura conduit des opérations policières spéciales lors d'un problème de sécurité pressant, il aura fait partie de diverses associations de vigilance. Par exemple, Kamala Harris, DA très populaire à San Francisco, se vante de présider, entre autres, la *Coalition to End the Exploitation of Kids* qui lutte contre la prostitution des mineurs, le *Child Abuse Prevention Center* et le *Partners Ending Domestic Abuse* contre les violences conjugales.

En un mot, le DA doit avoir une grande visibilité. Ainsi il rapproche la justice des citoyens. A l'ère de l'Internet, son visage s'affiche maintenant sur un site officiel où il dialogue avec les membres de la collectivité locale dont il est le délégué. Les Américains restent très attachés à cette politisation du DA parce qu'elle donne un visage humain, reconnaissable à la justice.

C'est là un atout précieux. Par comparaison, en Australie, pays qui connaît un système très proche de celui de l'Angleterre, la figure du *Crown Prosecutor,* soumis à sa hiérarchie et non élu, fait l'objet de vives critiques. Les Australiens Sallmann et Willis parlent de "*low visibility* ", "*secrecy*", "*no open debate*", "*unpalatable facts suppressed* ".[21]

L'exemple anglais montre aussi à quel point l'autorité du procureur est intrinsèquement fragile en *common law* et a par conséquent besoin d'une légitimation solide. Le *Crown Prosecution Service* est, depuis sa création récente, au centre de querelles idéologiques. A gauche, dans la mouvance *due process*, on lui reproche sa trop grande proximité avec la police qui lui fait accepter docilement les rapports que celle-ci lui remet. Selon le professeur anglais Sanders, la tradition de poursuite directe par la police reste solidement ancrée et peu de

---

[18] Et l'on sait que les membres de la "famille de *common law* " ainsi qu'ils se dénomment, gardent toujours un regard vigilant sur ce qui se passe chez leurs cousins. Toute évolution en Angleterre par exemple est analysée et peut ricocher aux Etats-Unis.

[19] Et non pas le "Ministère Public", appellation qui suggère l'emprise de l'Etat.

[20] C'est là une très grande différence d'avec leurs homologues du système fédéral qui sont soumis au contrôle strict du bureau du *US Attorney General.*

[21] Peter SALLMANN, *Criminal Justice in Australia*, op.cit., p. 76.

procureurs anglais osent la défier.[22] Mais à droite, les conservateurs mettent en avant au contraire le fait que le procureur est un empêcheur de tourner en rond : il stoppe des poursuites que la police autrefois avait tout pouvoir de lancer. La presse en fait souvent un bouc émissaire de la cause sécuritaire en le rendant responsable des crimes impunis. Pour couper court à la polémique, un corps d'inspecteurs indépendants, le *CPS Inspectorate*, a été créé en 2000 pour contrôler (*scrutinize*) les décisions des procureurs. C'est dire que le procureur doit être redevable devant la société d'une manière ou d'une autre. Pour la démocratie américaine, c'est le peuple lui-même qui se charge de ce contrôle.

Cependant, l'élection des procureurs n'est pas sans inconvénients. Elle accentue l'image d'une justice arbitraire, soumise à la volonté politique d'une personne qui impose sa vision à son équipe d'adjoints (*assistant or deputy District attorneys*). On ne peut guère lire dans la presse d'article de procès qui ne commence par décrire le style et l'étiquette politique du procureur. Certes, le mandat de procureur n'a jamais été fortement politisé en ce sens que la conscience professionnelle, la compétence, le dévouement ont traditionnellement été reconnus comme primordiaux : le DA de carrière, élu pour la sixième ou septième fois à son poste, reste la norme. Mais sous l'effet de la polarisation des débats sur la justice et l'affrontement entre libéraux attachés au *due process model* et conservateurs défenseurs acharnés du *crime control model*, la politisation du DA s'est ravivée.[23] On assiste ainsi par endroits à de véritables manœuvres politiciennes : le redécoupage des districts électoraux (*gerrymandering*) ou exemple plus significatif encore, cet amendement constitutionnel au Colorado résultant d'un référendum en 1994 et approuvé par la Cour suprême de l'Etat : tous les mandats électoraux sont désormais limités à deux. En conséquence, en 2005, treize DA durent laisser leur place. Il s'agit là d'une décision très révélatrice de la prédominance de la politique sur l'expérience de terrain et la compétence.

Il ne faut toutefois pas exagérer l'emprise politicienne sur l'élection du DA car n'oublions jamais que le clivage libéral/conservateur ne recoupe pas les deux grands partis démocrate/républicain. C'est particulièrement vrai en ce qui concerne la politique pénale. Le DA subit certes des pressions mais il obéit surtout à un climat général le portant soit vers une approche répressive, soit ouverte sur des modes d'action à visée préventive. Ainsi, à San Francisco, fief traditionnellement libéral, la DA Kamala Harris ne requiert jamais la peine de

---

[22] Voir Andrew SANDERS, op.cit.

[23] Sans compter bien sûr avec le fait que le poste de DA est un tremplin pour une carrière politique de plus haut niveau. L'élection du DA n'obéit plus seulement à des critères de justice à rendre mais à des considérations de politique extérieures au domaine judiciaire. Cela a toujours existé mais ce qui est nouveau est la férocité des conflits entre partis politiques. L'affrontement se décline jusque dans les plus petites élections locales.

mort malgré des pressions politiques avérées.[24] Mais elle bénéficie localement de l'appui d'une large population acquise aux thèses progressistes.

D'autre part, les assistants du DA (ADA) ont souvent pour vocation de devenir un jour juges. Ils ont donc intérêt à se montrer équitables dans leurs décisions pour gagner l'approbation de leurs pairs, nécessaire à leur promotion. De plus, dans les grandes villes, les ADA se comptent par centaines et jouissent d'une grande autonomie, laissant les affaires politiques au seul *District attorney* en chef.[25]

La dérive la plus grave qui s'est produite dans les dernières décennies sous l'effet perçu d'une montée de la criminalité jusqu'en 2000, puis de la pression maintenue par les médias à sensations, a consisté, pour certains DA, à alimenter la peur publique de la délinquance et vanter leurs pourcentages de condamnations, afin de gagner les faveurs de l'électorat. Parfois le discours productiviste et démagogique d'une justice au rendement a raison de toute retenue, comme dans le cas de cette DA d'un district de New York qui, en plus de son métier de procureur, produit et anime un show télévisé hebdomadaire pour parler de ses performances de condamnations, vante sur diverses chaînes les *sting operations* (coups montés par la police pour confondre des criminels) qu'elle a conduites avec la police et affiche fièrement un taux de 100 % de condamnations. Naturellement, pour mettre en valeur ses succès, il vaut mieux dépeindre l'emprise de la délinquance sous des traits épouvantables. Par exemple, cette déclaration faite à la presse bien représentative de mille autres du même type : "*Our kids are being targeted by pedophiles who are using the Internet as a vehicle to enter our homes, and they do it on a regular basis.*"[26]

Ce taux affiché de 100 % fait frémir pour diverses raisons. Les chiffres avancés par les DA dans leurs campagnes sont-ils toujours sérieux ? On ne trouve guère sur l'Internet de statistiques détaillées concernant la justice rendue dans les *counties* du type de celles que fournit le très sérieux *Bureau of Justice Statistics* pour la justice fédérale. Le simple pourcentage de condamnations paraît un indicateur bien grossier. Pourcentage d'abandon de poursuites ? Pourcentage de *plea bargaining* ?... Et à quoi bon un système judiciaire onéreux si tous les accusés sont condamnés ?

Les Américains vivent dans un climat de peur savamment entretenue par les médias, et les procureurs qui font monter les enchères de la lutte contre la délinquance en portent certainement aussi une part de responsabilité. Dans certains comtés, de véritables hystéries collectives ont été suscitées par des discours alarmistes tenus, entre autres, par des "*gung-ho prosecutors riding a tide of*

---

[24] Selon les témoignages recueillis au cours d'entrevues menées au printemps 2005.

[25] Par commodité, le terme "procureur" ou DA est utilisé couramment pour désigner les nombreux substituts du procureur élu.

[26] "Pirro Makes Push to Put Victims First " article du magazine *Insight on the News* paru le 6 janvier 2004, sur le site du *Washington Times Corporation.*

national and local hysteria".[27] Ainsi, à Boston, une vague d'attentats à la pudeur (*mass molestation*) dans les crèches et garderies d'enfants fit la une des journaux dans les années 80, suivie d'une frénésie de poursuites judiciaires. Aujourd'hui la peur est retombée à Boston et les affaires rares. Des comités se sont formés pour faire libérer les nombreuses personnes innocentes, prises dans cette tourmente.[28]

Heureusement, de nombreux DA, avocats hautement qualifiés (*JD/Juris Doctor*), suivent les codes de déontologie et savent se garder de tels excès dans les médias.

Section 3. Les requêtes (*motions*) : rôle-clé de la défense

Les requêtes (*motions*) ont lieu avant, pendant ou après l'*arraignment,* selon leur opportunité. Certaines de ces requêtes, cruciales, interviennent dès la première comparution comme la requête pour empêcher que des éléments de preuve obtenus de façon douteuse (tel que par exemple l'incitation au crime par des agents provocateurs pour piéger un suspect, *entrapment*) soient présentés au jury. C'est la *motion to suppress evidence.* Le juge doit se pencher sur la légalité des preuves[29], autrement dit les méthodes policières utilisées dont on a vu qu'elles sont très peu surveillées au stade de l'enquête. Ainsi on entend familièrement dire que le juge "passe les menottes aux policiers". Il est tenu de faire respecter les règles jurisprudentielles du 4ème Amendement.

En revanche, une requête telle que la demande de délocalisation du procès (*motion for a change of venue*) interviendra souvent plus tard, car elle n'est acceptée que dans la mesure où la défense peut démontrer que les médias ont eu un comportement inacceptable, menaçant l'intégrité de la procédure et des droits de l'accusé à être jugé par un jury populaire impartial.

Certains droits considérés comme très importants protègent l'accusé mais celui-ci peut choisir pour diverses raisons d'y renoncer. Par exemple, la rapidité

---

[27] Katha POLLITT, "Lost innocents" in *The Nation* , 14 juillet 2003.

[28] Voir Dorothy RABINOWITZ , op.cit.

[29] En France, c'est le procureur qui vérifie la légalité des preuves. Autant dire que les violences policières risquent d'être passées sous silence, ou plutôt "non vues". Voir le documentaire Au nom de la loi : Une vie de procureur, de Delphine Prunault, 2005 (diffusé sur France 3 le 9 mai 2005) et en particulier la scène où un jeune tente vainement de montrer au substitut du procureur ses blessures, qu'il dit causées par le traitement de la police. Le substitut se fâche et refuse de regarder. Dans ces auditions conduites par le parquet pour affaires de délinquance ordinaire, l'avocat de la défense est absent. Ce documentaire qui fait l'éloge des "parquetiers" laisse totalement dans l'ombre les avocats de la défense. Ainsi, il montre bien la spécificité de la procédure française : le rôle de la défense étant pratiquement inexistant, c'est le procureur, héros moderne, qui fait office d'avocat de la défense. C'est pourquoi les Américains disent du système français qu'il est "paternalisant".

des procédures est un élément inscrit dans le 6ème Amendement de la Constitution. Un procès peut être annulé comme sanction de la tardiveté. Si le procureur ou la défense usent de tactiques dilatoires ils peuvent aussi être frappés d'amendes. Au cœur de cette insistance sur la rapidité se trouve aussi la nécessité d'avoir des témoignages "frais" de la part de témoins qui n'ont pas oublié les détails. Le *jury trial* qui va recueillir ces témoignages doit donc avoir lieu rapidement (en principe pas plus de 70 jours entre la première comparution et le procès, suivant le *Federal Speedy Trial Act* de 1972). L'oralité des preuves et l'importance du témoignage devant jury sont donc des facteurs d'accélération de la procédure. Une grave question se pose à ce niveau : qu'en est-il des enquêtes nécessitant un long temps de recherche comme lorsque la défense ne parvient pas à joindre un témoin-clé ? La renonciation à un procès rapide peut être une protection pour l'accusé : c'est la requête en ajournement (*motion for continuance*). Lorsque la requête est refusée par le juge, les conséquences s'avèrent parfois dramatiques dans la mesure où les éléments de preuves sont peu pris en compte en appel.

L'accusé peut demander à ne pas être jugé par un jury. Cependant, depuis 1965, le jury peut être rendu obligatoire par loi d'Etat. Seuls quelques Etats ont instauré cette règle.

Plus fréquente est la renonciation à l'avocat, ce qui pose parfois de graves problèmes comme dans le procès de Zacarias Moussaoui en 2003. Depuis 1984 (*Kaskle v. Wiggins*), des avocats de réserve sont commis aux audiences sans que ceux-ci aient le droit d'intervenir : ils ne font alors que contrôler la légalité des procédures employées à l'encontre de leur client putatif.

Dans la pratique, les *motions* ont pour but de peser sur la négociation (*plea bargaining*) et c'est souvent, sans qu'il existe aucune règle fixe, après avoir laissé "mûrir" l'affaire que l'accord entre les parties intervient. Le *plea* négocié conclut la procédure, l'audience sur la peine ayant lieu quelques temps plus tard, suivant les recommandations du *District attorney.* Mais retenons surtout que le nombre élevé de requêtes possibles, avant le "revirement" de l'accusé et son accord pour finalement plaider coupable, montre à quel point c'est une erreur de croire que le *plea bargaining* relève d'une justice expéditive, dictée par le procureur, non contradictoire. En fait, la scène la plus familière dans un tribunal américain – audience toujours publique - est celle des interminables requêtes avant procès (*pretrial motions)*, où l'on voit les avocats de la défense faire la queue dans la salle pour pouvoir plaider leurs requêtes devant le juge.

Car rappelons que l'accusé peut dans une première audience plaider non coupable, puis se rétracter et plaider coupable ultérieurement. Entre-temps a lieu une sorte de guerre d'usure entre l'accusation et la défense pour parvenir à un accord. L'obtention d'une libération provisoire s'avère cruciale pour la défense. Si l'accusé n'est pas en prison, la défense a souvent intérêt à laisser traîner l'affaire en longueur en multipliant les requêtes afin de contraindre le procureur à une meilleure offre. Les juges sont souvent excédés par ces demandes d'ajournements continuels mais pour eux, rien de pire qu'une négociation qui échoue, les obligeant à mettre en place le lourd et contraignant procès devant jury.

La négociation se déroule donc de manière continue pendant les requêtes. Evidemment, dans les affaires mineures, elle est considérablement réduite, voire inexistante. Un élément crucial est le pouvoir de rétractation du procureur : il peut à sa guise modifier les chefs d'inculpation initiaux (*charge bargaining*) et même changer d'avis et abandonner à tout moment les poursuites (*nolle prosequi*). Ainsi l'expression "*to nolle a charge*" fait partie du jargon quotidien des *Assistant District attorneys*, comme dans ces exclamations rapportées par Malcolm Feeley :

After they have discussed a few, the prosecutor might say rhetorically, "Jesus, I've already given you three nolles today, do you want me to go out of business ?". Or, he might urge, "That judge is tough ; I can't give you any more nolles today."[30]

On comprend que le rôle de l'avocat de la défense soit crucial. C'est lui qui, par sa force de persuasion et son investissement personnel dans le dossier, va peser de tout son poids sur l'offre du DA. Et ce n'est pas un hasard si, dans toutes leurs publicités, les avocats de la défense se targuent de leur "agressivité".

Mais qui sont ces avocats ? On estime aujourd'hui que de 60 à 80 % des inculpés[31] ne peuvent payer les honoraires d'un avocat. Or, dans certains Etats ou comtés, les *attorneys* mis à disposition gratuitement gagnent des salaires de misère ne les incitant pas à s'investir convenablement dans les affaires qui leur sont confiées.[32] Parfois l'avocat est tout simplement un bénévole.

Les avocats dépendent des subventions locales, d'Etat et, dans une moindre mesure, fédérales pour être payés. Ils sont très vulnérables[33] et les disparités de salaires d'une juridiction à une autre peuvent être énormes, parfois d'un comté à

---

[30] Malcolm FEELEY, op.cit., p.193.

[31] Il n'existe pas de statistiques exactes à ce sujet. Les chiffres donnés ici proviennent d'une enquête effectuée dans 75 des comtés les plus peuplés en 1996 (*Bureau of Justice Statistics*, "Indigent Defense Statistics").

[32] Cependant soyons honnêtes : cette indigence de la justice semble être partagée par beaucoup de pays. Voir Daniel SOULEZ LARIVIERE, *Justice pour la justice*, Paris, Seuil, 1989, p. 87- 95, où il décrit les carences budgétaires criantes de la justice française, en particulier pour l'aide juridictionnelle. Dans un autre ouvrage, *La justice à l'épreuve* (2002), il expose l'inégalité dans l'accès au droit. Un avocat européen facture son heure de travail environ 300 euros (p.304). Or l'aide juridictionnelle en France n'est ouverte qu'aux personnes gagnant moins de 1000 euros par mois. Et il ajoute "C'est pour cela qu'il faut en arriver à une mutualisation, à un recours à l'assurance juridique." (p. 304).

[33] L'avocat pénaliste est souvent méprisé par ses collègues qui travaillent dans les procédures civiles, les *lawsuits* bien rétribués en honoraires au pourcentage, *contingency fees*, ou encore les avocats des cabinets de consultants en droit des affaires. Il faut souvent beaucoup d'idéalisme pour travailler dans le droit pénal, et de nombreux avocats complètent leur activité de pénaliste avec des procès juteux au civil. Voir Mary Ann GLENDON, *A Nation Under Lawyers*, Harvard University Press, 1996, chapitre 4.

l'autre. Depuis une dizaine d'années, il faut reconnaître que les progrès dans les systèmes de défense ont été considérables. Le Texas, par exemple, a voté une loi en 2001, *Texas Fair Defense Act*, pour réformer son système et a doublé les sommes allouées. L'American Civil Liberties Union poursuit en justice les Etats qui ne fournissent pas un service adéquat de défense et ces actions commencent à porter leurs fruits. Pourtant la situation reste loin de donner satisfaction et la défense des pauvres aux Etats-Unis reste dans un état chronique de crise. Malgré des efforts réels, les dépenses publiques consacrées à la défense ne parviennent pas à répondre au raz-de-marée punitif.[34]

Il existe cependant un peu partout, dans les grandes villes mais aussi dans les *counties*, des cabinets de *public defenders* très compétents, comme l'a démontré de façon éclatante le documentaire français *Un coupable idéal*[35]. Ils bénéficient d'une connaissance du terrain et d'une spécialisation qui garantissent une grande qualité professionnelle. On estime aujourd'hui que les *public defenders* (appelés couramment PD) représentent environ 70 % du total des avocats de la défense au pénal.[36] Mais ils sont encore peu appréciés car l'idée d'avoir des avocats-fonctionnaires éveille la méfiance. Très souvent, les accusés demandent à avoir de "vrais avocats", ne se rendant pas compte que l'avocat privé n'aura pas en fait la disponibilité ni l'expertise du *public defender* bien établi au tribunal.[37]

La charge de travail du *public defender* est énorme mais il est secondé par les *paralegals,* parfois simples bénévoles, professionnels ou non, à tous les niveaux (enquêtes, aide à la sélection du jury, relations publiques...). Le métier reste pénible et difficile, nécessitant beaucoup de qualités de dévouement. Ni Don Quichotte du droit, ni grand redresseur de tort, l'avocat de la défense américain souffre d'une image dévalorisée auprès du public. Les *public defenders* ne cachent pas leur amertume devant leur manque de reconnaissance sociale car la plupart se dévouent corps et âme pour leurs clients sans aucune gratitude de qui que ce soit. Evidemment, tandis que le DA gagne ses galons grâce au plébiscite des urnes, le *public defender* est simplement nommé par les autorités du comté ou de

---

[34] Voir Mary Sue BACKUS & Paul BACKUS, "The Right to Counsel in Criminal Cases, A National Crisis" in 57 *Hastings Law Journal* 1031, 2005-2006 ; rapport 2004 de l'American Bar Association, "Gideon's Broken Promise", disponible sur le site de l'association.

[35] Documentaire réalisé en 2001 par Jean-Xavier DE LESTRADE sur le procès de Brenton Butler en Floride. Les avocats de la défense Patrick McGuinness et Ann Finnel offrent une vision de ces *public defenders* américains bien éloignée des préjugés tenaces dont souffrent les fonctionnaires dans tout *Le Monde* anglo-saxon. Mal payés, mal considérés, livrés aux tâches les plus ingrates (défendre des criminels), ils apparaissent comme des héros dans ce documentaire poignant.

[36] Source Patrick ANDERSON, op.cit, p. 224. Voir aussi *Bureau of Justice Statistics* 82 % de la défense des pauvres a été assurée par les *public defenders* en 1999.

[37] Les *public defenders* travaillent tous les jours avec les juges et *District attorneys*. Dans les petits tribunaux, ils se connaissent très bien et se font confiance. Ce capital confiance leur permet d'obtenir de meilleures conditions pour leurs clients que les avocats privés, fait confirmé par l'enquête de 1999 (*Bureau of Justice Statistics*, "Indigent Defense Statistics : Sentence length").

l'Etat.[38] Si le principe de l'avocat de la défense est passé dans les mœurs, l'idée qu'il puisse lui aussi représenter le peuple n'a pas fait son chemin. Pour Howard Abadinsky, le *public defender* est une "anomalie" car il est payé par l'Etat pour devenir l'ami de ceux que l'Etat considère comme ses ennemis.[39] A travers cette pensée, nous voyons combien le concept de procès équitable, basé sur l'égalité des armes et gardien de la démocratie, n'est pas encore bien admis.[40]

Section 4. Les deux étapes du procès

Si la négociation entre le procureur et l'avocat de la défense a échoué, et que, par conséquent, l'accusé continue à plaider non coupable, le procès est mis en place. Le *trial* est l'audience sur la culpabilité. Tout va s'y jouer. Le (ou la) *court reporter* [41] veille à la transcription écrite de tous les débats. Dans le détail procédural va en effet se nicher l'espoir de remettre en question une condamnation éventuelle. C'est dans cet esprit qu'interviendra par exemple la *post-trial motion* : si des vices de forme ont été flagrants, le juge qui aurait dû arrêter le procès saura faire amende honorable et annuler lui-même le verdict. Dans les faits, le juge n'accède cependant que rarement à cette requête.

Mais dans les deux ans après le procès, il est encore possible de demander à ce même juge de recommencer à zéro toute la procédure à condition de présenter un dossier sérieux montrant que des preuves nouvelles capitales ont été découvertes. Une fois encore, le juge peut refuser la requête. On aurait donc tort de sous-estimer le rôle du juge dans la procédure américaine. Sa passivité au procès, son caractère en apparence impassible sont trompeurs. Il a de grands pouvoirs : il peut refuser le verdict du jury (*directed verdict*), annuler le procès pour vice de forme, accepter de nouvelles preuves et ordonner un nouveau procès. Sans compter bien sûr le fait qu'il dirige l'admissibilité des preuves. Il

---

[38] A quelques exceptions près : à San Francisco par exemple, les avocats de la défense sont élus par la population.

[39] Howard ABADINSKY, *Law and Justice*, op. cit., p.227.

[40] La série populaire *Law and Order* (*New York District* en français) reflète remarquablement ce discrédit des *public defenders*. Ils sont présentés comme hargneux, malhonnêtes ou incompétents. Ils sont absents du générique où l'on voit s'avancer les quatre amis héros de la série, deux policiers et deux Assistant *District attorneys*.

[41] En général une femme. La traduction approximative usuelle de *court reporter* est "greffier". Mais en réalité, le greffier est le *court clerk*, c'est-à-dire le gestionnaire des rôles et registres d'audience. *Court reporter* est difficile à traduire dans la mesure où il n'y a pas d'équivalent en France. La pratique de relever minutieusement par écrit toutes les paroles prononcées à l'audience n'est pas en usage dans notre pays.

s'agit là d'un grand pouvoir, surtout en ce qui concerne les témoignages d'experts souvent déterminants pour les verdicts.[42]

L'unanimité du jury n'est plus obligatoire, sauf en cas de jury de six personnes et surtout sauf en cas de peine de mort.[43] Si le jury ne parvient pas à se mettre d'accord, le juge en est informé. Il prononce en général une *Allen Charge*, incitation forte à parvenir à un verdict. Le jury est donc renvoyé en salle de délibération, sommé de trouver un accord. En cas d'échec, le procès est annulé, ce qui peut déboucher sur un classement sans suite ou bien, si le procureur est tenace, un autre procès doit se tenir, impliquant une nouvelle sélection de jury. On comprend que les juges redoutent le *hung jury*. L'autre expression fréquemment utilisée pour qualifier ce phénomène est "*the trial is deadlocked* ", ce qui signifie que le procès est dans une impasse totale. Le nombre de suspensions de procès (*hung trials*) est en augmentation, conséquence de l'indépendance des jurys. En Californie, par exemple, environ 20% des procès sont maintenant suspendus. Dans cet Etat, l'unanimité du verdict est de plus en plus remise en question pour parer au vote dissident (*the lone holdout*). Le taux national de procès annulés par échec de la délibération du jury se situe entre 5 et 6 %.[44]

Il existe un écart considérable entre les taux de suspensions de jury selon les comtés, Los Angeles en tête avec un taux inquiétant. Mais les délibérations étant secrètes, il n'existe pas d'étude officielle sur les raisons de cette variation importante. Nous émettrons une simple hypothèse. La Californie figure parmi les Etats où les clivages idéologiques sont les plus profonds sur les choix de politique criminelle. C'est un Etat où se côtoient des libéraux très actifs et des partisans de lois toujours plus dures contre la criminalité. Les *hung juries* semblent refléter cette hétérogénéité dans la représentation populaire de la justice pénale, trahissant une grande instabilité de l'institution judiciaire.

Puis vient la deuxième étape. Le rapport préparatoire à la peine, non obligatoire mais habituel, est conduit par un agent de probation. Il détaille le parcours éducatif, familial et professionnel du condamné. Il a la particularité d'être confidentiel, "inquisitoire", non consultable par les journalistes car il contient des détails privés et parfois des témoignages sensibles des proches de l'accusé. De ce fait, nous verrons qu'il fait l'objet de critiques sévères, tant il est admis que la procédure doit être transparente, ouverte au regard du public, non inquisitoire.

---

[42] Ainsi, dans le célèbre procès Scopes, dit du singe, en 1925, un professeur fut accusé d'enseigner l'évolutionnisme (*Inherit the Wind*). Le juge refusa le témoignage devant jury de tous les experts scientifiques qui soutenaient la thèse du darwinisme et auraient pu disculper l'accusé. Le procès se termina par un verdict de culpabilité.

[43] En 1972, dans l'affaire *Apodaca v. Oregon*, la Cour suprême a autorisé les jurys criminels d'Etats (mais non fédéraux) à rendre des verdicts non unanimes. Cependant, la marge doit être 10-2 ou 9-3 et ceci dans des cas autres que ceux requérant la peine de mort. Cet arrêt reste peu appliqué : seuls la Louisiane et l'Oregon y ont recours.

[44] Chiffre donné par Jeffrey ABRAMSON, *We the Jury*, op.cit., p. 201.

Depuis 1983, suite au mouvement de protection des droits des victimes, peuvent y figurer les *Victim Impact Statements*. Les associations de victimes font en effet valoir que les antécédents douloureux des accusés ne doivent pas masquer la propre douleur de leur(s) victime(s).

Après un plaider coupable, le Rapport est généralement considéré comme superflu car le juge suit les recommandations du DA sur la peine. C'est dire le peu de cas qui est fait des détails de personnalité de l'accusé.

Enfin vient l'audience de la peine. Depuis 1967 (*Mempa v. Rhay*), la présence de l'avocat de la défense est obligatoire à cette audience qui a lieu souvent une à deux semaines après le procès, mais parfois jusqu'à deux mois après, si les services de *probation* en charge du rapport sont débordés. Il s'agit bien d'une audience contradictoire où chaque partie plaide. En 2002, dans *Bell v. Cone*, en rejetant l'appel d'un condamné à mort, Gary Cone qui invoquait la négligence de son avocat du fait que celui-ci n'avait pas évoqué de circonstances atténuantes ni plaidé en sa faveur lors de cette audience, les juges donnaient raison aux partisans d'une plus grande sévérité face aux crimes odieux (dans ce cas le meurtre d'un couple âgé).

En cas de peine de mort, le jury joue un rôle de premier plan. La Cour suprême a enlevé au juge presque tout pouvoir de décider de la mort : le jury se prononce sur les circonstances qui impliquent le prononcé de la peine capitale (arrêt *Ring v. Arizona* en 2002). Mais pour toutes les autres affaires, traditionnellement le jury n'est plus présent. Seul le juge décide de la peine. Et les disparités entre juges peuvent être immenses, ainsi que le constate Steve Bogira dans son étude du tribunal de Chicago :

The thirty trial courtrooms at 26th Street are like thirty different countries.[45]

---

[45] Steve BOGIRA, op.cit., p. 88.

Chapitre 5. Un procès ordinaire à Washington D.C.

En France, on est tellement habitué à ce que la culpabilité soit établie avant le procès, celui-ci n'étant (sauf exception) que l'audience visant à établir le *quantum* de la peine, que l'on considère les procès américains de personnes innocentes comme des preuves flagrantes de l'injustice du système.[1] Le malentendu est d'autant plus profond que le procès américain devant jury, qui doit déterminer la culpabilité (les jeux ne sont pas encore faits), ne correspond pas au niveau de gravité de l'incrimination. Un crime très grave, aux preuves bien établies, fera l'objet d'un *plea* négocié tandis qu'un délit plus ordinaire débouchera sur un âpre débat contradictoire, nécessitant le lourd appareillage du procès devant jury. On peut même affirmer que les procès pour crimes graves se font de plus en plus rares étant donné les enjeux importants et les peines draconiennes prévues par la loi. Il vaut mieux négocier. Le procès devant jury concerne donc souvent des délits mineurs et moyens.[2]

C'est le cas du procès auquel j'assiste ce jour de juin 2004 au *Washington DC superior court*. J'ai la chance d'arriver au moment où le juge a fini de répondre aux interminables requêtes en ajournement, les yeux rivés sur son calendrier, égrénant les dossiers. Il va maintenant se consacrer à un seul dossier qui, chose inhabituelle, concerne un procès devant jury. C'est dire que, lorsque le procès s'ouvre, le juge est déjà en place depuis plus d'une heure. Personne ne songerait à se lever lors de ses allées et venues entre la salle d'audience et son bureau. Le public ne se lève que lorsque le jury fait son entrée.

---

[1] Exemple révélateur : lors de la sortie du documentaire en 2001 de J.X Lestrade, *Un coupable idéal*, (*Murder on a Sunday Morning*), la presse américaine l'accueillit comme un éloge du système judiciaire du pays car dans l'affaire présentée, le procès pénal permit de faire triompher la vérité et innocenter un Noir accusé à tort. Le lieu où justice se fait est bien le procès. En France, la perception fut diamétralement opposée. Le fait que le jeune Noir ait été traîné en justice jusqu'au procès, constitutait une preuve du dysfonctionnement de la justice américaine. Ce documentaire remarquable aurait pourtant pu être l'occasion de faire taire nombre de préjugés, si les journalistes français avaient pris soin de replacer le procès dans son armature et sa logique interne.

[2] Ainsi en 2004, au tribunal de San Francisco, on compta 200 *jury trials*, dont 137 pour *misdemeanors*. Source *Public defender Office*.

Pour bien suivre un procès américain, il faut aussi connaître le rôle exact de ce juge américain qui semble de prime abord si terne et passif.

Section 1. La place du juge

Le juge est un représentant du Peuple mais de façon plus éloignée. Face à la politisation envahissant le système judiciaire par le jeu des élections au scrutin universel des juges d'Etat, la puissante American Bar Association a lancé un cri d'alarme en 2003 dans un rapport intitulé "*Justice in Jeopardy*", dans lequel il est fait état de la crise de confiance que traverse le système judiciaire et qui dénonce la dérive partisane.

Elle rappelle que le juge est là pour appliquer la loi dans un esprit "bipartisan"[3]. Une sélection des juges au mérite serait souhaitable, affirme l'ABA, tout en concédant que les Américains par tradition préfèrent les élections, système en harmonie avec l'idéal de démocratie représentative.[4] Certes, l'idée de l'élection des juges n'est pas née avec la Révolution. Il est significatif que les Etats qui, aujourd'hui encore, n'élisent pas leurs juges soient les Etats d'origine, Massachusetts, Delaware, New Hampshire, Connecticut, New Jersey, Rhode Island... Mais l'élection des juges s'est répandue autour du milieu du 19ème siècle. Et c'est seulement vers 1940 que fut adopté dans certains Etats un système hybride de nomination-élection, suite à une recommandation de l'American Bar Association.

Question lancinante : faudrait-il transformer les juges et procureurs en fonctionnaires de carrière ? C'est ce que le criminologue Michael Tonry appelle de ses vœux. Il martèle le mot *insulate* dans son plaidoyer pour bien marquer l'importance de protéger les juges :

Replacing elected judges and prosecutors with career civil servants would, over time, change the legal culture and revive support for the once self-evident idea that judicial and other proceedings affecting individuals' liberties should be insulated as much as possible from political influence and public emotion.[5]

Cette réflexion appelle cependant deux remarques.

---

[3] *Bipartisanship*, terme qui désigne l'absence d'étiquette de parti, la neutralité par rapport à la ligne des partis. Il faut souligner que vingt Etats ont des élections dites *nonpartisan*, donc les juges de *trial courts* se présentent sans étiquette de parti.

[4] Comme l'explique bien Elisabeth ZOLLER, *Le droit des Etats-Unis*, PUF 2001, p.108 : "Les règles qui gouvernent la désignation des juges au niveau des Etats ont été fortement marquées par les idées du puissant courant de pensée démocrate et populaire, dans les traces de Thomas Jefferson au début du XIXe siècle, d'Andrew Jackson et du mouvement populiste des années 1820-1830 puis d'Abraham Lincoln, de Theodore Roosevelt..."

[5] Michael TONRY, *Thinking About Crime*, p.208.

D'abord, il s'agirait en effet d'une révolution culturelle. Car aux Etats-Unis, l'idée des élections est basée sur le principe de séparation entre les pouvoirs. Si le pouvoir judiciaire local veut rester indépendant des deux autres pouvoirs, il lui faut recourir à ses propres élections populaires, ou alors nommer des magistrats à vie, inamovibles, comme au fédéral. Mais l'Amérique est-elle prête à accepter cette méthode à l'européenne ?

Ensuite, Michael Tonry se base sur le postulat d'un système judiciaire autrefois plus indépendant, moins soumis à la politique que de nos jours. Ainsi explique-t-il, le fait que la justice américaine n'ait jamais connu au cours de son histoire de flambée carcérale comparable à celle qu'elle traverse actuellement. Mais n'est-ce pas se tromper de combat que de se focaliser sur le processus électif des juges et procureurs ? On constate en effet que, globalement, la justice a su autrefois se prémunir du populisme tout en restant très proche du peuple, puisque la période de l'envolée des chiffres carcéraux ne correspond nullement à un changement des modes de sélection.

On peut aussi douter de la thèse selon laquelle l'idée d'éloigner la justice du peuple était autrefois évidente en soi, *once self-evident,* selon les mots de l'auteur. Les Américains n'ont-ils pas été habitués depuis les débuts de leur nation à une forte implication citoyenne dans l'exercice de la justice ? Tocqueville en a été le témoin. Qui plus est, la tendance historique générale a été à un éloignement progressif du peuple et à une professionnalisation de plus en plus poussée de la justice. Par exemple, nous avons vu que le rôle des *justices of the peace*, ces magistrats non professionnels, a considérablement diminué, voire disparu dans de nombreux Etats. De plus, en 1960, William Trumbull pouvait encore écrire : "*Most of the judges are locally elected in the great majority of the states and tend, realistically, to regard themselves, subject to the oath of office, as answerable only to their constituents.*" [6] Pourtant, les années 50 et 60 ne sont pas connues pour avoir été en proie à des bouffées sécuritaires.

On peut donc se demander pourquoi, si l'on postule que la méthode élective au suffrage universel des professionnels de la justice est bien la porte d'entrée du populisme, il n'en était pas de même naguère. Pourquoi les vents de panique face à diverses formes de criminalité, qui existaient déjà, ne menaient-ils pas les politiques pénales vers toujours plus de sévérité et toujours moins de *due process* ? Ne devrait-on pas en conclure plutôt que le lien entre élection des acteurs du système et niveau de répression ne va pas de soi, et qu'une explication de l'emballement punitif des deux dernières décennies n'est pas réductible à ce trait particulier du système judiciaire américain ?

Enfin, la politisation des juges d'Etat de première instance ne doit pas être exagérée. Aujourd'hui, c'est plutôt la nomination des juges fédéraux qui semble

---

[6] William TRUMBULL, "The State Court Systems" in 328 *The Annals of the American Academy of Political and Social Science* 134, 1960, p. 138.

baigner dans la politique la plus partisane. Les juges d'Etat de première instance sont presque toujours réélus, sans rencontrer d'opposition, dans des scrutins où la participation des électeurs est faible. Ils ne cessent d'affirmer haut et fort leur indépendance qui leur est chère.

Section 2. Au fondement de la démocratie : le débat contradictoire

Le procès auquel j'assiste au *Washington DC superior court* s'ouvre sur la séance de sélection du jury, surréaliste aux yeux d'un observateur étranger. Les jurés potentiels remplissent tous les sièges du public, environ une soixantaine. Les douze premiers de la liste s'assoient dans les fauteuils du futur jury dûment numérotés. Le juge explique à l'assemblée que le refus d'une personne, surnommé *strike* mais à l'audience "*person excused*", ne doit pas être ressenti comme une offense personnelle. Il a pour but de parvenir à la constitution d'un jury impartial. Un grand silence règne pendant cette séance qui dure une bonne heure.[7] Le procureur (DA) et le *public defender* (PD) examinent silencieusement les réponses aux questionnaires écrits des douze premières personnes, ils les scrutent du regard et au bout de dix minutes, en excusent chacun deux ou trois. Ceux-ci sont aussitôt remplacés par d'autres personnes de la salle et le processus recommence ainsi une bonne dizaine de fois. En tout, une vingtaine de personnes sont excusées. Le tout dans le plus grand silence. Le juge reste coi jusqu'à la fin. La composition finale reflète une grande variété culturelle : un tiers d'Afro-Américains, équilibre entre hommes et femmes, âges divers. En somme, on est en présence d'un jury bien représentatif de la collectivité locale de la ville de Washington où s'est déroulée l'arrestation d'Abe Jackson deux ans plus tôt.

Le jour du procès, l'ordre d'entrée des différents protagonistes est radicalement différent de celui des procès anglais ou français. Le juge a pris place bien avant que n'entrent le procureur et l'avocat de la défense accompagné de l'accusé (celui-ci est en liberté sous caution). Le jury entre en dernier. A ce moment, les deux avocats se lèvent pour marquer leur respect (dans certains cas, le juge lui-même se lève, mais pas toujours). Le tout manque totalement de cérémonie : les *court clerks* continuent à taper leurs documents, les *court officers* entrent et sortent, le juge finit de parapher un dossier ou répond au téléphone.

Pour le procès d'Abe Jackson, les sièges du public resteront presque toujours vides, si ce n'est une brève apparition du père de l'accusé un matin, et celle

---

[7] Etre désigné comme juré est vécu comme une corvée aux Etats-Unis car très mal indemnisé et occasionnant de longues attentes dans des conditions pénibles. Mais les Américains ont bien appris à l'école qu'il s'agit d'un devoir civique important et l'acceptent en général avec résignation. Leur zèle est remarquable et les délibérations durent souvent des jours entiers.

encore plus fugace, de la mère assise à l'autre bout de la rangée de chaises, loin du père. Le procès commence avec le juge demandant nonchalamment aux avocats d'énoncer leurs *opening statements*.[8] Le DA vient en premier devant le jury et en quelques minutes présente l'affaire.

Ce soir-là, une voiture de police patrouille dans un quartier résidentiel de Washington. Les policiers voient un jeune Noir seul sur le trottoir qui, en les apercevant, se met à courir. L'un des policiers observe qu'il semble tenir un objet dans sa ceinture *(waistband)*. Il sort de la voiture et le poursuit en lui intimant l'ordre de s'arrêter. Pendant ce temps, la voiture de police passe dans la rue adjacente pour lui bloquer le chemin. L'accusé continue à courir et arrivé derrière l'immeuble, se baisse pour mettre un objet sous le pare-choc d'une voiture et jette un autre objet vers la roue. Mais les deux policiers l'ont vu à temps, il est contrôlé et lorsque le premier policier se penche sous la voiture, il découvre un pistolet chargé et par terre des sachets de cocaïne. Les agents spécialisés du service criminel dépêchés sur les lieux effectuent une analyse des empreintes digitales qui se révélera infructueuse, mais, ajoute le DA, un agent viendra témoigner que dans la moitié des analyses les empreintes restent indétectables. Enfin le pistolet n'a pas de licence. Abe Jackson est sous le coup de deux chefs d'inculpation : port illégal d'une arme chargée et possession de substance illicite. L'affaire semble entendue, évidente, comme le dit le DA "*he was caught red-handed*" en brandissant bien haut le revolver.

L'avocat de la défense commence alors son exposé des faits par cette admonition au jury, qu'il répètera lors de sa plaidoirie finale : "*you must keep an open mind*".

Abe revenait d'un examen de permis de conduire dans la voiture de sa cousine, il avait rejoint ses deux amis depuis quelques minutes et venait de leur dire qu'il allait derrière l'immeuble pour un besoin pressant – l'avocat utilisera tout au long du procès le mot "*urinate*" et l'on verra que ce n'est pas fortuit - les policiers l'ont vu marchant très vite et lorsque l'un d'eux lui a crié "stop", il a pris peur et s'est mis à courir. Ses deux amis ont suivi le policier et l'ont vu lui mettre les menottes ; ils affirmeront à la barre que jamais Abe ne s'est penché pour mettre un objet sous la voiture. Ni le pistolet ni la cocaïne ne lui appartenaient.

Le jury se trouve devant une tâche redoutable. Les versions des faits divergent si radicalement que de toute évidence, l'une des parties ment et se parjure.[9] S'il s'agit de la police, alors on serait en présence d'un véritable coup monté. Pour quoi ? On se perd en conjectures. Une question de pur racisme ou une

---

[8] L'accusé n'est pas présenté. Il demeure un visage anonyme, enfantin, et ce n'est pas son habillement qui pourra dire qui il est : chemise, cravate et pantalon respectables, trop grands pour lui, vêtements visiblement empruntés pour l'occasion.

[9] Les témoins déposent à la barre sous serment "*under penalty of perjury*".

volonté de s'acharner sur un jeune Noir ? Mais l'un des deux policiers est lui-même afro-américain. Ce jeune est peut-être déjà bien connu de la police et celle-ci aura cherché un moyen artificiel de l'épingler. Mais cette supputation reste interdite au jury qui n'a pas le droit de connaître le passé judiciaire de l'accusé, ni-même son milieu ou s'il se drogue. Le jury, comme l'expliquera le juge dans ses instructions, ne doit que réfléchir aux faits incriminés, à la crédibilité de chaque histoire. Tout élément de preuve extérieur à l'enchaînement des faits de ce jour-là est rejeté. Aucun témoin de personnalité, aucun témoin de bonne moralité. Dans ces conditions, nous allons voir que tout le procès va se concentrer sur des détails techniques infimes, des interprétations culturelles subtiles, pour répondre à une seule question : "d*oes it make sense* ?".

Le DA va jouer sur les mots pour décrédibiliser l'alibi de l'accusé. Tandis que le *public defender* se place dans un registre médical neutre en utilisant le mot *urinate*, le procureur a recours à une expression bienséante, couramment employée "*to go to the bathroom*". Pourquoi, dit-il, n'est-il pas allé à la salle de bain chez lui puisqu'il habitait juste à côté ? Ou auparavant chez sa cousine qui l'avait ramené en voiture ? Ce faisant, il opère une subtile distorsion culturelle : les gens convenables aux Etats-Unis ne se soulagent pas dans la rue comme des animaux, son alibi n'est pas crédible, ou bien alors ce n'est pas une personne correcte.[10] Bien sûr un tel argument dans un autre pays, aux valeurs moins puritaines, serait tombé à plat. Il décrédibilise aussi les deux amis de l'accusé, d'une part bien sûr en leur faisant dire à la barre qu'ils ont des liens d'amitié étroits et ce depuis longtemps, introduisant l'idée de complicité, mais aussi en les associant à une image à forte résonance dans l'imaginaire américain, celle des gangs de jeunes Noirs de quartier terrorisant les citoyens paisibles et organisant des trafics de drogue.

-*Vous étiez dans la rue. Depuis combien de temps ?*
-*Tout l'après-midi.*
-*Combien de temps ?*
-*Environ trois heures.*
-*Qu'y faisiez-vous ?*
-*Rien, on bavardait.*
-*Vous traîniez dans la rue, c'est cela* ?

Washington DC disposait jusqu'en 1999 d'un arrêté municipal criminalisant le simple fait de flâner dans la rue à plusieurs, tout comme 28 Etats (*gang-loitering ordinance*). A Chicago on a pu établir qu'en trois ans, 42 000 arrestations ont eu lieu suite à ce type de réglementation. La Cour suprême déclara ces arrêtés inconstitutionnels en 1999 (*City of Chicago v. Morales*) en s'appuyant sur le *due process* du 14ème Amendement. Elle rappela que tout délit doit comporter une intention nuisible (*mens rea*). Depuis, de nouveaux arrêtés ont vu le jour, comportant l'expression "*loitering with intent*". C'est dire que le fait de traîner dans la rue n'est pas

[10] A Washington, le fait d'uriner sur la voie publique est passible d'une lourde amende.

perçu comme innocent. Le débat continue à faire rage sur la légitimité de ces arrêtés. Ici le procureur décrédibilise les témoins de la défense en les faisant passer pour des membres de gang suspects.[11]

Le *public defender*, lui aussi, s'appuie sur des stéréotypes culturels pour corroborer sa version. La scène s'est passée dans un quartier chaud, connu pour ses trafics de drogues. La police y est à cran et les dérapages fréquents. L'avocat joue alors sur le thème très sensible des libertés publiques mises à mal par la guerre contre la drogue qui a pris son essor dans les années 80.

S'il avait une envie pressante d'uriner, il pouvait très bien avoir marché d'un pas rapide que la police a décidé d'interpréter comme un mouvement de fuite. Et pourquoi, s'il soupçonnait le port d'une arme, le policier n'a-t-il pas eu le réflexe de sortir son propre pistolet pour se couvrir ? Pourquoi la crosse du revolver a-t-elle été oubliée dans les analyses d'empreintes ? Les policiers, collègues de longue date, ne pouvaient-ils pas eux-mêmes être de connivence entre eux ? Le *public defender* sait qu'il n'a pas à prouver que son client est innocent, il lui suffit d'instiller un "doute raisonnable".

Puis il analyse, clichés photographiques des lieux à l'appui, la distance entre l'accusé et le policier lors de la course-poursuite et conclut que le policier était bien trop proche pour que l'accusé ait pu avoir l'idée de trouver une cachette à son arme, sans être vu : "*it doesn't make sense.*" L'accent est mis avant tout sur l'allure, la façon de se mouvoir de l'accusé *(the gait)* avec en toile de fond implicite la protection constitutionnelle du 4ème Amendement des fouilles et saisies (*searches and seizures*). La police ne peut poursuivre ou inspecter une personne dans la rue que suivant une *reasonable suspicion* qui lui permet de la soupçonner d'un méfait. Dans ce cas, qui croire, le policier qui parle de course paniquée (*frantic run*) ou les témoins de la défense évoquant une marche normale ? La police ne bénéficie pas d'un blanc-seing des citoyens et doit donner des preuves inébranlables de son honnêteté. Dans une telle affaire la défense compte sur le doute raisonnable alimenté par la peur de l'Américain moyen face aux autorités.

L'accusé avait choisi de témoigner, offrant le visage d'un être très jeune, timide et sérieux mais le *public defender* prit le soin de ne poser aucune question personnelle qui aurait pu, lors du contre-interrogatoire, donner prise à des questions de récusation (*impeachment questions*). Les interrogations polies tournèrent

---

[11] Voir Kim STROSNIDER, "Anti-gang Ordinances after City of Chicago v. Morales : the Intersection of Race, Vagueness Doctrine and Equal Protection in the Criminal Law" in 39 *American Criminal Law Review* 101, 2002.
Le DA parvient à créer l'image de l'accusé comme faisant partie d'une bande mais ce que le jury ne verra jamais, c'est en fait la grande solitude de ce jeune qui, pendant les longues heures de délibération, restera seul à attendre dans les couloirs sombres du tribunal. Aucun membre familial ni camarade pour lui tenir compagnie. Seul le *public defender* passera des heures à ses côtés pour ne pas le laisser seul.

donc une fois de plus sur les détails factuels de ces quelques minutes fatidiques de la course-arrestation et on n'en apprit pas plus.

Les closing arguments furent courts et percutants, résumant l'argumentation de chacun – chaque discours ne durant pas plus de vingt minutes.[12] Le juge était resté silencieux pendant tout le procès, offrant le masque de l'impassibilité. Il s'adressa alors au jury pour leur rappeler l'éthique des délibérations. Il s'interdisait strictement de leur parler de l'affaire et ils ne devaient inférer aucune opinion de sa part du plus petit hochement de la tête qu'il eût pu faire durant l'audience. En outre, ils ne devaient juger que des faits, sans tenir compte de la peine qui serait prononcée en cas de culpabilité. En 2004, le mouvement de protestation contre la lourdeur des peines incompressibles prenait de l'ampleur et le juge essayait ainsi de se prémunir contre l'éventualité d'un verdict de *nullification.* Si un juré, d'aventure, avait connaissance des lourdes peines obligatoires encourues par un détenteur illégal d'arme à feu et de drogue, n'allait-il pas se laisser aller plus facilement à la clémence et refuser le verdict de culpabilité ?

Ainsi, une simple affaire de flagrant délit qui aurait été réglée très vite par un juge dans d'autres pays, sans que le procès-verbal de la police ne soit jamais remis en question[13], faisait-elle aux Etats-Unis l'objet d'un austère débat, lourd d'interrogations idéologiques. Et l'on savait déjà à la fin du procès que, même après le verdict, la Vérité resterait toujours aussi insaisissable puisqu' aussi bien aucune autorité transcendante ne la détenait, ni le juge, ni les avocats et encore moins le jury dont la connaissance partielle et focalisée ne permettait qu'une opinion de bon sens, fondée sur des repères culturels. Le procès américain apparaît comme un exemple d'espace démocratique, le lieu de l'absence de point de vue narratif omniscient. C'est la "communauté" qui tranche.

Abe Jackson fut déclaré coupable après de longues heures de délibérations qui se prolongèrent pendant un jour et demi.

Section 3. L'envers du procès ou l'impossible impartialité

L'ancrage du procès pénal dans la démocratie locale n'est pas sans poser de graves problèmes d'impartialité et d'égalité devant la loi. Le jeu de l'opposition des points de vue narratifs risque de dégénérer en un jeu de quilles soumis à des forces idéologiques incontrôlables.[14] La mise en scène démocratique cache une autre réalité.

---

[12] Le DA en premier, puis le *Public defender*, et le DA a le droit de reprendre la parole après la plaidoirie de la défense car on considère que l'accusateur a la charge de la preuve et est autorisé, de ce fait, à avoir le dernier mot.

[13] Rappelons encore qu'en France le juge d'instruction n'agit que dans moins de 6 % des affaires.

[14] Sur la manipulation des points de vue narratifs et l'art de la duperie, voir Sam SCHRAGER, *The Trial Lawyer's Art*, Philadelphia, Temple University Press, 1999, chap.4.

Tout d'abord, placé devant une vérité insaisissable – bien malin celui qui pouvait déceler qui disait la vérité -, le jury aurait pu refuser de rendre un verdict. C'est à ce niveau-là que prend toute sa valeur la pratique des récusations péremptoires (*peremptory challenges*). Les orientations politiques des jurés sélectionnés vont jouer de façon occulte. Au procès d'Abe Jackson, deux discours idéologiques sous-jacents s'affrontaient, nourris par une actualité brûlante.

D'un côté, l'aspiration à plus de sécurité dans les lieux publics, l'adhésion à une politique de *zero tolerance* qui se traduit par une répression sans relâche des "délits sans victime" (*victimless crime*), qu'on nomme aussi, dans ce cas, *quality-of-life crime*. Il s'agit de "nettoyer" par tous les moyens les bas-quartiers des villes. De plus, la population de Washington DC en 2004 est encore sous le choc de l'épisode des tireurs embusqués (*sniper attacks*) qui terrorisèrent la région pendant trois semaines en octobre 2002, abattant dix personnes et blessant trois autres. En mars 2004, John Allen Muhammad fut condamné à mort et John Lee Malvo à la prison à perpétuité. Le District de Columbia fait partie des zones prises dans l'énorme vague *law and order* des années 80 et 90 et son taux d'incarcération a explosé.

D'un autre côté, le discours des violences et mensonges policiers dont ne se privent pas de faire état les grands quotidiens de penchant libéral : *Washington Post, New York Times*...[15] Le journaliste Steve Bogira rapporte les paroles d'un policier à son fils devenu juge (selon le témoignage de ce dernier) : *Danny, when these police testify that they saw a suspect walking down the street and he dropped the package, it's usually bullshit. You can catch a guy seven days a week by just saying he dropped it.*[16]

Evidemment ces paroles rappellent de façon troublante le cas présent. Il est indéniable que la police n'est pas au-dessus de tout soupçon et la perception qu'en a la population joue un rôle décisif. On pourrait même parler d'une stratégie "O.J. Simpson" de la défense.[17]

En outre, Abe Jackson est noir. Or, le taux écrasant des minorités emprisonnées fait scandale auprès d'une frange éclairée du public. Le *Washington Post* a publié en 1997 les chiffres des Afro-Américains sous main de justice à Washington DC : presque 50 % des hommes de la tranche d'âge 18 à 35 ans.[18] Ce

---

[15] La musique populaire est aussi un véhicule important de ce discours. Voir par exemple la chanson célèbre de Bruce Springsteen, *American Skin*, reprise en chœur par des milliers de fans, au refrain lancinant "*41 shots*", se référant à l'affaire Amadou Diallo, ce Noir criblé de 41 balles en 1999 par la police de New York, alors qu'il sortait son porte-feuille de sa poche.

[16] Steve BOGIRA, *Courtroom 302, a Year Behind the Scenes in an American Criminal Courthouse*, New York, A. Knopf, 2005, p. 183.

[17] Les avocats américains disent que O.J. Simpson a dû son acquittement en grande partie à la très mauvaise réputation qu'avait alors la police de Los Angeles. Le jury a voulu désavouer une police perçue comme brutale et malhonnête.

[18] Voir Steven J. BORETOS, "The Role of Discrimination and Drug Policy in Excessive Incarceration in the United States" in 6 *District of Columbia Law Review* 73, 2001, p. 75.

chiffre effarant est confirmé dans un article académique de Jerome Miller portant sur l'année 1991 : "*42 % of Black DC Males, Ages 18 to 35, Under Criminal Justice System Control*", ces 42 % représentant 15 % en prison, 21 % en liberté conditionnelle et 6 % en liberté provisoire sous caution ou recherchés par la police.[19] Il suffit d'ailleurs de se rendre au tribunal pour s'en rendre compte : les couloirs sont remplis presqu'exclusivement de Noirs, les Blancs étant les avocats et juges. Cette situation trouble les libéraux. De plus en plus fréquents sont les cas d'acquittements comme actes de désobéissance civile (*jury nullification)* pour exprimer le refus des politiques de criminalisation très dure de certaines drogues tel le *crack* consommé surtout par les Noirs.

Dans ce procès, la façon dont fut menée la sélection du jury laissait craindre que, de façon consciente ou non, les jurés soient guidés par leur orientation idéologique. L'opacité des décisions des avocats lors des récusations - ce silence écrasant qui régnait - donnait à penser que la sélection prêtait le flanc au soupçon de choix catégoriels suivant une polarisation idéologique.

Section 4. De l'impossibilité de garantir un jury impartial

Nous avons vu que la Cour suprême a interdit la sélection selon la race, la religion ou le sexe. Mais les récusations (*challenges*) à l'américaine, qui s'étalent sur des jours entiers, restent une énigme pour le reste du monde. La Cour Warren les a soutenus ardemment au nom d'un idéal d'impartialité dont seul le sens intuitif des avocats lors de la sélection des jurés peut être gage. Mais pourquoi une sélection non motivée ? Pourquoi ne pas s'en tenir aux récusations dûment justifiées (*challenges for cause*) qui ont lieu juste avant, sous la houlette du juge ? N'est-ce pas ouvrir la porte à des considérations occultes dangereuses ? Et pourquoi la Cour Warren, si soucieuse de garantir l'équité du procès, a-t-elle approuvé cette procédure étrange ?

Examinons donc la décision majeure sur les *peremptory challenges* datant de 1964 : *Swain v. Alabama*. Un Noir, Swain, avait été condamné à mort par un jury entièrement blanc dans un comté de l'Alabama où 25 % de la population était noire. Constatant que depuis 1950 et en contradiction avec le fameux arrêt de la Cour suprême de 1880 *Strauder v. West Virginia* interdisant l'exclusion des Noirs des jurys, aucun Noir n'avait participé à un jury dans le comté, Swain fit appel de la composition du jury qui l'avait condamné. La Cour s'attelait à la rude tâche de juger de l'utilité des récusations d'office

---

[19] Article de Jerome MILLER, in Michael TONRY (dir), *Sentencing Reform in Overcrowded Times*, Oxford University Press, 1997, p. 225. Sur ce phénomène, on peut lire aussi Frédéric OCQUETEAU (dir), *Community Policing et Zero Tolerance à New York et Chicago : en finir avec les mythes*, Paris, La Documentation française, 2003.

dans la sélection du jury, c'est-à-dire de la possibilité pour les deux parties d'éliminer des jurés de la première liste tirée au sort (*venire*) sans avoir à donner aucune justification de leur choix.

Pour se rendre compte de la lourdeur du *voir dire*, il suffit de quelques chiffres puisés dans l'Opinion de la Cour [20] : pour le procès de Swain, le *venire* comportait une centaine de jurés potentiels, et après avoir excusé diverses personnes ne pouvant être retenues, il en restait 75. Pour réduire le nombre à douze, la loi stipulait que tour à tour la défense en récusait deux et l'accusation une. Le nombre de récusations est donc énorme. Très souvent les deux parties ont droit au même nombre de récusations, mais dans certains Etats la loi accorde une légère faveur à la défense. Dans l'affaire *Swain* le procureur récusa tous les Noirs présents.

La Cour Warren donna cependant tort à Swain en réaffirmant solennellement son attachement au vieux principe des récusations d'office. Dans sa décision, elle mettait surtout l'accent sur l'historicité de cette pratique qui prend sa source dans les anciennes coutumes de *common law* anglaise. Notons l'ironie de cette rhétorique d'une fidélité à un droit coutumier né sur un sol étranger à l'Amérique et dont l'Angleterre elle-même n'avait plus de scrupules à se débarrasser : les récusations péremptoires tombèrent peu à peu en déclin et finirent par être abolies par le parlement britannique en 1988. Mais la Cour Warren, elle, affirmait :

> *The peremptory permits rejection for a real or imagined partiality that is less easily designated or demonstrable. It is often exercised upon the sudden impressions and unaccountable prejudices we are apt to conceive upon the bare looks and gestures of another.*

Elle voulait dire que l'impartialité du juré est si importante que toute impression diffuse, inexplicable, de l'ordre de la sensibilité aux êtres, doit pouvoir être prise en compte lors de l'évaluation de chaque individu. Pour la Cour Warren, les accusés étaient protégés par cette pratique car le jury n'en était que plus impartial.

L'arrêt s'appuyait donc sur une lecture très étroite du *Bill of Rights* car ne se basant que sur la sacro-sainte formule du "*impartial jury*" et laissant de côté toute notion de représentativité, un mot qui n'apparaît pas dans les Amendements.

---

[20] Autres exemples : pour le procès du meurtrier Bobby Seale en 1971, 1550 personnes furent convoquées, 1035 interrogées et il fallut quatre mois pour sélectionner les jurés. Dans le procès des *Pontiac Ten* en 1978, le juge accorda 120 récusations d'office pour chaque partie. Par comparaison, le Code de procédure pénale français est très strict : 35 jurés tirés au sort. Hormis l'unique récusation d'office, la défense ne peut récuser plus de 5 personnes, le ministère public plus de 4.

La Cour suprême a fait savoir maintes fois que le *voir dire* doit conduire à un jury "impartial" et non forcément "représentatif" de la population, mot qui n'est pas utilisé dans le texte de la Constitution. Cette nuance explique pourquoi une grande liberté est laissée aux avocats pour choisir les jurés. Ainsi il est tout à fait possible d'avoir un jury entièrement blanc ou inversement composé seulement de Noirs, du moment qu'on aura soi-disant prouvé l'absence de préjugés de ses membres. D'après cette doctrine en vigueur, la justice doit être *color-blind*, ce qui revient à nier le principe de représentativité.

Mais pour gagner le procès, il faut réduire l'imprévisibilité du jury. Toute une industrie s'est donc développée pour permettre "scientifiquement" aux avocats de bien choisir leurs jurés. Les consultants se tiennent aux côtés des avocats pendant les séances et analysent le moindre mouvement, l'allure, le comportement de chaque individu. Des enquêtes dans l'ombre sont menées par des détectives pour les affaires les plus importantes[21], visant à déterminer les habitudes, les relations qui indiqueront la personnalité du juré. En 1988 est paru un livre, *The Art of Selecting a Jury*, sorte de catalogue de stéréotypes censé guider les avocats dans leurs périlleuses récusations. D'autres manuels du même type ont fleuri par la suite, comme par exemple en 1999 un manuel de 674 pages *Handbook of Jury Research* [22] qui explique comment sélectionner et manipuler le jury.

Ainsi, on apprend grâce à ces recherches "scientifiques" que les Mexicains sont passifs, les Orientaux soumis à la majorité, les Scandinaves ont un grand respect pour la loi, ainsi de suite. Fort heureusement la réalité mouvante dément les stéréotypes. En outre, les jurés, de plus en plus conscients de l'existence de ces conseillers de l'ombre, savent garder secret leur jugement intime. Des recherches ont montré que les verdicts sont encore globalement imprévisibles.[23]

Les avocats et consultants ont aussi recours à des techniques informelles : simulations de procès (*mock trials*), groupes de discussion (*focus-groups*), "jury-fantôme" (*shadow jury*). Pour ce dernier, les consultants de la défense cherchent des personnes ressemblant aux vrais jurés, celles-ci sont payées pour assister au procès et rendent compte de leurs propres impressions. Mais le risque bien sûr est que seuls les accusés fortunés, qui peuvent s'offrir un avocat épaulé par des consultants, pourront bénéficier de ce

---

[21] C'est sans doute l'objection principale à ce pouvoir officieux : les sommes d'argent mises en jeu dépendent de l'importance du client.

[22] Les auteurs sont Abbott & Batts. On trouve une critique de ce manuel dans The Federal Lawyer janvier 2001, p. 43.

[23] Voir Penny DARBYSHIRE, "What can the English Legal System Learn from Jury research" in Criminal courts review (UK), art.cit.

type de soutien très particulier. Ainsi, dans le procès en 2003, au Texas, du millionnaire Robert Durst[24], accusé de meurtre et acquitté malgré des preuves accablantes, un cabinet de consultants conduisit une stratégie extrêmement élaborée. Tout d'abord, une enquête par appels téléphoniques permit d'établir le fait que les préjugés contre Durst dominaient dans la population du Comté. Les consultants brandirent cet argument pour exiger du juge que la défense puisse conduire des interrogatoires complets avec ses propres questionnaires auprès de chaque juré potentiel. Si le juge n'accédait pas à cette demande, la défense menaçait de déposer une requête en dépaysement (*change of venue*) qui est toujours impopulaire et coûteuse. De cette façon, la défense put choisir 14 jurés parmi une liste de 170 jurés potentiels grâce aux récusations péremptoires. Puis un *shadow jury* officia dans le public pendant les sept semaines que dura le procès : chaque soir avait lieu un *debriefing* de leurs réactions, ce qui permettait d'adapter au jour le jour la stratégie adoptée par les avocats de la défense. Cette pratique officieuse fait donc partie des impondérables du procès, de cet émiettement des responsabilités qui met en danger son équilibre. Ici il ne s'agit plus d'invoquer l'équilibre entre défense et accusation (on peut imaginer, bien que cela reste peu probable, qu'il existe malgré tout puisque l'accusation a aussi droit aux récusations d'office) mais bien la clause du Quatorzième Amendement qui stipule que chaque citoyen a droit à la protection égale des lois (*equal protection of the laws*). Au Texas, un Noir indigent n'a pas accès à un tel traitement de faveur, bien qu'il faille noter que la pratique *pro bono* des conseillers en jury non professionnels se répand.

Mais aujourd'hui, des juges dénoncent les *peremptory challenges.* Les procédures d'élimination de jurés sont parfois proprement hallucinantes et de nature à faire fuir tout juré potentiel bien intentionné. Pour se rendre compte de cette menace d'embrigadement du jury, résumons la façon dont le système peut se trouver exploité.

Tout Américain moyen anglophone peut recevoir sa lettre de citation en vue de participer à un jury. La lettre est accompagnée d'un long questionnaire qui lui demande de détailler sa vie privée et intime. Probablement, il sait que ces informations confidentielles sont analysées par une cohorte de consultants qui vont chercher à exploiter ses failles. Puis lors de la sélection, à nouveau, il sera "profilé" afin de correspondre au verdict que chaque partie veut lui soutirer (l'avocat le plus rusé, l'ayant le mieux "cerné ", étant le gagnant). Tout cela sous couvert de recherche de l'impartialité. En réalité personne n'est dupe. Des expressions révélatrices circulent et deviennent familières, comme par

---

24 *New York Times* "Durst Verdict Tied to Local Mores and a Shrewd Defense" 12 novembre 2003 ; le même jour *Houston Chronicle* "Tuesday's acquittal latest in string of high-dollar Texas cases".

exemple "*dumbing down the jury* " qui signifie le fait de choisir des personnes naïves, émotives et aisément manipulables.

Le juge Macklin Fleming fait une suggestion intéressante : abandonner les *peremptory challenges* comme les Anglais l'ont fait en 1988 et en contre-partie admettre l'idée de verdicts non unanimes à dix voix contre deux, comme c'est le cas en Louisiane et en Oregon, pour prévenir l'éventualité du juré raciste ou excentrique.

Mais ce serait, aux Etats-Unis, une petite révolution que les avocats ne sont pas prêts à accepter. Ils défendent le *voir dire* en mettant en avant cette valeur cognitive très prégnante chez les Américains qu'est l'intelligence émotionnelle.[25] L'avocat doit connaître les jurés et parallèlement ceux-ci ont le droit d'évaluer les avocats. Leur décision finale peut dépendre aussi de cette première impression, ce "*gut feeling* ". Souvent, au cours des interrogatoires des dialogues naissent qui peuvent devenir assez conviviaux.

A San Francisco, la sélection est très différente de la procédure de Washington. Elle se fait par un questionnement vivant qui permet un riche dialogue préliminaire au procès, à visée pédagogique. Ainsi, dans un procès pour exhibitionnisme (*indecent exposure*) [26] d'un sans-abri atteint de schizophrénie légère, que l'avocate a choisi de ne pas faire témoigner, celle-ci va adroitement assurer ses arrières lors de la sélection du jury en demandant : "*Qui parmi vous ne comprend pas le droit au silence ? Est-ce que certains ici sont choqués par le fait que l'accusé ne témoigne pas ?*" S'ensuit un débat intéressant qui permet à l'avocate de repérer les personnes hermétiques au *due process.* Puis "*Connaissez-vous Jefferson Park ? Etes-vous déjà allés dans le Tenderloin* ?" Elle cherche à repérer les personnes sensibilisées à la misère des clochards du centre de San Francisco. On sait alors à quel type d'accusé on a à faire. L'avocate détecte ainsi la qualité d'ouverture d'esprit des personnes au courant de la détresse de ces habitués des *street corners* souffrant, pour la plupart, de graves troubles mentaux. Le procureur, pour sa part, demande : "*Qui regarde à la télévision la série Law and Order ? Vous aimez le District attorney Jack McCoy ? Vous comprenez le rôle du procureur ?*" L'accusé sera acquitté, la sélection du jury intervenant pour une bonne part dans ce verdict. Il était en effet évident que le jury avait été habilement instruit de la teneur exacte de l'enjeu. La dimension idéologique, bel et bien présente dans le procès, n'était pas occultée. Le débat apparent sur le fait que l'accusé ait commis l'acte ou non ne faisait pas illusion. Dans ce cas, il s'agissait en définitive de mettre en tension le trouble à l'ordre public, même mineur (doctrine de *zero tolerance*) et la compassion pour les déséquilibrés mentaux.

---

[25] Parole d'un avocat de la défense : "*Without peremptory challenges there would be a lot more innocent people convicted*". (Entretien avril 2005 à Indio, Californie)

[26] San Francisco Hall of Justice, tribunal Part 14, 7-10 avril 2005.

On voit donc que d'un tribunal à l'autre, la mise en application d'un même principe de sélection du jury, pourtant bien encadré par une jurisprudence abondante de la Cour suprême, se révèle fort différente. Ici procédure transparente, éducative et vectrice d'impartialité par confrontation ouverte des points de vue, ailleurs opaque, laissant augurer un verdict aux relents idéologiques mal définis. Se pose la question : le droit constitutionnel est-il allé assez loin dans l'encadrement de cette procédure essentielle ?

Section 5. La grande liberté des acteurs de la justice

Cependant, le jugement dépend surtout des décisions prises en amont du procès, lors des palabres de bureau (appelés poliment *pre-trial conference*) et audiences préliminaires, lesquelles ne seront jamais portées à la connaissance du jury. La tenue du procès dépend de la qualité de l'offre du procureur, de la disponibilité de l'avocat de la défense pour déposer des requêtes et conduire des enquêtes complémentaires, mais plus encore de l'attitude du juge. Nous avons vu que celui-ci a le pouvoir de déclarer les preuves recevables ou non au procès (*power to suppress evidence*). Selon son orientation politique, il fera confiance à la police ou non. Le procès de Abe Jackson constitue un bon exemple de ce poids énorme du juge qu'on dit neutre et en retrait mais qui, en réalité, influence puissamment l'issue des débats.

C'est en effet au juge qu'il appartient de vérifier la légalité des procédés de la police. Qu'un interrogatoire au poste de police n'ait pas été conduit selon les règles, et le témoignage devient caduque. Le juge est seul interprète. Or, dans l'affaire *Jackson*, le juge aurait pu rejeter la déposition des policiers car les conditions d'arrestation pouvaient être considérées en violation du 4ème Amendement, suivant la jurisprudence *Terry*. Si le juge admettait qu'Abe se déplaçait normalement, sans mouvement de fuite, les policiers n'avaient aucune raison de le poursuivre. Et le fait qu'ils aient trouvé une arme et de la drogue ne changeait rien à l'affaire. Celle-ci aurait été classée sans suite.

Mais en 2000, la Cour suprême rendit, par 5 voix contre 4, un arrêt, *Illinois v. Wardlow*, stipulant qu'une course à l'approche de policiers dans un quartier sensible (*high crime area*) constituait un motif valable de contrôle et de fouille au corps. Les libéraux s'insurgent contre ce type de jurisprudence car ils estiment que c'est une façon détournée de donner à la police le pouvoir d'arrêter n'importe qui, selon des méthodes de profilage, en se dédouanant à bon compte. Dans son opinion dissidente, le juge Stevens écrit, comme en un reflet parfait de l'histoire d'Abe Jackson :

A pedestrian may break into a run for a variety of reasons –to catch up with a friend a block or two away, to seek shelter from an impending storm, to arrive at a bus stop before the bus leaves, to get home in time for dinner,... or simply to answer the call of nature –any of which might coincide with the arrival of an officer in the vicinity.[27]

Devant cette jurisprudence instable, matière à controverse, le juge avait donc tout loisir d'interpréter l'arrestation de Abe Jackson comme légale ou non. Mais en 2004, à Washington DC, il était politiquement dangereux de paraître du côté de la défense et de désavouer la puissante corporation des forces de police.[28] En d'autres temps, d'autres villes ou comtés, ou tout simplement avec un autre juge, Abe Jackson aurait peut-être été libre.

La procédure pénale américaine se caractérise principalement par son instabilité, son imprévisibilité due à l'importance des décisions discrétionnaires et sa perméabilité à la politique. Mais n'est-ce pas là un trait inhérent à toute démocratie ? Le danger est bien sûr que les diktats politiques écrasent les libertés individuelles. C'est pourquoi le principe d'un contrôle constitutionnel permanent a toujours été considéré de la première importance, non seulement pour éviter les débordements mais aussi pour harmoniser géographiquement les procédures. C'est le rôle crucial des cours suprêmes.

---

[27] *Illinois v. Wardlow* (2000), opinion dissidente part I.

[28] Que se serait-il passé si l'accusé avait été acquitté ? Cela aurait signifié que, légalement, les policiers avaient commis un parjure à la barre, puisqu'on témoigne toujours sous serment. Le parjure est passible de poursuites. Interrogés à ce sujet, juges et avocats tiennent le même discours : jamais un policier n'est poursuivi en justice suite à un verdict d'acquittement, on considère simplement qu'il avait une vision différente des faits. Mais le problème est que pour l'accusé, la règle n'est pas la même. Un juge n'hésitera pas à alourdir la peine d'un condamné au motif qu'il s'est parjuré lors du procès.

Chapitre 6. La nationalisation des droits des accusés[1]

Section 1. Aux origines du procès américain

Le célèbre juriste américain Oliver Wendell Holmes, dans son ouvrage devenu un classique *The Common Law* (1881), écrivait : "*The life of the law has not been logic, it has been experience.*"[2]

L'histoire de l'édification du système judiciaire pénal américain jusqu'à nos jours est une parfaite illustration de cette maxime. Point de Napoléon pour édicter et encoder des règles immuables, ni même de Voltaire ou Rousseau pour énoncer la rationalité du droit, encore moins de grands philosophes moraux dans le sillage kantien, mais une puissante volonté inscrite dans le peuple de se démarquer des errements de la justice européenne d'avant la Révolution et d'expérimenter les voies d'une Cité libre, garante des Droits fondamentaux de l'homme.

L'historien Jean-Paul Clément explique très bien ce double mouvement d'indépendance et de continuité, inspiré par une approche pragmatique :

> *La République américaine a la particularité de différer dans ses méthodes et dans ses résultats de la Révolution française : elle n'a connu ni la Terreur, ni la dictature jacobine ; elle a ignoré l'esprit de système qui a inspiré aux révolutionnaires français tant de constructions jugées par les royalistes abstraites et invivables. Au lieu de faire table rase du passé, les constituants de 1787 ont eu la sagesse de reprendre beaucoup d'éléments traditionnels de la common law telle qu'elle s'était instituée à travers les vieilles chartes et les contrats passés entre les colons et la mère patrie depuis le XVIIe siècle.*[3]

De ce respect pour les traditions, la passation du pouvoir judiciaire à la Révolution en fut un bon exemple.

---

[1] En français, l'expression usuelle est "droits de la défense" mais en anglais, "*rights of the defense*" ne s'emploie guère. On parle de " *rights of the accused* " ou bien "*rights of the defendant* ", très certainement parce que l'accusé conserve un rôle actif tout au long de la procédure. Aussi la traduction littérale me semble-t-elle préférable pour conserver la nuance.

[2] Cité par David J. BODENHAMER, *Fair Trial*, New York, OUP, 1992, p. 95.

[3] Jean-Paul Clément, présentation de "Vie, correspondance et écrits de Washington" in *Revue des deux mondes*, septembre 2003, p. 10

Les colons, puis les nouveaux citoyens libérés de la tutelle anglaise, continuèrent à s'appuyer sur le corpus jurisprudentiel très fourni et finement argumenté de la *common law.* De même au 18ème siècle, les *Commentaries on the Laws of England* de Sir William Blackstone (1723 –1780), juriste et professeur à Oxford, connurent un grand succès outre-Atlantique. Les Américains avaient hérité des Anglais un grand respect pour la règle de droit (*rule of law*)[4] et les garde-fous procéduraux contenus dans le concept de *due process of law* . L'*habeas corpus* [5] également nommé *the Great Writ*, mais aussi le procès par jury populaire (*trial by jury*) sont des héritages anglais très précieux aux yeux des Américains car constituant des remparts de liberté pour le citoyen contre la tyrannie des autorités tutélaires. *L'habeas corpus* reste encore aujourd'hui le symbole d'une justice avancée, en ce sens que le recours ordinaire en appel est soumis, comme un peu partout dans le monde, à un délai très court. Une fois que ce délai (généralement de sept à dix jours) a expiré, il n'est plus possible de faire appel. Par contraste, l'*habeas corpus* constitue une voie de recours plus généreuse et ouverte, et si l'*habeas corpus* d'Etat ne donne pas gain de cause, le condamné peut s'adresser à une Cour fédérale en invoquant la procédure d'*habeas corpus* fédérale, garantie par la Constitution (Article 1, Section 9).

Toutefois, le droit anglais présentait aussi une tare rédhibitoire pour les Américains. Le système pénal anglais, plus que toute autre branche de la justice, était entaché par la détestable immixtion des prérogatives royales. Les pendaisons publiques au 18ème siècle à Londres furent si terribles et arbitraires qu'on les dénomma "*the legal massacre*".[6] Les Américains voulaient une justice véritablement du peuple, "*freedom from official capriciousness*". Le leitmotiv était de se prémunir contre la "tyrannie" des autorités.

C'est pourquoi, dans les affaires criminelles, il n'était pas question de laisser le gouvernement fédéral, éloigné des collectivités locales (*local communities*), décider des procédures et des délits à sanctionner (*substantive law*). Chaque Etat, chaque *community* devaient œuvrer à édifier un système juste, proche des valeurs et normes populaires, le fameux "*community sentiment*".

Ainsi, à l'adage "*a government of laws, not of people*" qui visait alors à fuir l'arbitraire des puissants de ce monde, s'ajoutait en matière pénale l'idée du "*government of <u>the</u> people*". Selon David Bodenhamer, "*the American legal system reflects community norms or popular judgment to a degree unparalleled among other western nations.*"[7]

---

[4] *Rule of law*, règle qui souligne surtout l'idée d'égalité de chacun devant la loi ; personne, pas même un président, n'est au-dessus de la loi.

[5] *Habeas corpus* : interdiction des détentions arbitraires, obligation de traduire la personne emprisonnée devant le juge dans des délais brefs.

[6] Voir à ce sujet l'ouvrage de Peter LINEBAUGH, *The London Hanged : Crime and Civil society in the Eighteenth Century*, London, Verso, 1ère éd 1991.

[7] David BODENHAMER, op.cit., p.7.

Section 2. Des conquêtes de haute lutte

§ 1. Une justice éparpillée

Dès la Révolution, il fut donc fermement établi que la justice criminelle serait laissée à la discrétion des Etats, hormis les cas peu nombreux relevant de la justice fédérale, dont faisaient partie les "*diversity cases* ", ces affaires concernant des crimes et délits commis dans deux ou plusieurs Etats différents ou bien des cas de contrebande ou encore relevant du droit maritime.[8] Le gouvernement fédéral ne posséda même pas une prison avant 1891. Il mettait ses détenus en pension dans les prisons d'Etat.

De surcroît, on peut légitimement affirmer que, depuis la Révolution, la justice aux Etats-Unis n'est pas seulement d'Etat mais elle est restée bien locale, en ce sens qu'elle se pratique au niveau du comté et que les petites villes possèdent toutes leur tribunal. On ne peut guère parler de "palais de justice ", concept par ailleurs bien étranger aux Américains pour qui la justice doit rester de proximité. Et ce n'est pas un hasard si les procureurs se nomment *District attorneys*, comme pour bien rappeler leur appartenance à la collectivité locale.[9]

Un autre grand principe sous-tendait la volonté de consacrer le caractère local de la justice pénale. On peut le résumer en un mot : Etat-laboratoire. Dans la droite ligne de l'idée d'expérience mais aussi inspiré par l'optimisme des avancées démocratiques, chaque Etat se devait d'être créatif, le cas échéant innovateur, afin d'être imité par les autres Etats si l'expérimentation était concluante. Le risque encouru par la nation tout entière serait ainsi moins grand. Chaque Etat servirait de miroir aux autres et par tâtonnements le droit criminel avancerait vers son plus haut niveau de justice et d'efficacité. Ce principe traverse toute l'histoire du droit criminel et explique l'optimisme et le caractère audacieux – que certains qualifient de déraisonnable et imprudent - de certaines décisions locales.

Cependant, très tôt, les juristes américains ont perçu le danger de trop vouloir calquer le système sur le *community sentiment*, non tant par peur des préjugés mais surtout pour se prémunir de l'arbitraire et de l'incohérence des jugements rendus. La doctrine du délit de *common law* qui laissait au juge anglais une assez grande latitude d'interprétation face au fouillis jurisprudentiel fut rapidement rejetée comme dangereuse. Les Etats se dotèrent peu à peu de co-

---

[8] Les pouvoirs du Congrès sont énumérés par l'Article 1er de la Constitution. La clause la plus connue, car la plus utilisée et évolutive, est la clause de commerce, "*interstate commerce clause*" : "*To regulate Commerce with foreign Nations, and among the several States, and with the Indian Tribes*".

[9] Les procureurs fédéraux se nomment *US Attorneys*, même s'ils officient dans des *"district" courts.*

des de procédure pénale et d'une législation précise sur les peines encourues pour chaque infraction.[10]

Et cette nécessité d'encoder le droit pénal dans chaque Etat était d'autant plus impérieuse que les garanties offertes par la Constitution de 1789, puis en 1791 par la déclaration des Droits (*Bill of Rights*), ne s'appliquaient qu'au niveau fédéral.

En tout état de cause, il était purement inconcevable que l'Etat fédéral imposât à un Etat quelconque des règles pourtant aussi incontournables et unanimement célébrées aujourd'hui que le droit de l'accusé à un avocat ou le droit de ne pas témoigner contre soi-même (*rule against self-incrimination*). Le respect des normes locales et la peur de la tyrannie d'instances gouvernementales éloignées ne l'auraient pas supporté.

Aujourd'hui, il est quelque peu difficile d'imaginer que l'incorporation des principes du *Bill of Rights* dans le droit pénal des Etats ne date que des cinquante dernières années, essentiellement à dater de la nomination de Earl Warren en 1953 au rang de premier juge (*Chief Justice*) de la Cour suprême des Etats-Unis.

Cependant, avant d'examiner la nationalisation des droits constitutionnels des accusés qui culmina dans les années 1960-70, il convient de tempérer cette absence de protection fédérale qui fut une des caractéristiques de la justice pénale aux Etats-Unis tout au long du 19ème siècle et une grande partie du 20ème. Le fait même que le *Bill of Rights* fut ratifié deux années après le texte de la Constitution, telle une copie rajoutée, montre bien que les Droits du citoyen étaient à l'origine conçus comme étant du ressort principal de chaque Etat, ainsi que l'explique David Bodenhamer :

The Constitution's pronouncement of rights was a political afterthought. Under the federal system, states, not the national government, had the initial responsibility for protecting these rights.[11]

En effet, une grande ferveur citoyenne avait régné dans les colonies. Celles-ci avaient mis au point des chartes et règlements (*charters and compacts*). S'appuyant en partie sur des principes hérités du *Bill of Rights* anglais de 1689, voire même de la *Magna Carta*,[12] les colonies affirmaient ainsi leur volonté de respect des droits fondamentaux de l'Homme. La plupart des textes constitutionnels qu'ils élaborèrent ensuite comportaient en préambule des chartes de droits qui préfiguraient le *Bill of Rights* fédéral.

---

[10] De nos jours, parler de *common law* aux Etats-Unis revient surtout à s'intéresser au droit civil, concernant surtout les procès en responsabilité pour négligence, les fameux *lawsuits* qui inondent les tribunaux. En droit pénal, le terme *common law* ne s'applique généralement que pour désigner les vieux principes prédatant la Constitution, sur lesquels s'appuie la procédure dite accusatoire.

[11] David BODENHAMER, op.cit., p.6.

[12] *Magna Carta* : la grande charte anglaise de 1215 qui eut une valeur surtout symbolique. Elle restreignait le pouvoir royal et garantissait une justice pour tous.

Certains droits particulièrement novateurs furent ainsi inscrits dans les chartes des Etats avant d'être imités par le *Bill of Rights.*

Par exemple, il fallait un certain courage et beaucoup d'idéalisme en 1776 pour instituer le droit de tout accusé à un avocat (*right to counsel*). En *common law* anglaise, ce droit n'existait ironiquement que pour les délits mineurs.[13] Pour les faits graves, souvent passibles de mort, l'accusé n'était pas autorisé à être assisté d'un avocat. Dans la Constitution du New Jersey, par exemple, le droit était affirmé "*with the same privileges as their prosecutors are or shall be entitled to*".

C'est dire que les treize Etats de l'époque révolutionnaire s'étaient dotés de Constitutions et de Chartes suffisamment avancées pour asseoir leur autorité suprême dans les domaines qui n'interféraient pas avec le droit fédéral, tel le traitement des criminels et autres délinquants locaux. Mais c'était peut-être pécher par excès d'optimisme et de confiance que de croire que les nouveaux Etats à venir auraient la même sagesse et la même vénération pour le *due process of law.* D'ailleurs James Madison, partisan d'un républicanisme centralisateur, craignait déjà en 1789 que les Etats fédérés n'oppriment leurs citoyens et tenta vainement de faire adopter un Amendement qui, entre autres limitations aux pouvoirs des Etats, imposait le droit à un procès par jury dans les affaires criminelles. Marie-France Toinet commente très justement à ce propos :

> *L'Amendement sera refusé par le Sénat. Malheureusement, car une des querelles les plus longues et les plus virulentes que connaîtront les Etats-Unis sera celle sur les droits des Américains, en tant que citoyens des Etats-Unis et/ou des Etats.*[14]

§ 2. Le Quatorzième Amendement

La doctrine de l'autonomie des Etats en matière criminelle, qui prit par la suite le nom de *dual federalism*, fut en vigueur tout au long du 19ème siècle. Si bien établie était-elle que même la guerre de Sécession ne l'entama guère.

Cependant, la pression des événements devait peu à peu forcer la Cour suprême à sortir de sa réserve. Elle ne pouvait plus ignorer les graves atteintes à la liberté qui sévissaient dans certains Etats, du Sud principalement. En effet, le 13ème Amendement ratifié en 1865, abolissant l'esclavage conférait au gouvernement fédéral un pouvoir de contrôle des atteintes à la liberté des citoyens, pouvoir précédemment appartenant aux Etats. Mais lorsqu'apparurent les Black Codes dans les Etats du Sud, il devint nécessaire d'aller plus loin. Dans la foulée du *Civil Rights Act,* on rédigea en 1866 un nouvel Amendement qui devait changer profondément le cours de la justice criminelle américaine au 20ème siècle.

---

[13] L'Angleterre l'adoptera en 1836.

[14] Marie-France TOINET, "L'atrophie du fédéralisme par le droit" in *L'Etat en Amérique*, Paris, Fondation Nationale de Sciences Politiques, 1989, p. 229.

Le Quatorzième Amendement, stipulait en section 1 :

No state shall make or enforce any law which shall abridge the privileges and immunities of citizens of the United States ; nor shall any state deprive any person of life, liberty or property, without due process of law ; nor deny to any person within its jurisdiction equal protection of the laws.[15]

Cet Amendement proprement révolutionnaire fut approuvé par les Etats en 1868. La citoyenneté nationale était placée au-dessus des citoyennetés étatiques. Pour la première fois, la notion de "*due process of law*" était clairement garantie à tout citoyen par l'Etat fédéral. Cet Amendement majeur était à la fois destiné à mettre des entraves au pouvoir des Etats s'ils venaient à s'immiscer dans les affaires des citoyens (clause de liberté et de protection de la propriété) et prémunir chacun contre toute forme de discrimination (clause d'égalité devant la loi).

Mais ce qui rend bien sûr le Quatorzième Amendement d'une importance historique, c'est l'injonction faite aux Etats d'appliquer, eux aussi, les grands principes des droits fondamentaux : liberté, égalité. La peur de la tyrannie n'est plus attachée seulement aux prérogatives du gouvernement fédéral mais tout autant, voire plus, à celles des Etats. Il s'agit là d'un changement de cap qui allait exercer une immense influence sur le droit criminel au 20ème siècle.

Pourtant, le concept restait général et flou, se prêtant volontiers à toutes sortes d'interprétations.[16] Dans les années qui suivirent, lorsque la question se posa d'une possible extension des garanties du *Bill of Rights* aux Etats en matière criminelle en vertu du Quatorzième Amendement, la réponse de la Cour suprême fut un refus quasi catégorique. Par exemple, dans l'arrêt *Strauder v. West Virginia* (1880) la Cour dut concéder que l'exclusion systématique des Noirs des jurys de procès enfreignait "l'égale protection des lois" du 14ème Amendement mais elle s'empressa d'ajouter qu'un défendeur n'avait pas le droit d'exiger un jury composé de personnes de sa race. Les condamnations à mort de Noirs par des jurys blancs soigneusement sélectionnés grâce aux récusations péremptoires purent continuer tranquillement dans les Etats du Sud.

D'autre part, il est probable que, en refusant de contrôler les Etats, la Cour suprême s'appuyait fortement sur l'existence d'une loi fédérale majeure, datant de 1867,[17] qui étendait l'*habeas corpus* aux prisonniers d'Etat. Par ce biais, l'Etat

---

[15] Traduction officielle (Library of Congress) : " Aucun Etat ne pourra faire appliquer de lois restreignant les privilèges ou les immunités des citoyens des Etats-Unis ; aucun Etat ne pourra non plus priver une personne de sa vie, de sa liberté ou de ses biens sans une procédure légale, ni refuser à quiconque relève de sa juridiction une égale protection des lois."

[16] C'est aussi par le 14ème Amendement que le concept de "*substantive due process*" prend corps. La notion de liberté de l'individu fut d'abord interprétée très largement pour contrer toutes sortes de tentatives des Etats de mettre un frein au libéralisme industriel et social ... avant de s'incarner dans les Droits de l'homme.

[17] *Judiciary Act* 1867, c.28,1,14 Stat 385-386.

fédéral pouvait désormais vérifier si la justice pénale restait fondamentalement équitable au cas par cas : lorsqu'un condamné s'estimait victime d'une injustice, il pouvait obtenir réparation pour son cas individuel dans les tribunaux fédéraux mais sans que les droits constitutionnels institués par chaque Etat ne soient remis en question. C'est ce qu'on a appelé la doctrine d'équité fondamentale (*fundamental fairness*). L'esprit de cette loi du Congrès promulguée au lendemain de la guerre civile apparaît bien sous la plume du juge Brennan lorsqu'en 1963, rédigeant l'Opinion de la cour dans *Fay v. Noia*, il remettra à l'honneur le fameux *fundamental fairness*.

Nous avons vu que l'*habeas corpus, the great writ*, est contenu dans la Constitution américaine. La loi de 1867 instaurait de nouvelles procédures légales, connues aujourd'hui sous le nom de "*collateral attacks* " ou "attaques latérales", permettant à un condamné d'Etat de nouveaux recours devant les tribunaux fédéraux une fois que tous les recours traditionnels, y compris la Cour suprême des Etats-Unis , avaient été épuisés. Le *Judiciary Act* était destiné à envoyer un signal clair aux Etats qu'ils devaient respecter leurs engagements et leur allégeance au 14ème Amendement.

Le Congrès entendait donc affirmer son nouveau pouvoir politique au moyen du contrôle de légalité de l'emprisonnement de ses citoyens. Mais les tribunaux fédéraux n'avaient pas beaucoup de prise sur des verdicts injustes dès lors que les droits constitutionnels du *Bill of Rights* fédéral ne s'appliquaient pas. La situation devenait de plus en plus tendue.

Durant les décennies suivantes, la Cour suprême fut confrontée à de nombreuses affaires délicates où planait l'ombre du défi constitutionnel. Car tandis qu'elle s'attachait à préserver les prérogatives des Etats, elle étendait au système judiciaire fédéral couvert par le *Bill of Rights* les garanties contenues en germe dans les 4ème, 5ème, 6ème et 8ème Amendements. La discordance entre systèmes d'Etat et système fédéral devenait insoutenable.

Ainsi dans *Week v. United States* (1914), la Cour suprême institua la règle d'exclusion (*exclusionary rule*) dans les procès fédéraux, suivant le 4ème Amendement contre les perquisitions et saisies déraisonnables (*against unreasonable searches and seizures*), rendant toute preuve obtenue illégalement irrecevable au tribunal.

En 1939, *Nardone v. United States* interdit explicitement les écoutes téléphoniques secrètes (*wiretap evidence*) pour les procédures fédérales. Le juge Frankfurter eut recours dans son Opinion à une métaphore à connotation biblique qui devait marquer la jurisprudence à venir. Les preuves obtenues illégalement étaient "*a fruit of the poisonous tree* ".

Rappelons à ce sujet qu'aux Etats-Unis où il n'existe pas de juge d'instruction omniscient, pour le jury qui ignore l'existence de preuves obtenues en sous-main, le verdict peut se trouver radicalement modifié. Une preuve irréfutable mais obtenue par des moyens illégaux ne sera pas présentée au jury et des criminels ont pu être libérés de cette manière. Dans le cas *Nardone,* il s'agissait d'un trafiquant mafieux bien connu de la police. D'où les polémiques qui ont toujours entouré l'admissibilité des preuves.

Mais cette injonction faite à la police ne concernait pas les Etats. Aussitôt la pratique dite du "*silver platter*" se répandit : les fédéraux déléguaient aux polices d'Etat le soin de rechercher par tous les moyens des preuves qui, ainsi blanchies, devenaient admissibles. Ces tours de passe-passe devaient perdurer jusqu'en 1961, date à laquelle la Cour suprême, dans *Mapp v. Ohio*, se décida enfin à étendre la restriction aux Etats.

Bien sûr, ce décalage entre niveau fédéral et étatique paraissait d'autant plus flagrant que la justice criminelle fédérale connaissait un essor assez considérable au début du 20ème siècle, suivant les nouvelles lois du Congrès. L'ère de la Prohibition fut la plus fertile en procès fédéraux : en 1932, plus de 70 000 avaient eu lieu concernant des affaires de drogues et spiritueux.[18] A la fin du 20ème siècle, le contentieux des juridictions fédérales en droit criminel commun est estimé à environ 10 %, la lutte contre la drogue (gouvernée par la clause de commerce) représentant sa première activité.[19]

Dans les années trente, la Cour suprême ne parvenait toujours pas à imaginer que le *due process* fédéral pût garantir d'autres libertés que celles de la propriété et du laissez-faire économique. La doctrine de l'expérimentation dévolue à chaque Etat, conçu comme un laboratoire d'innovations par tâtonnements, lesquels pouvaient ensuite s'étendre par contagion au reste du pays, ne devait pas être remise en question. Selon Louis Brandeis, "*denial of the right to experiment may be fraught with serious consequences to the Nation.*"[20] Autrement dit, il ne fallait pas "incorporer"[21] les garanties du *Bill of Rights* fédéral dans la clause de *due process* du 14ème Amendement, car cela aurait obligé les Etats à respecter systématiquement les règles fédérales. Or, selon les mots de Jean Cédras, "*tous les droits du Bill ne sont pas essentiels et inversement, certains droits essentiels ne sont pas dans le Bill*".[22]

Il faudra attendre 1947 pour qu'une voix forte ouvre la brèche vers une véritable doctrine de l'incorporation des droits des accusés. Dans *Adamson v. California*, la Cour devait se prononcer sur un cas de droit au silence bafoué car ayant donné lieu à des commentaires du juge au jury visant à rendre ce silence suspect. Au nom du 5ème Amendement, Adamson demandait que son droit de

---

[18] Lawrence FRIEDMAN, op.cit., p. 107.

[19] Voir Elisabeth ZOLLER, *Le droit des Etats-Unis,* Paris, PUF, p. 46 :"La clause de commerce a aujourd'hui fait tomber dans les compétences du gouvernement fédéral pratiquement tout ce qui touche à la réglementation et à la régulation de l'économie nationale en sorte qu'elle est la base constitutionnelle d'une partie considérable du droit fédéral."

[20] Opinion dissidente dans *New State Ice Co v. Liebman* (1932)

[21] Le terme *incorporation* est utilisé communément pour désigner ce processus de constitutionnalisation fédérale des procédures pénales étatiques.

[22] Jean CEDRAS, op.cit., p. 101.

ne pas témoigner contre lui-même soit respecté. La Cour refusa. Cependant, s'opposant aux juges Cardozo et Frankfurter, Hugo Black rédigea, à cette occasion, dans une opinion dissidente (*dissent*), un vibrant plaidoyer pour l'incorporation complète du *Bill of Rights* qu'il décrit ainsi :

> *Its provisions may be thought outdated abstractions by some. And it is true that they were designed to meet ancient evils. But they are the same kind of human evils that have emerged from century to century wherever excessive force is sought by the few at the expense of the many. In my judgment the people of no nation can lose their liberty so long as a Bill of Rights as ours survives and its basic purposes are conscientiously interpreted, enforced and respected...*

Le vent du changement commençait à souffler.

Section 3. L'épopée du droit à un avocat

L'affaire *Scottsboro* (1931), assez peu connue en dehors des Etats-Unis, fut outre-Atlantique une cause célèbre car elle signa le premier véritable coup d'arrêt à la doctrine de *dual federalism* et est considérée comme un des signes annonciateurs du mouvement de droits pénaux des années soixante. Elle a certainement réveillé l'opinion publique américaine sur les dangers de laisser la justice des Etats suivre son cours sans considération pour les droits élémentaires des accusés.

En mars 1931, à Scottsboro en Alabama, neuf garçons noirs âgés de 13 à 21 ans voyageaient à bord d'un train de campagne dans lequel se trouvaient aussi deux jeunes filles blanches. Accusés par des vagabonds (*hoboes*) de les avoir attaqués et par les deux adolescentes de les avoir violées, ils furent tous condamnés à mort (sauf le plus jeune). Sur le chemin de la prison, une foule déchaînée avait failli les lyncher. Il avait donc fallu faire vite pour calmer les esprits et empêcher les émeutes.

La loi de l'Alabama exigeant la présence d'un avocat dans les procès capitaux, on en chercha un qui eût le courage d'assister ces Noirs frappés d'infamie. Les sept appelés par le juge refusèrent et on dut se rabattre sur un vieil avocat connu pour son manque de fiabilité. Le verdict tomba rapidement. Mais la NAACP (*National Association for the Advancement of Colored People*) et le Parti Communiste des Etats-Unis s'emparèrent de l'affaire. La première entendait lancer un cri d'alerte sur le déni de procès équitable fait aux Noirs, le deuxième dénonçait les affres d'une justice de classe.

En 1932, la Cour suprême des Etats-Unis rendit un premier jugement dans *Powell* (nom d'un des accusés) *v. Alabama.* Les Noirs faisaient appel de leur verdict pour trois motifs : procès non équitable, avocat incompétent (*inadequate*), exclusion des Noirs du jury. Ces trois raisons faisaient bien sûr référence aux protections contenues dans le *Bill of Rights* fédéral. Allait-on enfin se décider à incorporer le *Bill of Rights* dans la garantie de *due process* du 14ème Amendement ?

La Cour choisit de ne porter son attention que sur le problème de l'assistance d'un avocat. Par sept voix contre deux, elle déclara que la clause de *due process* du 14ème Amendement garantissait à un accusé pauvre risquant la peine de mort l'aide d'un avocat compétent. Le verdict fut renversé.

Mais l'Etat de l'Alabama refusa de s'avouer vaincu et ordonna un nouveau procès. Les docteurs examinant les deux victimes n'avaient pourtant pas trouvé trace de viol et l'une d'elles s'était entre-temps rétractée. Cette fois-ci, la peine de mort ne fut infligée qu'à deux des inculpés.

En 1935, la Cour suprême, dans l'arrêt *Norris v. Alabama*, renversa de nouveau, à l'unanimité, ces sentences car l'Alabama interdisait alors aux Noirs l'accès au jury. Finalement l'Etat de l'Alabama condamna cinq des hommes à des peines de prison. Le dernier fut libéré en 1950.

Malgré le tapage médiatique, ces deux décisions ne firent qu'entrebâiller une porte qui ne serait véritablement ouverte que vingt ans plus tard par la Cour Warren. En particulier, l'histoire du droit à un avocat pour la défense a été aux Etats-Unis une véritable épopée. Une odyssée d'autant plus capitale qu'en procédure accusatoire, il n'y a pas d'investigation à charge et à décharge conduite par un juge censé être impartial (le juge d'instruction français). Nonobstant l'enquête de police qu'on peut considérer comme à charge autant qu'à décharge, la recherche des preuves à décharge est faite par la défense elle-même.

Alors que le 6ème Amendement, "*assistance of counsel for his defense*", assurait l'accusé d'un avocat dans les procès fédéraux, cette garantie n'était toujours instaurée que partiellement dans les Etats et très diversement. Mais la Cour suprême n'était pas encore disposée à imposer ce droit aux Etats. En 1942, la Cour mit fin à beaucoup d'espérances en rendant une décision majeure, *Betts v. Brady*. Elle introduisait le concept de "*special circumstances*", ce qui signifiait que l'on pouvait exiger un avocat pour la défense uniquement dans des circonstances spéciales comme l'analphabétisme de l'accusé, son manque d'éducation, sa jeunesse, une fragilité mentale ou encore la complexité de l'accusation.

Les *incorporationists* - car les partisans de l'incorporation du *Bill of Rights* portaient un nom d'école - essuyaient avec *Betts* un sérieux revers. Il leur faudrait attendre *Gideon v. Wainwright* en 1963 pour que le droit à un avocat dans toute affaire criminelle soit enfin reconnu sans clause suspensive possible.

Et encore l'histoire de l'affaire fut si mouvementée qu'un ouvrage entier, écrit dans le style d'un roman, lui fut consacré et obtint un grand succès auprès d'un public américain désormais acquis à la cause des droits civiques. Paru en 1964, le livre du journaliste Anthony Lewis s'intitulait *Gideon's Trumpet* en référence au personnage biblique homonymique Gédéon, un des juges envoyés de Dieu pour délivrer le pays de l'oppression. La trompette symbolique de Gideon résonnait en effet un peu comme pour marquer la ferveur idéaliste qui allait conduire à ce qu'on a appelé "la révolution du *due process*".

Il est instructif de s'attarder sur cette histoire particulière car elle constitue un symbole et un extraordinaire témoignage de l'aspect révolutionnaire de ce mouvement d'incorporation. En l'espace de quelques décennies le droit absolu à un avocat va devenir si évident, si bien établi, qu'on aura peine à imaginer que pendant si longtemps dans l'histoire pénale américaine, ce droit n'allait pas de soi (tout en gardant à l'esprit que, bien sûr, de nombreux Etats l'avaient déjà inscrit).

Gideon était un homme pauvre et peu éduqué, à qui on avait refusé l'assistance d'un avocat dans un procès en Floride pour effraction avec intention de commettre un vol de valeur limitée (*with intent to commit petty larceny*).[23]

Trop pauvre pour payer la caution de mise en liberté, donc de sa cellule de prison, il ne pouvait pas conduire d'investigation auprès de témoins qui auraient pu le disculper. Sa condamnation reposa sur un seul témoignage qu'il ne fut pas en mesure de contrer. Condamné à cinq ans de prison et après avoir épuisé les recours, il fit appel auprès de la Cour suprême en utilisant la procédure spéciale nommée *in forma pauperis.* De sa cellule, il écrivit une lettre au crayon de papier, adressée directement aux juges de la plus haute Cour des Etats-Unis.

Lewis a ce commentaire :

Against all the odds of inertia and ignorance and fear of state power, Clarence Earl Gideon insisted that he had a right to a lawyer and kept on insisting all the way to the Supreme court of the United States. His triumph there shows that the poorest and least powerful of men –a convict with not even a friend to visit him in prison- can take his cause to the highest court in the land and bring about a fundamental change in the law.[24]

Lewis relie ici la lutte de quelques hommes, souvent démunis, avec les plus grandes avancées de la justice de tout le pays. Symboliquement, il opère une réconciliation entre l'esprit qui animait le *dual federalism* - confiance dans le peuple à travers la justice locale - et le républicanisme judiciaire garant des Droits universels de l'homme. Gideon fut rejugé avec l'aide d'un avocat compétent qui n'eut pas de mal à montrer que le seul témoignage contre Gideon était faux. Il fut acquitté.

Section 4. L'indépendance du jury

Contrairement au droit à un avocat, le droit au jury fut reconnu dès le 18ème siècle. Bien qu'il fallût attendre la décision de la Cour suprême *Duncan v. Louisiana* en 1968 l'incorporant formellement à la procédure, il était admis de façon générale.

---

[23] Car il faut toujours pour établir la responsabilité pénale que l'intention de nuire (en français le "dol") soit présente. C'est le *mens rea*, "l'état d'esprit".
[24] Anthony LEWIS, *Gideon's Trumpet*, op.cit., p. 218.

En outre, dès la ratification de la Constitution en 1789, le pouvoir politique du jury fut fermement reconnu et respecté. Juger la loi c'était donner à la communauté un pouvoir de contrôle sur les pouvoirs en place. Ce principe épousait la doctrine héritée de Montesquieu et chère aux Pères fondateurs, dite de "freins et contrepoids" (*checks and balances*). La fragmentation des pouvoirs et leur inter-dépendance devait créer un équilibre protecteur de la démocratie. Dans le cas spécifique de l'exercice de la justice, les jurys servaient de contrepoids non seulement à des lois iniques mais aussi parfois à l'autoritarisme des juges.

En guise d'exemple, les tenants de la doctrine de "*jury nullification*" ou indépendance des jurys face à la loi s'étendent longuement sur le rôle historique des jurys dans l'émancipation des esclaves. L'abolition de l'esclavage dans le Massachusetts est attribuée largement aux multiples verdicts de jurys d'acquittement de Noirs. Ainsi, en 1765 une esclave, Jenny Slew, réclama son émancipation. Elle perdit son procès devant des juges, fit appel pour obtenir un verdict de jury, celui-ci lui donna raison et lui octroya même des dommages et intérêts.Ce procès fut le point de départ d'autres procès similaires où les jurys acquittaient presque systématiquement. Godfrey Lehman[25] soutient que l'abolition de l'esclavage dans le Massachusetts est directement liée à l'influence énorme de ces décisions de jurys et des débats brûlants qui s'ensuivirent dans la population. La *Fugitive Slave Law* de 1850 permettait aux propriétaires d'esclaves de reprendre les fugitifs dans les Etats libres, après une procédure sommaire devant des juges fédéraux. Elle provoqua de nombreux procès de personnes accusées d'aider des esclaves à s'enfuir. Cette loi indignait beaucoup de Nordistes et maints jurys utilisèrent leur droit d'invalidation de la loi pour acquitter les accusés. Fréquemment les avocats de la défense exhortaient les jurys à ne pas respecter la loi honnie au nom du principe d'anticonstitutionnalité. Lysander Spooner, l'apôtre du droit de *nullification*, publia en 1845 *The Unconstitutionality of Slavery* qui déclencha ce que Harry Kalven et Hans Zeisel[26] considèrent comme une véritable guerre entre les jurys et la loi.

Pourtant, ces débuts prometteurs ne doivent pas faire illusion. L'indépendance totale des jurys, même aux Etats-Unis, est largement un mythe. Dès la fin du 19ème siècle, l'histoire fourmille d'exemples qui montrent que le système judiciaire savait faire plier les jurys lorsque l'enjeu était important. Ainsi, en 1872, eut lieu à Rochester (New York State) le procès de la suffragette Susan Anthony accusée d'avoir voté illégalement. Le juge Hunt déclara que les faits étaient déjà établis et que le jury n'avait aucun rôle à jouer puisqu'il n'était pas censé discuter du bien-fondé de la loi criminalisant le vote des femmes. Anthony avait bel et bien tenté de voter et donc le jury n'avait d'autre possibilité que de prononcer un verdict de culpabilité. Les jurés, pétrifiés devant ce juge

---

[25] Godfrey LEHMAN, *We the Jury...*, op.cit., p. 210.
[26] Harry KALVEN, Hans ZEISEL, *The American Jury*, Oxford, OUP, 1966, p. 291.

autoritaire, se turent et furent déchargés sans avoir pu délibérer. Le juge condamna Susan Anthony. Selon les historiens, le jury était enclin à acquitter cette ardente militante du droit de vote des femmes mais ils se laissèrent intimider par la vindicte du juge proférant des propos caustiques du style : " *She, then and there, was a person of the female sex, which she well knew !*"[27] Ce fut une défaite cuisante pour les *suffragists*.

De plus, les magistrats commençaient à craindre les jurys populaires. Bien que rarement appliqué, le droit de représentation des Noirs avait été reconnu dès 1880.[28] Les masses d'immigrants de toutes origines ethniques et religieuses qui déferlaient sur le sol américain devenaient rapidement des citoyens éligibles pour le service de jury.[29] Sur le banc des jurés ne s'asseyait plus seulement une petite élite blanche et protestante, bien insérée dans les institutions. Clay S. Conrad résume cette mutation fondamentale : "*The melting pot had spilled over into the jury pool.*"[30]

Le jury moderne naissait et avec lui, un formidable défi à relever : surmonter les fossés culturels pour continuer à servir impartialement l'idéal de la justice républicaine. L'utopie démocratique de la Révolution – qui, en fait, s'appuyait, telle la démocratie athénienne lui servant de modèle, sur l'exclusion de larges catégories de la société - allait être mise à rude épreuve.

Autre exemple : le procès de Nicola Sacco et Bartolomeo Vanzetti, deux anarchistes d'origine italienne arrêtés pour le meurtre d'un caissier. Traduits devant un jury en 1921, ils furent condamnés à mort, bien que le crime n'ait pas été prouvé, et électrocutés en 1927. L'incroyable pouvoir de manipulation des jurés était alors tel que personne à l'époque ne songea un instant à remettre en question l'institution du jury. Tous les regards furent braqués sur le juge car c'était bien lui l'éminence grise qui dirigeait les jurés comme des marionnettes. A ce sujet, l'historien anglais Hugh Brogan commente : "*The judge showed extreme prejudice against them [Sacco et Vanzetti], even to the length of boasting afterwards of what he had done to 'those anarchist bastards'*."[31] "*What he had done*", où se trouvait donc le jury ?

Cependant la liberté du jury ne s'est jamais vraiment éteinte au 20ème siècle. Toujours présente sporadiquement, elle ressurgit de façon spectaculaire à l'occasion d'une loi particulièrement impopulaire et se propage rapidement dans tout le pays. Ce fut le cas pour la loi prohibant l'alcool (*Volstead Act* de 1919, nécessitant un Amendement à la Constitution). Ainsi Harry Kalven et Hans Zeisel ont décrit la Prohibition comme "*a crime category in which the jury was totally*

---

[27] Godfrey LEHMAN, op.cit., p. 270.
[28] *Strauder v. West Virginia.*
[29] La population passa de 76 millions en 1900 à 105 millions en 1920.
[30] Clay CONRAD, *Jury Nullification : the Evolution of a Doctrine*, Carolina Academy Press, 1998.
[31] Hugh BROGAN, *History of the United States*, London, Longman, 1985, p. 513.

at war with the law ".[32] Dans certains Etats le nombre d'acquittements dans les procès liés à la Prohibition atteignit 60 %. Selon Clay S. Conrad, l'abrogation du 18ème Amendement n'aurait jamais pu avoir lieu aussi rapidement (seulement quatorze ans après sa promulgation) sans l'aide décisive des jurys : "*there might not have been the consensus necessary to pass the Twenty-First Amendment.* "[33]

La guerre du Viêtnam fournit un autre exemple d'une période où le pouvoir du jury de défier la politique du gouvernement a été remis à l'honneur. En 1969, alors que la guerre faisait rage, une Cour d'appel fédérale (*4th Circuit Court of Appeals*) refusa le verdict d'un jury qui avait condamné, croyant leur décision inéluctable car ne connaissant pas le "*nullification right* ", les personnes inculpées après avoir saccagé des bâtiments de l'appel obligatoire des soldats à la guerre.[34]

Dans une autre affaire comparable, *United States v. Dougherty*, en 1972, le jury condamna les neuf défendeurs qui avaient détruit les bureaux de la Dow Chemical Company pour protester contre l'usage du napalm au Viêtnam. Le juge de la Cour d'appel, en renversant ce verdict, spécifia prudemment que le juge n'était pas obligé d'instruire le jury sur son droit d'indépendance vis-à-vis de la loi mais qu'aucune coercition de sa part ne devait s'exercer sur le jury libre de passer outre la loi. Ce dégagement de la responsabilité des magistrats tout en exhortant les jurys à suivre leur conscience en toute autonomie fut la stratégie prédominante des Cours d'appel durant la guerre et devait par la suite donner naissance à une doctrine très controversée, qu'on nomme "*sua sponte* nullification", c'est-à-dire des verdicts guidés ni par les instructions du juge ni par les arguments des avocats. La décision *Dougherty* , très ambiguë, a été souvent et longuement commentée : elle introduit une césure dans l'histoire jurisprudentielle du jury. Son pouvoir politique est de nouveau affirmé mais à mi-mots, tant il fait peur.

En fait, on constate que les verdicts durant la guerre du Viêtnam furent totalement erratiques, suivant que le jury était "éclairé " ou non sur son droit de passer au-dessus de la loi (et suivant, bien sûr, l'opinion politique dominante du jury concernant la guerre). Ainsi Benjamin Spock, le célèbre pédiatre, pacifiste convaincu, fut déclaré coupable d'avoir organisé la résistance à la guerre. Après le procès, trois jurés déclarèrent avoir eu des scrupules à condamner mais ils croyaient qu'ils étaient tenus d'obéir à la loi.

Un cas demeure remarquable en comparaison : l'affaire des "Camden 28" en 1973, accusés d'avoir détruit des documents servant à l'envoi de soldats à la guerre. Un magistrat courageux, Clarkson S. Fisher, choisit d'informer clairement le jury de son droit de juger en leur âme et conscience et d'acquitter si un principe leur semblait "*shocking to the universal sense of justice*". L'avocat de la dé-

---

[32] KALVEN, ZEISEL, *The American Jury* , op.cit., p. 76.
[33] Clay CONRAD, *Jury Nullification*, op.cit., p. 115.
[34] *United States v. Moylan* (4th Cir. 1969)

fense fut autorisé à expliquer au jury la doctrine de *nullification* et fit ouvertement dans sa plaidoirie le procès de la guerre, "*say no to this horrible war*".[35] Bien que le FBI eût pris les 28 accusés sur le fait en train de détruire les registres, ils furent tous acquittés.[36] Dans ce cas précis, on ne peut parler de "*sua sponte* nullification" car le juge et l'avocat avaient ouvertement admis la possibilité de défier la loi. Mais cette pratique était exceptionnelle et le demeure encore aujourd'hui.

Cette doctrine de *nullification* qui a été assimilée à une forme d'anti-légalisme, *lawlessness*, trouva ses limites naturelles dans une cuisante leçon de l'Histoire. Dans les décennies qui suivirent la fin de la guerre civile (*post-bellum years*), des jurys blancs dans les Etats du Sud acquittaient, au mépris de la loi, les Blancs accusés de torture et de meurtre de Noirs, ce qu'on a appelé les "*Dred Scott-type cases*". Dans de telles affaires, les droits de la défense étaient détournés et exploités à contre-sens.

Jusqu'à quel point un jury peut-il légitimement se prévaloir de valeurs morales/sociales plutôt que de son devoir d'obéissance à la loi lorsque ces deux critères ne coïncident pas ? La question a toujours été brûlante et la Cour suprême a préféré l'esquiver dans sa grande décision incorporant le jury (*Duncan v. Louisiana*). Elle insiste sur la protection conférée à l'accusé par le jury contre un procureur corrompu ou un juge excentrique ou partial (*biased*). Point n'est fait mention des lois iniques. Mais la Cour par ailleurs valida la pratique des récusations d'office dans la sélection des jurys, ce qui laisse à penser qu'elle donnait tort aux partisans d'une trop grande indépendance des jurys. En effet, ces récusations sont encore le meilleur barrage pour empêcher aux "mauvais esprits" de prendre place au procès.[37] Et l'on sait qu'avec le principe d'unanimité, une seule personne récalcitrante peut faire basculer tout le procès.

En 1972, la Cour suprême autorisa la non-unanimité du verdict[38] pour juguler le risque omniprésent du juré rebelle qui refuse toute idée de condamnation par révolte contre la loi ou préjugé en faveur de l'accusé.[39] Mais la règle de l'unanimité, grand principe séculaire attaché au jury criminel, a été conservée dans tous les Etats sauf l'Oregon et la Louisiane.[40]

---

[35] Cité par Clay CONRAD, op.cit., p. 135.

[36] Mais il convient de relativiser ce cas. En 1972, Kissinger avait signé un cessez-le-feu, l'intervention des forces armées américaines apparaissait alors comme un désastre et en 1973, il n'était plus aussi difficile de faire le réquisitoire contre l'ignominie de cette guerre.

[37] Un juré qui sciemment mentirait sur ses convictions personnelles lors de la sélection peut se voir infliger une amende sévère.

[38] *Apodaca v. Oregon.*

[39] L'acquittement de OJ Simpson a été souvent décrit comme un exemple de jury nullification, basé sur un préjugé favorable vis-à-vis de l'accusé et défavorable à l'égard de la police de Los Angeles.

[40] Voir Nancy Jean KING, "The American Criminal Jury" in 62 *Law and Contemporary Problems* 41, 1999, p. 46.

Chapitre 7. La révolution du *due process*

Section 1. L'activisme de la Cour Warren

Dans les années cinquante et soixante, le zèle réformateur poussa une importante association de juristes, l'American Law Institute, à rédiger un code pénal modèle visant surtout à définir les délits et la responsabilité pénale, ce qu'on appelle le droit pénal positif (*substantive criminal law*). Ce *Model Penal Code* (MPC) gagna rapidement de l'audience.[1] Le désir d'homogénéiser les pratiques des Etats se ressentait dans tout le pays, puisant largement dans la thématique de l'aspiration à une justice non raciste.[2]

De plus, la formidable poussée des mouvements pour les droits civiques donnait des ailes à la Cour suprême. Nul doute qu'elle se sentait alors le vent en poupe à la fin des années cinquante pour accroître les droits des accusés car elle s'engagea dans une période d'activisme judiciaire inégalé dans l'histoire de la justice criminelle du pays. Le spectre grimaçant du maccarthysme traumatisait encore une bonne partie de la société et l'exécution en 1953 des époux Rosenberg, condamnés pour haute-trahison malgré de forts doutes sur leur culpabilité, jetait un voile noir sur tout le système judiciaire. De nouveau refleurissait le thème familier de l'Etat-ogre tyrannique, qu'il fallait à tout prix museler. Le *due process of law*, cette clause doublement contenue dans le Cinquième et le Quatorzième Amendements, devenait idéologie porteuse de l'étendard de la justice car protectrice des droits fondamentaux de chaque individu contre le monstre froid étatique.

Entre 1960 et 1969 la Cour Warren incorpora pratiquement toutes les garanties pénales du *Bill of Rights* dans le droit des Etats (il existe des exceptions bien connues comme le *grand jury* dont l'usage est encore aujourd'hui laissé à

---

[1] Aujourd'hui, les deux tiers des Etats ont adopté en entier ou en partie le MPC.

[2] Michael KLARMAN, "The Racial Origins of Modern Criminal Procedure" in *University of Virginia School of Law*, 2000, disponible sur http://papers.ssrn.com

l'appréciation des Etats).[3] Je citerai les plus importantes décisions, importantes à double titre, d'une part parce qu'elles obligent tous les Etats à respecter les droits individuels contre la force publique, ensuite du fait que ces droits sont devenus fondamentaux et n'ont jamais par la suite été renversés, même si certains arrêts emportés par leur idéalisme ont dû faire par la suite l'objet d'aménagements. Il convient ici de souligner la ferveur "civilisationniste" qui animait alors les juges de la Cour suprême. Le taux de criminalité augmentait rapidement dans les années soixante mais ces juges courageux avaient décidé que le problème de la violence ne se réglerait pas au prix d'un affaiblissement des droits démocratiques de chaque citoyen. De plus, la Cour suprême joua à ce moment-là un rôle d'éclaireur pour d'autres pays qui s'inspirèrent de sa jurisprudence. Ainsi, le Canada se dota en 1982 d'une Charte des droits et dans la décennie suivante, la Cour suprême canadienne prit exemple sur la Cour Warren.

Voici donc, par ordre chronologique, quelques-uns de ces arrêts majeurs qu'on peut placer sous la bannière de la révolution du *due process* :

- *Mapp v. Ohio* (1961) entérine le principe de l'irrecevabilité des preuves obtenues illégalement, (*exclusionary rule*) et l'obligation du mandat pour perquisitionner ; arrêt majeur car la brutalité et les méthodes musclées de la police étaient devenues endémiques, presque de tradition. Cet arrêt devait révolutionner les pratiques policières et induire un vaste mouvement de professionnalisation du métier de policier. Mais *Mapp* reste l'un des arrêts les plus controversés et aussi l'un des plus mal appliqués.

A Cleveland, en 1957, la police recherchait un fugitif. Un indicateur les dirigea vers la maison de Dollree Mapp, qu'ils fouillèrent sans mandat. Le fugitif demeura introuvable mais à la place ils trouvèrent des documents pornographiques. Mapp fut arrêtée pour possession d'objets à caractère obscène, " *lewd and lascivious materials* " (à l'époque interdits) dont elle affirma qu'elle ne connaissait pas la présence. Mapp invoqua le Quatrième Amendement : "*the right of the people to be secure in their persons, houses, papers, and effects, against unreasonable searches and seizures*". Plus encore que sur la nécessité du mandat, la Cour devait se pencher sur l'épineux problème des moyens accordés pour lutter contre la criminalité et en particulier répondre à cette question : peut-on utiliser des preuves obtenues par hasard (*use of the fruits of the search as evidence*) ? A la suite de *Mapp,* devaient se poser des questions telles que l'admissibilité de drogues trouvées au cours d'un contrôle routier de routine non censé rechercher de la drogue. Les conservateurs citent souvent *Mapp* comme un exemple des excès des droits des accusés. Car enfin, disent-ils, pour lutter contre la grande délin-

---

[3] Refus de cette clause du 5è Amendement formalisé par la Cour en 1968 dans l'arrêt *Gyuro v. Connecticut.* La Cour justifie ce refus par la doctrine du "*fundamental fairness implicit in the due process*", selon laquelle certains droits ne sont pas fondamentaux pour assurer un procès équitable. Le grand jury est alors remplacé par une instruction du procureur, appelée en américain *information.*

quance il faut bien que la police soit à armes égales avec les criminels. L'angélisme ne conduit qu'à laisser la population aux mains des gangs. A cela, *Mapp* répond en citant le juge Brandeis dans une opinion délivrée en 1928 dans *Olmstead v. US* (opinion dissidente) : " *If the government becomes a lawbreaker it breeds contempt for law ; it invites every man to become a law unto himself ; it invites anarchy.*"

Réponse qu'on peut juger insatisfaisante, surtout lorsque l'on pense qu'aucun Etat n'a jamais lésiné sur des moyens illégaux quand il s'agissait d'arrêter un dangereux criminel. *Mapp* garde néanmoins un rôle de ligne rouge, comme l'écrit Archibald Cox :

The 4th Amendment was not written solely for ordinary times, but for periods of intense ferment, when those who control the apparatus of government fear loss of power, and political liberties are at stake.[4]

La fronde anti-*Mapp* s'étendit cependant dans tout le pays. Son meilleur symbole en est peut-être la série de films-culte devenus des classiques, dont le premier sortit en 1971, *Inspector Harry*. La scène bien connue où l'inspecteur héros, incarné par Clint Eastwood, convoqué chez le DA et apprenant qu'un dangereux meurtrier va être relâché faute de preuves recevables au procès, s'exclame que "la loi est idiote", reflète parfaitement un sentiment qui prévalait dans une partie de la société américaine.

On ne peut s'empêcher de penser enfin que *Mapp*, en mettant à l'honneur le 4ème Amendement et sa protection de l'habitat privé, ouvrit la voie à l'une des décisions-phare de la Cour Warren en 1965, *Griswold v. Connecticut*, qui déclara les lois d'Etat interdisant la contraception inconstitutionnelles au nom d'un droit à la vie privée (*privacy*) qui se trouvait dans la "pénombre" des Amendements. *Mapp* et *Griswold* marchent main dans la main et si Griswold doit beaucoup à *Mapp,* les droits des accusés sont aussi redevables indirectement à *Griswold* de cette "ombre" constitutionnelle qui empêche par exemple qu'on fouille dans leur vie intime au procès devant jury sans une raison valable.

- *Gideon v. Wrainwright* (1963) affirme le droit à un avocat pour toute personne poursuivie ; l'année suivante dans *Escobedo v. Illinois*, puis en 1970 dans *Coleman v. Alabama*, la décision sera confirmée et le droit à l'avocat pour la défense étendu aux premières phases de la procédure.

- *Brady v. Maryland* (1963) oblige le procureur à révéler les preuves disculpantes à la défense. Aujourd'hui on entend encore dire que la défense en procédure américaine n'a pas les moyens puissants des forces de police pour réunir les preuves à décharge et donc que le système est déséquilibré en faveur de l'accusation. Cette affirmation est très exagérée puisque, depuis *Brady,* toutes les preuves disculpantes doivent être fournies à la défense. Il ne peut y avoir de

---

[4] Archibald COX, *The Court and the Constitution*, Boston, Houghton, 1987, p. 246.

secret de l'instruction, le dossier est totalement ouvert et les témoins sont à la disposition de la défense pour des entretiens plus poussés.

De plus, si la police ne conduit pas son enquête de façon complète et impartiale, la défense, suivant la logique de *Brady*, peut mettre les inspecteurs de police nommément en cause. Et en vertu du 14ème Amendement, toute personne, y compris un accusé ou un prisonnier, peut poursuivre en justice au civil une institution publique pour non-respect des Droits de l'homme : c'est la *Civil Action For Deprivation of Rights.* Cette procédure très contestée, que par exemple Jean Cédras qualifie de "grave intrusion fédérale"[5] semble pourtant un précieux garde-fou dans une procédure où l'équilibre entre les deux parties est vital. Par là nous voyons bien que les moyens de pression légaux pour assurer un jeu équitable des forces en présence existent, ce qui ne veut pas dire bien sûr qu'ils sont toujours appliqués à bon escient. Le *Brady test* opère en effet un rapprochement vers des méthodes plus inquisitoriales, plus européennes, d'une instruction à charge et à décharge. La greffe ne réussit pas forcément très bien. Trente ans plus tard, en 1995, dans *Wood v. Bartholomew*, la Cour décida que le *Brady test* ne s'appliquait qu'aux preuves recevables au procès. Par exemple les résultats favorables à l'accusé des détecteurs de mensonges (irrecevables) effectués auprès de témoins douteux n'avaient plus à être communiqués à la défense. C'était oublier que celle-ci peut se saisir de tout élément favorable, comme par exemple contre-interroger un témoin peu fiable. Elle ne le fera pas forcément si ce manque de fiabilité ne lui a pas été dévoilé. Cet arrêt très controversé (5 voix contre 4) fragilisait le *Brady test.* Mais malgré les attaques, *Brady* est passé à la postérité, devenant l'un des fondements de la procédure.

- *Douglas v. California* (1963) octroie le droit automatique à un avocat pour le premier appel. Mais la Cour se refusera toujours à étendre pour les autres recours (Supreme Court, *habeas corpus*) ce droit à un avocat car celui-ci est alors gratuit et fourni par l'Etat aux plus pauvres, lesquels constituent l'écrasante majorité des détenus puisque la prison ne fournit pas de salaire et donc accentue encore l'appauvrissement de la personne condamnée. La mesure aurait été très coûteuse. La Cour Warren ne pouvait se départir du principe de réalité : la même année elle rendait son célèbre arrêt *Gideon* et ne pouvait exiger des Etats un investissement financier trop important au risque de détruire ce qu'elle construisait. Par là elle faisait preuve d'une grande sagesse car l'avenir allait montrer combien il fut difficile dans certains Etats de faire admettre le principe que des subsides de l'Etat puissent servir à payer la défense des accusés. Il fallait parer au plus urgent et concentrer les efforts sur le *jury trial*.

- *Fay v. Noia* (1963) affirme magistralement l'utilité de l'*habeas corpus.* Noia avait été condamné à la perpétuité sur la seule foi de son témoignage sur lequel il se rétracta ensuite. Ses co-accusés firent plusieurs appels pour la même raison

---

5 Jean CEDRAS, *La justice pénale aux Etats-Unis*, op.cit., p.114.

et furent finalement libérés. Voyant cela, Noia voulut, lui aussi, faire appel mais le délai dévolu pour interjeter appel étant écoulé, il s'adressa à une US District Court pour déposer un recours en *habeas corpus* qui lui fut refusé car il n'avait pas épuisé les recours précédents (règle habituelle).

La Cour Warren lui donna cependant raison, affirmant que la violation de certains droits fondamentaux pouvait être si flagrante (ici les preuves n'étaient constituées que d'un aveu sans valeur) qu'il était inhumain de tenir rigueur à l'accusé de n'avoir pas suivi les règles strictes des procédures d'appel pour se défausser d'un ré-examen du procès.

Le mot *relief* est répété plusieurs fois dans l'opinion de la Cour. "*Postconviction relief*", c'est bien l'expression consacrée pour désigner l'assistance, le secours des tribunaux apporté aux victimes potentielles d'erreurs judiciaires. La Cour Warren, anticipant les difficultés d'application, réitérait la nature discrétionnaire des suites à donner aux requêtes. Les juges gardent leur autorité et peuvent refuser d'entendre toute affaire si les éléments sont non probants (rejet sur les *merits*).

Fay s'appliquait à l'*habeas corpus* fédéral, de ce fait il ne relève pas directement de l'incorporation du *Bill of Rights*. Mais nous pouvons l'ajouter ici tant il lui est étroitement lié. L'*habeas corpus* fédéral tire sa force de l'existence des droits et libertés fondamentaux de la Charte. Il est en effet entendu que l'*habeas corpus* fédéral ne revoit pas les faits. Sa fonction est de vérifier que les garanties constitutionnelles ont été respectées. Mais nous verrons que cette définition de son rôle est loin d'être claire : l'absence de repères précis explique pourquoi la Cour suprême est toujours assaillie de demandes de clarification.

L'*habeas corpus* destiné traditionnellement à prévenir les arrestations arbitraires, à caractère politique, est utilisé aux Etats-Unis surtout après condamnation et constitue une procédure puissante qui génère beaucoup d'espoirs. Mais les désillusions, surtout dans les cas de peine de mort, sont aussi profondes.

- *Pointer v. Texas* (1965) concerne le droit à la confrontation au procès de l'accusé et de son (ses) accusateur(s) (6ème Amendement). Décision unanime de la Cour. Bob Pointer était condamné à la perpétuité sur la seule foi d'un témoignage écrit de la personne agressée, celle-ci ne s'étant pas présentée au procès. Ce droit fondamental à une confrontation physique à l'audience est à rapprocher du droit au contre-interrogatoire conduit en public, à partir de la barre des témoins (*witness stand*), "*the value of cross-examination in exposing falsehood and bringing out the truth* " (Opinion du juge Hugo Black). Les juges affirmant ce droit à ce moment-là se doutaient-ils de l'importance énorme que devait revêtir cet aspect de la procédure par la suite ? En 1985, la Cour suprême eut à examiner le cas de deux fillettes victimes d'une agression sexuelle et qui, terrorisées, refusaient de témoigner au procès. L'accusé, John Coy, clamait son innocence. Le juge ordonna que soit installé un écran dans la salle d'audience, ôtant le défendeur de la vue des enfants. Lorsque John Coy fut condamné, il interjeta appel auprès de la Cour suprême de l'Iowa pour violation de son droit d'être confronté à ses accusatrices. La Cour lui ayant donné tort, la Cour suprême des Etats-Unis s'empara de l'affaire (*Coy v. Iowa*) et par 6 voix contre 2, renversa l'arrêt de la cour inférieure. Invoquant tout à la fois des mythes anciens, Shakespeare et l'adage populaire "Regardez-moi droit dans les yeux", la Cour considérait que le face-à-face constituait une règle supra-juridique inviolable. Mais le juge Sandra O'Connor, dans une opinion individuelle, s'inquiétait de la protection des mineurs.

En 1990, dans *Maryland v. Craig*, la Cour décidera que les enfants témoins devaient être protégés contre le traumatisme d'un face à face au tribunal avec leur agresseur. Cet arrêt sera rendu à cinq voix contre quatre malgré le fait que le débat contradictoire sur les témoignages des victimes avait bien lieu par vidéo interposée. Que la protection des mineurs dans une affaire de pédophilie face au droit à la confrontation ait occasionné tant de remous et de controverse montre la force incroyable de *Pointer* et sa pérennité.[6]

- *Miranda v. Arizona* (1966) consacre la protection fondamentale des accusés contre les abus policiers par instauration du droit au silence et à la présence d'un avocat lors des interrogatoires de police. Ce droit majeur aujourd'hui présent dans presque tous les pays occidentaux et consacré par exemple par l'article 6 de la Convention Européenne des Droits de l'homme se retrouve souvent vidé de sa substance s'il n'est pas assorti de l'interdiction de considérer le silence de l'accusé comme suspect. *Miranda* affirme de façon claire et sans ambiguïté que le silence est un droit strict de tout accusé car la charge de la preuve incombe entièrement à l'accusateur ; il fait écho au droit au silence de l'accusé pendant le procès, assorti d'instructions du juge au jury de ne considérer en aucun cas ce silence comme une preuve de culpabilité ; ce droit, lorsqu'il est correctement appliqué, est certainement la marque symbolique la plus hautement significative d'une démocratie avancée en matière de droit pénal car incapacitant les velléités oppressives d'un Etat à l'égard de tout citoyen : dire qu'un individu est coupable parce qu'il n'a pas su dire pourquoi il n'est pas coupable relève d'un droit tyrannique. Selon la très vieille maxime de *common law*, le "fardeau de la preuve" échoit à l'accusation uniquement (*the burden of the proof lies with the accusation*) et donc selon cette logique, l'aveu doit rester un acte purement volontaire, non soumis à de quelconques pressions.

- *Parker v. Gladden* (1966) rappelle le principe selon lequel le jury doit être impartial et aucune personne présente au tribunal n'a le droit de l'influencer en

---

[6] Dans les années 90, les Etats-Unis (surtout dans la région de la Nouvelle-Angleterre) ont été la proie d'une forme d'hystérie collective voyant des pédophiles partout. Une véritable chasse aux sorcières eut lieu dans certains Etats, générant de multiples erreurs judiciaires. Dans de nombreux cas, le droit à la confrontation fut bafoué. Fort heureusement, la plupart de ces condamnations abusives furent annulées par la suite car l'invocation des protections constitutionnelles en appel permit de démasquer les fausses accusations. Voir en particulier Dorothy RABINOWITZ, *No Crueler Tyrannies, Accusation, False Witness and Other Terrors of Our Times*, Wall Street Journal Book, 2003.

dehors des témoignages et plaidoiries. Dans l'affaire *Parker,* un huissier s'était exclamé devant trois jurés "*Oh, that wicked fellow, he is guilty*". Parce qu'il occupait un poste officiel, la Cour considéra qu'il avait pu influencer la décision de ces jurés. Le verdict fut annulé. *Parker* symbolise ce droit pris très au sérieux de l'impartialité. Les juges doivent eux aussi faire très attention à ne pas émettre d'opinion personnelle devant le jury. Ce code éthique du juge neutre lors de l'établissement de la culpabilité sera réaffirmé par exemple dans *Cage v. Louisiana* en 1990 : des instructions au jury furent déclarées inconstitutionnelles parce que le juge avait pu laisser entendre qu'une condamnation était envisageable même en l'absence de preuves au-delà du doute raisonnable.

- *Klopfer v. North Carolina* (1967) réaffirme le droit à un procès rapide, y compris dans le cas d'une personne laissée en liberté sous caution dans l'attente du procès. La Cour cependant s'interdisait de mettre des limites précises, estimant que ce rôle appartenait au pouvoir législatif. En 1974, le Congrès promulguera une loi, le *Speedy Trial Act*, qui stipule que le procès pénal doit débuter dans une limite de cent jours après la mise en accusation. Cependant c'est parfois l'accusé lui-même qui cherche à retarder la tenue du procès.

- *In re Gault* (1967) concerne l'application des garanties constitutionnelles à la justice pour mineurs (*juvenile justice*). Gerald Gault (15 ans) avait été assigné pour plusieurs années dans une école spéciale pour délinquants sans avoir eu de procès. Mais en 1971, la Cour supprima le droit au jury pour les mineurs et les procès se font à huis clos (*closed court*).

- *Anders v. California* (1967) établit des règles strictes et contraignantes à l'égard de l'avocat de la défense lorsque celui-ci, estimant la demande de pourvoi en cassation de son client peu sérieuse (*frivolous*), cherche à se retirer de l'affaire. Il s'agissait de protéger les indigents représentés par des avocats commis d'office pas toujours enclins à se montrer tenaces dans la défense de leur client. En 2000, dans *Smith v. Robbins*, la Cour assouplira ces règles, mais le principe d'une représentation gratuite pour le premier *Appeal* est demeuré.

- *Duncan v. Louisiana* (1968) consacre le droit au procès par jury pour des délits justiciables d'au moins six mois d'emprisonnement (bien que, de fait, tous les Etats protégeaient plus ou moins déjà ce droit extrêmement populaire aux Etats-Unis). *Duncan* est surtout connu parce qu'il contient une discussion intéressante sur l'esprit de l'incorporation. La décision *Adamson* de 1947 avait entériné la doctrine de "*fundamental fairness* " selon laquelle point n'était besoin d'incorporer le *Bill of Rights* car on pouvait très bien juger de l'équité de la procédure sans l'emphase de grands principes fédéraux et la contrainte de règles rigides. Il suffisait de s'assurer que le procès avait été foncièrement équitable. Pour cela, la doctrine s'appuyait sur une confiance dans la qualité morale des juges. Le juge Black, fervent défenseur de l'incorporation du *Bill of Rights*, ne partageait pas cette opinion et s'était vigoureusement opposé au juge Cardozzo, porteur de cette doctrine majoritaire qui était au fondement de toute la jurisprudence de la Cour au début du 20ème siècle en matière pénale. Ainsi, la Clause de *Due process* du 14ème Amendement, sur laquelle s'était pendant si longtemps appuyée la Cour suprême pour faire régner un peu d'ordre dans les tribunaux d'Etat, lorsque le *Bill of Rights* ne concernait encore que la procédure fédérale, était devenue le symbole de la doctrine de *fundamental fairness,* par opposition aux *incorporationists.* Le *fundamental fairness* devait peu à peu disparaître au profit de la doctrine de "*selective incorporation* ", c'est-à-dire l'idée que certains principes du *Bill of Rights* devaient être incorporés mais pas forcément tous.

L'arrêt *Duncan* représente un coup d'arrêt à la doctrine de *fundamental fairness.* Le juge White, qui écrivit l'opinion de la Cour dans *Duncan,* opéra un glissement de sens sur le mot *fundamental* pour l'appliquer au jury populaire : celui-ci était en lui-même un principe fondamental d'équité. *Duncan* opérait un retrait des principes du *legal realism* qui avaient favorisé une approche pragmatique, peu formalisée, basée sur une évolution lente, mûrie par la conscience des juges, des pratiques de terrain.[7] Mais c'est surtout le juge Black qui reprenait la parole dans *Duncan.* Suivant ses arguments exposés vingt ans plus tôt, lesquels n'avaient alors pas été entendus, il se prononça une fois de plus contre le leurre du "sens des valeurs" laissé au libre arbitre des juges. Il fallait, disait-il, affirmer haut et fort les grands principes constitutionnels pour faire barrage à l'esprit du temps synonyme d'arbitraire. La doctrine de *fundamental fairness* était trop floue, elle n'était pas un garde-fou assez efficace. Il en appelait au génie de la *Magna Carta,* montrant ainsi que de tout temps, la population n'était réellement protégée que par des "*valid pre-existing laws*". Il réaffirmait son attachement à la doctrine de *complete incorporation.*

Cependant, la doctrine de *fundamental fairness* ne s'est jamais vraiment éteinte et a aujourd'hui encore de nombreux adeptes.[8]

- *Benton v. Maryland* (1969) renverse l'arrêt *Palko v. Connecticut* de 1937 et interdit de juger deux fois une personne pour le même crime (5ème Amendement).

- *Johnson v. Avery* (1969) donne aux prisonniers cherchant à obtenir une révision de leur procès par *habeas corpus* la possibilité d'obtenir l'aide de codétenus ; en 1974, *Wolff v. Mc Donnell* confirmera cette décision, assurant à chaque prisonnier le libre accès à une bibliothèque de droit à défaut d'un avocat (non accordé automatiquement pour ce type de procédure) dans des demandes de révision. Le mouvement des droits des prisonniers prit de l'ampleur dans les années soixante-dix.

---

[7] Il s'agit là bien sûr d'une simple esquisse de ce grand mouvement de pensée que fut le *legal realism,* qui prédomina durant toute la première moitié du 20ème siècle aux Etats-Unis, dont le précurseur fut le juge illustre Oliver Wendell Holmes. Pour caractériser la révolte des réalistes contre l'excès de formalisme juridique, Mark Tebbit écrit : "*For Holmes, the root and nerve of the whole proceeding is the judgment –often inarticulate and unconscious – which lies behind the logical form.*" in *Philosophy of Law*, London, Routledge, 2000, p. 26-27.

[8] Voir par exemple l'article de Tracey MEARES, "What's Wrong with Gideon ?" in 70 *University of Chicago Law Review* 215, 2003.

Bien sûr certaines de ces pratiques étaient déjà codifiées dans bon nombre d'Etats ou inscrites dans leur Constitution mais le sceau de la constitutionnalisation fédérale leur conféra une pérennité et un caractère quasi sacré. Il n'est que de voir le droit au jury qui est remis en question dans d'autres pays de *common law* ou encore le droit au silence de l'accusé que l'Angleterre a considérablement restreint par leur *Criminal Justice and Public Order Act* en 1994. Aux Etats-Unis, ces droits fondamentaux sont inaliénables car protégés par la Constitution écrite.

Section 2. *Miranda* ou l'apogée du grand mouvement de constitutionnalisation

L'arrêt historique qui couronna toutes ces décisions fut incontestablement *Miranda v. Arizona* en 1966. En fait, cet arrêt créa un choc et déchaîna une tempête de protestations de la part d'une partie de la population qui, tout d'un coup, se mit à craindre une complaisance vis-à-vis des délinquants ne pouvant que favoriser la montée de la criminalité. On ironisa amèrement sur la "mirandisation"[9] de la société, prédisant une paralysie de la justice. Le spectre de la permissivité judiciaire fut brandi par les candidats à la présidence du pays. *Miranda* représenta en quelque sorte l'apogée de l'incorporation du *Bill of Rights* dans le droit pénal des Etats.

Pourtant, cet arrêt ne faisait en somme que reprendre l'idée du droit de ne pas témoigner contre soi-même et l'étendre aux interrogatoires de la police suivant la formule obligatoire devenue désormais célèbre : "*You have the right to remain silent, anything you say can and will be used against you in court, you have the right to have counsel present during questioning ; if you cannot afford a lawyer the court will appoint one for you.*" Ce à quoi il faut ajouter la question - car des affaires ultérieures montrèrent que la portée de l'avertissement n'était pas toujours comprise par des gens perturbés émotionnellement - "*Do you understand your rights ?*"

La Cour Warren savait bien alors que les intimidations, coups, pressions psychologiques et fausses déclarations étaient monnaie courante pour extorquer les aveux du suspect dans les bureaux de police, malgré l'arrêt pris en 1940, *Chambers v. Florida,* qui rappelait l'illégalité absolue du fameux "*third degree*", c'est-à-dire le harcèlement nuit et jour du suspect pour le faire craquer. Dans *Chambers* on trouvait l'affirmation claire qu'aucun intérêt général supérieur ne pouvait justifier la torture :

> *The Constitution proscribes such lawless means irrespective of the end.* (Hugo Black)

---

[9] Voir Richard MORGAN, *Disabling America : the 'Rights Industry' in our Time*, New York Basic Books, 1984.

Miranda se faisait plus précis. L'arrêt cherchait à juguler les atteintes à la dignité de la personne ainsi que le danger d'obtenir des confessions forcées (*coerced confessions*) ne correspondant à aucune réalité. Avant tout, la décision *Miranda* mettait en lumière le péril des aveux soi-disant volontaires et affirmait que les interrogatoires de garde à vue étaient propices à un effacement de la distinction entre les notions de volontaire et involontaire : "*coercion inherent in custodial interrogation blurs the line between voluntary and involuntary statements, and thus heightens the risk that an individual will not be accorded his privilege under the Fifth Amendment... not to be compelled to incriminate himself.*"[10] Il suffit de se remémorer l'affaire *Patrick Dils* en France, ce jeune homme timide et extrêmement impressionnable, passant des aveux délirants, pour comprendre de quoi il s'agit concrètement.

Pour apprécier la portée de *Miranda*, il faut aussi avoir à l'esprit que la société américaine est très "policée". Selon le FBI, plus de dix millions d'Américains sont arrêtés chaque année. La nécessité d'avoir de bonnes garanties face à la police est un thème porteur aux Etats-Unis.

Miranda a donc essayé modestement de mettre un terme à une dérive vers des aveux qui apparaissaient de plus en plus douteux. Il faut ici, encore une fois, mettre en parallèle l'importance de l'admissibilité des preuves devant le jury au procès. Tout oubli de la part de la police s'agissant de la formule rituelle (*Miranda warning*) avant d'interroger le suspect peut par la suite entraîner l'annulation en appel d'un procès. Une preuve obtenue sans la protection de ces mots magiques n'est pas admissible au tribunal. *Miranda* n'a pourtant qu'une force largement incantatoire car elle n'oblige pas la police à enregistrer systématiquement les interrogatoires. Elle doit donc se baser sur la bonne volonté des parties pour adhérer à son principe. En cas de litige sur le caractère volontaire des aveux, il incombe cependant à la police de démontrer que l'avertissement avait bien été communiqué au suspect.

Il faut aussi savoir que *Miranda* ne s'applique que lors d'un interrogatoire avec privation de liberté (*custody*). Ainsi un interrogatoire mené avant arrestation ne suit pas la règle.

Notons enfin que le Congrès essaya en 1968 de contrer l'arrêt *Miranda* qui n'était passé que par cinq voix contre quatre. *L'Omnibus Crime Control and Safe Streets Act* visait à "redresser l'équilibre" en faveur de la police. Mais peu à peu la force constitutionnelle de *Miranda* prit le dessus et la loi tomba en désuétude.

Miranda constitue l'apogée du mouvement appelé *due process revolution.* La Cour Warren ne parvint jamais au point d'incandescence qu'aurait pu constituer une déclaration d'inconstitutionnalité de la peine de mort – c'est la Cour Burger qui est à l'origine du fameux moratoire - et on peut se demander pourquoi.

---

[10] Citation extraite de *Dickerson v. United States* (2000), (opinion du juge Rehnquist) qui des décennies plus tard confirmera magistralement cette décision majeure.

Peut-être était-ce dû en partie au fait que la Cour, même très active, est étroitement tenue par le texte constitutionnel. Or, le Huitième Amendement contenant la fameuse clause de *cruel and unusual punishment*,, seul véritable barrage possible contre la peine capitale, avait été utilisé par la Cour tout au long du 20ème siècle pour renverser les peines jugées disproportionnées par rapport à l'acte commis. *United States v. Weems* (1910) posa la première pierre. Alors qu'auparavant, la clause du 8ème Amendement concernait la nature des peines, excluant les châtiments jugés barbares, à partir de *Weems*, la jurisprudence se concentra sur la proportionnalité des peines.

En 1962, *Robinson v. California* est considéré comme l'arrêt qui consacra officiellement l'incorporation du 8ème Amendement. Mais il donnait à la clause de *cruel punishment* un sens très éloigné de celui qui aurait pu servir à prohiber la peine de mort. *Robinson* invalida une loi californienne qui faisait de la simple consommation de stupéfiants une infraction. Ce faisant, la clause était interprétée dans le sens d'une stigmatisation de la pénalisation de certains actes, considérant qu'une peine de prison de 90 jours était excessive pour un simple cas de toxicomanie. Le 8ème Amendement ne servait plus à examiner sur le fond la cruauté en soi de la peine, mais seulement son mérite : était-elle proportionnelle à l'acte commis ? Pris sous cet angle, en ce qui concerne la peine capitale, il était difficile de répondre par la négative, lorsqu'il s'agissait de punir un crime sanglant.

Certes, en 1958, dans *Trop v. Dulles*, la Cour avait inscrit le principe selon lequel le 8ème Amendement devait suivre les "normes évolutives des convenances" (*evolving standards of decency*), posant ainsi les premiers jalons d'une jurisprudence contre la peine de mort. Cependant, la cour Warren estima que, au regard de l'évolution des mœurs, le temps n'était pas venu de déclarer la peine de mort inconstitutionnelle, une opinion largement partagée.

Au lieu d'attaquer le problème de front, par le *due process* substantiel (8ème Amendement), c'est-à-dire sous l'angle des valeurs – la peine de mort comme intrinsèquement barbare et contraire à la notion de dignité humaine -, la Cour chercha donc à saper cette pratique par le *due process* procédural. Une peine par définition irréversible exige une procédure impeccable, non entachée d'arbitraire ou de jugement de valeur. On pensait avec optimisme que la multiplication des règles contraignantes finirait par empêcher toute exécution. Mais était-ce réalisable ? Deux graves problèmes surgissent concernant cette approche.

Premièrement, cette rhétorique procédurale est peu en rapport avec le *Bill of Rights,* dans lequel il est bien fait mention d'un jury impartial mais aucunement d'une garantie absolue d'équité pour tous les maillons de la procédure : l'expression *fair trial*, même si on peut considérer qu'elle est sous-entendue, en est absente. Ce reproche est d'ailleurs souvent adressé au *Bill of Rights* : il braque les projecteurs sur quelques éléments de procédure dont on ne peut être sûr qu'ils soient vecteurs d'équité absolue, tel le jury, en laissant par ailleurs dans l'ombre des pans entiers de conditions d'équité surgissant de façon imprévisible, au gré des circonstances. Dès lors, on peut avancer l'idée que le positionnement de la Cour Warren, toute occupée qu'elle était à accomplir l'œuvre de l'incorporation du *Bill of Rights*, entravait son évolution vers un *due process* plus ouvert, plus en phase avec des considérations extérieures au texte.[11]

Là fut peut-être le point faible de la Cour Warren. En s'enfermant dans une lecture stricte[12] du *Bill of Rights*, elle s'interdisait d'aborder des problèmes plus larges, tel celui de la peine de mort qu'on ne pouvait guère qualifier de *unusual* dans la mesure où elle relevait d'une tradition millénaire, ni de *cruel* au vu des progrès scientifiques qui rendaient l'exécution, du moins le croyait-on, rapide et peu douloureuse.[13]

Deuxièmement, le *due process* procédural, même s'il est conçu dans sa version plus large, selon la doctrine de *fundamental fairness*, peut-il venir à bout de la peine de mort ? Or, tout porte à croire que la Cour Warren le pensait, ou du moins l'espérait : une interprétation généreuse du *due process* procédural allait produire un dépérissement inéluctable de cette pratique si détestable aux yeux de Earl Warren. Et le meilleur moyen d'y parvenir était de faciliter les possibilités d'appel, ce que la Cour s'empressa de faire dès les années 50. Le nombre d'appels monta en flèche dans les années soixante. Pour Stuart Banner, "*it was*

---

[11] C'est d'ailleurs le sens de l'article de Tracey L. MEARES, "What's Wrong with Gideon" in 70 *University of Chicago Law Review* 215, 2003, p. 224. L'auteur déplore l'enfermement de la jurisprudence Warren dans la volonté d'arrimer la procédure pénale au seul *Bill of Rights*, alors que la clause de *due process* du Quatorzième Amendement aurait permis une lecture plus sociétale, basée sur la notion de *fundamental fairness*.

[12] Le mot "strict" est entendu ici dans le sens donné par Ronald Dworkin d'une adhésion stricte aux principes moraux contenus dans la Constitution. Dans la version commune, l'interprétation stricte signifie une approche minimaliste, originaliste c'est-à-dire proche des intentions des constitutionnalistes. Il fut reproché à la Cour Warren de vouloir superposer leurs propres interprétations subjectives au texte constitutionnel. Ronald DWORKIN démontre que ce conflit herméneutique relève d'une confusion. Les Pères fondateurs, en énonçant des standards flous, n'avaient aucunement en tête les cas précis qui allaient surgir au cours de l'Histoire. Une interprétation stricte signifie donc seulement la fidélité aux principes moraux des textes. Voir DWORKIN, *Taking Rights Seriously*, London, OUP, 1977, p. 217-221. Il est t vrai que, en 1965, la Cour devait rendre un arrêt célèbre, l'arrêt Griswold, qui en autorisant la contraception lança la formule de la "pénombre des droits". Une fois encore, la Cour fut accusée de pratiquer une lecture extensive du *Bill of Rights* : le droit à la vie privée se trouvait dans la "pénombre" des 1er, 4ème et 5ème Amendements. Pourtant, on pourrait répondre que le mot n'était pas innocent. L'ombre est un fidèle reflet , elle décrit donc un contour et des limites strictes.

[13] Aujourd'hui, on dit couramment que le contentieux de la peine de mort repose sur un "super *due process*" du 8ème Amendement, suivant la doctrine Death-is-Different, comme si le *due process* n'était pas suffisant pour éradiquer la peine de mort.
Cette expression révèle aussi la difficulté de lier le 8ème Amendement à l'abolition de la peine de mort. Le professeur Stuart Banner explique, par ailleurs, qu'il ne serait venu à l'idée de personne au 18ème siècle de concevoir le 8ème Amendement comme s'appliquant à la peine de mort.

this new opportunity to appeal that accounted for the lion's share of the decline in the execution rate."[14]

En particulier, la section juridique (LDF, *Legal Defense Fund*) de la NAACP et l'ACLU [15] s'en servirent pour organiser une défense agressive des condamnés auprès des cours d'appel, ce qui aboutit à une augmentation du contentieux procédural et à une pléthore de condamnés à mort qui restaient en prison pendant des années, d'un appel interjeté à l'autre. Cet embouteillage du couloir de la mort, "*death-row logjam*", menaçait de bloquer tout le système. Stuart Banner explique que c'était en fait le but du LDF.[16]

Il est tout à fait plausible que la Cour suprême ait également soutenu cette méthode plutôt que de risquer de nouveau un bras de fer éprouvant de type *Brown v. Board of Education* avec les Etats du Sud[17], d'autant plus que sa stratégie semblait réussir, au vu des chiffres d'exécutions frôlant le zéro. La peine de mort, pensait-on, s'éteindrait peu à peu sous les coups de butoir des contraintes procédurales, bien mieux que par une décision grandiloquente dont on ne pouvait être sûr qu'elle ne provoquerait pas une contre-réaction dangereuse dans le Sud. C'est ainsi que le *due process* substantiel fut mis en sourdine. Mais le résultat de cette stratégie fut une hyper-focalisation procédurale, généralisée à toutes les infractions, qui n'a jamais cessé depuis et dont nous verrons les limites.

---

[14] Stuart BANNER, ibid p. 246. Le nombre d'exécutions déclina en effet dans les années soixante de façon spectaculaire. En 1951 il y eut 105 exécutions ; en 1960 il n'y en eut plus que 56 et en 1965, 7. En 1967 eut lieu la dernière exécution pour une décennie. Fait stupéfiant : pendant ce temps, les couloirs de la mort ne désemplissaient pas et par exemple en 1969, alors qu'il n'y eut aucune exécution dans le pays, 143 personnes furent condamnées à mort.

[15] NAACP *Legal Fund National Association for the Advancement of Colored People* Legal Fund, ACLU *American Civil Liberties Union*, les deux plus grandes organisations de défense des accusés dans les tribunaux d'appel.

[16] Ibid Stuart BANNER, p. 252.

[17] Il est permis de faire un rapprochement avec l'arrêt *Brown* de 1954 car la situation présente des similitudes. La peine de mort est surtout appliquée dans les Etats du sud où règna longtemps une tradition de lynchage et vigilantism (Franklin ZIMRING a analysé le lien avec la persistance de la peine de mort). De plus, l'arrêt *Brown* provoqua une violente réaction au point que, aujourd'hui, Carol et Jordan Steiker, évoquant les critiques actuelles de plus en plus véhémentes de cet arrêt jugé contre-productif, en viennent à penser qu'une décision sur le fond contre la peine de mort aurait aussi échoué car trop en avance sur son temps. Il valait mieux utiliser des stratégies de contournement grâce au resserrement de la procédure (voir Carol et Jordan STEIKER, "Sober Second Thoughts : Reflections on Two Decades of Constitutional Regulation of Capital Punishment" in 109 *Harvard Law Review* 357, 1995, p. 404-408 "Furman as Brown").

Chapitre 8. L'héritage de la révolution du *due process*

Section 1. Un public tolérant

Il reste à apprécier l'importance de ce grand mouvement réformiste que les historiens ont dénommé la révolution du *due process*. Le mot "révolution", si souvent utilisé pour le mouvement des droits civiques en faveur des minorités raciales, est-il approprié pour les droits des accusés ?

Au sens propre du terme, ce ne fut pas réellement une révolution car bien des changements, comme nous le voyons à travers l'affaire *Scottboro*, étaient en gestation au moins depuis le début du siècle. D'autre part, des Etats avaient devancé le *Bill of Rights* en menant des politiques d'avant-garde et servant de laboratoires pour le pays tout entier. Ainsi, Los Angeles posséda sa société de *public defenders* dès 1914 et à New York City, le *Voluntary Defenders Committee* fut créé en 1917.

Et puis, si révolution ce fut, elle se signala surtout par son caractère discret : elle ne généra pas de grands mouvements passionnés. Faut-il s'en étonner ? L'institution judiciaire souffrait d'une image déplorable depuis tant d'années que toute tentative de réforme était la bienvenue.

Les procès pour violence qui cachaient à peine des visées politiques étaient monnaie courante : ce furent les célèbres procès d'anarchistes au début du siècle, suivis des procès des communistes pendant la guerre froide , culminant en 1953 avec l'exécution des époux Rosenberg qui émut le peuple et fit défiler des milliers de citoyens partout dans le monde. Pour cette affaire, la Cour suprême refusa de réexaminer la constitutionnalité de la peine. De manière générale, la Cour ferma les yeux sur les graves atteintes aux libertés individuelles pendant les pires années de la chasse aux sorcières maccarthyste. Certains procès politiques sont restés tristement célèbres. Ce fut le cas de la condamnation de douze dirigeants du parti communiste à New York en 1948 pour subversion, suivant le Smith Act de 1940. Un appel à la Cour suprême fut rejeté (*Dennis v. United States*). Il fallut attendre 1957 pour que la Cour change d'avis et annule des condamnations de délits de prosélytisme politique. Durant toute cette période les avocats qui osaient défendre des communistes subirent des menaces et furent même jetés en prison pour outrage à magistrat, comme dans l'affaire de 1948 à New York.

Certes, force est de constater que l'héritage de la chasse aux sorcières est ambivalent. Il y eut de nombreux procès pour subversion mais le *jury trial* n 'était pas le moyen privilégié par les autorités pour s'attaquer aux communistes. Les procès traînaient en longueur, les débats se faisaient en public, les accusés se défendaient vigoureusement et invoquaient le Cinquième Amendement. Parfois l'audience devenait une tribune sociale pour les causes militantes. Voilà pourquoi la répression emprunta plutôt le chemin des procédures parallèles, sous forme d'auditions parlementaires qui permettaient de refuser à l'accusé toute garantie constitutionnelle, tel que le droit de garder le silence ou d'avoir un procès public. En un sens, les sinistres "commissions" du sénateur MacCarthy, par contraste, allaient peu à peu aiguiser la conscience d'une nécessité de construire un pouvoir judiciaire indépendant et bien organisé. Mais même en considérant que la poursuite en justice fut l'instrument de répression le moins utilisé dans la chasse aux communistes, il n'en demeure pas moins que les autorités judiciaires étaient ostensiblement asservies au conservatisme politique.

Deuxième cause de discrédit, la justice pénale demeurait notoirement raciste. Le Mississipi était le principal théâtre des plus horribles injustices. D'innombrables cas de Blancs acquittés ou tout simplement jamais poursuivis après avoir tué des Noirs, et à l'inverse de Noirs accusés sur la base de preuves légères, voire fabriquées par la police locale, formaient un modèle judiciaire qui ressemblait à un lieu commun dont plus personne ne songeait à s'étonner.[1] Les Noirs ne cherchaient plus à redresser leurs torts par la voie légale. Les émeutes les plus sanglantes s'ensuivirent. La Cour Warren pouvait-elle faire autrement que constater la débâcle et tenter d'y remédier en instituant des garde-fous à une procédure judiciaire discréditée ?

Dès 1968, les prisons furent aussi en proie à de nombreuses émeutes qui culminèrent avec la tragédie d'Attica à New York en 1971. Le 9 septembre, les détenus prenaient en otages 40 gardiens et délivraient un manifeste pour que leur dignité soit respectée : liberté religieuse, droit de lire ce qu'ils désiraient, des repas équilibrés, droit à l'éducation, toutes revendications que le mouvement des droits des accusés avait commencé à exiger dans les tribunaux. La rébellion fut violemment réprimée, faisant 43 morts.

Cet aperçu des faits historiques marquants qui précédèrent ou accompagnèrent les grandes réformes pénales des années soixante nous permet d'en saisir la nature profonde. Le traumatisme lié au thème de l'oppression par des organes d'Etat (police, procureurs, gardiens de prisons, Congrès) devait imprégner plus que jamais la philosophie de la Cour Warren. Enlever à l'Etat ses prérogatives les plus dangereuses pour les donner au pouvoir populaire, c'était tout le sens

---

[1] Certaines affaires sont restées tristement célèbres, comme le procès des meurtriers blancs d'un jeune garçon noir, Emmett Till, en 1955, dans le Mississippi. Bryant et Milam furent rapidement acquittés par un jury composé uniquement de Blancs. Quelques mois plus tard, les deux assassins commentaient leur crime dans la presse. Leur acquittement les prémunissait contre toute nouvelle poursuite, selon la clause de *double jeopardy*. En juin 2005, la ré-ouverture du dossier est en cours, dans le cadre du processus de réconciliation qui a lieu dans le Sud pour panser les blessures du passé.

des décisions les plus prégnantes. Et bien sûr la guerre du Viêtnam devait parachever la méfiance profonde de nombreux Américains à l'égard de leur gouvernement. Jamais, dans ces conditions, on n'aurait pu accepter, ni même imaginer, donner à un juge comme en France le pouvoir d'instruire un procès. Les débats devaient rester contradictoires, basés sur une opposition franche et nette entre l'Etat, organe de répression et la défense, symbolisée par l'individu, l'être privé et libre, qui n'a pas à se justifier de sa liberté naturelle.

Bien que discrédités, les tribunaux restaient cependant à l'abri des pires violences populaires, leurs décisions en général respectées. A cela rien de surprenant. Samuel Walker, historien de la justice, rappelle que, au-delà des évolutions et transformations historiques, un phénomène reste constant à travers les siècles : les accusés qui peuplent les tribunaux sont en majorité les pauvres, les déséquilibrés et les minorités sociales déconsidérées. Au 19ème siècle, par exemple, les nouveaux immigrés irlandais représentaient pour les Américains de souche anglaise une sous-classe qu'on retrouvait souvent sur les bancs des accusés.

Or, ces hordes de gueux et d'inadaptés sociaux n'ont jamais eu de vraie force revendicatrice, ne serait-ce que par leur manque d'éducation. Il fallait donc que les classes dominantes, peu susceptibles d'avoir affaire à cette justice, acceptent de se préoccuper des couches misérables de la société. Lawrence Friedman, décrivant la longue incurie de la police, "*primary tools of local politicians*", note ainsi que "*few members of the respectable middle class were arrested ; hence few of them felt the blackjack of the fist of a patrolman –or suffered from police gunfire. To be sure, there were limits to public tolerance. But the public chose, in general, not to know.*"[2] Tant que l'ordre social était maintenu, le grand public, *the mob*, choisissait de ne pas savoir, d'ignorer ce qui se passait dans les postes de police, dans les tribunaux, dans les prisons. Ils ne se sentaient pas concernés.

C'est en ce sens qu'on peut parler d'une révolution car brusquement, phénomène rarissime[3], l'Establishment s'est intéressé au sort de la frange sociale honnie, traditionnellement la plus méprisée. Bien sûr, au milieu des criminels et délinquants de droit commun, se trouvaient aussi des militants politiques (communistes, militants pacifistes contre la guerre du Viêtnam, Noirs engagés dans les luttes antiracistes), ce qui augmentait l'urgence ressentie à défendre les droits des accusés.

---

[2] Lawrence FRIEDMAN, *Crime and Punishment in America*, New York, Basic Books, 1993, p. 153.

[3] Ce thème d'une tendance universelle à se désintéresser du droit des accusés du fait que la sécurité de la collectivité prime sur la liberté de quelques-uns est longuement traité par Ronald DWORKIN dans son ouvrage classique *Taking Rights Seriously*, op.cit., Ce constat fondamental est même à la base de sa théorie selon laquelle il existe des droits si fondamentaux qu'aucune approche utilitariste ne devrait être en mesure de les invalider.

La jurisprudence de la Cour Warren s'est accompagnée d'un réinvestissement moral de la population dans son système judiciaire. De nouveau on croyait que la vérité pouvait éclater dans un tribunal. Ainsi, l'historien Howard Zinn, virulent critique des institutions de son pays, admet en parlant de la fin des années soixante :

Les tribunaux, les juges et les jurys ne se comportaient plus comme on pouvait s'y attendre. Les jurys acquittaient les militants radicaux : Angela Davis, une communiste notoire, fut acquittée par un jury exclusivement composé de Blancs. Les Black Panthers, que le gouvernement avait essayé de calomnier et de détruire par tous les moyens, furent également acquittés par les jurys dans divers procès… [4]

Le vieux débat sur le degré d'indépendance à accorder aux jurys, qui avait été mis en sommeil depuis la fin du 19ème siècle, refaisait surface. Ainsi l'affirmation de droits procéduraux, en redonnant confiance dans le système, contribuait à secouer la soumission et le fatalisme des jurys populaires.[5]

Naturellement, ce mouvement né surtout d'un désir profond de protéger les innocents, devait rapidement rencontrer ses limites car la brûlante volonté de faire payer les criminels a toujours été la plus forte, fût-ce au prix du sacrifice de quelques boucs émissaires malencontreux. David Bodenhamer pense que jusqu'en 1966 et l'arrêt *Miranda,* la population était assez indifférente aux réformes de la justice pénale, bien plus intéressée par le mouvement de déségrégation raciale et d'autres problèmes plus sensibles tels que la place de la religion dans les écoles suite au fameux arrêt de 1962, *Engel v. Vitale,* interdisant la prière dans les écoles publiques.

Il convient également de ne pas exagérer la dimension idéaliste, voire visionnaire de la Cour Warren. Depuis le *New Deal,* la nécessité d'une harmonisation de la procédure pénale était apparente, due au simple fait que le nombre de crimes fédéraux avait considérablement augmenté. Par exemple, l'enlèvement (*kidnapping*) fait partie, depuis les années trente et l'affaire du rapt de l'enfant Lindbergh, de la panoplie des crimes fédéraux. Les querelles pour

---

[4] Howard ZINN, *Une histoire populaire des Etats-Unis,* traduit de l'américain, Paris, Agone, 1999, p.608.

[5] L'avocat texan Clay S. CONRAD (*Jury Nullification*, op.cit.), s'inscrit en faux contre l'idée très répandue selon laquelle les pires verdicts furent le fait de jurys blancs acquis aux thèses racistes. Il analyse de nombreux cas où le jury fut tout simplement manipulé par des procureurs malhonnêtes et des policiers racistes qui falsifiaient les preuves. Et puis face aux lynchages, le cas le plus courant était en fait l'abandon des poursuites par le procureur. Conrad, en conclusion de sa thèse très convaincante, pense que l'unanimité du verdict après délibération signifie que "*at worst the most stubbornly racist jurors will succeed only in hanging the jury*", op.cit., p. 202.
Indubitablement, l'analyse du comportement des jurys tout au long du 20ème siècle montre leur extrême docilité, qui confine à de la servilité, face aux discours officiels, bien plus qu'une volonté délibérée de faire des minorités raciales des boucs émissaires. Dans les années soixante, aguerris par les luttes populaires et une méfiance renouvelée vis-à-vis du gouvernement, les jurys étaient cependant moins enclins à s'en laisser conter par les procureurs.

savoir si un crime relevait du droit fédéral ou d'un Etat[6], et parfois lequel, étaient de plus en plus fréquents. Il devenait urgent d'assurer une cohérence d'ensemble pour limiter à la fois le relativisme géographique des verdicts et le fossé entre les systèmes judiciaires fédéral et d'Etat. Si urgent que dans l'ensemble les Etats ont bien accueilli les efforts de la Cour suprême. L'uniformité des procédures leur conférait plus de poids.

La Cour Warren se défendait d'ailleurs de mettre en œuvre une nouvelle forme de droit naturel, ses décisions se voulaient adaptées aux changements sociaux rapides. Elle était consciente des remous provoqués dans les habitudes des tribunaux, de la dimension économique des arrêts et du danger d'un procéduralisme excessif lorsqu'en 1967, dans l'affaire *Chapman v. California*, elle soutint la doctrine de l'"erreur sans conséquence" (*harmless error*) pour empêcher que les cours d'appel ne fussent inondées de requêtes. Ainsi, les juges libéraux des années cinquante et soixante se voyaient comme des réalistes et exprimaient leur dédain pour le droit naturel. Le juge Black, par exemple, rejetait l'usage d'expressions telles que "*natural rights*" ou même "*human rights*" qui lui rappelaient trop les mauvais souvenirs de l'ère Lochner où des lois fixant des maximums d'horaires de travail avaient été invalidées au nom de grands principes de liberté. Pour le juge Black, le droit devait viser le bien social, sans s'adonner à de grandes envolées lyriques sur un hypothétique droit naturel.

Parmi les critiques, certains auteurs font valoir que les droits de la défense ont été renforcés par la Cour suprême, l'institution "la plus antidémocratique[7] du pays" et non par le peuple lui-même. Il s'agirait selon eux d'une construction artificielle, imposée à un corps social foncièrement replié sur des intérêts sécuritaires. Cet activisme judiciaire était--il justifié ?

Question difficile sur laquelle les juristes apportent des réponses diverses. Il semble en tout cas peu plausible que la Cour suprême, ayant déjà subi de graves rebuffades lors de ses arrêts contre le *New Deal*, ait une fois encore pris des décisions contraires à l'opinion majoritaire. Comme le résume très bien Marie-France Toinet, "le judiciaire, le législatif et l'exécutif sont en apparence en perpétuelle concurrence. Dans la réalité, ils sont contraints à la solidarité car chacun sait qu'il est impossible à quiconque de trop s'écarter de l'idéologie dominante et du rôle constitutionnellement imparti sans encourir les représailles des deux autres pouvoirs."[8] En fait, la Cour venait de subir un revers autre-

---

[6] Chaque Etat étant souverain ainsi que la Nation, il existe donc deux niveaux de souveraineté. De ce fait, découle la possibilité qu'une personne soit poursuivie deux fois, par un Etat et au niveau fédéral. Parce que cette règle toujours en vigueur contredit l'interdiction du *double jeopardy*, les doubles poursuites ne sont utilisées qu'exceptionnellement.

[7] Juges non élus, nommés par le Président puis confirmés par le Sénat, et peu représentatifs de la population : jusqu'en 2005, sur plus d'une centaine de juges ayant siégé depuis les débuts de l'histoire de la Cour, il n'y a eu que deux femmes (Sandra Day O'Connor et Ruth Bader Ginsburg) et deux Noirs (Thurgood Marshall et Clarence Thomas).

[8] Marie-France TOINET, *La chasse aux sorcières*, Bruxelles, Editions Complexe, 1984, p. 178.

ment plus cuisant que celui des années trente et cette fois-ci par la faute de sa passivité. Ronald Dworkin écrit :

L'absence de réaction de la Cour suprême à l'époque de McCarthy , symbolisée par sa décision honteuse reconnaissant la légalité du Smith Act dans l'affaire Dennis, *peut être considérée comme ayant fait plus de tort à la nation que n'en avait fait le parti-pris conservateur de la Cour suprême au début de l'ère* Roosevelt. [9]

La Cour suprême des années soixante héritait de deux expériences douloureuses contradictoires : une opposition frontale au pouvoir législatif d'abord, puis une légitimation servile des textes de lois avaient finalement dans les deux cas conduit la Cour à se déjuger auprès de l'opinion. Il est donc permis de voir dans l'activisme judiciaire de la Cour Warren une tentative d'ancrer de nouveau sa jurisprudence aux droits fondamentaux de l'individu contre l'Etat, thème que ne pouvait renier le peuple américain.

De plus, la Cour suprême n'a guère le choix de s'éloigner de la volonté populaire car elle a un pouvoir limité pour faire appliquer ses décisions. Elle ne possède ni la bourse ni le glaive pour s'imposer dans la mise en application des arrêts[10] : un bras de fer idéologique avec des institutions aussi puissantes que les forces de police risque de dégénérer vers des pratiques occultes, la mauvaise volonté aidant, bien pires que lorsque des règles plus médiocres sont suivies dans la transparence.[11] *Miranda* n'était possible que dans la mesure où la règle laissait suffisamment de champ libre à la police pour être, quoique avec réticence, acceptée mais aussi parce que l'opinion générale soutenait de façon diffuse l'idéologie nouvelle de droits individuels accrus. La mutation des droits de la défense s'inscrit dans le vaste mouvement des droits civiques, puissamment porté par le peuple. Elle était, ainsi que l'a expliqué Ronald Dworkin dans son ouvrage classique *Taking Rights Seriously* (1977), la promesse de la majorité aux minorités que leur dignité serait respectée.

---

[9] Ronald DWORKIN, *Prendre les droits au sérieux,* op.cit., p. 236.

[10] Le professeur Stephen FELDMAN attire l'attention sur les résultats des recherches empiriques qui ont débuté dans les années soixante dir la Law and Society Association formée en 1964 par des juristes et sociologues du droit pour déterminer l'efficacité des changements suite aux décisions de la Cour suprême. Leurs conclusions sont en général très pessimistes. Les arrêts restent très mal appliqués lorsqu'ils sont impopulaires. (voir Stephen FELDMAN, *American Legal Thought*, OUP, 2000, p.129)

[11] Rappelons cependant que grâce à l'Article VI de la Constitution qui fait de celle-ci la loi suprême du pays, le recours à la force militaire pour faire appliquer un arrêt est possible. Le cas le plus célèbre est sans doute la rébellion de Little Rock en 1954 contre l'arrêt *Brown v. Board of Education*, qui résulta dans l'envoi de troupes fédérales par le président Eisenhower. En 1958, dans *Cooper v. Aaron*, la Cour suprême réaffirma solennellement la suprématie du droit fédéral et l'autorité de ses arrêts.

Il est donc permis de parler globalement d'une révolution née d'un grand courant idéaliste populaire. Ce courant n'était pas lié à une idée de droit naturel mais au contraire ancré dans la mystique du peuple et de la démocratie.[12]

Si ce vaste mouvement d'uniformisation de la procédure pénale n'a pas effacé toutes les disparités entre Etats, il n'en reste pas moins que, grâce à cette révolution, il est aujourd'hui possible de parler d'une justice américaine, une et indivisible, unie pour le meilleur et pour le pire.[13] Mais lorsque les Américains mettent en avant la sophistication de leur droit pénal, bien réelle, on ne doit pas perdre de vue cette réalité essentielle : le *Bill of Rights* a mis presque deux cents ans pour s'imposer, laborieusement. Le chemin a été rude et long, et il serait bien hasardeux aujourd'hui de remettre en question ces acquis de haute lutte sous prétexte qu'on ne voit plus les graves atteintes aux libertés et à la justice que leur absence générait et génère encore. Voilà pourquoi les décennies qui ont suivi les années soixante n'ont pas été marquées par un véritable retour de balancier de la jurisprudence de la plus haute Cour en ce qui concerne l'interprétation généreuse, dans le domaine pénal, du *due process of law.*

Section 2. La contre- révolution n'a pas eu lieu

Les grands acquis de la jurisprudence Warren (1953-1969) concernant les droits des accusés ne furent pas renversés par les Cours des décennies suivantes (Cour Burger 1969-1986, puis Cour Rehnquist jusqu'en 2005). Certains droits furent même étendus, tel le droit à un avocat pour des délits mineurs dans l'arrêt *Argersinger v. Hamlin* en 1972.

D'autres furent confirmés mais en diminuant leur portée. Ainsi le jury, désormais protégé par la Constitution, perdit un peu de son prestige lorsque la Cour suprême autorisa en 1972 le verdict majoritaire et non plus à l'unanimité[14], changement que, comme nous l'avons vu, la plupart des Etats ne

---

[12] Voir Corinna BARRETT LAIN, "Countermajoritarian Hero or Zero ? Rethinking the Warren Court's Role in the Criminal Procedure Revolution" in 152 *University of Pennsylvania Law Review* 1361, 2004. L'auteur démontre magistralement que le mythe d'une justice romantique et héroïque ne peut s'appliquer à la jurisprudence Warren. Les réformes suivaient l'air du temps. Elles étaient donc bien démocratiques, dans le sens classique du terme.

[13] Certes, de grandes disparités continuent d'exister entre les divers systèmes. Mais la meilleure preuve de cette homogénéisation sous l'effet de la "révolution du *due process*" est fournie par la consultation des manuels de droit pénal américain à l'usage des étudiants. Presque tous mettent l'accent sur les caractéristiques de "la justice américaine".

[14] Il s'agit de *Apodaca v. Oregon* (1972) ; citons aussi *Williams v. Florida* en 1970 qui tolère une diminution du nombre de jurés mais pas en- dessous du seuil de six personnes. Les jurys de moins de douze au pénal sont cependant rares. Ce non-usage par la plupart des Etats des possibilités offertes par la Cour suprême d'alléger les procédures et donc de faire des économies substantielles est un indice de la valeur accordée au jury. Les Etats ont compris que diminuer la validité du jury populaire est un pari très risqué et, à terme, peut se retourner contre le système pénal en encombrant les juridictions d'appel de l'Etat.

suivront pas, l'unanimité au pénal restant une garantie précieuse aux yeux de la population.

Mais devant la montée de la criminalité, dès les années soixante-dix, la Cour suprême prit un certain nombre de décisions importantes pour aider la police et la justice, sans que toutefois les principes de l'incorporation du *Bill of Rights* ne fussent touchés dans leur essence. Une lente érosion des droits des accusés se produisait néanmoins, surtout à partir des années quatre-vingt, sous la présidence du juge Rehnquist. D'une manière générale, la Cour renoua avec l'idée profondément américaine du *trial and error* : on devait faire confiance aux Etats et les instances fédérales adopter un profil bas, ainsi de l'expérimentation de chacun naîtrait une saine émulation. Certains de ces arrêts semblaient en effet dictés par une pure volonté pragmatique d'adaptation aux réalités de terrain.

Notons par exemple *United States v. Salerno* (1987) qui confirma la constitutionnalité du *Bail Reform Act* adopté en 1984, loi selon laquelle la mise en liberté sous caution pouvait désormais être refusée si l'Etat démontrait que le suspect était potentiellement dangereux. Dans un pays où traditionnellement les principes de présomption d'innocence et d'*habeas corpus* touchant aux détentions provisoires abusives étaient très respectés, cette loi marquait une césure notable dans le droit criminel. La Cour accepta la sagesse de la loi. Elle en fut bien inspirée car peu de temps après se déchaînèrent les scandales de pédophilie et de "*sexual predators*". D'autres arrêts s'inscrivirent dans une logique de type sécuritaire (*law and order).*

Mais la Cour, en 1988, rendit un arrêt, *Arizona v. Youngblood* qui devait se révéler lourd de conséquences, ouvrant la voie à de terribles erreurs judiciaires. Elle devait se prononcer dans une affaire d'agression sexuelle sur mineur pour laquelle la police avait négligé de conduire des expertises sur des pièces à conviction (traces de sperme et de sang) qui auraient pu innocenter l'accusé. Ces pièces ne furent pas conservées correctement pour permettre des expertises ultérieures. Quand un suspect fut arrêté il était trop tard pour prouver quoi que ce soit. L'accusé fut condamné uniquement sur la foi d'une identification sur photographie par la victime, un garçon de dix ans.

Fait assez peu courant pour mériter d'être mentionné, la Cour d'appel de l'Arizona avait donné raison à l'accusé contre la police locale et annulé le verdict mais l'Etat avait fait appel de cette décision et finalement la Cour suprême devait donner tort à la Cour d'appel d'Etat jugée trop généreuse. Les droits des accusés étaient donc parfois mieux soutenus par les instances d'appel étatiques que par la Cour suprême des Etats-Unis. Face à des juridictions fédérales de plus en plus conservatrices (rappelons que les juges fédéraux sont nommés par le Président et confirmés par le Sénat), ce constat devait se confirmer de plus en plus. Echo de la déclaration du juge William Brennan en 1977 qui exhortait les Etats à aller plus loin dans leur législation que la jurisprudence de la Cour suprême, celle-ci n'étant qu'un plancher (*a floor for the protection of rights*).

Nous avons vu que l'équité du système repose sur un strict équilibre des forces entre l'accusation et la défense. La doctrine *Brady* (1963) stipulait clairement que la police avait un devoir de recherche des preuves substantielles déterminantes, preuves que le procureur devait fournir à la partie adverse afin qu'elle puisse organiser sa défense (*mount a defense*). Mais l'arrêt *Arizona v. Youngblood*, en détruisant les moyens d'imposer cet équilibre, porta un coup dur à l'esprit *Brady*. La Cour instaura en effet la doctrine de mauvaise foi, *bad faith* : à moins de prouver que la police avait fait preuve de mauvaise foi, ses erreurs et négligence dans la recherche des preuves à charge ou à décharge ne pouvaient constituer un déni de justice pour l'accusé.

Les juges Blackmun, Brennan et Marshall s'opposèrent vigoureusement à cette décision : "*The Constitution requires that criminal defendants be provided with a fair trial, not merely a 'good faith' try at a fair trial.*" L'opinion dissidente du juge Blackmun se faisait prémonitoire en mentionnant le danger de la condamnation d'innocents : "*the delivery of exculpatory evidence to the defendant protects the innocent from erroneous conviction* ".

D'autre part, le test de *good faith* est si flou, si mal défini qu'il devait engendrer des milliers de procès de policiers et de procédures d'appel traînant en longueur.

Youngblood retourna en prison. En 2000, treize ans après les faits, il criait toujours son innocence et fut secouru par un *Innocence Project* [15]; un test ADN sur un morceau de coton préservé démontra qu'il était innocent. La Cour Rehnquist s'était trompée. Il est impossible de savoir combien d'erreurs judiciaires ont pu découler de l'arrêt *Youngblood,* surtout au vu de la corruption qui règne encore dans certaines polices locales.[16]

Le fait qu'un arrêt aussi désastreux pour l'équité des procès ait été emporté par une majorité de six voix, dont une hésitante (Stevens), contre trois, montre à quel point le nouvel édifice de la justice américaine unifiée vacillait encore de toutes parts, rongée dans ses fondations par des pratiques d'incompétence et de laisser-aller dans certains Etats.

---

[15] Les *Innocence Projects* fleurissent depuis le début des années 90 au Canada et aux Etats-Unis. Le premier aux Etats-Unis a vu le jour à New York, en 1992, fondé par deux avocats (Barry Scheck et Peter Neufeld) et abrité par une université, la Cardozo School of Law. Ces projets s'intéressent exclusivement aux cas de personnes reconnues coupables mais clamant leur innocence. Des étudiants sélectionnés participent aux recherches. Ils ont à leur actif des dizaines de verdicts ainsi renversés. *L'Innocence Project* plus récent de la Northern University of Chicago a abouti à la libération de 11 prisonniers.

[16] L'affaire *Odell Barnes*, un jeune Noir exécuté en février 2000 après un procès bâclé, fut édifiante à cet égard, révélant dans une ville du Texas des liens entre la police locale et le milieu des caïds locaux , des accords véreux entre voyous, police et DA. La recherche des preuves disculpantes pour la défense devient alors un véritable parcours du combattant, voué à l'échec. Voir Colette BERTHES, *La machine à tuer*, Paris, Les Arènes, 2000.

Le cas *Youngblood* ne fut pas isolé. En 2005, 157 personnes ont été innocentées par test ADN. La prodigieuse avancée scientifique de ces tests devenus fiables (même après de longues années pour le sperme) devait révolutionner le domaine des investigations policières et avoir un impact sur la procédure pénale. Car évidemment, les tests ADN coûtent très cher et ne sont pas accordés systématiquement. Le vote en 2004 de la loi dite *Innocence Protection Act* permet un certain optimisme.

Il est vrai aussi que certains arrêts de la Cour Warren n'ont cessé d'être critiqués et que *Miranda*, essentiellement, a toujours été vilipendé par les conservateurs. La Cour suprême entend régulièrement des affaires liées à *Miranda*.[17] Mais bien que le juge William Renhquist n'ait jamais caché son dédain pour le grand arrêt historique, en 2000 dans *Dickerson v. US*, avec une majorité de sept voix contre deux (Scalia et Thomas), la Cour a confirmé que *Miranda* constituait un droit immuable. Paradoxalement c'est la police qui a le plus soutenu cette décision car au fil des années, elle s'est rendu compte de l'utilité de cette procédure pour faire taire les accusations d'aveux forcés ou truqués. Il faut dire aussi que la police ne peut qu'avoir un préjugé favorable vis-à-vis de la Cour Rehnquist. En effet, celle-ci a beaucoup favorisé un élargissement de ses pouvoirs d'investigation basé sur une constante érosion du 4ème Amendement.

Autre sujet souvent évoqué : l'assistance d'un avocat (*right to counsel*, 6ème Amendement). Avec *Glover v. United States* (2001), la Cour, à l'unanimité, réaffirme le droit de tout accusé à être représenté par un avocat compétent, suivant une règle fermement établie par l'arrêt *Strickland v. Washington* (1984). Le *Strickland test* est devenu la norme :

Counsel is ineffective if (1) counsel's performance fell below an objective standard of reasonableness and (2) the deficient performance prejudiced the defendant. [18]

Des formules assez vagues pour constituer une règle de principe sans empiéter trop sur les prérogatives des Etats, laissant le champ libre à d'amples interprétations. La Cour suprême elle-même saura utiliser ce test pour rejeter des demandes qu'elle considérera comme excessives.[19] Seul Thurgood Marshall s'opposa au *Strickland test*, prévoyant le danger d'une règle floue dont certaines juridictions peu consciencieuses sauraient abuser, accroissant ainsi le risque de verdicts erratiques : "*it will yield excessive variation in the manner in which the Sixth Amendment is interpreted and applied in different courts.*" En effet, si le principe du

[17] Les cas les plus notables sont *Michigan v. Tucker* (1974), *New York v. Quarles* (1984), *Colorado v. Connelly* (1986), *Arizona v. Mauro* (1987), *Duckworth v. Eagan* (1989) qui autorise une modification dans la façon dont l'avertissement à la personne arrêtée est formulé et n'oblige pas la police à fournir un avocat immédiatement.

[18] *Strickland v. Washington* , opinion majoritaire.

[19] Voir par exemple *Bell v. Cone* (2002).

procès équitable semble acquis, qu'en est-il de l'application réelle ? Que pouvait bien dire " une norme raisonnable de compétence d'un avocat " ?

Cette règle évasive et peu contraignante explique pourquoi, quarante ans après *Gideon*, il existe encore des différences énormes dans les crédits alloués par chaque Etat, et même *county*, à l'aide juridictionnelle.

Mais *Glover* (comme l'année précédente *Williams v. Taylor*) est important dans la mesure où, en 2001, il envoie un message sous forme de rappel à l'ordre, qu'il ne suffit pas de fournir un avocat à tout accusé, il faut aussi que celui-ci soit consciencieux ; tout manquement peut constituer un préjudice qui justifie une procédure d'appel du verdict. Encore faut-il que la règle soit mise en application, mais pour l'heure, il faut convenir que la Cour suprême a bien eu à cœur de poursuivre l'œuvre Warren, tout en la mitigeant.

En matière strictement de droit procédural, la contre-révolution d'après 1969, que certains avaient annoncée, n'a donc pas eu lieu[20], bien qu'on puisse parler d'un fort raidissement de la Cour suprême sur certains sujets, en particulier par le biais de pouvoirs accrus accordés à la police.

Sans doute s'est-on aperçu que la protection des droits des accusés, dans le cadre plus étroit du procès pénal, ne délégitimait pas l'autorité publique mais au contraire lui donnait plus de crédibilité et faisait la fierté des Américains toujours prompts à mettre en avant leurs avancées démocratiques. A cet égard, une phrase prononcée par le juge Rehnquist, dans l'opinion de la Cour concernant *Dickerson,* est emblématique :

Miranda has become embedded in routine police practice to the point where the warnings have become part of our national culture.

Il en est de même de bien d'autres droits, rendus souvent célèbres par les films et séries télévisées, les *courtroom dramas.* L'effet de familiarité transforme des droits acquis il y a seulement quelques décennies en véritables coutumes.

Accorder des droits aux accusés découle d'une forme de droit démocratique fondamental, celui de la dignité humaine et du principe de présomption d'innocence. Les institutions qui respectent ces droits gagnent en crédibilité et en respectabilité auprès du public. Encore faut-il que des signaux forts soient

---

[20] La Cour Rehnquist a donné l'impression de brouiller les pistes. En matière criminelle il est très difficile de dégager une ligne politique claire et distincte comme ce fut le cas pour la Cour Warren. Mon affirmation ici qu'il n'y a pas eu de contre-révolution à proprement parler est soutenue par de nombreux auteurs. Ainsi le politologue anglais Richard HODDER-WILLIAMS écrit : "*No counter-revolution has taken place. This is because no truly conservative majority has emerged.*" in The Judicial System of the USA p. 58 (*USA and Canada 2002 Regional Surveys of the World,* Europa publications, 2001). Le juge et professeur de droit H. Richard UVILLER estime, quant à lui, que la Cour suprême reste exagérément favorable aux droits des accusés (*Virtual Justice : the Flawed Prosecution of Crime in America,* Yale University Press, 1996)

envoyés de temps à autre pour en démontrer à la fois la pérennité et l'adaptation aux évolutions sociales.

La grande différence entre la jurisprudence Warren et celles des cours suivantes tient non pas tant à la nature des décisions qu'à leur volume. Alors que la Cour Warren croyait profondément au rôle actif des cours d'appel fédérales dans l'œuvre de justice, les cours suivantes opérèrent un retrait, diminuèrent leur rôle.[21] C'est ce recul progressif du rôle de surveillance des cours fédérales qui caractérise le mieux l'infléchissement de la trajectoire judiciaire dans le domaine pénal dès la fin des années 70.

Section 3. Un débat polarisé entre *due process* et *crime control*

Au fil des ans, la jurisprudence Warren a cependant suscité un débat de plus en plus vif sur la capacité du système de démasquer et punir les coupables. Equité ne rime pas forcément avec justice. Ne relâche-t-on pas les criminels à force de protéger leurs droits ? N'emprisonne-t-on pas des innocents qui n'auront pas su ruser avec toutes ces nouvelles règles du jeu ? Toutes ces infinies règles procédurales – les Etats-Unis sont réputés avoir les règles de preuves les plus compliquées du monde - ne finissent-elles pas par saper les institutions, leur enlever tout pouvoir d'élucidation des crimes et finalement s'éloigner du bon sens, ce *common sense* que le pragmatisme américain a érigé en pierre angulaire du système ?

Au niveau de l'investigation des infractions un phénomène se répand de plus en plus : le recours aux détectives privés, en marge de la police officielle. A tel point qu'on parle d'une police à deux vitesses, celle, publique, soumise à *Miranda* et aux règles de perquisition strictes, l'autre, privée, commanditée par des avocats de la défense et leurs clients riches. Comment empêcher que toutes les règles protégeant les accusés ne profitent surtout aux riches ? Ces doutes semblent relever d'un questionnement purement judiciaire sur les meilleurs moyens à mettre en oeuvre pour découvrir la vérité. Mais ils prennent leur source dans des idéologies radicalement différentes. Dès les années soixante, le débat sur la justice a pris un tour politique très prononcé.

Herbert Packer est connu pour avoir théorisé à la fin des années 60 deux modèles de justice selon lui opposés, le modèle *crime control* et le modèle *due process.* Le premier est tout entier dévolu à la cause sécuritaire et à l'élimination

---

[21] Ce sera surtout dans les années 90 que l'*habeas corpus* perdra de sa force. Mais la Cour Burger avait commencé le repli dans deux arrêts qui limitaient les possibilités des cours fédérales de donner suite aux appels : *Stone v. Powell* (1976) et *Wainwright v. Sykes* (1977) réinterprétèrent la loi de l'*habeas corpus* de 1867 dans un sens très restrictif.

des moindres échappatoires à la justice. Les moyens privilégiés sont plus de pouvoir à la police et aux procureurs, une justice rapide, l'usage de l'exécution capitale et des peines lourdes, afin de décourager (*deter*) le crime dans la société. La procédure accusatoire doit être réduite au profit d'une justice administrative efficace. Le modèle *due process*, que Herbert Packer appelait de ses vœux, ne rejette pas l'idée de la sanction pénale mais cherche à la limiter autant que faire se peut en plaçant sur le parcours judiciaire le plus d'obstacles possibles, pour ne punir que ceux qui le méritent vraiment. Il s'agit de limiter les pouvoirs de l'Etat face au citoyen, en vérifiant que les libertés individuelles ne sont pas bafouées. La procédure accusatoire garantissant la présomption d'innocence, un débat contradictoire et des règles constitutionnelles d'équité, constitue la base du *due process model.* On peut dire que le premier modèle privilégie le contrôle législatif tandis que le deuxième se fie plus au contrôle constitutionnel.

Ces deux modèles épousaient assez exactement l'un l'idéologie conservatrice, l'autre l'idéologie libérale progressiste. Samuel Walker a montré comment la théorie de Packer "*due process* contre *crime control* " est rapidement devenue une référence incontournable qui a cristallisé les clivages profonds entre libéraux et conservateurs, de sorte qu'il conviendrait mieux de parler de "théologies".

Depuis cette époque, le débat est toujours aussi passionné entre, d'un côté, ceux qu'on pourrait dans un sens large caractériser comme les "droits-de-l'hommistes", les *liberals* très attachés à l'application stricte et scrupuleuse des droits acquis des accusés et de l'autre côté, les conservateurs utilitaristes, doutant de la capacité des principes constitutionnels à faire émerger la vérité sur la culpabilité et l'innocence. La théorie Packer a donc perduré jusqu'à nos jours bien qu'on verra qu'elle a été critiquée, attaquée de toutes parts. Aujourd'hui des variantes des modèles ont été conçues. Le modèle *crime control* a pris le nom de "*legal pragmatism*" ou "*norm focused scholarship*"[22], le modèle *due process* a donné naissance au "*liberal legalism*". Mais le clivage demeure toujours aussi profond. L'accroissement des droits des accusés est au cœur d'un débat extrêmement polarisé. Chaque camp estime défendre la justice, les uns en l'amarrant aux droits procéduraux constitutionnels, les autres en invoquant le retour au bon sens et demandant qu'on redonne confiance et autorité à la police et aux professionnels de la justice.

Les plus conservateurs voient dans la religion des droits des accusés une véritable forme de terreur idéologique fondée sur le *politically correct.* Ils déplorent une codification exagérée des comportements de la police qui sape le moral et

---

[22] Voir Eric J. MILLER, "Embracing Addiction : Drug Courts and the False Promise of Judicial Interventionism" in 65 *Ohio State Law Journal* 1479, 2004, p. 1504-1511.

la conscience professionnelle des acteurs du système.[23] Ceux-ci, plutôt que d'accepter d'être réduits au rôle de super-techniciens du droit vérifiant la légalité de tous leurs actes, se transformeraient en apprentis-sorciers passés maîtres dans l'art de déjouer les pièges procéduraux, d'en exploiter les failles.

Bien plus, le purisme procédural aboutirait à des formes déviantes de découverte de preuves. Ainsi les avocats qui travaillent sur les révisions de procès douteux notent une proportion alarmante de cas de faux témoignages et d'accusations trompeuses, qui ont suffi à entraîner une condamnation. Barry Scheck et Peter Neufeld du *Innocence Project* ont calculé que 82 % des erreurs judiciaires reconnues résultent, entre autres, d'une fausse identification par une victime ou témoin oculaire, tandis que les faux aveux et confessions entrent en jeu dans 22 % des cas.[24] Selon les sceptiques des droits des accusés, faute de moyens efficaces de la police et d'assouplissement des règles des preuves recevables, on assiste à un abus des seules preuves que la procédure tolère, sans plus de vérifications.

Les défenseurs acharnés des droits des accusés se livrent pour leur part à une bataille rangée contre ce qu'ils considèrent comme une attaque frontale des conservateurs. Là aussi, on peut se rendre compte de la forte teneur idéologique : ils agitent les épouvantails d'un nouveau totalitarisme tyrannique. Le délitement des droits des accusés depuis les années soixante-dix n'est pourtant pas aussi flagrant que certains l'affirment. L'infléchissement de la jurisprudence de la Cour suprême vers une restriction des droits des accusés est attesté unanimement, et cela surtout depuis le début des années 80, correspondant à la contre-révolution reaganienne mais son interprétation diverge. Ne s'agit-il pas plutôt d'une adaptation pragmatique des droits constitutionnels aux réalités du terrain ? [25] Tous les droits constitutionnels du *due process* sont à présent fermement établis et les principes des 4ème, 5ème et 6ème Amendements font partie intégrante des codes pénaux des Etats.

Le système judiciaire conçu à l'origine comme la confiscation de la vengeance privée et donc un moyen de pacification sociale s'est transformé en un

---

[23] Ainsi le très conservateur H. Richard UVILLER déplore le manque de confiance qui règne aux Etats-Unis vis-à-vis des forces de police alors qu'elles traquent héroïquement les "predators" et "bad guys". Il en vient à envier les systèmes européens où les enquêtes sont menées de main de maître par les juges d'instruction et la police judiciaire. (*Virtual Justice*, op.cit.)

[24] Barry SCHECK, op.cit., p. 361.

[25] Un exemple : *Nix v. Whiteside* (1986). La Cour refusa à un accusé le droit d'invoquer une erreur professionnelle de la part de son avocat quand celui-ci, soupçonnant très fort qu'il allait mentir dans son témoignage au procès, fit pression sur lui pour qu'il ne témoigne pas. La Cour signifiait là que le droit de faire annuler un procès quand l'incompétence de l'avocat est avérée, garantie primordiale pour des indigents ne pouvant financièrement avoir accès aux avocats réputés, ne peut justifier n'importe quelle manœuvre d'appel. Un avocat est tenu de révéler les mensonges qu'il a pu déceler dans les témoignages de son client ou d'un témoin, malgré le privilège de confidentialité qui le lie à l'accusé.

lieu de déchirement idéologique. On parle de guerre culturelle. Pourquoi tant d'acrimonie ?

En réalité, la réponse se trouve à la marge du droit procédural. Ces polémiques incessantes et querelles partisanes cachent un malaise plus profond face à une évolution calamiteuse : verdicts erratiques, incarcération galopante et châtiments disproportionnés. Il convient de replacer l'orientation nouvelle de la Cour suprême, aussi détestablement anti-libérale soit-elle aux yeux de certains, dans un contexte plus général, à savoir le choc des principes constitutionnels et des forces politiques en présence. C'est ce que nous ferons dans la 2ème partie en analysant l'adaptation du système judiciaire aux politiques ultra-répressives.

Section 4. Des droits mythiques

Au-delà de la confusion et des conflits idéologiques générés par l'opposition entre *due process* et *crime control*, certains droits mythiques restent intouchables par tout Américain qui se respecte. La grandeur du *Bill of Rights* est invoquée à l'unisson. Ce n'est que dans son interprétation et sa mise en pratique qu'apparaissent de profondes divergences. Les droits fondamentaux font partie de l'idée américaine. Il existe bien un mythe des Origines qui contribue à mettre l'Amérique sur un piédestal moral. Les droits de l'individu face aux pouvoirs répressifs jouent un rôle d'identification fondatrice de l'unité nationale. Cette valeur patriotique investit alors la justice pénale d'une fonction primordiale, l'affermissement du sentiment d'appartenance des citoyens à la nation démocratique.

Mais ce faisant, le système judiciaire se trouve écartelé, placé dans un *double bind.* Il ne sert plus seulement la justice mais aussi des valeurs mystiques qui clôturent son champ d'action. Cette profonde ambivalence explique ce paradoxe de la justice américaine : un radicalisme dans la vision des droits fondamentaux associé à de nombreuses pratiques détournées et parfois pernicieuses.[26] Car le mythe des Droits est basé aux Etats-Unis sur la croyance en un âge d'or passé : au Commencement de l'Amérique, sur la pierre angulaire déposée par les Pères fondateurs, étaient inscrits le droit au jury populaire, le droit à la confrontation avec ses accusateurs, le droit à l'*habeas corpus*, le droit à la liberté de chacun…, droits inaliénables[27] vénérés comme des icônes.

---

[26] Je fais référence ici aux nombreuses erreurs judiciaires qui ont été démasquées dans les dernières décennies. La plupart révèlent des pratiques frauduleuses ou de détournement de procédure.

[27] Le credo des Droits de l'homme issus du droit naturel - "*immutable principles of justice*", "*endowed by their Creator with certain inalienable rights*" - rencontre encore une large audience aux Etats-Unis tandis que l'Europe conceptualise généralement ces droits comme un héritage humaniste et rationnel du droit positif. Voir le point de vue du professeur Howard ABADINSKY qui ne cache pas son dédain pour le positivisme légal (*Law and Justice*, Pearson Ed, New Jersey, 2003, p.9).

Pourtant, les pratiques culturelles n'ont jamais été foncièrement en accord avec ce mythe, de sorte qu'on devrait en réalité plus parler d'une assimilation historique lente et laborieuse par une majorité réfractaire, alors même que l'identification à la Nation exigeait une pleine adhésion à l'utopie démocratique des Droits. L'exemple de la fièvre eugéniste qui saisit l'Amérique à la fin du 19ème siècle est très révélateur à cet égard.

Suite aux travaux de personnalités scientifiques influencées par le darwinisme social, tel le docteur Henry Herbert Goddard, la croyance en l'origine génétique du crime se propagea, alimentant la peur panique de la population vis-à-vis des "classes dangereuses". Il fallait à tout prix empêcher ces "faibles d'esprit", ces "dégénérés ", criminels héréditaires, de se reproduire. L'Indiana fut le premier Etat en 1907 à voter une loi autorisant, suivant la simple recommandation d'un comité d'experts, la stérilisation forcée de tous les criminels, violeurs et idiots confirmés qu'on pouvait détecter par l'observation de la physionomie. Dans les années vingt, la moitié des Etats s'était dotée d'une législation autorisant la stérilisation lorsqu'on pensait pouvoir apposer sur les condamnés l'étiquette de "criminel-né" (*born criminal*).[28]

Quelques juges de cours d'appel rendirent des décisions tendant à invalider ces lois mais dans l'ensemble, elles rencontraient l'assentiment à la fois du public et des juristes. La Cour suprême, en 1927, dans l'arrêt *Buck v. Bell*, donna son *imprimatur* au mouvement eugéniste.[29] Le juge Oliver Wendel Holmes écrivit que l'Etat avait le devoir d'empêcher les "imbéciles" de procréer. La Cour ne se ravisa que pendant la seconde guerre mondiale, en 1942, dans l'affaire *Skinner v. Oklahoma*, lorsque l'idéologie nazie exposa le visage raciste de l'eugénisme.

C'est dire le peu de cas qui était fait des garanties constitutionnelles dès que les épouvantails de la décadence morale étaient agités. Il aurait été pourtant facile de démontrer la violation du *due process* : impossibilité de mettre en doute la parole des docteurs "experts" due à l'inexistence d'un débat contradictoire et au terrorisme scientifique qui sévissait ; violation du Huitième Amendement interdisant les punitions cruelles et inhabituelles : un juge fédéral avait décrit (sans être entendu) la vasectomie forcée comme un acte "ignominieux et dégradant" ; violation de la clause d'égale protection du Quatorzième Amendement puisque cette mutilation était l'apanage exclusif des populations miséreuses et visait certains types d'infractions (ce fut l'argument principal avancé dans *Skinner v. Oklahoma*) ; enfin, violation du principe de l'élément moral (*mens rea*) qui fonde la sanction pénale : si les délinquants sont génétiquement programmés pour devenir criminels, alors leur responsabilité tombe. Leur trouble mental déclaré héréditaire, selon la règle McNaghten, aurait dû les faire acquitter. Cet

---

[28] Voir Lawrence FRIEDMAN, *Crime and punishment in America*, op.cit., p. 335-339.

[29] La pensée bio-médicale du crime se propagea aussi en France mais dès la fin du 19ème siècle, le père de la sociologie française, Emile Durkheim, y mit fin en montrant que le comportement humain est essentiellement façonné par la société.

exemple montre à quel point l'omniprésente invocation des muses constitutionnelles ne correspond pas à une tradition.

Mais en même temps, l'Amérique est le pays de la liberté et cette bannière à l'adage bien flou, *the land of the free*, devait servir de cri de ralliement pour toute la nation ; le *Bill of Rights* serait désormais son étendard. Un très bon exemple de ce phénomène dissociatif est fourni par ce qu'on appelle le droit au silence, tel qu'il est inscrit dans le Cinquième Amendement : le droit de ne pas être obligé de témoigner contre soi-même (*nor shall be compelled to be a witness against himself*).

En Europe, en dehors du monde des juristes, le droit au silence (*right to remain silent*) est largement méconnu de la population, et pour ceux qui le connaissent, tout au plus engendre-t-il un bâillement poli. A l'inverse, aux Etats-Unis, l'invocation du Cinquième Amendement fait partie de la culture populaire et tout citoyen qui a récité le serment d'allégeance au drapeau américain tous les matins sur les bancs de l'école, a aussi acquis dans sa jeunesse la fierté conférée par ce droit fondamental garant de sa liberté.

Les Etats-Unis se targuent d'être le seul pays au monde à appliquer avec autant de zèle ce prestigieux droit démocratique (au sens où il prémunit l'individu contre les velléités despotiques de l'Etat). La haute valeur attachée à ce droit se lit dans tous les ouvrages américains de vulgarisation sur la justice du pays.[30]

La version la plus radicale[31] du droit au silence est de fait appliquée dans très peu de pays. L'Article 6 de la Convention Européenne des Droits de l'homme qui définit les conditions d'un procès équitable mentionne la présomption d'innocence mais pas le droit de ne pas "s'auto-incriminer "[32], bien que l'interprétation de la notion de "procès équitable" ait conduit la Cour Européenne à amorcer un mouvement de reconnaissance de ce droit, essentiellement à la phase d'enquête de police. La France l'a introduit dans ses procédures policières mais l'ignore totalement dans les tribunaux : le *mea culpa* reste de mise pour espérer l'indulgence des instances pénales. En Angleterre, depuis une loi de 1994,[33] le silence du suspect lors de son interrogatoire au

---

[30] Deux exemples parmi d'autres. Pour le professeur Henry J. ABRAHAM (in *The Judicial Process*, OUP 1993, p. 96-97), la procédure américaine suit l'adage "*innocent until proved guilty* " qui fonde le droit au silence. Il enseigne l'idée que la procédure inquisitoire européenne, basée sur l'aveu, est fondée sur la présomption de culpabilité. Richard W. HULBERT rappelle que "*the criminal defendant in an American case has the protection of the Fourth and Fifth Amendments. These have no counterparts in the French practice.*" (in "Comment on French Procedure", *American Journal of Comparative Law* 45, 1997, p. 751).

[31] Droit au silence de la personne incriminée pendant la détention provisoire ainsi qu'au procès, sans possibilité d'utiliser ce silence comme preuve à charge.

[32] Voir Charlotte GIRARD, *Culpabilité et silence en droit comparé*, Paris, L'Harmattan, 1997, p.165-187, pour une analyse de la jurisprudence de la Cour Européenne des Droits de l'homme à ce sujet.

[33] *The Criminal Justice and Public Order Act.*

poste de police peut être utilisé contre lui au procès s'il cherche à se défendre au tribunal alors qu'on considère qu' il aurait dû le faire dès son arrestation.

En revanche, un pays comme les Pays-Bas, dont la procédure inquisitoire est de tradition française, prend ce droit très au sérieux et l'applique jusqu'à l'audience au tribunal. Les exemples anglais et hollandais montrent que le droit au silence n'est pas lié à un système particulier, accusatoire ou inquisitoire, puisque la Hollande inquisitoire applique mieux le droit au silence que l'Angleterre accusatoire. Tous ces pays ont cependant introduit des exceptions grâce auxquelles prévalent les intérêts majeurs de la société.[34]

Par contraste, l'extrémisme américain donne la mesure du radicalisme que peut atteindre le droit au silence. Il ne s'agit pas seulement d'une garantie contre l'extorsion d'aveu lors de l'enquête de police. Ce droit est aussi garanti au procès. De plus, le témoignage de l'accusé, s'il choisit de se défendre, doit toujours avoir lieu seulement après que tous les témoins ont été entendus, selon un arrêt de la Cour suprême rendu en 1972, *Brooks v. Tennessee*, car l'accusé a le droit d'entendre tous les témoins dans un premier temps afin que son témoignage ne soit pas superflu ou auto-incriminant.[35] Naturellement les instructions au jury rappellent toujours qu'aucune déduction négative ne doit être faite de ce silence.[36] Aucune procédure ne va aussi loin dans la protection de l'accusé. C'est d'ailleurs une cause de malentendu entre les deux rives de l'Atlantique car en France la présomption d'innocence est associée au secret de l'instruction tandis qu'aux Etats-Unis elle est intimement liée au droit au silence. Dans les deux cas, on retrouve la peur du déballage en public d'une vie privée mais la perspective est totalement différente.

Et pourtant, il faut reconnaître que ce droit unique dont l'Amérique s'enorgueillit et ne voudrait se défaire, ne jouit ni d'un passé très glorieux ni d'une bonne réputation.

---

[34] Voir Mireille DELMAS-MARTY (dir), *Procédures pénales d'Europe*, Paris, PUF, 1995, p.518-520, qui donne de multiples exemples de "l'habitude qu'ont les juges et les législateurs européens de créer des situations où le fardeau de la preuve est renversé, de sorte qu'il revient à l'accusé ou au prévenu de démontrer son innocence" p. 518. Deux exemples parmi d'autres : une personne vivant avec une prostituée peut être déclarée coupable de proxénétisme si elle n'apporte pas une justification de ses ressources. L'Angleterre, en 1993, n'a pas hésité à menacer de sanctions pénales toute personne qui ne répondrait pas aux questions du Service de Répression des fraudes (*Regina v. Director of Serious Fraud office*).

[35] Cependant, en 2000, dans l'arrêt *Portuondo v.Agard*, la Cour choisit d'atténuer le risque qu'un défendeur modèle son discours d'après les témoignages entendus préalablement. Le réquisitoire d'un procureur faisant mention de cette éventualité n'est pas anticonstitutionnel.

[36] A San Francisco, le 7 avril 2005, séance au tribunal d'une sélection finale de jury. Les échanges sont vivants, détendus et chacun est encouragé à s'exprimer. Des jurés n'hésitent pas à demander des explications et exprimer leur désaccord sur des points sensibles. Le *public defender* demande à la trentaine de jurés potentiels : - qui ne connaît pas le sens du droit au silence ? Aucune réponse. Elle explique ensuite que l'accusé a choisi de garder le silence à son procès et demande qui pense que ce choix porte au soupçon. De nouveau aucun doigt ne se lève.

Tout d'abord, il décontenance les jurys obligés de rendre des verdicts sans avoir pu sonder le témoignage de l'accusé. Le professeur Graham Burnett a écrit un livre pour raconter son expérience de juré, et voici ce qu'il dit :

Defendants in murder trials seldom take the stand. They are under no obligation to do so, and a jury is instructed to make no inferences from their choices. [...] From the start of the trial, this careful court practice –separating the admissible "facts" of the case from inadmissible information about the "characters" involved – struck me as more than quixotic ; it was downright perverse. Again and again I found myself sitting in court looking across at Milcray. [...] Who was he ? That was the inescapable question. [...] Somehow, in the history of jurisprudence, these issues –who people were, what they had done in the past- had come to be thought of as different in kind from the "facts" of a case, different from blood on the wall and reams of phone-company records. How had this idea gotten going, when it was so counterintuitive ? [37]

Donquichottisme, droit "contre-intuitif ", qui défie le bon sens, ainsi est-il généralement perçu. Le jury est avide de connaître la vérité et il lui est difficile de concevoir qu'il puisse exister des valeurs plus importantes qui transcendent cette recherche du vrai.

En outre, il faut toujours tenir compte du fait que le droit au silence en procédure accusatoire revêt un caractère inflexible : on ne peut choisir de ne pas répondre à certaines questions et de répondre à d'autres. Le témoignage se fait sous serment à la barre des témoins, ou bien il n'a pas lieu du tout. Lorsque le défendeur témoigne, le procureur a tout loisir d'exposer des détails de sa vie (en relation avec l'affaire) pour le décrédibiliser. Un accusé peut parfois s'ôter les moyens d'une défense personnelle efficace par peur de la *cross-examination* qui livrera au grand jour son intimité.

De même, le droit au silence perd une partie de son aura du fait de la mainmise des avocats. Le système américain se distingue en effet par la mise en condition minutieuse des témoins par l'avocat avant le procès, de sorte que l'accusé sait parfaitement ce qu'il doit dire et ne pas dire au procès, suivant les conseils prodigués. L'Angleterre, avec son système dual de *solicitors* et *barristers,* exclut cette possibilité puisque le *barrister*, travaillant sur le dossier transmis par le solicitor, n'a pratiquement aucun contact avec l'accusé avant l'audience. Aux Etats-Unis, contrairement aux clichés télévisuels bien commodes d'un accusé s'effondrant à la barre sous le feu des questions, le témoignage tourne souvent

---

[37] Graham BURNETT, *A Trial By Jury* , New York, Knopf 2001, p.70-71.

en réponses convenues d'avance et n'apporte pas la révélation espérée.[38] Ainsi c'est la parole de l'avocat qui se révèle déterminante, non celle de l'accusé, et donc le silence de celui-ci ne change souvent pas l'issue des débats. Durant leurs procès-fleuve qui durèrent des semaines, O.J. Simpson et Timothy McVeigh ne prononcèrent pas un mot. Mais leur verdict n'aurait sans doute pas été différent s'ils avaient décidé de parler.

Il est certain par ailleurs que l'accusé n'est guère sollicité à s'exprimer lors de ses comparutions. Invariablement il murmure à l'oreille de son avocat qui transmet son message au juge. Interrogés à ce sujet, les magistrats n'y trouvent rien à redire : il est dans l'intérêt de l'accusé gauche et mal éduqué de se tenir coi et de laisser un professionnel parler à sa place. Mais le droit au silence ne s'est-il pas ainsi transformé en un devoir de silence ?

L'invocation du Cinquième Amendement, expression devenue le symbole du droit de se taire, a trouvé ses lettres de noblesse pendant la sombre période de la Guerre Froide et de sa " chasse aux sorcières ". Les personnes convoquées devant la Commission d'enquête sur les activités anti-américaines s'en réclamaient, de sorte que le sénateur Joseph McCarthy les avait appelés les "communistes du Cinquième Amendement". Episode de l'histoire du reste très ironique car le caractère idéologique du mythe américain a été exacerbé dans les années cinquante par la lutte acharnée du pays contre le communisme. On trouve là un bel exemple du paradoxe américain : McCarthy vitupérant contre un Droit censé l'empêcher de pourchasser les communistes du pays, alors même que l'Amérique entière s'en servait pour nourrir sa rhétorique stigmatisant les régimes liberticides.[39] En 1954, parut un article qui critiquait violemment le droit au silence favorisant les gangsters et les communistes. Le professeur Fred E. Inbau, conscient que ce droit était inscrit dans le 5ème Amendement, imagina des astuces pour le rendre inopérant : obligation pour

---

[38] Au procès à Washington DC superior court (affaire *Abe Jackson*) : un ami de l'accusé témoigne pour lui fournir un alibi. Tous deux sont des jeunes peu éduqués, parlant la langue familière des quartiers noirs de Washington. Le ADA pose au témoin la question inévitable : "Vous êtes amis depuis longtemps, cela n'a-t-il pas influencé votre vision des choses ?". " *The subject is moot* ! " rétorque le jeune homme. Le mot *moot* tout à coup dans la bouche de ce garçon qui peine à s'exprimer dans un anglais correct, semble presque incongru. *Moot* appartient au vocabulaire juridique des tribunaux pour désigner une hypothèse sans portée pratique, purement académique. Il est évident qu'il s'était entraîné avec l'avocat à répondre à cette question.

[39] Depuis 1958, à l'instigation de l'American Bar Association, le 1er mai est devenu jour de célébration du Droit, *Law Day*, date bien sûr retenue en opposition au 1er mai des communistes. Il a été officialisé par le Congrès en 1961. Tous les ans, le 1er mai, de grands discours sont prononcés, faisant écho à la proclamation du président Eisenhower lors du 1er *Law Day* : " *Whereas the principle of guaranteed fundamental rights of individuals under the law is the heart and sinew of our Nation* ". Consultable sur le site de Law Day.

les accusés de parler en échange de remise de peine, ou encore obligation de démissionner de son emploi lorsque la personne refuse de témoigner.[40]

Le droit au silence est une précieuse garantie, surtout dans les périodes troubles. Au stade préliminaire de l'enquête il constitue la plus forte condamnation de la torture qu'on ait pu imaginer, un garde-fou vital.[41] Au procès, il prémunit contre l'humiliation de l'accusé dont on ne sait pas avant le verdict s'il est coupable. Mais aux Etats-Unis, pays qui l'a érigé au pinacle des Droits, il rencontre aussi ses limites.[42]

Aujourd'hui une image uniformisée du procès américain s'affiche sur tous les écrans de télévision. L'accusé est assis silencieux, simple observateur, aux côtés de son avocat qui s'échine à prouver son innocence. Cette image réconforte, elle donne l'impression d'un système qui respecte profondément la dignité et la présomption d'innocence du défendeur. C'est à l'accusation de porter le fardeau de la preuve. L'Amérique toute entière est unie par ce grand principe évocateur de l'époque fabuleuse des vaisseaux conduisant les pèlerins loin des persécutions du Vieux Monde. Qui oserait y toucher ?

Mais n'oublions pas que juges, procureurs et shérifs sont élus au suffrage universel dans les Etats et que les jurys populaires officient dans les tribunaux. *Le dèmos* se réveille effrayé tout à coup à l'idée d'avoir été dépossédé et le discours se répand que les criminels courent les rues. La démocratie majoritaire se cabre et la politisation du système judiciaire s'accroît.

Le droit au silence est, sans nul doute, une pièce maîtresse, l'une des plus belles, du droit pénal américain. Il n'empêche que l'hyperfocalisation sur les garanties procédurales conférées par le *Bill of Rights*, dont le droit au silence est un bon exemple, s'est avérée dangereuse, et cela de deux manières. Dans le

---

[40] Fred E. INBAU, "Should we Abolish the Constitutional Privilege against Self-incrimination ?" in 45 *Journal of Criminal Law and Criminology* 180, 1954.

[41] Mais il est intéressant de noter que l'éradication des pratiques coercitives passe par bien d'autres moyens, à commencer par une remise en question de la religion de l'aveu. Emmanuel JEULAND explique que dans le droit hébraïque antique la torture ne se pratiquait pas car elle n'avait pas de raison d'être : l'aveu, considéré non fiable, n'était pas retenu comme preuve. (*Droit processuel*, LGDJ, 2003, p. 19)

[42] Au-delà des dérives et récupérations dont nous avons surtout parlé, la frontière naturelle du droit au silence est bien sûr l'intérêt général, comme dans le cas suivant. Affaire *Baltimore City Department of Social Services v. Bouknight* (1990) : les services d'assistance sociale de Baltimore demandaient à Jacqueline Bouknight de leur montrer son bébé car il avait déjà souffert de maltraitance mais celle-ci refusait obstinément. Lorsque le tribunal lui ordonna de dire où était son enfant elle ne voulut pas répondre et fut emprisonnée pour outrage à magistrat (*contempt of court*). Elle invoqua le Cinquième Amendement. L'affaire alla jusqu'à la Cour suprême des Etats-Unis qui décida que l'intérêt de l'enfant supplantait les droits de la mère. Mais il était trop tard et l'enfant ne fut pas retrouvé.

camp *due process*, elle masque les vrais problèmes de fond.[43] Dans le camp *crime control*, elle produit une contre-réaction, comme si l'octroi de ces garanties appelait une contre-partie.

Aveuglée par les lumières constitutionnelles, tout occupée en querelles idéologiques focalisées sur la dialectique *due process* (relié au mythe des Droits de l'homme) contre *crime control* (relié au mythe de la communauté), l'institution judiciaire n'a pas vu se profiler les véritables dangers qui la guettaient. Elle est tombée dans le piège de l'emballement punitif par des voies inattendues.

[43] Voir Robert WEISBERG, "A New Agenda for Criminal Procedure" in *Buffalo Criminal Law Review*, Vol 2 –1999, p. 367-388 . Il évoque de manière éloquente diverses "zones grises" de la procédure tels que l'excès de pouvoir des procureurs, des budgets de la défense trop faibles, des moyens de preuves insuffisants, et il doute de la capacité du *Bill of Rights* à répondre à ce genre de problèmes. Il prône une approche créative en-dehors de toute doctrine constitutionnelle, "*shift to the aspects of the system that are often ignored, in part because they simply do not reduce themselves to the sort of conventional constitutional doctrinal analysis and intellectual modeling on which the field has been built.*"

2ème PARTIE

LA DÉRIVE CARCÉRALE

Chapitre 1. L'avènement des grilles de peines

Section 1. *Penal welfarism* et peines indéterminées

Le procès pénal de *common law* est scindé en deux parties distinctes : l'audience de culpabilité puis l'audience sur la peine. Traditionnellement un juge unique, sans jury, détermine la peine, après avoir entendu les facteurs aggravants et les circonstances atténuantes (la peine de mort étant un cas à part obéissant à des règles différentes).

Le pouvoir discrétionnaire du juge est un principe reconnu depuis deux siècles, correspondant à l'avènement de la démocratie, dans tous les régimes politiques occidentaux.[1]

L'indépendance du juge est une conquête de la modernité. Mais aux Etats-Unis, pays du questionnement incessant des institutions, ce pouvoir du juge ne va pas de soi, pas plus que la séparation de l'acte de condamnation et de la sanction. Les jurés refusent parfois de rendre des verdicts de culpabilité du fait qu'ils n'ont pas la moindre idée de ce qui attend l'accusé à l'audience de la peine. Le juge est donc seul maître à bord pour prononcer la peine. Et ce pouvoir ne plaît pas beaucoup aux Américains. En 1940, Jerome Frank[2] doutait ouvertement de l'objectivité du juge, évoquant ses idiosyncrasies en disant que le quantum de la peine dépendait surtout de sa digestion et de ce qu'il avait mangé le matin.

Bien sûr, comme dans toutes les familles de droit, le principe séculaire de la proportionnalité, ou juste mesure, des peines a conduit à leur plafonnement inscrit dans la loi. L'expression française "être passible de" a pour équivalent en

---

[1] Il est nécessaire de rappeler ce point pour mettre en perspective l'évolution étonnante qui s'est produite aux Etats-Unis. Par ailleurs, rappelons que l'individualisation de la peine et le pouvoir de la déterminer laissé au juge sont bien sûr des principes de droit romain. Ils sont consacrés par le Code pénal français ; les peines minima en France ont été définitivement supprimées du Code pénal en 1994. Mais la France n'est pas à l'abri d'inquiétudes autour de la question de la proportionnalité des peines. Voir R. OTTENHOF (dir), *L'individualisation de la peine,* Erès 2001, livre dans lequel la peine en France est caractérisée par Jean DANET comme une "énigme du sphinx" p. 245.
L'individualisation de la peine caractérise la plupart des pays occidentaux. Il n'y a pas de peine plancher. En Hollande, par exemple, le minimum de toutes les peines est de un jour.

[2] Jerome FRANK, *Courts on Trial,* 1940.

anglais "*to be punishable by*" (ou familièrement "*to be looking to*") et se réfère à une borne haute, en principe non dépassable, annoncée en guise d'avertissement. Le Huitième Amendement stipule que "des cautions excessives ne seront pas exigées, ni des amendes excessives imposées, ni des châtiments cruels et inhabituels infligés". Cette clause fut elle-même reprise de la Déclaration des Droits anglaise de 1689, dont la généalogie remonte à la Magna Carta de 1215. William Blackstone, dans ses *Commentaries*, énonça maints principes pour empêcher le développement des peines excessives. Le droit pénal américain s'est donc de tous temps entouré de lois précisant les peines maximales encourues.

Mais le champ vaste laissé à l'appréciation du juge a posé de graves problèmes. Il n'est que de songer aux multiples peines racistes des juges sudistes jusque dans les années 70.[3]

C'est donc l'histoire mouvementée des audiences des peines – moins connues que les audiences de culpabilité car moins spectaculaires - qu'il convient de retracer pour comprendre la situation actuelle. Ces audiences revêtent un caractère essentiel car c'est souvent le seul moment où le juge apprend à connaître l'accusé. Bien sûr, le juge de la peine est, en règle générale, celui qui a présidé au procès devant jury. Mais, que la culpabilité résulte d'un plaider coupable, ou que l'accusé ait exercé son droit au silence au procès, dans la majorité des cas, le juge connaît à peine la personne qui se présente devant lui.

Avant de pénétrer en personne avertie dans le prétoire, on est cependant obligé, une fois de plus, de faire un détour par les couloirs de l'Histoire. Car il convient tout d'abord de clarifier un point fertile en stéréotypes et préjugés. Doit-on attribuer l'exceptionnelle sévérité des peines actuelles au vieux fond puritain américain ? Dans une vision strictement rétributiviste, la peine est le prix moral de la transgression. L'idée de liberté individuelle et de responsabilité de ses propres actes est à la base de cette philosophie. Elle a donné naissance à la théorie de *just deserts*, le juste dû. Il est indéniable que la culture anglo-américaine reste attachée à l'idée de responsabilité morale individuelle que reflète la richesse lexicale de la langue anglaise dans ce domaine. Ainsi le mot "responsabilité" se traduit par *responsibility* mais aussi *liability*, *accountability* ou encore *blameworthiness* et *onus*. D'aucuns ont pu voir aussi dans la répression pénale une exacerbation de la théorie utilitariste de Jeremy Bentham et d'une vision instrumentale et économique de la sanction devant avant tout servir au bien de la société grâce à son pouvoir de dissuasion. On pourrait ainsi en conclure à un fondement culturel de cette dureté, imagé par l'expression familière en vogue "*les Américains sont de Mars et les Européens de Vénus*".[4]

---

[3] Voir Marc MAUER, *Race to Incarcerate*, op.cit., p.118-141. Exemple, sur 455 personnes exécutées pour viol au cours de la première moitié du 20ème siècle, 405 étaient des Noirs.

[4] Expression de Robert Kagan apparue dans son ouvrage polémique *Of Paradise and Power* en 2003.

Mais l'histoire des peines apporte un démenti formel à toute vision monolithique et figée de la culture punitive américaine. Dans son livre *Thinking about Crime,* Michael Tonry intitule deux de ses chapitres "*Formerly Unthinkable Policies*" et "*Unthought Thoughts*". Les transformations du système pénal ont en effet été vertigineuses en l'espace de quelques décennies et un Américain du début du 20ème siècle aurait peine à croire l'évolution actuelle. Mais surtout Michael Tonry veut dire que jusqu'au tournant des années 60, l'esprit populaire américain penchait vers la tolérance, la commisération et le désir, le plus souvent empreint de religiosité, d'aider les âmes égarées à se racheter. Dès qu'on se penche sur l'histoire des siècles derniers, l'Amérique apparaît comme le fer de lance du mouvement d'humanisation des prisons et de la sanction pénale.

S'il fallait donc tracer une généalogie culturelle à la dureté des sanctions, ce serait plutôt, paradoxalement, vers le penchant idéaliste de l'Amérique qui la porte à renier toute idée de tradition et à innover sans crainte, qu'il faudrait se tourner. Au milieu du 19ème siècle, un courant de pensée se répandit sous le nom de *new penology*. Animés d'un ardent désir de réadapter (*rehabilitate*) les délinquants, de zélés réformateurs oeuvrèrent à l'institution de trois grands principes judiciaires qui allaient être appliqués dans tous les Etats jusque dans les années 1970. Il faut mesurer tout ce que ces pratiques avaient d'idéaliste. Pour l'une, la clémence et la confiance en la capacité des délinquants à s'amender l'emportaient sur tout désir de punition : il s'agit de la probation. Pour l'autre, se détachant de la tradition de *common law*, le juge descendait de son piédestal, il n'était plus le prince ordonnateur de la sanction : on institua la peine indéterminée. Pour la dernière enfin, les efforts de réinsertion (*rehabilitation*) des criminels dans la société témoignaient de l'engagement populaire dans la prise en charge des marginaux : la libération conditionnelle (*parole*) s'étendit.

- La probation

Bien que des formes frustes aient existé depuis des siècles en droit anglais, c'est bien aux Etats-Unis qu'a été inventé l'ajournement du prononcé de la peine, qu'on appelle probation.[5] Ses débuts se lisent comme un conte de fée. En 1841, un cordonnier philanthrope de Boston, John Augustus, prit en pitié un pauvre ivrogne que le juge s'apprêtait à envoyer en prison. Il s'engagea à le surveiller de près ; le juge suspendit la peine et demanda à Augustus et à l'accusé de comparaître après un temps de mise à l'épreuve. Aucune peine ne serait prononcée si la personne s'était bien comportée. Par la suite, John Augustus vint de cette manière au secours de quelque 2000 prévenus.

[5] Voir Jean PRADEL, op.cit. p. 663–671. La probation ne doit pas être confondue avec le sursis (suspension). Le sursis, invention du droit de civil law (inventé par les Belges, repris par la loi Béranger française en 1891), implique qu'une peine est prononcée. La probation est un sursis au prononcé de la peine, le juge n'a pas à dire la peine. La probation est au droit de *common law* ce que le sursis est au droit romain. Les deux familles de droit ont adopté l'idée de l'autre mais la greffe a été très tardive et partielle. Aujourd'hui encore, on entend peu parler de sursis aux Etats-Unis.

Au-delà de cette belle histoire, on sait que la pratique était déjà répandue dans maints tribunaux et depuis belle lurette. Mais elle n'avait jamais été formalisée. Le système fut consacré par la loi en 1878, dans le Massachusetts, avec la création de l'officier de probation, emploi salarié. L'idée fut très vite suivie, non seulement par tous les Etats fédérés mais aussi les autres pays de *common law*, à commencer par le Canada. Puis elle gagna des pays de droit civil. Les Etats-Unis venaient de donner un exemple d'indulgence et d'humanité dans un pur esprit de *rehabilitation.*

- Les peines indéterminées

Vers 1870, des associations militantes et des philanthropes tels Zebulon Brockway[6] ou le Révérend Wines, commencèrent des campagnes afin que la prison devienne un réel lieu de *rehabilitation.* L'idée germa que la peine ne devait plus être fixée par le juge mais rester "indéterminée" (*indeterminate*) afin que le comportement du condamné soit jaugé en prison, et qu'il lui soit offert la possibilité de racheter sa faute. La libération était décidée par le conseil de prison, le *prison board*[7] et pouvait intervenir à tout moment. Cette idée bien sûr comportait un versant moins amène. On croyait aux "*habitual offenders*", ces êtres si dégénérés qu'aucun traitement réformateur ne pouvait les atteindre. Pour ceux-là, même si le délit pour lequel ils avaient été condamnés n'était pas très grave, on pensait normal de pouvoir les garder en prison à vie.

The indeterminate sentence pointed in two directions : leniency and rehabilitation for the salvable ; eternal damnation for the rest. [8]

Mais l'humanisme prévalait et selon Lawrence Friedman, on n'aurait pas eu l'idée en ce temps-là d'enfermer à vie un chapardeur tel le voleur de poules des régions rurales : "*the indeterminate sentence was always tinged with compromise and nuance.*"[9]

La pratique se propagea comme une traînée de poudre dans tous les Etats entre 1900 et 1915. Dans certains Etats, tels la Californie ou l'Etat de Washington, le juge ne prononçait qu'une peine minimale, typiquement un an pour les crimes graves. Aucun maximum n'était fixé. Il appartenait alors aux autorités

---

[6] Ce célèbre pénaliste dirigea la prison de Elmira à New York (qu'on appelait alors *reformatory*) où il mit en application ses idées humanistes de réhabilitation des détenus. Elmira devint un modèle. Brockway prétendait que 60 à 80 % de ses pensionnaires sortaient réformés de sa prison.

[7] Je traduis *board* par "conseil" ou "comité" pour bien le différencier du mot "commission" utilisé pour les *sentencing commissions.* La langue anglaise distingue clairement ces deux mots. *Board* signifie un organe interne à une institution (*school board, board of directors*...) tandis que *commission* est une institution extérieure, poursuivant un but spécifique.

[8] Cette réflexion pertinente de Lawrence FRIEDMAN (op.cit., p. 161) montre bien l'empreinte profondément religieuse de la philosophie de la peine qui prévalait. D'autre part, dans le concept de "*habitual offender*" de l'époque on devine qu'était déjà en gestation l'idée de punir sévèrement les récidivistes, idée magistralement reprise un siècle plus tard dans les *Three strikes laws.*

[9] Lawrence FRIEDMAN, ibid p. 160.

carcérales de déterminer la date de libération des prisonniers. C'était donc délester le juge d'une partie de son pouvoir décisionnel au profit du gardien de prison et du comité de libération, *prison board.*

C'est ainsi que le droit pénal américain fut pendant des décennies traversé par le grand courant nommé *penal welfarism*, dont certains auteurs pensent qu'il constitue, au-delà des modèles *due process* et *crime control* foncièrement rétributifs, un troisième modèle de justice : le modèle réhabilitatif. "*The underlying goal of penal welfarism is the reform of the delinquent character practiced through a process of intervention of the life of the offender.*"[10] L'un des fleurons de ce modèle de justice était la célèbre institution du *parole.*

- La libération conditionnelle (*parole*)

Dès la fin du 19ème siècle, la libération conditionnelle rencontra un franc succès. Elle allait devenir peu à peu, dans la première moitié du 20ème siècle, une institution culturelle qu'on retrouve jusque dans la littérature de l'époque.[11] On espérait par cette mesure éviter la récidive, le repris de justice se sentant surveillé et étant remis en prison à la moindre incartade.

Toutes ces mesures participaient d'un idéal d'individualisation de la peine et de réinsertion des délinquants. L'historien Samuel Walker estime que, jusque dans les années 50 et 60, les Américains étaient beaucoup plus épris d'un idéal de réinsertion des délinquants que les Européens.[12] En 1949, l'arrêt de la Cour suprême *Williams v. New York* souligna la valeur rédemptive de la peine et approuva les procédures indéterminées en usage.

Mais ces pratiques, la plupart consacrées par des lois, sur lesquelles la Cour suprême ne trouvait rien à redire, n'étaient pas sans danger. Dès les années 20, les nuages commencèrent à s'accumuler à l'horizon du dispositif.

Tout d'abord, l'empreinte morale et religieuse était très forte. Les conditions de libération dans certains Etats étaient drastiques et arbitraires. Dans le Massachusetts, le *parolee* ne devait pas vivre avec une femme qui n'était pas son épouse ; dans l'Illinois, au milieu des années 40, il ne devait pas toucher une goutte d'alcool ; en Californie, il ne pouvait s'engager dans aucune activité politique et il était contrôlé par son employeur qui devait fournir tous les mois un

---

[10] Eric MILLER, "Embracing Addiction : Drug Courts and the False Promise of Judicial Interventionism" in 65 *Ohio State Law Journal* 1479, 2004, p. 1509.

[11] Dans un passage bien connu des *Raisins de la Colère* de John Steinbeck (1939), le héros, Tom Joad, être doux et charitable, revient dans sa ferme natale de l'Oklahoma à la surprise générale de sa famille. On apprend alors qu'il devrait en fait être derrière les barreaux. Le père : "*You haven't broken out of jail ? You haven't got to hide ?*" "*No," said Tom, "I'm free. On parole. Got my papers here.*" Toute une dynamique du roman tient à ce rachat du héros grâce à cette libération providentielle qui va lui permettre de secourir sa famille dans la misère.

[12] Voir Samuel WALKER, *Popular Justice*, op.cit., p. 124.

certificat de bonne conduite. Mais les contrôles réels par les *parole officers* étaient anarchiques et le personnel insuffisant.

De façon générale, on commença à s'inquiéter de l'énorme pouvoir octroyé à ce *prison board* qui ne suivait que son bon vouloir sans être, comme un juge, tenu de respecter des lois. Il est vrai que l'institution des peines indéterminées favorisa aussi une recrudescence du pouvoir discrétionnaire du juge, en ce sens que la loi ne fixait qu'un plancher et un plafond très larges, offrant un vaste éventail de choix au juge (lui-même ne fixait qu'un minimum et, dans certains Etats, un maximum). Ce flou judiciaire inquiétait énormément les penseurs des années 20. L'école des *legal realists* avait découvert Freud et le "mensonge de la conscience". Elle fut le précurseur du mouvement des années 60 et 70 qui dénonça la fausse rationalité du jugement individuel. Toute l'œuvre majeure du juge Jerome Frank, *Courts on Trial*, publiée en 1949, peut se lire comme l'expression de sa peur devant l'incertitude et le profond arbitraire des décisions judiciaires sur le sort des accusés. Mais, fait remarquable, le juge Frank n'imaginait pas une minute remettre en question le principe fondamental de l'individualisation des peines et du pouvoir discrétionnaire du juge. Pour lui, il fallait surtout mieux éduquer les juges afin qu'ils apprennent à se méfier d'eux-mêmes et de leurs émotions.[13]

Et de même, le prestigieux American Law Institute, "*as establishmentarian as an organization can be*"[14] travailla entre 1953 et 1962 à la création d'un code pénal modèle. Non seulement le code avalisait l'idée des peines indéterminées mais il mettait l'accent sur la resocialisation du condamné, la proportionnalité des peines, le pouvoir discrétionnaire des juges et se prononçait contre les peines obligatoires, c'est-à-dire pré-fixées par voie législative (*mandatory sentences*).

Section 2. La création des grilles de peines

Dans les années 70, se produisit ce qu'on a pu appeler une "quasi-révolution dans la peine" (*a near-revolution in sentencing*) : l'abandon des peines indéterminées et l'avènement des grilles de peines.

Les émeutes de la prison d'Attica en 1971 sont considérées comme le moment névralgique de ce tournant radical, suivi en 1973 par la publication d'un ouvrage du juge fédéral Marvin Frankel[15] qui déclencha la polémique sur un système décrit comme sans loi. Mais en fait, les facteurs qui présidèrent à cette

---

[13] Jerome FRANK, op.cit, p. 423 : "*provide and require special education for future trial judges, such education to include intensive psychological self-exploration*".

[14] Expression de Michael TONRY, op.cit. p. 178 : l'auteur ne tarit pas d'éloge devant cette institution et l'un de ses chefs de file, Herbert Wechsler, qui fut le moteur du projet de *Model Penal Code.*

[15] Marvin FRANKEL, *Criminal Sentences : Law Without Order,* New York, 1973.

métamorphose étaient en gestation avant cette période. Le système était en pleine décomposition et un consensus général s'était formé pour dénoncer les pratiques existantes. En Europe, on a beaucoup insisté sur une volonté de durcir les peines et l'abandon de la philosophie dite "réhabilitative" que semblait *a priori* signer ce changement de cap. Il est certain que les conservateurs réagirent à la montée de la criminalité dans les années 60 en critiquant la mollesse des juges et les décisions incontrôlables des commissions de libération qui relâchaient les criminels.

Mais en réalité, le rôle joué par les libéraux – au sens américain du terme - fut déterminant. Leur désenchantement se déclinait en un triptyque idéaliste. Il tenait d'abord à l'arbitraire du système : le *due process* était bafoué puisque le sort des accusés n'était plus seulement dans les mains du juge mais d'une commission sans visage, le *parole board* dont les décisions opaques éveillaient la méfiance. On pensait de plus en plus que le *parole board* obéissait à des pressions politiques ou purement bureaucratiques : lorsque les prisons étaient trop pleines on relâchait l'excédent.

Et puis, l'indétermination des peines aggravait le risque de laisser sournoisement entrer des critères de race, sexe, richesse, éducation, ethnicité dans les décisions des juges. Les années 60 étaient bien sûr propices à ce genre de questionnement, et il n'était pas difficile de prouver que les Noirs étaient traités plus durement que les Blancs, comme le montrèrent maintes études et statistiques. Dans les années 70, apparut le mouvement des *critical legal studies* avec ses ramifications *feminist legal studies, Black legal studies, marxist legal studies.* Les disparités de traitement et toutes sortes de manœuvres discriminatoires qui intervenaient dans les discours de prétoire furent disséquées à la loupe. L'Amérique était rattrapée par son Histoire. Son lourd passé raciste entravait sa marche vers une individualisation des peines dénuée d'arrière-pensées.[16]

L'élection des juges pouvait aussi être un facteur de corruption. Au niveau fédéral, ceux-ci étaient sans doute moins aptes à adopter les préjugés ambiants puisqu'ils étaient protégés par leur inamovibilité mais ils n'étaient pas non plus au-dessus de tout soupçon. On pensait que les criminels à col blanc s'en sortaient bien mieux que les pauvres qui ne commettaient que des larcins et que les fédéraux ne s'attaquaient pas à la criminalité économique.

Et puis, le système accusatoire portait naturellement vers le soupçon. La rumeur courait que les procureurs et les accusés fortunés se débrouillaient pour passer devant un juge réputé pour sa clémence. Cette pêche au "bon juge"

---

[16] L'époque où les juges pouvaient se laisser aller à leur penchant raciste a acquis un sobriquet "*the bad old days*".

portait même un nom familier : *forum-shopping*. Il fallait empêcher la propagation de ce phénomène. Des peines dictées d'en haut allaient y mettre bon ordre. [17]

Enfin, à la fin des années 70, la gauche américaine découvrait et lisait avec ferveur Michel Foucault. Son livre *Surveiller et punir*, publié en France en 1975, aux Etats-Unis en 1977, eut un retentissement considérable et toucha une corde sensible dans l'âme américaine toujours méfiante envers le *big government*. L'auteur y décrit magistralement les méfaits et les prémices totalitaires d'une société qui vise à réformer, autrement dit dresser, assujettir, asservir l'individu. Sous prétexte de "réhabilitation", la prison moderne est devenue un Panopticon, selon le modèle de surveillance totale imaginé par Jeremy Bentham en 1791. A la suite de la violente dénonciation des effets délétères de la prison par Foucault, se développa un vaste mouvement de dépénalisation. On n'était pas loin de penser alors qu'en sortant de ce modèle de prison hypocritement "réhabilitatif ", on s'acheminait à terme vers une société sans prisons.[18]

Par ailleurs, un courant de pensée pragmatique, sous la houlette d'auteurs américains très influents tels que Herbert Packer, Andrew Von Hirsch ou Norval Morris, se détourna de l'idéal de réhabilitation considéré comme peu efficace. Il était illusoire de vouloir rééduquer un délinquant en prison, le lieu n'étant ni destiné ni adapté pour cela : c'était une entreprise vouée à l'échec. Les peines indéterminées ne servaient à rien, autant donc fixer la peine par voie législative et ainsi on serait sûr que le grand principe fondateur d'égalité de traitement serait enfin respecté. Cette idée qui plongeait ses racines dans le grand rêve égalitaire américain, *egalitarianism*, au fondement de la démocratie, allait perdurer de façon tenace jusqu'à nos jours.

A la fin des années 70, le consensus sur la nécessité de pré-formater les peines afin de les rendre rationnelles et justes était total. Un film sorti au moment de cette époque-charnière reflète bien l'esprit qui régnait : *And Justice for All*.[19] Le titre-même du film – emprunté du serment d'allégeance américain - en dit long sur les aspirations de la société à une réduction des disparités de traitement dans les tribunaux. Ce film noir décrivait une justice anarchique, livrée aux caprices des juges, sans repères.

---

[17] Ainsi, dans cet article d'un avocat de la défense, Robert PACK, paru en octobre 2003, "Defense Lawyers and Federal Sentencing Guidelines", sur le site du barreau de Washington DC, www.dcbar.org , l'auteur écrit à propos de l'ère des peines indéterminées : "*If you represented the well-heeled white suburban businessman who embezzled $ 100,000 from his bank, the likelihood that you could get a significantly lower sentence than the black kid from the inner city who robbed the same bank of $ 1000 was huge.*"

[18] Voir Jean PRADEL, *Histoire des doctrines pénales*, PUF, 1991, p.106-108. Michel Foucault fut sans doute le plus célèbre personnage de ce mouvement mais il y en a eu bien d'autres. La pensée française de cette époque (Lacan, Derrida ...) connut un large succès outre-Atlantique. De même, Paul Ricoeur parlait du "mythe de la peine" et appelait à une "démystification de l'accusation" in *Le Conflit des Interprétations*, Paris, Le Seuil, 1969.

[19] Film de Norman Lewison sorti en 1979.

Le juriste James Boyd White, dans un livre influent paru en 1985, estimait que les juges qui se drapaient dans le manteau généreux de la *rehabilitation*, n'étaient que des hypocrites. Pour lui, la punition n'avait qu'un but rétributif, qu'il résumait en un mot, *blameworthiness*, compris dans un sens humain, comme lorsqu'un parent punit son enfant.[20] Autrement dit, le processus ré-éducatif était contenu dans la punition elle-même.

De même, l'illustre juriste John Hart Ely, lors d'un séjour d'étude à Paris en 1980, n'en finit pas de s'étonner devant l'attachement des Français à l'individualisation des peines, qu'il désapprouve et qualifie de "*unbridled discretion*". Il s'exclame :

The "liberal consciousness" in France in 1980 is obviously significantly different from what it is in the United States, and thus quite different institutional inferences are likely to be drawn from a concern for the dignity of the individual.[21]

Et dans *Democracy and Distrust*, son œuvre majeure, il expliquait déjà : "*A 'judge's own values' approach is unacceptable.*"[22] Ely se déclare favorable à une fourchette étroite des peines, "*a narrow window*", mais s'empresse de rappeler que pour lui, cette standardisation ne signifie pas un durcissement des sanctions pénales.

On peut donc conclure que le principe des peines pré-déterminées n'est pas issu d'un appétit punitif particulier, comme on serait tenté de le croire aujourd'hui, mais plutôt d'une conjonction d'idées utopiques, d'un désenchantement par rapport aux effets des politiques antérieures et d'une volonté de changement optimiste. Naturellement, les choses changèrent par la suite.

En 1975, la célèbre association libérale militante des libertés publiques, l'ACLU, se déclara pour l'abolition des peines indéterminées et de ce qu'il était convenu alors d'appeler le "*Wild West of unregulated discretion*".

---

[20] James B. WHITE, *Heracles' Bow : Essays on the Rhetoric and Poetics of the Law*, University of Wisconsin Press, 1985, p. 192–214.

[21] John Hart ELY, *On Constitutional Ground*, 1996, p. 238.

[22] John Hart ELY, *Democracy and Distrust*, 1980, p. 44.

En 1976, le Maine et la Californie ouvrirent le bal. Des lois instaurèrent des peines encadrées et abolirent la libération conditionnelle anticipée.[23] Les *parole boards* furent transformés en des services administratifs gérant la sortie et la surveillance des condamnés libérés "sous main de justice" (restant sous tutelle judiciaire). Toute libération anticipée intervenait sous forme de réduction de peine pour bonne conduite, "*good time*", qui ne devait en aucun cas descendre en-dessous d'un seuil pré-établi. La discrétion du juge ne fut pas supprimée mais considérablement amoindrie. Ce fut le début des peines dites déterminées, *determinate sentencing.* Le Minnesota renchérit. L'Etat vota une loi en 1980 instaurant des peines fixes, avec le dessein explicite de limiter le recours abusif à la prison ainsi que les disparités. Pour ce faire, il instaura une commission des peines qui devait créer une grille des peines. Le Minnesota introduisit la méthode dite présomptive *(presumptive sentences)* selon laquelle un quantum de peine standard est fixé suivant un mode de calcul savant et doit être imposé sauf si la preuve peut être apportée d'un facteur occasionnant une dérogation à la règle (*downward / upward departure*). Cinq Etats suivirent son exemple, chacun adoptant des méthodes différentes, certains abolissant la libération conditionnelle anticipée, d'autres pas. Mais comme le montre bien Ioannis Papadopoulos, l'idée de l'individualisation de la peine n'était pas abandonnée. La plupart des grilles conservait un principe de flexibilité à la discrétion du juge. Actuellement, environ 20 Etats ont adopté une grille des peines (processus évolutif). Certaines grilles, comme celle du Minnesota, sont considérées comme des réussites, assurant flexibilité et cohérence des jugements.[24]

Puis ce fut au tour du fédéral d'adopter l'idée d'une grille des peines. Lorsque la loi de 1984, le *Sentencing Reform Act,* fut votée abolissant le système fédéral de libération conditionnelle et instaurant une commission des peines fédérale, les membres du Congrès "furent rassurés par l'obligation faite aux juges de considérer toutes les justifications de la peine avant de la prononcer".[25] La nouvelle *United States Sentencing Commission* était une délégation indépendante placée au sein du pouvoir judiciaire mais sous autorité du Congrès. Elle était composée de sept membres, dont obligatoirement trois juges, nommés par le Président et confirmés par le Sénat. Elle était chargée de mettre au point une grille des

---

[23] Il convient de bien distinguer la libération conditionnelle anticipée ou discrétionnaire de la libération conditionnelle obligatoire. C'est pourquoi la traduction de parole par "libération conditionnelle" est malaisée et nous garderons le mot parole chaque fois que l'usage générique s'imposera. Malgré la régression des peines indéterminées, le nombre de *parolees* n'a cessé de s'accroître, comptant presque 800 000 personnes en 2005 (*Bureau of Justice Statistics*). Ceci s'explique par le fait qu'il existe deux formes de *parole* : celle qui résulte d'une libération automatique, assortie d'une période de surveillance, le tout décidé à l'avance par le juge, avec, dans certains cas, 10 à 15 % de "*good time*" ; et la libération ordonnée par le *parole board,* indépendamment du juge. C'est cette dernière qui a été attaquée. On voit bien, soit dit en passant, que le *parole board* était un organe administratif, insulated delegation, donc suspect. La libération par le *parole board* ne représente plus en 2005 que 31 % (contre 59 % en 1990) du total des *paroles*.

[24] Pour les détails des grilles de peines par Etats, voir le site des commissions www.ussc.gov

[25] Ioannis PAPADOPOULOS, *Juger…*, op.cit. p. 271.

peines fédérales. Celle-ci entra en vigueur en 1987[26] et allait stupéfier les juristes du monde entier.

La grille[27] s'avéra être d'une incroyable rigidité et complexité. Elle utilisait des modes de calcul mathématiques avec des tableaux comportant en abscisse les antécédents judiciaires et en ordonnées la gravité de l'infraction. Le juge n'avait plus qu'à utiliser la grille. Dans un souci d'homogénéisation, il ne lui était pas permis de s'éloigner de la peine fixée sauf à invoquer une raison non déjà calculée dans les savants montages arithmétiques des experts.[28]

D'autre part, tout principe d'individualisation de la peine que les plus grands penseurs, y compris un utilitariste comme Jeremy Bentham, avaient mis en avant, semblait sacrifié au nom d'un autre grand principe : l'égalisation des peines – mais dans ce cas, égalisation par le haut. L'hécatombe carcérale ne se fit pas attendre.

Cependant, dans les premières années de son existence, peu de voix se firent entendre pour dénoncer la dureté spectaculaire de la grille et la radicale mise sous tutelle des juges fédéraux. Il fallut attendre presque une décennie avant qu'un concert de lamentations de plus en plus fort batte le rappel des troupes. Et pendant ce temps, les chiffres de l'incarcération caracolaient à des niveaux jamais imaginés.

Mais pourquoi des réactions au départ si timides ? A cette question, on peut fournir trois réponses dont la dernière nous ramènera directement à la question démocratique.

Tout d'abord, une réponse linguistique (la moindre) : ces grilles de peine furent nommées "*sentencing guidelines*". Or, le mot anglais *guidelines* connote fortement l'idée de suggestions et non d'obligations. Il y eut certainement une stratégie d'euphémisation s'abritant derrière le mythe de l'égalitarisme. Les juges se crurent seulement guidés.

---

[26] En 2003, 22 Etats s'étaient dotés d'une commission des peines et suivaient le principe d'une grille.

[27] La traduction de *sentencing guidelines* par grille est un raccourci. Il faudrait traduire par "lignes directrices", ce que fait Jean Pradel. Mais je préfère le mot grille car il est plus clair et évocateur du caractère unique de cette expérience en droit pénal. Il permet aussi de se mouvoir plus facilement dans le dédale des différents systèmes de peines en vigueur. Le droit de la peine est devenu si hétéroclite et complexe aux Etats-Unis que même la Cour suprême a du mal à s'y retrouver ! Après l'arrêt *Blakely* de 2004, on s'est aperçu que le sens donné aux peines "déterminées" (determinate sentencing) n'était pas le même partout et que la Cour n'avait pas compris l'expression dans le sens le plus usité. Cette nouvelle tour de Babel est une belle démonstration de la vigueur du néofédéralisme (droits des Etats) actuel : il n'y a pas d'harmonie entre les différents systèmes de peines en vigueur.

[28] Le premier manuel comportait 200 pages et une centaine de sous-sections, avec neuf étapes à suivre et une grille comportant 258 cases. Par la suite, sur 15 ans, 600 amendements furent apportés à la grille.

Ensuite, le principe même de la grille n'était pas en cause dans le durcissement des peines puisqu'on avait sous les yeux un exemple contraire : le Minnesota. Dans cet Etat pionnier, le taux d'incarcération avait diminué et aujourd'hui encore il se situe au bas de l'échelle nationale. A l'inverse, des Etats très répressifs comme le Texas n'ont pas de grilles des peines.

Mais surtout, la constitutionnalité de cette nouvelle commission a été examinée par la Cour suprême et l'arrêt qu'elle rendit en 1989, *Mistretta v. United States,* fournit de précieux éléments de réponse. Le requérant, John Mistretta, condamné dans une affaire de cocaïne par une cour de district du Missouri, se plaignit que la loi instituant la commission ne respectait pas le principe constitutionnel de la séparation des pouvoirs : le Congrès avait délégué à une autorité placée dans la branche judiciaire le pouvoir de promulguer des directives, donc c'était une manière d'introduire un pouvoir législatif au cœur du judiciaire. A cet argument, la Cour répondit que la commission restait responsable devant le Congrès qui pouvait selon son bon vouloir révoquer ou amender les directives. Cette commission n'était pas un tribunal mais bien une *independent agency*, un organisme à caractère administratif.

Mistretta se plaignait aussi que la commission violait le principe constitutionnel de non-délégation du pouvoir législatif. A cela, la Cour rétorqua que dans une société de plus en plus complexe, présentant toujours plus de problèmes techniques, la délégation du pouvoir à des comités d'experts devenait inévitable. Mais elle ne disait pas pourquoi la sanction pénale d'un être humain était devenue aujourd'hui plus complexe et technique qu'autrefois. Et la Cour de dresser une liste d'agences administratives américaines composées de brillants experts, telles la SEC (commission des bourses) ou la FCC (commission de l'audiovisuel).

Le mot-clé de l'argumentation était bien "expertise". Cette idée de délégation à un organisme indépendant, sorte de comité des Sages, correspondait aux aspirations d'un vaste courant doctrinal favorable à la construction de remparts autour de la justice contre les excès de la démocratie. De nombreux penseurs, écœurés par la politisation du système judiciaire et ce qu'ils considéraient comme l'emprise malfaisante des diktats populaires, avaient mis tous leurs espoirs dans la délégation administrative comme principe d'isolement, *insulation*, des tribunaux. La démocratie était montrée du doigt et, dans les milieux académiques et judiciaires, on déplorait de plus en plus la sujétion du système à la volonté profane de la rue. Ainsi Samuel Walker dit se surprendre lui-même lorsqu'il en arrive à faire l'apologie de la bureaucratie (il s'excuse auprès de son lectorat américain) mais dit-il :

Insofar as criminal justice agencies today treat people in a fairer and more equal fashion than in the past, it is the result of changes that have curbed the popular will.[29]

---

[29] Samuel WALKER, *Popular Justice*, op.cit., p. 6.

Franklin Zimring prend pour modèle d'une *insulated delegation* réussie la *Federal Reserve* américaine et il conclut :

The lesson here for criminal justice reform is the importance of a commitment and respect for expertise, which is itself a justifying ideology for the insulated delegation of punishment power.[30]

Si forte est la conviction de ces auteurs en la nécessité d'éloigner la justice du peuple que, lorsque les grilles des peines commencèrent à montrer leur visage rebutant, ils restèrent tout aussi fidèles à l'idée que la commission d'experts était la solution aux problèmes de la justice américaine. La création de commissions des peines, même sous contrôle législatif, apparaissait en effet comme la solution aux tribulations du système. De grands esprits – comme Stephen Breyer, nommé dans la première commission, alors qu'il n'était pas encore juge de la Cour suprême – sortis de l'élite intellectuelle, allaient guider les pas des juges et ainsi les tribunaux allaient retrouver leur sérénité. Et la Grille des Peines, remarquable par sa technicité, symbolisait le Graal du voile d'impartialité que la Justice avait perdu. Alors bien peu avaient à cœur de la critiquer. On se disait que son énorme complexité n'était au fond que la preuve de l'expertise de ses auteurs. Les conservateurs se réjouirent de la fermeté des sanctions. Les libéraux crurent y voir l'ébauche d'une "deuxième révolution Warren". Tout comme la Cour dans les années 60 avait su, par le guidage éclairé d'une élite, homogénéiser la procédure pénale, le nouvel organisme sorti des limbes (qui, de par sa composition, ressemblait étrangement à la Cour suprême) uniformiserait les peines et dépolitiserait l'arène judiciaire.

La suite des événements allait leur donner tort.

---

[30] Franklin ZIMRING, *Punishment and Democracy*, op.cit. p. 209.

Chapitre 2. Les peines planchers ou l'embrigadement des juges

Ce serait une erreur de vouer aux gémonies toutes les grilles de peines. Certaines surent faire preuve de modestie et conserver intact le principe de l'individualisation de la peine. Parallèlement aux grilles de peines, se développa un mouvement bien plus redoutable, dont on peut dire aujourd'hui que les grilles leur servaient parfois de paravent. Il s'agit des minima obligatoires des peines, ou peines planchers *(mandatory minimum sentences),* qui sont l'œuvre directe des législateurs.

Les peines planchers avaient déjà été expérimentées dans les années 50, s'appliquant au trafic de drogues (*Boggs Acts*) mais elles furent abandonnées car jugées trop dures et inflexibles. Dans les années 70, elles réapparurent dans les Etats. L'Etat de New York lança la première salve dès 1973, en votant les *Rockefeller Drug laws*, du nom du gouverneur de l'époque, qui infligeaient une peine d'au moins 15 ans de prison pour la possession ou vente de petites quantités de drogue. Puis ce fut le tour du Michigan qui institua la perpétuité obligatoire pour la possession ou vente de 650 g de cocaïne ou héroïne (dénommée "*650 lifer law*"). En 1983, 40 Etats avaient imité New York et le Michigan. Le Congrès ne fut pas en reste. A partir de 1984, des minima de peines furent instaurés pour toute une panoplie d'infractions concernant surtout la drogue. Ces minima devinrent au fil des ans de plus en plus draconiens. Ils étaient fréquemment votés sans consulter la commission des peines (dans les Etats où celle-ci existait) qui se trouvait soumise à leurs conditions.

C'est certainement au niveau du système fédéral que les peines planchers ont produit les pires ravages.

Section 1. Le nouvel empire du crime fédéral

Depuis le début des années 80, l'expansion des lois fédérales contre la criminalité semble avoir atteint des proportions inimaginables il y a seulement quelques décennies. Alors qu'à la fin du 19ème siècle on comptait moins de 200 crimes et délits fédéraux répertoriés, les lois du Congrès en contiennent selon les estimations les plus sérieuses[1], actuellement plus de 3000, voire selon d'autres études plus de 4000. Le plus étonnant est que les meilleurs experts n'arrivent pas à les compter, tant elles se chevauchent et s'additionnent.

S'appuyant sur la clause de commerce, *l'Interstate Commerce Clause,* de la Constitution, ces lois s'intéressent bien sûr principalement à la lutte contre la drogue, la criminalité organisée, la fraude, divers crimes financiers et le terrorisme (*Anti-terrorism Act* de 1996, USA *Patriot Act* d'octobre 2001).

Mais la véritable dimension idéologique ne doit pas être occultée. Ce mouvement de fédéralisation, devenu cause célèbre dans les années 60 à l'instigation du président Lyndon Johnson, imité ensuite par Richard Nixon[2], qui fit de la lutte contre le crime une affaire nationale, est né en réalité au lendemain de la guerre de Sécession et, dans une certaine limite, a conservé jusqu'à aujourd'hui ses origines nobles :

[...] laws which extended federal jurisdiction into areas that traditionally had been the province of the states, were motivated by concerns that continue to drive federalization today : the unwillingness of the states (despite their ability) to prosecute offenses against minorities and the inability (despite their willingness) to prosecute multistate offenses.[3]

Ainsi c'est grâce aux lois du Congrès que la vente et le port d'armes ont pu être restreints. La loi RICO (*Racketeer Influenced and Corrupt Organizations Act*) votée en 1970, s'attaqua aux ravages du crime organisé. La loi dite *Violence against Women* ou encore *Freedom of Access to Clinic Entrances Act* visaient à protéger les droits des femmes. En 1994, une loi fédérale fut votée pour protéger les enfants contre les pédophiles.[4]

Il est évident également que la persistance d'une image favorable de la justice fédérale tient beaucoup à son rôle traditionnel de modèle procédural. Le *Federal Rules of Criminal Evidence,* code promulgué en 1945 par la Cour suprême

---

[1] Michael SIMONS, "Prosecutorial Discretion and Prosecution Guidelines : a Case Study in Controlling Federalization" in *New York University Law Review vol 75*, oct 2000, p. 897. Le fait même qu'on n'arrive pas à compter précisément les infractions fédérales est révélateur du désordre actuel. Elles sont éparpillées dans les 50 Titres, principalement dans le Titre 18, du *United States Code.* Elles se superposent les unes aux autres sans que les infractions tombées en désuétude soient enlevées des textes.

En 2004 est paru un rapport commissionné par *The Federalist Society*, rédigé par les professeurs John BAKER et Dale BENNETT, qui a compté plus de 4000 délits et crimes répertoriés, soit une augmentation de plus de 30 % en vingt ans. Crime Report, "Measuring the Explosive Growth of Federal Crime Legislation", disponible sur www.fed-soc.org/Publications

[2] Il serait périlleux d'associer ce mouvement à une étiquette politique. Démocrates et Républicains y ont activement participé. Le discours sécuritaire n'est pas l'apanage des conservateurs aux Etats-Unis.

[3] Michael SIMONS, ibid, p. 903.

[4] Une des plus ferventes avocates de la cause fédérale est Renée M. LANDERS, "Prosecutorial Limits on Overlapping Federal and State Jurisdiction" in 543 *The Annals of the American Academy of Political and Social Science* 64, 1996.

sous l'autorité du Congrès, devait s'appliquer aux Cours fédérales de districts mais il a servi d'étalon dans la plupart des Etats. Des lois comme le *Bail Reform Act* ou encore le *Federal Speedy Trial Act* de 1974 ont été largement imitées dans les divers Etats. Bien sûr, l'incorporation du *Bill of Rights* a participé de cette heureuse dynamique fédérale.

Et puis l'esprit du *New Deal* souffle encore de nos jours, comme en témoigne la très grande popularité outre-Atlantique des *Megan's Laws* subventionnées. Faisons un bref retour historique. Dans les années 30, il fut admis que le Congrès avait le pouvoir d'imposer des lois aux Etats autrement que par le truchement de la clause de commerce. Il le pouvait aussi par un système de subventions versées aux Etats, assorties de l'obligation de les utiliser à des fins définies ou bien sous condition de mettre en place une directive du Congrès. Ce fut le début de ce qu'on nomma le *cooperative federalism* et c'est devenu aujourd'hui un puissant levier de l'autorité fédérale sur les Etats. La Cour suprême des Etats-Unis, tout à son ardeur à essayer d'endiguer les appétits législatifs du Congrès à travers la clause de commerce, a cependant adopté une ligne jurisprudentielle favorable au *cooperative federalism.* Elle met en exergue l'argument selon lequel les Etats sont libres de refuser les subventions s'ils ne veulent pas se plier aux exigences fédérales.

Les lois fédérales déterminant ces subventions sont souvent très populaires, car modelées sur l'idéal de l'Etat-Providence, *Welfare State.* Par exemple, en 1987, le Congrès a assorti ses subventions à l'équipement routier de l'obligation faite aux Etats de relever l'âge minimum autorisé de consommation d'alcool à 21 ans. Ou encore des subventions sont liées à l'ordre de contrôler le niveau de radioactivité des déchets.

La *Megan's Law* fédérale de 1996 est issue du *cooperative federalism.* Elle stipule que les Etats doivent suivre (*track*) les délinquants sexuels libérés de prison et rendre accessibles au public leurs noms et adresses, sous peine de perdre une grande partie de leurs subventions à la police. La loi très populaire[5] qui porte le nom de la fillette de sept ans tuée par un pédophile récidiviste en 1994, a été adoptée par tous les Etats.

Il est certain que dans un tel exemple, le pouvoir fédéral est très bien perçu car non seulement il favorise l'uniformité de la loi criminelle – un délinquant sexuel ne peut se réfugier dans un autre Etat – mais aussi, il arrose les collectivités locales d'une manne providentielle : impossible de refuser une telle aubaine.

---

[5] Dans le Connecticut, quand le site Internet fut lancé, il reçut plus d'un million de visiteurs en six mois. De nombreux Etats sont allés plus loin que ne l'exigeait la loi fédérale. Ils mettent en ligne la photographie de ces personnes. De même, la police doit dans certains Etats faire du porte à porte pour prévenir les habitants d'un quartier lorsqu'une personne cataloguée comme à haut risque y emménage. Mais il ne faut pas toujours voir une volonté populaire de vengeance dans ce type de loi. Au contraire, maints Américains la considèrent comme une mesure préventive, fortement dissuasive, permettant à terme une sortie de prison plus tôt.

Les diverses objections des défenseurs du *due process* qui s'élèvent çà et là, s'y cassent les dents.[6]

Mais nous voyons bien le danger qui se profile avec le *cooperative federalism* : les législations d'Etat risquent de se calquer sur les mannes financières fédérales qu'elles peuvent en tirer, et le pouvoir judiciaire (tribunaux qui reçoivent les doléances des victimes d'excès législatifs) n'a plus qu'à bien se tenir. Avec l'augmentation considérable de la législation fédérale, cette menace de mise sous tutelle devient de plus en plus apparente.

Le mouvement des "peines véritables" ("*Truth in Sentencing*") illustre bien cette dérive. En 1994, un Acte du Congrès autorisa le gouvernement fédéral à fournir une assistance financière aux Etats qui se doteraient de lois contraignantes sur la durée effective des peines de prison. La condition fixée pour obtenir les crédits fédéraux était que les peines de prison consécutives à des condamnations pour violence devaient être effectuées à au moins 85 %. Il s'agissait d'une mesure drastique car l'Amérique a toujours eu l'habitude des très longues peines mais jusqu'alors assorties de possibilités importantes de libération conditionnelle. Entre 1996 et 2004, le Département de la Justice a ainsi versé plus de 1,3 milliard aux Etats pour ce programme. En 1998, 28 Etats satisfaisaient à cette exigence et recevaient les crédits.[7]

La plus grande emprise du Congrès ne vient cependant pas du *cooperative federalism*. Il tire sa puissance de l'*interstate commerce*, cette fameuse règle lui permettant de se déployer sur tout ce qui peut avoir une incidence commerciale, virtuelle ou non, au-delà des frontières d'un seul Etat. Or, il faut bien comprendre que les lois du Congrès, pour pouvoir s'étendre aux droits civiques dans les années 50 et 60, avaient dû faire le grand écart avec le texte de la Constitution et interpréter dans un sens très large la clause de *l'interstate commerce*. Les Pères fondateurs avaient en effet pris soin d'énumérer les pouvoirs du Congrès afin de les limiter. L'expression *enumerated powers* est devenue axiomatique des limites que doit s'imposer le Congrès. Les nouvelles lois fédérales, en permettant une lecture étendue de l'*interstate commerce*, ont incidemment et très

---

[6] Voir *The Economist* du 16 nov 2002, "A Scarlet Letter : Megan's Law". La clause constitutionnelle de double jeopardy (le fait de ne pas être jugé deux fois pour le même crime) n'est-elle pas enfreinte ? Ces listes publiques n'équivalent-elles pas à une deuxième punition ? De plus, de nombreux recours ont été intentés par de petits délinquants stigmatisés à vie (par exemple ce jeune homme accusé de détournement de mineur, statutory rape, pour avoir eu une relation avec une camarade âgée de 14 ans, s'est retrouvé fiché à vie sur Internet aux côtés de violeurs en série). L'imbroglio juridique est énorme. La Californie a été obligée de passer une loi pour interdire aux délinquants sexuels de consulter les listes sur Internet de manière à ce qu'ils ne s'acoquinent pas entre eux. Par ailleurs, les statistiques montrent que la récidive du viol ne dépasse pas 3 % tandis que celle des agressions non sexuelles est de 25 %. Question : faut-il ficher publiquement tous les repris de justice ?

[7] Chiffres 2004 fournis par le *Bureau of Justice Statistics*, www.ojp.usdoj.gov/bjs/pub

ironiquement ouvert une boîte de Pandore dont le Congrès par la suite se servira pour criminaliser la société.

L'effet pervers d'une sur-fédéralisation législative est apparu dans les années 90 en même temps que le durcissement spectaculaire des peines fédérales.[8] La nouveauté a consisté à criminaliser une myriade de comportements déviants, certains mineurs[9], ce qui a eu pour conséquence de conduire à un chevauchement des lois des Etats et fédérales (*overlapping jurisdiction*).

Sachant que le système fédéral américain est basé sur un double niveau de souveraineté, rien n'empêche les autorités fédérales de s'emparer d'affaires traditionnellement du domaine des Etats. Mais inversement, même si le Congrès promulgue une loi déjà couverte par la législation d'un Etat, celui-ci garde ses prérogatives et peut inculper une personne au regard de la loi d'Etat. C'est le principe de la double souveraineté couvert par le Dixième Amendement. La Cour suprême a solennellement réaffirmé ce principe fondateur : les Américains obéissent à deux souverains. "*The dual sovereignty doctrine is founded on the common law conception of crime as an offense against the sovereignty of the government. When a defendant in a single act violates the "peace and dignity" of two sovereigns by breaking the laws of each, he has committed two distinct offenses.*"[10]

Les citoyens vivent désormais sous une double épée de Damoclès. La juridiction fédérale représente environ 12 % du total des condamnations pénales aujourd'hui, alors qu'en 2003 elle ne représentait encore que 8 %.[11] Cette menace a marqué tout le système judiciaire d'une profonde empreinte.[12]

---

[8] En particulier le *Violent Crime Control and Law Enforcement Act* de 1994 étendit la peine de mort fédérale à plus de 60 felonies. Rappelons qu'en dehors des cas d'homicides, la peine capitale est appliquée pour haute-trahison et espionnage (cas des époux Rosenberg) mais à présent elle peut viser aussi des gros trafiquants de drogues. Cependant, depuis 1963, la justice fédérale n'a exécuté que trois personnes, dont Timothy McVeigh en 2001.

[9] Exemples évocateurs : *odometer tampering* (falsification de compteur kilométrique), *failure to pay child support* (non-paiement d'une pension alimentaire), le plagiat universitaire ...sont des infractions fédérales. Les raisons de cette frénésie législative sont multiples. La plupart des auteurs pensent que le Congrès peut ainsi détourner l'attention des sujets à controverse, politiquement dangereux alors que la lutte contre le crime est un thème fédérateur. De plus, leur mise en application n'implique pas d'importantes dépenses supplémentaires.

[10] *United States v. Lanza* (1922), cité aussi dans *Heath v. Alabama* (1985).

[11] Le nombre de détenus fédéraux est monté en flèche. En 2003, il y avait plus de 170 000 prisonniers fédéraux, une augmentation en un an de 5,4 % par rapport à 2,6 % dans les Etats fédérés. Sur la période 1995-2003, le taux d'incarcération dans les Etats a augmenté de 14 %. Au niveau fédéral il a augmenté de 60 %. En 2005, le nombre de détenus fédéraux est de presque 188 000. Source " Prisons in 2005" in *Bureau of Justice Statistics*.

[12] La presse locale s'en fait régulièrement l'écho. Voir par exemple l'article de David BERNSTEIN paru dans *The Portland Phoenix* du 25 juin 2004, "Fedz in the 'Hood". Disponible sur www.portlandphoenix.com Le journaliste s'en prend à la fédéralisation du *street-level crime* et au fait que John Ashcroft, le *US att-general* en poste, requiert la peine de mort fédérale pour des habitants du Massachusetts qui seraient épargnés s'ils étaient jugés par l'Etat.

Un autre effet pervers a été la pression énorme que cette criminalisation a fait peser sur la charge de travail des tribunaux fédéraux. Ceux-ci doivent désormais faire face à un flot de procès ordinaires, essentiellement des affaires concernant des petits revendeurs de drogues, alors que leur rôle traditionnel consiste à poursuivre les grands criminels, en particulier la délinquance à col blanc et le grand banditisme financier. Leur fonction n'est-elle pas détournée ? Le thème, ô combien porteur, des riches échappant à la justice tandis que les petits malfrats sont poursuivis sans pitié, nuit aussi à la réputation des instances judiciaires fédérales.

Pour preuve que ce thème trouve une forte résonance auprès du grand public, il n'est que de voir comment il est exploité par les séries télévisées. Ainsi, dans *The Practice* (saison 2, épisode 14), un homme accusé du vol d'un sac à main, écopant d'une simple semonce au tribunal local, est de nouveau poursuivi en cour fédérale. Il encourt 20 ans de prison. Il s'avère que le sac en question appartenait à une touriste, donc le délit tombe sous le règne de la loi fédérale commandée par l'*interstate commerce*, le tourisme relevant du commerce national (*Hobbs Act*). Son avocate outrée s'écrie : "Cela n'a pas de sens, c'est le monde à l'envers." Dans l'épisode suivant, le juge fédéral est dépeint sous les traits d'un tyran acariâtre. Seule la présence du jury sauve le jeune homme des griffes d'une justice fédérale sans cœur.

Section 2. Des peines disproportionnées

Les lois sécuritaires se calquent souvent sur ce que Michael Tonry appelle des *crime panics*. Ainsi la *Anti-Drug Abuse Act* de 1986 a été votée dans le sillage de l'émotion considérable qu'a occasionnée la mort de la star du basket Len Bias d'une overdose.

L'abolition de la libération conditionnelle anticipée et le mouvement *Truth in Sentencing*, couplés à ces peines draconiennes, conduisent à des situations d'injustice et de grande détresse un peu partout dans les prisons du pays, dont quelques journaux tentent de se faire l'écho au milieu des faits divers à sensation. Dans une grande enquête conduite par le *Milwaukee Journal Sentinel* en 2004, des gardiens de prison témoignèrent de la désespérance et de l'augmentation des maladies mentales parmi des détenus soumis à la règle *Truth in Sentencing* qui ne leur permet plus de se racheter une bonne conduite et les oblige à purger des dizaines d'années de prison sans espoir de sortie anticipée.[13]

---

[13] Article paru dans le *Milwaukee Journal Sentinel* du 21 nov 2004 de Mary ZAHN et Gina BARTON, "Door on early release closes tightly. Even inmates near death often find sentencing law unyielding". Les journalistes relatent aussi le cas dramatique d'un prisonnier atteint d'un cancer en phase terminale, en prison pour conduite ivre au volant (*drunken driving*) et à qui on refusait sa libération à cause de la loi *Truth in Sentencing*.

En outre, les minima obligatoires, qui ont valeur de loi, supplantaient (*trump*) les directives de la commission, de sorte qu'une incrimination tombant sous le coup d'un minimum ne pouvait plus bénéficier des aménagements procurés par le calcul élaboré de la grille. C'était le règne du *one-size-fits-all.* Le couperet de la sentence tombait, conduisant parfois à des situations ubuesques et des disparités stupéfiantes.[14] Des crimes graves non couverts par un minimum et donc bénéficiant de la grille recevaient des traitements moins durs que des affaires courantes de possession de drogue ou d'arme à poing justifiables des minima.

Une affaire de ce genre poussa un juge fédéral (*district judge),* affolé par la peine qu'il était tenu d'infliger, à sortir de sa réserve. En novembre 2004, Paul G. Cassell adressa un mémorandum de 68 pages aux membres du Congrès pour les supplier de revoir leur politique.[15] Il venait de condamner un homme de 24 ans, musicien talentueux et père de deux enfants, à 55 années de réclusion criminelle incompressibles (sauf 15 % de *good time*) : l'homme avait été arrêté trois fois pour vente d'une petite quantité de marijuana. Lors de deux de ces arrestations, il portait un pistolet sur lui.[16] On trouva également des armes à feu quand son domicile fut fouillé. Le juge Cassell résume l'affaire dans son memorandum : "*For these three acts of possessing (not using or displaying) these guns, the government insists that Mr Angelos should essentially spend the rest of his life in prison.*"[17] Le même jour, le juge avait condamné un homme qui avait battu à mort une vieille dame, à "seulement" 22 ans de prison. Le contraste l'avait consterné. Cette affaire est allée en appel jusqu'à la Cour suprême des Etats-Unis qui en 2006 en a refusé le réexamen.

De surcroît, le Congrès vota des lois instaurant des "sanctions collatérales" visant à enlever des droits aux détenus libérés (*ex-felons*) et à toute personne ne possédant pas un casier judiciaire vierge. Ces personnes n'ont plus le droit de recevoir des allocations du gouvernement. L'une des plus connues est le *Souder Amendment* de 1998 qui a été rajouté au *Higher Education Act* (HEA). Les jeunes qui ont purgé une peine pour trafic ou simple détention de drogue, sont exclus

---

[14] Voir l'article du *Washington Post* du 7 déc. 2004, écrit par l'avocat Barry Scheck, "Mandatory Madness".

[15] Juge Paul CASSELL, *US v. Weldon Angelos*, Memorandum Opinion. United States Court for the district of Utah Central Division. Disponible sur www.utd.uscourts.gov/reports/angelos.pdf

[16] Pour bien situer cette affaire, il faut aussi rappeler que l'Utah fait partie des 31 Etats (chiffre de 1998) qui ont légalisé le port d'une arme dissimulée sur soi, à condition d'avoir un permis (*concealed weapon permit*).

[17] Paul CASSELL, ibid p. 3.

définitivement du programme fédéral de bourses universitaires.[18] Des milliers d'étudiants ont ainsi perdu leur bourse d'accès aux études supérieures.

En 1991, un tournant eut lieu lorsque la Cour suprême statua sur la constitutionnalité des minima. Dans *Harmelin v. Michigan*, par cinq voix contre quatre, elle déclara que la *650 lifer law* ne violait pas la clause d'interdiction des traitements cruels et inhabituels du Huitième Amendement : Ronald Harmelin devait passer le restant de ses jours en prison sans possibilité de remise de peine pour avoir été pris en possession de plus de 650g de cocaïne. La Cour suivait la doctrine de la "disproportion grossière" : une peine est inconstitutionnelle dans la mesure où elle paraît "*grossly disproportionate*", ce qui constituait selon elle un critère tellement subjectif que dans l'immense majorité des cas il valait mieux en déférer au bon jugement des assemblées législatives Cette décision était tout à fait dans la ligne de sa jurisprudence sur le Huitième Amendement. En 1980, dans *Rummel v. Estelle*, la Cour avait confirmé une peine de prison à perpétuité pour une personne récidiviste qui avait obtenu 120 dollars par des moyens malhonnêtes. Elle s'appuya sur le fait que le détenu bénéficiait de la possibilité de libération conditionnelle. Mais dans *Solem v. Helm*, trois ans plus tard, elle déclara que la prison à perpétuité pour un chèque en blanc de 100 dollars était une peine grossièrement disproportionnée. *Harmelin* représente bien un tournant car en 2005 *Solem* reste l'unique cas où la Cour Rehnquist a déclaré une peine de réclusion criminelle démesurée.

L'arrêt *Harmelin* provoqua une prise de conscience et marqua le début d'un mouvement citoyen de lutte contre les injustices générées par ces peines planchers. Des associations civiles se formèrent, telles la FAMM, *Families Against Mandatory Minimums*[19] ou la *Drug Policy Alliance*. La commission des peines sortit elle aussi de son silence et fit part au Congrès de son profond malaise. Elle proposa un assouplissement des règles sur la drogue[20] que le Congrès refusa.

En 1993, la révolte grondait. Cinquante juges fédéraux déclarèrent ne plus accepter les affaires de drogues car ils se sentaient pris pieds et poings liés dans une entreprise d'abattage. Une étude diligentée par la US *Attorney General* Janet Reno montra qu'un prisonnier fédéral sur cinq était un petit délinquant non violent, non récidiviste, arrêté pour possession de drogue. Pour faire taire le mécontentement, on introduisit en 1994 une "valve de sécurité" permettant

---

[18] Cet amendement a fait l'objet de vives critiques car il faut savoir que le Congrès débourse environ 40 milliards chaque année en bourses universitaires pour quelque sept millions d'étudiants. Etant donné que cette bourse est indispensable pour les jeunes de milieux pauvres, l'amendement a barré l'accès aux études à des milliers de jeunes sans moyens.

[19] Fondée en 1991, l'association comptait 35 000 membres dont de nombreux juges et avocats en 2004.

[20] En particulier elle demanda qu'on fasse cesser le scandale permanent de la discrimination qui est faite entre crack (utilisée surtout par les Noirs) lourdement pénalisé et cocaïne en poudre (utilisée par les Blancs) pénalisé suivant un ratio de 1 à 100 par rapport au crack. Mais ce fut peine perdue, le Congrès refusant de suivre la recommandation de la commission.

d'adoucir la peine pour les primo-délinquants. Mais le Congrès, conforté par un Huitième Amendement vidé de son contenu, "éviscéré" par la Cour suprême, semblait ne plus pouvoir[21] ni vouloir arrêter sa course au galop. La politique dite de "zéro tolérance" dans les grandes villes, surtout New York, rencontrait un grand succès. Or, la confusion entre d'une part, politique de sécurité publique (présence accrue sur le terrain) et d'autre part, lourdeur des peines, était facile à introduire auprès d'un public tout acquis à la cause. Les décideurs politiques (*policymakers*) continuèrent donc à rehausser les minima de peines obligatoires.

Néanmoins, il faut dire que les Etats adoptèrent des comportements contrastés. Face à l'implacable évolution répressive fédérale, un frémissement avait lieu de façon disparate à l'échelon local. En 2004, l'Illinois se décida à assouplir sa "*650 lifer law*", cependant que les *Rockefeller laws* de New York tenaient bon malgré les cris de lamentations qui s'échappaient de plus en plus des geôles de l'Etat et les critiques véhémentes des libéraux. Nous avons vu que, d'une manière générale, les Etats se sont engagés dans un vaste chantier de libéralisation de leurs lois sur la drogue, la Californie en tête. En 2001, la FAMM estimait que "les Etats sont devenus les éclaireurs" (*lead the way*).

Ces divers changements témoignent une fois de plus du regain néofédéraliste, de ce vent de confiance qui souffle dans les Etats face à un Congrès lourd et peu flexible et une Cour suprême se refusant à intervenir. La démocratie locale (*grassroots*) a le vent en poupe, pour le meilleur mais aussi pour le pire.

Car c'est dans ce contexte qu'il faut situer les lois sévères s'appliquant contre les multirécidivistes. La plus connue, parce que la plus conséquente, est la *Three-Strikes You're Out Law* californienne mais il faut dire que 26 Etats ainsi que la justice fédérale se sont dotés de lois similaires. Elle est emblématique des excès de la démocratie majoritaire aux Etats-Unis, de ce qu'on a appelé *populist punitiveness.* Ce n'est pas un hasard si, dans les travaux de l'auteur spécialiste de la question Franklin Zimring, le mot "expertise" revient incessamment, comme un leitmotiv, un appel à la raison, une incantation pour exorciser les maux du système californien. Zimring regrette profondément l'absence d'expression et le manque de courage des élites professionnelles, et ce qu'il perçoit comme un rapt des institutions par la *vox populi.*

---

[21] La difficulté de revenir en arrière et d'abroger des lois pénales est avérée, et pas seulement aux Etats-Unis. Eileen SERVIDIO-DELABRE écrit : "Nous savons malheureusement combien il est facile de faire voter certaines lois après un événement tragique qui pousse le public et le législateur à prendre des mesures draconiennes. Mais il ne faut pas oublier combien il peut être difficile de revenir sur ces mêmes mesures lorsqu'elles s'avèrent inefficaces ou même injustes." Elle prend l'exemple français de la relégation au bagne de la Guyane, loi qui n'a été éliminée qu'en 1970, alors qu'elle était tombée en désuétude depuis des décennies. Voir "Les nouvelles lois américaines sur la récidive sont-elles constitutionnelles ?" in *Revue de Sciences Criminelles*, 2003, p. 542.

La genèse de la *Three strikes law* révèle l'étendue de l'emprise politicienne (*politicking*) sur le cours de la justice. Le vote populaire a été déclenché par une crise de panique dans la population en 1993 suite au viol et au meurtre affreux d'une fillette Polly Klaas par un multirécidiviste en liberté conditionnelle. On était alors à la veille de l'élection du gouverneur. L'affaire permit aux factions politiques d'exploiter le thème de la sécurité dans leurs campagnes. De puissants lobbies montèrent au créneau pour faire passer la Proposition auprès des électeurs. Il y avait la NRA, *National Rifle Association*, toujours favorable aux politiques répressives suivant son slogan "*guns don't kill, men do*". Et puis, avec l'augmentation considérable du nombre de détenus que connaissait déjà l'Etat, le syndicat des gardiens de prison (*California Correctional Peace Officer's Association*) avait pris du poids et pesa lourdement dans la campagne. Rarement la politique était entrée aussi profondément au cœur de l'institution judiciaire. La Proposition fut donc adoptée sans que l'assemblée législative ne retouchât même au texte.[22] Franklin Zimring met l'accent sur l'absence remarquée des "experts" dans le processus, en stigmatisant "*a large gap between law professors and the legislative process, and not just in California*". Il déplore "*the decline of expert influence on policy formation and evaluation*". Et il insiste : "*Deference to expertise in government is an endangered species in the modern politics of criminal justice.*" [23]

En mars 2003, la Cour suprême statua, le même jour, sur la constitutionnalité des *Three strikes laws* dans deux affaires, *Ewing v. California* et *Lockyer v. Andrade.*

Gary *Ewing* avait été condamné à 25 ans à perpétuité (*25 years to life*) pour le vol de trois clubs de golf, après que le juge eut refusé de passer l'éponge sur ses condamnations précédentes. Quant à Leandro Andrade, il devait purger 50 ans de prison incompressibles, correspondant à deux peines consécutives de 25 ans pour deux vols, le premier de 5 cassettes vidéo, le deuxième de 4 cassettes vidéo. Il en était à sa troisième récidive, ayant auparavant été condamné pour transport de marijuana et vol avec effraction.

Dans ces deux affaires extrêmes, la Cour considéra que le Huitième Amendement n'était pas violé, sonnant ainsi le glas du contrôle constitutionnel de la peine.[24] Dans une pure veine néofédéraliste, la Cour s'inclinait devant l'autorité législative californienne : *Though these laws are relatively new, this Court has a long-*

---

[22] Ce qui est très inhabituel. Les autorités, traditionnellement, reprennent la proposition pour la remodeler sous forme de texte de loi. Les effets imprévus tels que les conséquences financières sont évalués par les experts et pris en compte dans le texte final.

[23] Franklin ZIMRING, op.cit., p.13.

[24] Voir Erwin CHEMERINSKY, "The Constitution and Punishment" in 56 *Stanford Law Review* 1049 (2004) p.1054 : "*The bottom line after Ewing and Andrade is that there is little in the way of proportionality review for prison sentences. If life sentences for shoplifting are not grossly disproportionate, it is hard to imagine what prison sentence will be deemed to violate the Eighth Amendment*". Cependant, l'arrêt *Ewing* fut rendu à cinq voix contre quatre. Le juge Breyer, qui fut le premier président de la commission des peines, fit partie des voix dissidentes.

standing tradition of deferring to state legislatures in making and implementing such important policy decisions. [25]

Ewing représente par excellence la conséquence ultime, paroxystique, du néofédéralisme – au sens américain de regain du pouvoir des Etats fédérés. Très certainement les juges suprêmes n'approuvaient pas l'extrémisme de la loi californienne mais les considérations de respect de la démocratie locale primaient.

Au vu de l'origine populiste de la loi en question, cette déférence inconditionnelle résonne comme une soumission à la démocratie majoritaire de la part de la seule institution qui, depuis deux siècles, a justement pour but d'en tempérer les excès. Pour preuve que la Cour devait se sentir assez mal à l'aise devant cette démission face aux pouvoirs de la Californie, elle en atténua l'effet en rendant publics ces arrêts le même jour que deux autres arrêts approuvant les très populaires *Megan's Laws*. Le lendemain, le journal *USA Today* du 6 mars 2003 mélangeait les quatre arrêts, créant la confusion et oblitérant toute différence entre d'un côté les "prédateurs d'enfants" et violeurs en série visés par les *Megan's Laws*, et de l'autre les récidivistes, délinquants ordinaires, des arrêts sur la *Three strikes law*. En première page, le journal titrait "*Tough crime laws OK'd*", et en page intérieure "*Court backs tough laws on molesters, repeat offenders*".

La prémonition d'Alexis de Tocqueville qui redoutait la tyrannie de la majorité, *democratic majoritarianism*, semblait s'accomplir. Le rempart constitutionnel s'écroulant, les minorités les plus méprisées pouvaient être mises définitivement au ban de la société.[26] "*Lock them up and throw away the key*" devenait le nouvel adage. Ainsi en avait décidé le peuple souverain à travers l'exercice de la démocratie directe.[27]

---

[25] Opinion majoritaire rédigée par le Juge Sandra O'Connor dans *Ewing v. California.*

[26] Illustration : les délinquants sexuels sont surveillés et soumis à la Megan's law après leur libération de prison. Ils doivent pointer (report) au bureau de probation régulièrement. En 2004, Barker "oublia" une fois de pointer, ce qui fut compté comme une infraction et lui valut de "replonger" pour 25 ans au moins sous le régime de la Three-Strike law. Le juge compatit et omit une condamnation antérieure : il n'écopa "que" de 9 ans de prison pour cet oubli. Mais la même année, Carmony n'eut pas cette chance. Pour le même délit, il reçut une "25-year-to-life". La Cour suprême de Californie, dans les deux cas, ne trouva rien à redire.
Voir People v. Barker et People v.Carmony, 33 Cal.4th 367, 92P.3d 369, 14Cal.Rptr.3d 880 (2004).
En 2003, 38 % des personnes en libération conditionnelle retournèrent en prison pour récidive ou violation des règles (*Bureau of Justice Statistics*).

[27] Une étude des conditions du vote par consultation populaire (*ballot initiative*) sortirait de notre sujet. Mais notons seulement que le temps d'antenne pour chaque camp n'est pas compté et le matraquage médiatique se révèle déterminant. Juste avant le vote, le gouverneur Schwarzenegger, très populaire à ce moment-là et chaud partisan de la loi, prononça un discours télévisé repris sur toutes les chaînes pour clore une campagne médiatique qui, selon les analystes, pesa de façon décisive sur le vote.

Chapitre 3. Des procureurs législateurs

Tout serait perdu si le même homme, ou le même corps des principaux, ou des nobles, ou du peuple, exerçaient ces trois pouvoirs : celui de faire des lois, celui d'exécuter les résolutions publiques, et celui de juger les crimes ou les différends des particuliers.

MONTESQUIEU, *De l'Esprit des lois* XI, §6,
Œuvres complètes, Le Seuil, p. 587.

Section 1. Les procès devant jury en voie de disparition

"*Our culture romanticizes jury trials, even though charging decisions and plea bargains matter more in practice*"[1], remarque le professeur Stephanos Bibas en 2003, lançant un appel aux facultés de droit pour qu'elles cessent de se focaliser toujours sur la doctrine et la jurisprudence du procès et qu'elles regardent du côté des pratiques de terrain. Il faut dire que la transaction avec le procureur, le *plea bargaining*, a connu, depuis que les peines sont devenues très sévères, un emballement qui a de quoi inquiéter.

Le mot *romanticize* n'est pas fortuit : le point de sacralité de tout procès se situe dans ce moment du choc de la conscience lorsque l'individu est placé devant sa culpabilité, ce moment précis ayant lieu lorsqu'est prononcé solennellement le mot *guilty*. Mais ce pouvoir sublime de mettre un être face à sa conscience appartient souvent, en procédure accusatoire, au procureur, dans la prosaïque phase préliminaire.

D'autre part, nous avons vu que l'élection du procureur lui confère une indépendance du pouvoir exécutif dont, par exemple, le procureur français ne jouit pas. Le principe de souveraineté populaire s'incarne complètement dans le *district attorney* local. Le procureur fédéral, non élu, est perçu comme un personnage froid, distant, effrayant, tout comme le procureur spécial indépendant chargé de poursuivre les membres de l'exécutif.[2] Afin de mieux définir l'interaction démocratique, nous nous placerons donc ici essentiellement sur le

---

[1] Stephanos BIBAS, "The Real-world Shift in Criminal Procedure" in 93 *Journal of Criminal Law and Criminology* 789, p. 802.

[2] Ainsi William STUNTZ remarque à propos du procureur qui a poursuivi Bill Clinton dans l'affaire Lewinsky : "*Were Kenneth Starr an elected district attorney he would have been out of a job at the next election ; the public does not like prosecutorial overreaching.*" In "The Pathological Politics of Criminal Law", *Harvard Law School Public Law Working Paper* n°22, 2001, p.74, disponible sur http://papers.ssrn.com/abstract=286392

terrain du procureur local, car la dynamique fédérale, pratiquant plus que jamais le *plea* négocié, obéit à des règles sensiblement différentes.[3]

Le procureur local a pris en deux décennies un ascendant fulgurant, au point que le professeur William Stuntz de Harvard s'alarme du fait que les procureurs sont devenus les véritables législateurs. Selon lui, ce phénomène est la conséquence directe des excès législatifs en matière de criminalisation. Le procureur dispose à présent d'un immense arsenal d'infractions codifiées, comprenant des milliers de délits mineurs, certains se chevauchant, de sorte qu'une poursuite judiciaire typique relève d'une bonne douzaine d'incriminations possibles. Le *district attorney* peut choisir d'additionner les chefs d'inculpation, ou de piocher ceux qui lui conviennent le mieux. Le *plea bargaining*, dont nous avons dit qu'il faisait partie intégrante de la procédure et qu'il n'était pas en soi à vouer aux gémonies, a pris depuis deux décennies une sinistre allure. Il est devenu un véritable chantage, l'accusé se trouvant menacé d'être poursuivi pour tous les chefs d'inculpation (*charge-stacking*). Le procureur choisit souvent une seule "*charge*", la plus facile à prouver, afin de mieux faire pression sur l'accusé pour qu'il plaide coupable et éviter le procès. Dans certains cas, la criminalisation de déviances banales permet au procureur d'inculper plus facilement une personne soupçonnée d'une infraction grave difficile à prouver. Prouver un cambriolage est ardu, prouver la possession d'outils de cambriolage l'est moins.

Et puis le procureur n'est pas incité à accumuler les chefs d'inculpation parce que le juge, dans la majorité des cas, pratique la confusion des peines : il inflige une peine concomitante (*concurrent sentence*), selon la doctrine de non-cumul des peines (*joinder of offenses*). [4]

Mais il faut savoir qu'on touche là à une zone grise de la procédure, une nébuleuse du droit pénal, sujet de débats infinis entre juristes, "*hardly a model of clarity*".[5] Si le procureur ne peut décider d'entamer plusieurs poursuites séparées pour le même acte qu'au terme de conditions très restrictives, il peut en revanche accumuler les charges, tout comme le juge peut ordonner des peines consécutives (*consecutive sentence*), tout comme une peine fédérale peut s'ajouter à une peine d' Etat, ou une peine d'Etat à une autre peine d'Etat, tout cela pour le même acte délictueux. En 1992, la Cour suprême a statué que deux poursuites successives dans deux Etats différents, pour le même acte, ne violaient pas le 5ème Amendement (*United States v. Felix*). C'est ainsi qu'on entend parfois parler de condamnés à plusieurs centaines d'années de prison. Et même si ces peines consécutives restent peu fréquentes, leur simple existence exerce une formidable pression sur un accusé pour qu'il plaide coupable.

---

[3] Pour une bonne analyse du rôle et de l'image du procureur fédéral, voir SIMONS Michael, art.cit, p. 930 – 936.

[4] Le condamné ne peut se voir infliger que la seule peine afférente à l'infraction la plus grave.

[5] SAMPLE James J., "The Sentences that Bind" in 103 *Columbia Law Review* 969, 2003, p. 969.

De plus, les lois sont souvent formulées de façon si large que les procureurs peuvent s'en servir à leur guise. C'est le cas par exemple des lois sur le vagabondage, *loitering-with-intent*, ou le harcèlement dans la rue, *stalking*, ce qu'on a pu appeler des "*catch-all crimes*", des délits fourre-tout. [6]

Le procureur a, enfin, toute liberté de poursuivre ou non, n'ayant à rendre des comptes qu'à ses électeurs.[7] Cette grande latitude n'est d'ailleurs pas sans risque pour lui, comme on l'a vu dans l'affaire *Clinton - Lewinsky*. L'opinion s'est retournée contre le procureur Starr accusé d'acharnement, sans voir le rôle joué par le contexte législatif sur lequel il s'appuyait : l'étendue des lois criminalisant le parjure et l'obstruction à la justice.[8]

On comprend que dans ce contexte, le *plea bargaining* soit en passe de devenir une pratique honteuse : "*Litigants in criminal cases do not bargain in the shadow of the law. Rather, they bargain in the shadow of prosecutors' preferences.*"[9]

Dans ces conditions, tout espoir de réduire les disparités, comme ont cherché à le faire les commissions des peines, devient dérisoire car il bute sur l'incohérence (*inconsistency*) des poursuites et du *plea bargaining*.[10]

La Cour suprême a pourtant puissamment soutenu cette pratique depuis les années 70.[11] Dans certains Etats, comme en Californie, le suspect n'a pas le temps de méditer sur les charges qui pèsent contre lui car l'*arraignment* a lieu en même temps que la première comparution, avec la bénédiction de la Cour suprême.[12]

Celle-ci n'a pas cherché à donner le bon exemple par la procédure fédérale. En 2002 dans *United States v. Ruiz*, la Cour, ironiquement, montrait combien à

---

[6] Avec une exception notoire et récente : les lois dites *sodomy laws*. En 1960, tous les Etats avaient leurs *sodomy laws* ; en 2000, 14 Etats et Puerto Rico les avaient encore mais en 2003, dans *Lawrence v. Texas*, elles ont été déclarées inconstitutionnelles.

[7] En 2004, on a évalué à plus de 15 millions le nombre d'arrestations effectuées aux Etats-Unis (*Bureau of Justice Statistics*). Le tri des inculpations par le procureur joue donc un rôle énorme, bien qu'on ne dispose pas de pourcentages exacts.

[8] Voir à ce sujet Elisabeth ZOLLER, *De Nixon à Clinton : Malentendus juridiques transatlantiques*, PUF, 1999.

[9] William STUNTZ, "Plea bargaining and Criminal Law's Disappearing Shadow" in 117 *Harvard Law Review* 2548, 2004, p. 2548.

[10] Ainsi un *public defender* de Riverside County (Californie) témoigne avec colère : "Le système est complètement arbitraire. Pour le même acte, une personne peut avoir la perpétuité, l'autre 2 ans. Cela dépend de la personnalité du DA, de son humeur, de la façon dont la défense présente en quelques minutes ses arguments ; quelquefois une condamnation antérieure est oubliée et la personne s'en tire bien ... " Mais dans d'autres comtés, les *public defenders* trouvent que le *plea* négocié est une aubaine pour l'accusé et ne s'en plaignent pas. Une fois encore, ce sont les disparités géographiques qui ressortent.

[11] Voir *Bordenkircher v. Hayes* (1978) : à la faveur des nouvelles peines très lourdes sur la récidive, le procureur pouvait dans cette affaire de contrefaçon (*forgery*) menacer de la prison à perpétuité (*to re-indict on more serious charges*) au lieu des 2 à 10 ans dont le suspect était passible.

[12] *County of Riverside v.McLaughlin* (1991)

contrario le *plea* négocié bien appliqué pouvait être facteur d'équité et d'égalité des armes. Car bien sûr pour plaider coupable " intelligemment " ("*knowing*", "*intelligent*", "*with sufficient awareness of the relevant circumstances and likely consequences*" mots utilisés dans *Brady v. United States*), la défense doit avoir tous les éléments du dossier en main. En ce sens, le *plea* négocié implique la communication précoce des preuves disculpantes à la défense. Mais la Cour, unanimement, considéra que certains éléments très sensibles de l'accusation ne pouvaient être révélés à la défense avant le procès. Il s'agit des informations concernant la fiabilité douteuse des témoins à charge (*impeachment information*) qui auraient obligé à révéler leur identité. La Cour mit en avant la nécessité de protéger ces témoins de possibles intimidations et règlements de compte. Elle considéra qu'il suffisait à la défense d'avoir ce type de renseignements dans les jours précédant le procès afin de préparer leur récusation. Angela Ruiz n'avait pas à savoir le nom des indicateurs (*informants*) qui l'avaient dénoncée et avaient permis la découverte des 30 kgs de marijuana qu'elle portait dans ses valises. Dans son cas, bien sûr, les preuves substantielles étaient écrasantes. Elle plaida coupable. Mais la question était de savoir si un procureur pouvait dissimuler le fait que ses preuves avaient été obtenues en sous-main, par des moyens très douteux (cas classique du "repenti", qui dénonce un co-prisonnier en échange d'une remise de peine) ou grâce à des personnages peu recommandables.[13] N'était-ce pas une entorse au test Brady ? Non, répondit la Cour, car ce test s'applique au procès lui-même et non au stade de l'*arraignment.*

Mais alors qu'en est-il du *plea* en toute connaissance et intelligence ? Cette contradiction ne semble pas gêner dans la mesure où le *plea bargaining* devient l'instrument privilégié d'une politique efficace de condamnations.

Il y a pire. Les peines obligatoires - grilles, mais surtout peines-planchers et *Truth-in-Sentencing* - ont considérablement aggravé la dérive transactionnelle et diminué le pouvoir des juges au profit des procureurs. La menace d'une peine sévère, fixée d'avance dans la loi, constitue un *joker* de plus dans les mains du procureur. Il est plus efficace de dire à un accusé : "Si vous ne plaidez pas coupable vous allez écoper de cinq ans fermes au minimum" que de lui dire "Vous risquez de zéro à dix ans".

Dans les années 70 et 80, des Etats avaient expérimenté des limites ou des interdictions du *plea* négocié. Mais aujourd'hui, ce type d'expérience, rare, est très mal considéré.[14] Et pour cause : elle ne fait qu'aggraver des peines déjà très lourdes et engorger les tribunaux. La dernière expérience fut conduite dans le

---

[13] De graves problèmes peuvent se poser de preuves fabriquées ou non fiables, sans que la défense puisse procéder à une vérification. Cas de Warren McCleskey exécuté en 1991, il fut dénoncé par un compagnon de cellule. Ce n'est que dix ans plus tard qu'on découvrit que ce témoignage avait fait l'objet d'un marché avec le procureur qui avait dissimulé cet arrangement.

[14] Voir Roland ACEVEDO, "Is a Ban on *Plea bargaining* an Ethical Abuse of Discretion ?" in Lisa STOLZENBERG et al, *Criminal Courts for the 21st Century*, Prentice Hall, 1999, p. 186-211.

Bronx en 1992, pourtant limitée aux *felonies* les plus graves. Mais elle se solda comme les autres par un échec.[15]

Dans un article percutant, le professeur Fisher exprime sa conviction que la défaite des peines indéterminées est due à la force du *plea bargaining* qui balaye tout sur son passage : "*Plea bargaining has so fast a grip on our institutions of justice that antagonistic institutions cannot survive.*"[16] L'indétermination des peines empêchait au procureur de négocier à sa guise. Ainsi George Fisher affirme que "*the demise of the indeterminate sentence, one of the most promising of the late nineteenth century's progressive brainchildren, bears the mark of plea bargaining's malice* ."[17]

Ce pouvoir exorbitant est déploré jusqu'au plus haut niveau officiel, sans que personne ne sache vraiment comment le contrebalancer, à partir du moment où les peines sont déterminées d'avance. Ainsi, le juge Breyer de la Cour suprême écrit :

> *In a world of statutorily fixed mandatory sentences for many crimes, determinate sentencing gives tremendous power to prosecutors to manipulate sentences through their choice of charges.*[18]

Ajoutons à cela le pouvoir du procureur de faire appel de la sentence du juge. Les appels de la peine étaient pratiquement inexistants avant l'ère des peines obligatoires. Mais à partir du moment où les condamnés furent autorisés à contester un mauvais usage des grilles par le juge, la question se posa de savoir si le procureur ne pouvait pas, lui aussi, faire appel d'une peine qu'il estimait trop clémente. N'était-ce pas cependant une violation de la clause de *double jeopardy* qui stipule que le procureur ne doit pas deux fois "mettre en danger" l'accusé ? Si un acquittement ne peut être contesté, pourquoi une peine trop légère au goût du procureur le serait-elle ? Mais, dans l'autre camp, on mit en avant l'égalité des armes, puisque la défense pouvait faire appel de la peine.

En 1980, dans l'arrêt *United States v. DiFrancesco*, la Cour suprême se pencha sur le problème et donna gain de cause aux procureurs. Les appels de la peine initiés par les *district attorneys* sont maintenant devenus courants. Les juges sont, par ce biais, fortement incités à ne pas déplaire au procureur.

Par ailleurs, concernant les appels en général, William Stuntz montre l'incidence qu'a eue le pouvoir des procureurs sur leur évolution. Leur focalisation sur le détail procédural, et non plus sur la suffisance des preuves et définition de l'infraction, trouve en partie son explication dans la capacité accrue qu'ont les procureurs de choisir des types d'incriminations faciles à prouver, "*the growing*

---

[15] Alaska : le *plea* négocié a repris en 1985. El Paso Texas : l'expérience n'a duré que 6 ans. Trois autres juridictions ont essayé, toutes ont échoué.

[16] FISHER George, "Plea bargaining's Triumph" in 109 *Yale Law Journal* 857, 2000, p. 860.

[17] FISCHER George, ibid p. 860.

[18] Stephen BREYER, Opinion minoritaire (I-A), *Blakely v. Washington* (2004).

ease, in a world of expanding criminal codes, of filing charges that capture the defendant's conduct unambiguously".[19]

Il en va de même du procès devant jury : sa logique se trouve pervertie par l'omniprésence du *plea bargaining.* Reprenons l'exemple du procès d'Abe Jackson à Washington. Pourquoi, peut se demander le jury, le jeune homme a-t-il pris le risque énorme de plaider non coupable, avec à la clé une lourde peine si le jury ne l'acquitte pas, alors même que les preuves de son innocence s'avéraient très minces ? S'il était réellement coupable, il était de son intérêt d'accepter l'offre du procureur. Uniquement un innocent risquerait aussi gros, parce qu'il est horrible de s'accuser d'un crime qu'on n'a pas commis, même si les chances de gagner au procès sont maigres. Il semble que le jury d'Abe Jackson n'ait pas adopté ce raisonnement, mais ne l'a-t-il pas effleuré ? On peut imaginer que les jurés y ont pensé, au vu de la longueur de la délibération. De façon générale, le système peine à contenir la prolifération des "jurys dans l'impasse" (*deadlocked juries*) qui ne rendent pas de verdict, ou encore le phénomène de "nullification" (*jury nullification*), l'acquittement malgré des preuves accablantes de la culpabilité. La décision du jury est rendue extrêmement difficile, du fait d'un parasitage par ce genre de pensée obscure, non prévue dans la procédure, mais rationnelle et plausible.

C'est donc tout le fonctionnement de l'institution judiciaire qui a été bouleversé par cet accroissement du champ pénal et de la puissance du procureur. Il faut dire que les autorités ne montrent guère d'empressement à remédier à la chose tant elle permet un contrôle social efficace, à moindre coût. Le *plea bargaining* agit en effet sous couvert de générosité, ce qui jugule tout risque de rébellion. Ce phénomène n'est pas sans rappeler ce qui se passa au 18ème siècle en Angleterre, autre époque qui connut les peines pré-déterminées :

> *The penal code seemed utterly pitiless ; anybody who stole so much as a silver spoon or two could be sent to the gallows. [...] There was an inner and perhaps subconscious logic to the system. Many poor souls were indeed sentenced to death, and many ended up swinging from the gallows. But others escaped death, because some squire or noble put in a word for them, and evoked the king's mercy. This combination of mercy and terror built a stronger, more efficient structure of social control than terror alone could have done.* [20]

Toutes proportions gardées, les procureurs ne sont-ils pas les seigneurs d'antan ? William Stuntz le pense, en les comparant à des tsars.

Les commissions des peines, organes en principe neutres, espéraient qu'un frein au pouvoir de l'accusation se trouvait dans l'existence du rapport préparatoire à la peine (*presentence report*) établi par l'officier de probation (*probation officer*). On retrouve l'idée d'expertise et de *insulated delegation* à l'œuvre. L'officier

---

[19] STUNTZ, "Pathological...", art.cit., p. 71.

[20] Lawrence FRIEDMAN, *Crime and Punishment in American History*, op.cit. p. 63 (citant une étude de Douglas Hay).

de probation est un agent administratif neutre, chargé d'une enquête présentencielle pour déterminer les facteurs aggravants et atténuants, permettant au juge d'adapter la peine suivant des règles pré-établies dans les grilles ou par voie législative.

Mais ce personnage insolite dans la procédure accusatoire, car ne représentant ni la défense ni l'accusation, a été l'objet de critiques acerbes. L'enquête qu'il mène auprès de la famille, des témoins de moralité, des établissements scolaires etc, débouche sur un rapport que la Cour suprême a voulu confidentiel afin de protéger les témoins.[21] Cette confidentialité du rapport a toujours paru suspecte et a connu une histoire tumultueuse. Aujourd'hui il est généralement admis que défense, accusation, voire même le public puissent y avoir accès, sous condition que les éléments sensibles en soient détachés dans un document annexe gardé secret.

De plus, on accusa l'officier de probation de mener ses enquêtes sur un mode inquisitoire. Il est vrai que le juge, devant l'apparence de neutralité de ce rapport, a tendance à lui apporter un crédit trop grand, sans prendre garde que l'officier de probation, fonctionnaire croulant sous les dossiers, se contente souvent de reprendre les rapports de police et du procureur. On en est arrivé à la catastrophe décrite dans l'arrêt *Blakely* et qui sera le point de départ du revirement de la Cour suprême :

[...] a defendant, with no warning in either his indictment or plea, would routinely see his maximum potential sentence balloon from as little as five years to as much as life imprisonment, based not on facts proved to his peers beyond a reasonable doubt, but on facts extracted after trial from a report compiled by a probation officer who the judge thinks more likely got it right than got it wrong. [22]

Le système n'a pas réussi la greffe du principe d'expertise neutre. Celle-ci tourne à l'avantage de l'accusation.

Et comme l'explique très bien Ioannis Papadopoulos, "l'avocat de la défense lui-même devient, dans ce modèle, l'auxiliaire du procureur. Il a intérêt à 'négocier les faits' avec le parquet selon le modèle du plea bargaining, puisque les ressources classiques de la défense – l'humanisation de l'accusé, notamment – sont devenues inopérantes." [23]

---

[21] *Williams v. New York* (1949)

[22] *Blakely v. Washington*, Opinion majoritaire rédigée par le juge Scalia (IV).

[23] Ioannis PAPADOPOULOS, op.cit., p. 275.

Section 2. Une tyrannie populaire ?

Mais, dira-t-on, l'expansion des lois et cet empire du procureur sont l'émanation directe du vote populaire et de la démocratie représentative. Ils sont donc finalement l'expression de la volonté de la majorité. Pourquoi déplorer cette évolution ? Certes, le juge est, lui aussi, dans la majorité des cas, élu et on ne voit pas pourquoi son pouvoir serait amoindri par rapport à celui du procureur. Mais en fait, l'élection du juge relève plus généralement du vote de confiance ou de défiance par rapport à son professionnalisme, et dans la plupart des cas, obéit à des règles "bipartisanes" ou non partisanes. Il n'est en général relevé de ses fonctions que lorsqu'il s'avère incompétent ou trop partial. De plus, le juge est puissamment soutenu par les associations de la magistrature. D'un point de vue symbolique, son élection a moins valeur représentative des courants populaires que celle du procureur.

L'extension des lois répressives et du potentat du procureur serait donc l'exact reflet des aspirations populaires à plus de sécurité publique.

Il est indéniable que la pression populaire joue énormément aux Etats-Unis, comme l'atteste l'habitude de donner aux lois des noms de victimes qui ont ému l'opinion, telles les *Megan's laws*, le *Lindbergh Act* [24], ou encore des appellations évocatrices, telle la *Romeo and Juliet Law* du Kansas.[25]

Ensuite, l'exploitation politique par les groupes d'intérêt, euphémisme pour les *lobbies*, fait depuis toujours partie du jeu de la démocratie américaine. Or, rares sont ceux qui militent pour une décriminalisation. Des associations pour la libéralisation des lois sur la drogue montent de plus en plus au créneau mais dans l'ensemble, les groupes d'intérêt qui militent pour la création de nouvelles lois de répression reflètent les demandes de la majorité de la population.[26] Le consensus est presque total. Démocrates et Républicains ne s'opposent pas

---

[24] Loi datant de 1932 qui fit de l'enlèvement et du transport d'une personne au delà des frontières d'un Etat (*kidnapping across state lines*) un crime fédéral ; la loi fit suite à l'émoi et au sentiment d'horreur provoqués par l'enlèvement et le meurtre du bébé du célèbre aviateur Charles Lindbergh.

[25] Jusqu'en 2003, date à laquelle la Cour suprême a mis fin aux *sodomy laws*, la loi dite "Romeo and Juliet" permettait un assouplissement de la très stricte *sodomy law* du Kansas, pour les mineurs hétérosexuels. Pour les homosexuels, la loi était draconienne : en 2001, 17 ans de prison ferme pour Matthew Limon, un homosexuel de 18 ans pris en flagrant délit avec un garçon de quelques années de moins que lui.

[26] Barbara Ann STOLZ, "The roles of Interest Groups in US Criminal Justice Policy Making" in 2 *Criminal Justice – the International Journal of Policy and Practice* 51, 2002. Il convient bien sûr de nuancer cette affirmation : l'ACLU, la NAACP, la FAMM sont des lobbies. Mais face aux puissants groupes de pression des riches propriétaires ou des gardiens de prison par exemple, font-ils le poids ?

idéologiquement sur la question sécuritaire. Il n'existe donc guère de pouvoir politique pour tempérer les ardeurs des *lobbies*.

Aussi serait-on tenté de conclure que la volonté populaire s'exprimant démocratiquement est entièrement responsable de la dérive carcérale. Mais il faut se garder de conclusions aussi hâtives. Car on peut avancer plusieurs contre-arguments démontrant que, en dépit des apparences, le peuple n'est pas à l'origine de ce durcissement extraordinaire.

Tout d'abord, l'histoire des peines pré-déterminées indique clairement que la dérive carcérale résulte avant tout d'un déraillement structurel des contre-pouvoirs, fondement du système :

Begin with the basic allocation of power over criminal law : legislators make it, prosecutors enforce it, and judges interpret it. In this system of separated powers, each branch is supposed to check the others. This does not happen.[27]

La marginalisation du juge n'est pas le produit de la volonté populaire mais la séquelle du mécanisme mis en place par désir d'annihiler les disparités. Elle a généré une concentration des pouvoirs dangereuse, contraire à l'éthique du système. Certains analystes vont même jusqu'à penser que cette spirale infernale marche dans les deux sens. La généralisation du *plea bargaining* conduirait les législateurs à tenir compte de la diminution de peine qu'il occasionne, dans le calcul du quantum à attribuer dans la loi : "*In a country in which plea bargaining determines the sentence, it is not surprising that there would be constant pressure to pass statutes so the defendant receives 'what he really deserves'.*" [28]

Et le chevauchement avec les lois fédérales aggrave encore cette situation ; il renforce le pouvoir des procureurs qui peuvent brandir la menace d'un renvoi aux juridictions fédérales si l'accusé ne plaide pas coupable. Le public n'avait certes pas voulu en arriver là. D'ailleurs, il s'en alarme timidement, comme on peut s'en rendre compte sur les sites Internet des *district attorneys* qui ne manquent pas de faire savoir leur augmentation de procès devant jury et la diminution du *plea bargaining*, chaque fois que cela se produit. Mais comme pour toute évolution structurelle, le phénomène est aussi difficile à appréhender qu'à guérir. Le public se plaint de la "politisation du système" sans en connaître vraiment les ressorts. Personne, en tout cas, ne songerait à abolir le système d'élection du procureur car ce serait le livrer aux mains du pouvoir exécutif. La situation semble donc inextricable.

Le deuxième argument contre l'idée d'une tyrannie pénale d'origine populaire a été magistralement exposé par Montesquieu dans les *Lettres persanes*, ouvrage satirique publié en 1721 : "[...] *dans un Etat, les peines plus ou moins cruelles*

---

[27] STUNTZ, "Pathological...", art.cit., p. 6.
[28] PIZZI, *Trials without Truth*, Op.Cit, p.189.

ne font pas que l'on obéisse plus ou moins aux lois. Dans les pays où les châtiments sont modérés, on les craint comme dans ceux où ils sont tyranniques et affreux.

Ce passage capte bien l'ambiguïté culturelle. Certes, la culture, les mœurs influencent le niveau de sanction, et la littérature à ce sujet est abondante. Mais, nous rappelle Montesquieu, la sanction elle-même crée une habitude qui, à son tour, devient culturelle. Ainsi une peine sévère, à la longue, n'a pas plus d'impact qu'une peine clémente, parce que l'individu baignant dans sa culture s'y accoutume. Le public américain n'a pas nécessairement voulu les peines draconiennes mais par effet culturel de masse, par indifférence aussi, il s'y est habitué, tout comme les prisons font maintenant partie du paysage.

Cette constatation pourrait d'ailleurs être extrapolée aux juges qui, par imprégnation, se conforment au modèle ambiant. On observe que les Etats où le juge a conservé un pouvoir discrétionnaire relativement important ne sont pas moins punitifs que les autres. Tout se passe comme si les juges s'étaient adaptés aux lourdes peines de prison comme norme incontournable.[29]

Le thème de l'indifférence de la population ne doit pas être sous-estimé. L'existence d'associations très actives tend à masquer ce développement inquiétant de la société américaine. Dans un article qui déclencha une vive polémique, Robert Putnam affirmait en 1995 que le légendaire esprit civique américain, célébré par Tocqueville, était en train de disparaître, essentiellement à cause de l'isolement grandissant dans des banlieues stratifiées en classes sociales et l'abêtissement par la télévision, objet de divertissement, d'appel sans fin à la consommation et, finalement, de diversion de la politique.[30] Godfrey Hodgson pense aussi que l'individualisme exacerbé de la "*Me Generation*" a créé un grave problème de désinvestissement politique.[31] Dans ces conditions, il serait paradoxal de parler d'une "tyrannie populaire", lorsqu'une grande partie de la population est surtout caractérisée par son apathie politique. Il importe donc de circonscrire le sens donné à l'expression *populist punitiveness*. Il s'agit moins d'une forme de tyrannie populaire que d'un syndrome d'atrophie du sens civique provoqué par la déliaison sociale.

Le dernier argument montrant qu'on ne peut pas parler d'une tyrannie populaire tient à la fonction expressive ou communicative de la punition. Pour l'exprimer de façon simple : le peuple vote de manière abstraite, pour des idées

---

[29] David GARLAND parle d'une nouvelle culture sécuritaire qui sera difficile à déloger car les habitudes sont prises : "*Once established, the system begins to take on a life of its own, to give rise to adaptive behaviour*". In "The New Iron Cage", 3 *Punishment and Society* 197, 2001, p.198.

[30] Robert PUTNAM, "Bowling Alone : America's Declining Social Capital" in 6 *Journal of Democracy* 65, 1995.

[31] Godfrey HODGSON, *More Equal Than Others*, Princeton University Press, 2004, p. 229 -239. Ainsi on observe que des Etats très populistes et répressifs comme la Californie sont connus pour avoir un taux de participation électorale faible alors que l'Etat de Washington, avec un taux d'incarcération plus modéré, bénéficie d'une démocratie participative très active.

générales.[32] Personne ne veut de la délinquance, personne n'aime la perspective d'être volé, battu, tué, personne n'a envie de marcher dans la rue à la merci de fous ou de gens sous l'emprise de la drogue. Les politiques répressives sont donc naturellement populaires. Mais cela ne signifie pas que le public ait une exigence "pratique" de sévérité, au-delà du message fort envoyé. Le *Violence Against Women Act* [33], par exemple, fait l'objet d'un véritable engouement du public car il signale une valeur sociétale de plus en plus forte, celle du dégoût qu'inspire la violence conjugale, sujet demeuré longtemps tabou. Mais cela ne signifie pas que le public désire forcément une incarcération massive de tous les époux et concubins coléreux. Norman Finkel pense que la véritable nature des attentes populaires est souvent déformée par des sondages aux questions simplistes ou bien mal posées qui ne permettent pas l'expression de jugements nuancés.[34] Ces sondages sont ensuite exploités par les médias et les organes politiques. L'étude de Julian Roberts va dans le même sens. Elle met en exergue l'ignorance et les déformations de la perception de la délinquance qui poussent la population à toujours demander plus de contrôle pénal sans que ce discours ait été mûrement réfléchi. Ainsi, la proportion d'Américains qui pensent que les peines sont trop légères est pratiquement identique en 1998 et en 1971. Le durcissement réel des peines n'a donc pas eu d'effet sur la représentation populaire du crime.[35]

C'est pourquoi les institutions doivent servir de filtre et de transformation des messages de principe en réalité de terrain. Non seulement le pouvoir exécutif et législatif mais aussi la branche judiciaire. Mais si l'équilibre des pouvoirs n'est pas respecté, alors l'institution judiciaire ne peut plus jouer ce rôle. Le message populaire devient réalité brute. On retrouve cette idée dans la pensée du professeur James Whitman, un chaud partisan du pouvoir discrétionnaire du juge. Pour lui, sévérité des peines et démocratisation marchent main dans la main, pour la simple raison que la plupart des électeurs n'ont jamais les délinquants sous les yeux. C'est particulièrement vrai d'une société comme les Etats-Unis où des cloisons étanches empêchent les différentes communautés de se

[32] Les économistes de la "théorie du choix public" (*public choice theory*), théorie très développée aux Etats-Unis, font une analyse plus poussée : dans un grand groupe, l'électeur ne ressent pas d'intérêt propre à bien s'informer sur les questions politiques qui résulteront de son vote car son propre vote n'est pas déterminant. Plus le groupe est grand et plus le risque augmente d'un vote qui ne soit que symbolique. James Buchanan et Mancur Olson sont des chefs de file de cette école de pensée influente outre-Atlantique (avec des ramifications dans les divers camps politiques).

[33] Loi de 1994. La partie invalidée par la Cour suprême est la partie civile, le volet pénal demeure.

[34] Norman FINKEL, *Commonsense Justice*, Harvard University Press, 1995.

[35] Julian ROBERTS et al, *Penal Populism and Public Opinion*, Oxford University Press, 2003, "*The statistics show that the overwhelming proportion of Americans express the view that sentences are too lenient : stable between 70 % and 85 %* " p.27. L'étude montre aussi que le public informé est beaucoup moins punitif que les sondages le laissent croire (p. 29-31).

connaître. Le juge est cet intercesseur qui peut atténuer les méfaits de cette méconnaissance :

Ordinary voters are never capable of the kind of routinized, sober, and merciful approach to punishment that is the stuff of the daily work of punishment professionals.[36]

Malheureusement, le juge américain a perdu une grande partie de son aura et ne joue plus guère ce rôle tampon. On ne peut donc pas parler d'une "tyrannie" populaire mais simplement de l'absence d'organes médiateurs qui sachent transcender les demandes rudimentaires des électeurs et tempérer les crises sécuritaires qui surgissent à certains moments de l'Histoire.[37]

Que faire ? La politisation du système judiciaire est ancrée dans les mœurs et bien peu sont ceux qui imaginent pouvoir transformer les structures en profondeur. L'abolition de l'élection du procureur ne serait d'ailleurs pas souhaitable car nous avons vu que cela bouleverserait des équilibres fragiles.

L'expertise de commissions protégées (*insulated*) qui piloteraient le système à distance, a été mise en défaut. Il semble d'ailleurs que le syndrome de méfiance vis-à-vis des "experts" augmente dans tout le monde de *common law*.

Mais il reste le contrôle de constitutionnalité. William Stuntz a cherché à montrer que les sources interprétatives du *Bill of Rights* ne s'appliquent pas seulement à la phase de recherche de la culpabilité mais aussi au droit de la peine. Il est possible de remettre de l'ordre dans le système judiciaire, pour peu que les Cours fédérales veuillent bien s'atteler courageusement à la tâche. Par exemple, la faculté du procureur d' "empiler" les chefs d'inculpation (*charge-stacking*) pourrait lui être ôtée en faisant appel à l'interdiction des doubles peines (*double jeopardy).*

De même, le Huitième Amendement réhabilité pourrait stopper net la course effrénée aux châtiments cruels que sont les longues peines incompressibles, infligées aux "criminels" non violents. De toute évidence, ce n'est pas la voie choisie par la Cour suprême depuis la fin des années 70.

---

[36] James Q. WHITMAN., *Harsh Justice, Criminal Punishment and the Widening Divide between America and Europe*, Oxford University Press, 2003, p. 55.

[37] Les exemples étrangers fournissent de précieux éléments de comparaison. La Nouvelle-Zélande, par exemple, a été saisie d'une crise sécuritaire dans les années 90 suite à plusieurs changements sociaux générateurs d'anxiété, comme l'arrivée massive d'immigrants asiatiques. Les institutions néo-zélandaises, qui bénéficient traditionnellement d'un taux de confiance élevé de la part de la population, ont subi de plein fouet cette crise, mais elles ont tenu bon. Des lois sévères contre les crimes violents ont été votées mais aussi des mesures prises pour désamorcer les peurs, telle que la justice de restitution (*restorative justice*), les "*family group conferences*", devenus un modèle international. Le gouvernement ainsi que le système judiciaire ont su amortir les paniques populaires. Voir PRATT John, CLARK Marie, "Penal Populism in New Zealand" in *Institute of Criminology,* Wellington, 2004, , disponible sur
http://www2.unil.ch/icdp/quoi/DESS_crimino/PenalPopulismNew%20Zealand.pdf

Les cours suprêmes d'Etat peuvent aussi jouer un rôle de premier plan dans l'encadrement de la peine. En Californie, par exemple, face aux conséquences catastrophiques de la *Three strikes law*, la Cour supérieure d'Etat statua en 1996, dans *People v. Superior Court (Romero)*, que le pouvoir discrétionnaire du juge s'étendait à la possibilité de ne pas tenir compte des condamnations précédentes pour déterminer la peine. La Cour, pour justifier sa position, s'appuya sur le pouvoir traditionnel, dévolu au juge, d'ordonner le classement d'une affaire faute de preuves. Par extension, celui-ci était donc en mesure de classer les délits antérieurs. La jurisprudence *Romero*, qui permit d'endiguer l'hécatombe, démontre à l'envi que les tribunaux supérieurs savent toujours trouver des ressources jurisprudentielles lorsqu'un besoin impérieux de redressement se fait sentir.

On peut s'attendre à ce que la dérive carcérale américaine de la fin du 20ème siècle s'inscrive dans les annales de l'Histoire sans doute comme une soumission à la démocratie d'opinion, une dérive populiste, mais aussi comme l'exemple des effets délétères d'un manque de contrôle constitutionnel.

Chapitre 4. Un système pénal submergé

Section 1. La déferlante *zero tolerance* dans les tribunaux

En avril 2005, le maire de Los Angeles, James Hahn, s'adresse à la population dans son traditionnel discours sur l'Etat de la Ville. Le *LA Times*, de tendance libérale modérée, note la focalisation unique sur la lutte contre la criminalité, "*the mayor's single-minded focus on crime*".[1] Alors que les prisons débordent, le maire annonce une augmentation importante des effectifs de police : 325 nouveaux policiers en un an.

Comment le système judiciaire, en aval de ce formidable déploiement policier, parvient-il à gérer l'afflux des personnes arrêtées et traduites en justice ? Le maire ne dit pas un mot des ressources nécessaires aux *public defenders*[2], concomitantes à cette montée en puissance de la police. A un degré moindre, le problème est identique pour les juges et procureurs :

The number of state court felony prosecutions more than doubled between 1978 and 1990 ; the number of prosecutors grew by less than 20 %. [3]

Une forte augmentation des effectifs de police se vérifie sur tout le territoire.[4] De plus, les corps de police se sont professionnalisés, ils ont amélioré leurs conditions de recrutement et leur gestion. Dans les grandes villes telles New York, Washington DC ou encore Chicago, se sont développés les polices privées et le *community policing* qui épaule le travail des fonctionnaires en place.

Le *community policing* peut être défini comme une initiative citoyenne des habitants d'un quartier qui œuvrent à sa réhabilitation par diverses actions concertées : aménagements, nettoyage des zones laissées à l'abandon, lobbying auprès des municipalités, actions d'îlotage mais aussi partenariat avec la police au point que des sommes privées provenant de ces associations sont parfois versées à la police pour augmenter leur efficacité. Les milieux d'affaires et les

---

1 *LA Times*, 19 avril 2005, "Hahn Again Makes Crime the Focus".

2 En Californie, les cabinets de *public defenders* sont financés par les counties. Il en va de même pour le procureur. Les salaires sont payés par le comté.

3 William STUNTZ, "Plea bargaining and Criminal Law's Disappearing Shadow" in 117 *Harvard Law Review* 2548, 2004, p. 2555.

4 Frédéric OCQUETEAU (sous la dir), *Community Policing et zero tolerance, en finir avec les mythes*, Paris, La Documentation française, 2003, voir en particulier p. 63 pour l'exemple new-yorkais.

commerçants d'un quartier jouent le plus souvent un rôle de premier plan pour des raisons évidentes.[5] Franck Vindevogel a étudié de près ce nouveau phénomène qui se répand dans tout le pays et pense qu'on assiste à "un brouillage des frontières" entre public et privé :

L'intervention du secteur privé sur l'espace public contribue à faire voler en éclat le clivage traditionnel entre deux conceptions opposées de la sécurité –celle que vendent les prestataires spécialisés comme service marchand et celle que l'Etat offre comme bien public, notamment au travers de l'action des départements de police. [6]

Le *community policing* s'est beaucoup inspiré de la théorie dite de la "vitre cassée".[7] Il est très populaire et respecté car il a permis de vrais miracles, des quartiers entiers "nettoyés", dont le plus célèbre est sans doute celui de Times Square à New York. Mais on peut se demander à quel prix et si ces habitants soucieux de l'image de leur quartier et des fluctuations des prix de l'immobilier qui en découlent, ont pris la peine de se pencher sur le sort des gêneurs et auteurs de nuisances qu'on livre ainsi à la police. Que deviennent les prostituées, vendeurs à la sauvette, petits *dealers* et *homeless* des rues ? [8]

Beaucoup sont happés par le système judiciaire et disparaissent pour longtemps, voire pour toujours, dans les profondeurs carcérales. Ainsi, à New York, les sinistres *Rockefeller Drug Laws* ont été décrites comme une camisole de force pour les juges (*legal straitjacket*). Jusqu'en 2004, date à laquelle elles ont été assouplies, ces peines draconiennes[9] conduisirent de simples consommateurs de

---

[5] Les BID, *Business Improvement Districts*, sont des structures privées qui visent à enrayer le déclin du quartier où sont implantés leurs bureaux et commerces.

[6] Franck VINDEVOGEL, "La mobilisation des énergies privées pour l'amélioration de la sécurité publique à New York" in F. OCQUETEAU, ibid p. 107.

[7] Cette théorie a pris corps suite à la publication dans le magazine *The Atlantic Monthly* en 1982 d'un article de George Kelling et James Wilson, dans lequel ils prétendaient que la prévention du crime passait par un soin apporté par tous à la vie du quartier afin d'enrayer la spirale du déclin. La tolérance de petits actes de vandalisme mais aussi la dégradation des lieux (voitures abandonnées, vitres brisées, herbe qui pousse, terrains laissés en friche ...) créaient un environnement favorable à la perpétration d'actes plus graves ; il fallait donc s'attaquer aux écarts de conduite mais aussi améliorer les lieux et créer une présence de terrain (d'où l'énorme développement des sociétés de vigiles) pour recréer une qualité de vie et décourager la criminalité. Les partisans de la théorie *broken window* mettent en avant la synergie entre prévention et répression : l'une ne va pas sans l'autre.

[8] Je ne traite ici que des conséquences des politiques dites de zéro tolérance sur le système judiciaire et les détenus. Pour une réfutation énergique de l'efficacité de ces stratégies sur le traitement de la criminalité, voir Bernard HARCOURT, "Broken Windows : New Evidence from New York City and a Five-City Social Experiment" *Working Paper*, 2005, disponible sur ssrn.com/abstract_id=743284

[9] Jusqu'en 2005, la possession ou le transport de 4 onces (*ounces*), soit environ 120 g, de cocaïne ou héroïne, étaient punis d'un minimum obligatoire de 15 ans de prison pouvant aller jusqu'à la perpétuité (*15-to-life Class A felony*) et cela pour une première condamnation. En 2003, 38 % de la population carcérale de l'Etat était composée de condamnés pour drogue, parmi lesquels 70 % n'avaient commis aucune violence. Source *Correctional Association of New York*.

substances illicites derrière les barreaux pour des dizaines d'années. 30 000 personnes par an dans le seul Etat de New York sont mises en examen pour *drug felony*.[10] Les lois Rockefeller ont été également vivement critiquées pour leur ciblage de la délinquance mineure. Les gros trafiquants (*drug kingpins*) délèguent le transport des substances illicites à des "mules", travaillent à l'intérieur (*indoors*) et sont rarement arrêtés.

Les juges ont tenté en vain d'exprimer leur désaccord. Le point de vue du juge Frank Torres du Bronx County, qui s'exprimait en 1996 lors d'une audience de peine, est un bon reflet de l'impuissance et de la colère de la magistrature :

The court, as much as it would like to on a humanitarian basis, as much as it would like to set aside the verdict in order to avoid the sentence that must be imposed, does not find the legal basis for doing so and, therefore, must accept with resignation the determination by the jury of the defendant's guilt.[11]

La force des pressions exercées par ces initiatives privées peut également conduire à des dérives lorsqu'elles ne sont pas encadrées par un solide contrôle constitutionnel. Or celui-ci, comme nous l'avons vu, fait maintenant cruellement défaut. On frémit devant les libertés prises avec la Constitution lorsque l'institution judiciaire elle-même, sous la pression du maire Giuliani, se prête aux *desiderata* des associations locales :

Les avocats utilisèrent la loi sur la réduction des nuisances de 1977 (Nuisance Abatement Law) pour s'attaquer aux lieux d'hébergement des activités de prostitution et de trafics de drogues, en bénéficiant du soutien des magistrats de la Cour suprême de l'Etat de New York. La procédure suivie était, schématiquement, la suivante : les policiers apportent la preuve de l'existence continue d'activités criminelles dans un établissement ; les avocats du Civil Enforcement Unit obtiennent du juge un mandat temporaire permettant la fermeture de l'établissement ; l'établissement reste fermé jusqu'à ce qu'une décision soit prise par la justice sur la base, cette fois, de l'audition du propriétaire ou qu'un arrangement soit trouvé avec ce dernier ; dans les faits, l'établissement va rester fermé plusieurs mois, jusqu'à sa reprise éventuelle par un locataire ou propriétaire s'engageant à mener une activité commerciale respectueuse du droit.[12]

Cinquième Amendement : le *due process* comporte la présomption d'innocence, le droit au procès et la confrontation avec ses accusateurs. Lorsque l'audition du propriétaire, plusieurs mois après, a lieu, il est trop tard, les dommages sont faits. Avec de tels dispositifs, un quartier peut en effet être "nettoyé" promptement. Le sex-shop ira ouvrir ses portes ailleurs, dans un

---

[10] Source *Correctional Association of New York*, www.correctionalassociation.org

[11] "Stupid and Irrational and Barbarous" : New York Judges Speak Against the Rockefeller Drug Laws", *Report of the Public Policy Project of the Correctional Association of New York*, 2001.

[12] François DIEU, "La police et le 'miracle new yorkais', éléments sur les réformes du NYPD" in OCQUETEAU, op.cit., p.61.

quartier plus excentré, moins doté en commerces et entreprises influentes, et les touristes pourront vaquer dans un nouvel environnement aseptisé, non gênés par des comportements qui font désordre. De plus, et même s'il est évident qu'on ne peut pas réduire le *community policing* à sa simple dimension répressive puisqu'il est à l'origine de nombreuses initiatives de prévention du crime, les politiques de *zero tolerance* ont trouvé une puissante légitimation auprès de ces associations locales.[13]

Désormais, toute forme d'incivilité et de déviance est donc traquée. Uriner dans un parc est interdit. Sortir dans la rue une canette de bière à la main est interdit. Les vendeurs de rue sont systématiquement interpellés par des policiers souvent habillés en civil pour passer inaperçus. Cette "extension du filet" est, de l'aveu des policiers, une méthode efficace pour détecter des crimes et délits plus graves.

Mais d'une part, ces politiques s'attaquent essentiellement à des populations précarisées et le ciblage des minorités raciales prend des proportions alarmantes.[14] D'autre part, les tribunaux voient avec effroi débouler en leur sein tous les inadaptés sociaux et marginaux dont ils vont devoir à présent s'occuper.

Il faut dire que le néofédéralisme, en refusant l'idée d'une planification centrale, a largement contribué à cette dynamique d'un "toujours plus" répressif. Pendant très longtemps, les esprits se sont laissés bercer par les sirènes de la théorie dite des 50 laboratoires d'innovation. Mais, en l'absence d'un contrôle central, on commence seulement aujourd'hui à prendre la mesure d'un phénomène pernicieux qui s'est propagé silencieusement au cours des dernières décennies. Par une sorte d'effet NIMBY, les Etats entrent en fait en compétition les uns avec les autres pour décourager la criminalité et s'en débarrasser chez les voisins. Il leur faut pour cela se livrer à une course au plus punitif. Doron Teichman a analysé ce processus mal cerné car peu avouable, "*how the goal of encouraging crime migration might drive local communities to gradually harshen their*

---

[13] On aura compris que seuls les débordements et certains effets pervers du mouvement sont concernés par cette critique. Le *community policing* peut avoir une heureuse influence sur des esprits échauffés. Dans son apologie du *community policing* de Chicago, Anne WYVEKENS donne un exemple saisissant de l'effet modérateur du mouvement. A Chicago, des réunions régulières sont organisées entre policiers et citoyens. Lors de ces réunions, les policiers démontent les peurs irrationnelles des gens, les rassurent et les informent sur les dangers réels : "Où on apprend, par exemple, que, dans tel quartier, les 'disparitions' sont nombreuses parce qu'il s'y trouve un centre d'hébergement pour enfants, lesquels font souvent des fugues, qu'un kidnapping n'était rien d'autre qu'un exercice illégal du droit de visite et une atteinte sexuelle ... un touche-pipi dans une cour de récréation." in F. OCQUETEAU, op.cit. p. 122.

[14] Point n'est besoin ici de citer des statistiques, du reste abondantes. Il suffit de se rendre dans les tribunaux de Manhattan, Brooklyn ou encore Washington DC. La population qui hante les couloirs et les bancs d'accusés est en grande majorité noire.

criminal justice system".[15] Il donne de nombreux exemples, notablement celui de la *Three strikes law*, et comment celle-ci s'est propagée d'un Etat à l'autre, pour empêcher la migration des récidivistes. Autre exemple : pris dans une spirale inflationniste, les Etats n'ont eu de cesse de durcir leurs lois sur la drogue pour dissuader les trafiquants de venir chez eux exercer leur activité. Teichman cite un représentant du Kansas : "*If all the states do pass this, and you don't, you're going to become a magnet for meth cookers.*"[16] De même, les *Megan's laws* ont rivalisé de dureté pour faire fuir les délinquants sexuels chez les voisins ou, en tout cas, ne pas les attirer chez soi.

Doron Teichman en conclut que les Etats ne pourront jamais sortir de cette logique infernale si une instance supérieure n'y met pas un frein sérieux. Ne serait-ce pas le rôle de la Cour suprême des Etats-Unis armée du 8ème Amendement ?

Section 2. Une course à la productivité

La justice pénale, depuis que les politiques ultra-sécuritaires se sont mises en place, doit gérer un flot sans cesse grandissant d'affaires. Comment y parvient-elle en respectant toutes les règles procédurales ?

Les tribunaux se sont organisés et le travail s'est taylorisé. Ils n'utilisent plus le système nommé *individual calendar* qui autrefois consistait pour un juge à suivre une affaire du début jusqu'à la fin. Le système en vigueur aujourd'hui est celui du *master calendar* qui suppose que chaque juge s'occupe uniquement d'un maillon de la chaîne judiciaire :

Judges specialise in given stages of a case : preliminary, arraignments, motions, bargaining, trial. A judge is assigned a case from a central or master pool ; once he or she has completed that phase of it, the case is returned to the pool. [17]

Pour éviter que les juges ne s'ennuient trop à répéter inlassablement la même procédure, des roulements périodiques ont lieu, tous les six mois ou un an. Les juges ne peuvent donc pas connaître les accusés.[18] Ils sont devenus des gestionnaires dont la qualité la plus appréciée est celle de disposer des affaires avec promptitude et diligence, comme l'atteste le juge Locallo du tribunal de Chicago : "*The judges here get weekly printouts from the presiding judge listing the disposition totals for the week, the month, and the year, for each judge in the building*".

---

[15] Doron TEICHMAN, "The Market for Criminal Justice : Federalism, Crime Control, and Jurisdictional Competition" in 103 *Michigan Law Review* 1831, 2005, p.1832.

[16] Doron TEICHMAN, ibid, p. 1840. "Meth cookers" : les laboratoires clandestins de fabrication de la méthamphétamine.

[17] Kenneth PEAK, op.cit, p. 200.

[18] Sauf en cas de procès : il est admis que le juge de la sentence est celui qui a présidé l'audience de culpabilité devant jury.

Ils sont évalués et classés en fonction de leur taux d'affaires résolues (*disposition of cases*) :

Locallo ranked below average in dispos in his first few years in a trial courtroom. But last year he surged to tenth among the building's thirty trial judges, cracking the one-thousand mark for the first time, with 1058 dispos.[19]

Il va sans dire que le plaider coupable, en évitant les longueurs d'un procès, bénéficie des faveurs royales du juge, lequel de temps à autre n'hésite plus à réprimander les parties qui ne parviennent pas assez vite à se mettre d'accord.

De même, dans certains comtés, les *public defenders* pratiquent la représentation horizontale : l'accusé n'est pas suivi par le même avocat pendant tout le processus. Chaque étape est dévolue à un avocat différent spécialisé.

La procédure subit aussi le contrecoup de cette logique gestionnaire. La première audience destinée à contrôler la légalité de la détention est accomplie en l'espace de quelques minutes, le temps pour le juge de jeter un coup d'œil au procès-verbal (*arrest report*) et de prononcer le traditionnel "*probable cause to detain*".

Pour aller plus vite, dans certaines juridictions, les personnes placées en détention provisoire ou qui n'ont pu payer la caution, sont acheminées au tribunal dans leur uniforme orange de détenus, menottés et enchaînés aux pieds, sans que l'on prenne même la peine de les détacher pour se présenter devant le juge. Il ne vient plus à l'idée de personne que ces détenus ne sont pas encore déclarés coupables et que la présomption d'innocence exigerait qu'ils soient traités avec un peu plus d'égards. Dans un souci d'efficacité, on se sert des sièges des jurés – désormais bien inutiles – pour les faire attendre en groupes. Les avocats de la défense viennent ainsi s'asseoir à leur côté et leur glisser un mot bref avant le plaider coupable.

Dans les affaires de délits mineurs (*misdemeanors*), le plaider coupable est presque partout de rigueur ; souvent le prévenu n'a pas pu voir un avocat. Ainsi à Indio (Riverside County, Californie), il a été estimé que 40 à 60 % des affaires entre 1998 et 1999 ont été résolues lors de la lecture de la mise en accusation (*arraignment*) sans la présence d'un avocat.[20] J'ai moi-même assisté à ces audiences au tribunal d'Indio au printemps 2005 et je peux attester de la fiabilité de ces chiffres. Les prévenus plaident coupable à la chaîne, parfois on peut noter la présence d'une personne à leur côté mais en général ce n'est pas un avocat, seulement un interprète. Car à Indio, ville proche de la frontière mexicaine, la plupart des prévenus sont hispaniques et beaucoup, pauvres et sans éducation, ne parlent pas anglais. L'interprète n'est pas tant là pour aider le prévenu que pour permettre au système de verrouiller la condamnation. L'accusé qui plaide

[19] Steve BOGIRA, op.cit. p.39.

[20] Source *National Commission on the Right to Counsel Case Study* sur le site www.thejusticeproject.org

coupable doit avoir bien compris, et dire publiquement qu'il renonce à ses droits constitutionnels.

Dans certaines juridictions, on utilise les nouvelles technologies pour aller plus vite. L'audience préliminaire a lieu par vidéo interposée, moyen très pratique d'éviter les pertes de temps. Les parents de l'accusé, assis dans la zone réservée au public (*gallery*), ne voient pas leur enfant en face mais sur l'écran de télévision installé dans la salle d'audience.

Les procureurs, de leur côté, n'ont plus le temps d'étudier en détail les piles de dossiers qui arrivent de la police. L'image valorisante, véhiculée par les séries télévisées, du procureur se rendant à la prison ou recevant un suspect dans son cabinet pour évaluer la culpabilité, est un trompe-l'œil. Le DA ne rencontre pas la personne arrêtée, il ne connaît au mieux les détails de sa personnalité ou ses intentions délictueuses que par l'entremise de l'avocat de la défense. Et comme il a intérêt dans un premier temps à se montrer sévère (*overcharge*) pour être en position de force dans la négociation, des poursuites judiciaires parfois absurdes sont initiées par des DA débordés, n'ayant pas étudié les véritables données de l'affaire.

Ronald Wright et Marc Miller se sont élevés contre cet état de fait. Ils en appellent à la mise en place d'une véritable stratégie raisonnée d'opportunité des poursuites (*screening of cases*). Cette mesure, selon ces auteurs, devrait diminuer le *plea* négocié, puisqu'il serait alors interdit de transiger sur les termes de la poursuite.[21]

Mais leur recommandation a peu de chance d'être suivie par des procureurs à la fois soucieux de répondre aux attentes du public pour lequel un abandon de poursuite peut être perçu comme un signe de laxisme, et préoccupé par leur score de condamnations augmentant avec le *plea bargaining*. Comme pour le juge, la mentalité comptable "the *tally-keeping mentality of prosecutors*"[22] a de longs jours devant elle, aussi longtemps que les arrivages dans les tribunaux resteront abondants.

Les juges doivent faire face à des rôles d'audience décourageants :

No judge, no court staff, and no set of lawyers can consistently deal with 100 defendants each day without cutting plenty of corners. Guilty pleas in the Denver Drug Court are taken in five or ten minutes –half the time it takes to do traditional felony guilty pleas.[23]

---

[21] Ronald WRIGHT, Marc MILLER, "The Screening/Bargaining Tradeoff" in 55 *Stanford Law Review* 29, 2002.

[22] Catherine FERGUSON-GILBERT, "It is not whether you Win or Lose" in 38 *California Western Law Review* 283, 2002, p. 283.

[23] Témoignage du juge Morris HOFFMAN, "The Drug Court Scandal" in 78 *North Carolina Law Review* 1437, 2000, p. 1515.

Tout est fait pour éviter les attentes et l'engorgement du système. Lors d'un plaider coupable, il est de rigueur de demander à l'accusé de bien vouloir renoncer à son droit au rapport préparatif à la peine (*pre-sentence investigation,* PSI). On lui fait comprendre que la peine a déjà été arrangée, et que donc il est inutile d'attendre ce rapport qui donnerait inutilement du travail aux agents de probation déjà débordés. Les audiences de peine ont donc lieu en l'espace de quelques minutes, l'accusé ayant à peine le temps de proférer quelques mots, le plus souvent pour remercier le juge de son apparente clémence face à ce qui aurait pu être une peine bien plus sévère.

En outre, sous l'effet de la multiplication des affaires à traiter, les codes de déontologie sont moins bien respectés, les contrôles internes se relâchent et le système incite à prendre ses aises avec les règles car les appels aboutissent de plus en plus rarement. De toute façon, les cours d'appel ne mentionnent que rarement le nom d'un fautif. Ainsi, une avocate travaillant pour *l'Innocence Project* de San Francisco, déclare tout de go : "*The system is unaccountable*".[24] Selon elle, l'incompétence n'est jamais sanctionnée car les contrôles sont internes et donc peu opérants. Dans les grandes villes, les *assistant district attorneys* travaillent sans véritable surveillance. Faudrait-il créer de nouveaux organes de contrôle, comme le demandent certains ? Mais n'est-ce pas organiser une nouvelle chasse aux sorcières, alors que le véritable problème n'est pas résolu : comment désengorger les tribunaux, réduire les équipes de travail et rééquilibrer les rôles entre procureur, juge et avocat ?

Le tribunal fonctionne de plus en plus en synergie. Les *public defenders*, eux-mêmes, doivent se mettre au diapason, ne pas chercher à ralentir le rythme de la machine, sous peine de tomber en disgrâce auprès des juges qu'ils côtoient chaque jour et de voir leurs requêtes refusées. Mais cette évolution n'est pas pour redonner confiance au public qui parle de plus en plus d'un tribunal pratiquant la connivence complice, "*an all too chummy courtroom work group*"[25] fonctionnant en vase clos.

Dans ce contexte, le jury devient un empêcheur de tourner en rond. On constate depuis les années 90 un recul net de cette institution, avec une recrudescence des procès devant un juge unique, *bench trials*, qui s'explique par le procéduralisme de la sélection du jury et la lourdeur administrative de la mise en place du procès. Il faut aller vite, aussi l'accusé est-il de plus en plus incité à choisir un *bench trial*, en échange de quoi on lui promet officieusement une remise de peine. Il s'agit là d'une pratique occulte mais attestée un peu partout sous le nom familier de *jury tax*, tout comme le refus de plaider coupable donne lieu à une *trial tax*. Le fait de renoncer au jury est récompensé suivant l'image de la déduction d'impôt. Tout comme le *plea bargaining*, le *jury waiver bargaining* ne

[24] Entretien à San Francisco, le 14 avril 2005.
[25] Kenneth PEAK, op.cit. p. 171.

cesse de se développer dans l'ombre. Ainsi, par exemple, les chiffres du Cook County de Chicago sont éloquents :

Bench trials in Cook County outnumbered jury trials by five to one in 1961, eight to one in 1985, and eleven to one in 2003. [26]

A Philadelphie, a été expérimentée une forme de procès simplifié sans jury. Toutefois, la règle du 6ème Amendement, incontournable, ne peut être violée. La renonciation au jury par l'accusé a donc, là encore, été récompensée d'une réduction de peine équivalente à celle obtenue dans un *plea* négocié. N'est-ce pas troquer une transaction contre une autre ?

Ioannis Papadopoulos remarque que ces *bench trials*, de plus en plus courants, sont à rapprocher du modèle de procès en correctionnelle français.[27] Procédé relativement expéditif (30 minutes seulement, selon Albert Alschuler, pour une infraction de type moyen), le *bench trial* se déroule sous l'autorité d'un juge souverain connaissant toutes les preuves, y compris celles non recevables devant un jury. Et même s'il choisit de ne pas en tenir compte *(disregard)*, cette pleine connaissance modifie forcément le jugement.[28] Le *bench trial* n'est pas une variante du *jury trial*. Il bouleverse les règles habituelles de la procédure accusatoire. Il met le verdict dans les mains d'un juge soucieux de sa réputation auprès de ses collègues et du public, contrairement à un jury anonyme.

Au surplus, le juge est habitué à rendre des jugements selon la règle lâche de *preponderance of the evidence*, en audience de peine. Ne sera-t-il pas tenté d'appliquer cette même règle pour une audience de culpabilité ? John Hart Ely a montré la fonction primordiale que joue la règle de *guilty beyond a reasonable doubt* en procédure accusatoire. Cette norme stricte permet de contrer les armes redoutables de l'accusation. Elle contient une forme de principe de précaution bien exprimé dans l'adage "*justice must err on the side of the defense*" : en cas du moindre doute sur la culpabilité, la justice doit donner raison à l'accusé. En d'autres mots, si la justice doit se tromper, ce doit être au bénéfice de l'accusé car on ne peut prendre le risque de condamner un innocent.

In an overwhelmingly majority of criminal cases the defendant is not a rich celebrity, but rather someone who is poor [...]. The defense in such ordinary cases is outgunned (always) by the superior investigative resources of the prosecution and (usually) by its superior trial experience. The function of the reasonable doubt instruction is to help level this tilted playing field.[29]

---

[26] Steve BOGIRA, *Courtroom 302*, op.cit. p. 127.

[27] Ioannis PAPADOPOULOS, "*Plaider coupable*", op.cit. p. 64.

[28] Notons également qu'en droit américain, l'audience a toujours lieu devant un juge unique. L'audience devant trois juges est réservée aux procédures d'appel. Il n'y a donc pas de possibilités, dans une affaire grave ou sensible, de passer devant un collège de trois juges comme cela se fait couramment en Europe.

[29] John Hart ELY, *On Constitutional Grounds*, op.cit., p. 231. L'auteur répondait à des critiques du verdict de OJ Simpson, qui demandaient que soit aboli le"doute raisonnable".

L'expérience de Philadelphie n'a pas fait de véritables émules. Mais la tendance lourde est bien à une avancée de ces *bench trials*. L'évolution historique de la procédure américaine vers un dépérissement du jury pénal est une réponse à la pression du climat répressif actuel. Mais on peut se demander si le rôle de la justice est d' "expédier" les affaires suivant une logique inflationniste.

Plus grave encore est l'évolution vers des procédures bâclées. Si l'on reprend l'exemple du procès d'Abe Jackson, le juge était inquiet. A la fin du procès il fit venir les parties en aparté[30] pour leur dire que les témoignages présentés au jury lui semblaient bien maigres, "*insufficient evidence*". Il était dans son pouvoir d'annuler le procès, à charge pour le procureur d'initier de nouvelles poursuites et de demander un second procès s'il le désirait. Mais le juge savait aussi que son rôle d'audience en pâtirait. Il décida de "laisser l'affaire aller au jury". La tentation est grande de céder à des procès conclus rapidement, sans prendre le temps de conduire des investigations approfondies. Est-il alors surprenant qu'on assiste aujourd'hui à une recrudescence des innocents condamnés ?

Tout est question de rythme. La célérité est le maître-mot. Lorsque l'on demande aux avocats et procureurs si la justice privilégie les riches, ils raisonnent en termes de *tempo*. L'affront majeur est de ralentir la justice. Les riches savent, disent-ils, grâce à des avocats privés indépendants, non partie prenante de la vie du tribunal, utiliser le jeu des requêtes pour ajourner le procès indéfiniment. Les *district attorneys* hésitent alors à s'engager dans ces affaires qui traînent en longueur.

Il faut cependant noter que, confrontés à cette situation, certains *trial judges* ne se sont pas résignés. Ils ont cherché des solutions pragmatiques, à la fois pour réduire le nombre des "clients" et pour sortir de l'ornière des lourdes peines. Ils ont alors inventé les *problem-solving courts* qui ont, après 2000, connu une ascension fulgurante et que nous verrons au chapitre suivant. Le système judiciaire a donc réussi à s'adapter à la nouvelle déferlante répressive. Le *due process* a été dompté, rendu malléable. Mais un malaise profond persiste. Les juges de première instance et avocats ne peuvent s'épanouir dans un système qui donne à tous l'image d'un tapis roulant traitant des gens anonymes comme des bagages, *a conveyor belt processing individuals*.

---

[30] Quelquefois ces apartés sont faits à mi-voix, ce qui permet au public (et au jury) d'entendre. Des systèmes de brouillage de sons ont été installés dans de nombreux tribunaux.

Chapitre 5. De nouvelles voies de répression

Section 1. Une probation détournée de son but originel

L'incarcération massive n'emprunte pas seulement le chemin de la sévérité de la peine. Elle est due aussi à l'incrimination d'une multitude de comportements autrefois tolérés, en premier lieu l'usage de drogue en petite quantité à usage personnel. Les tribunaux sont remplis de toxicomanes et de petits délinquants à la dérive. Et les juges ne sont pas insensibles à leur errance psychologique. A ceux-là, il est possible de proposer la fameuse probation dont on a vu les origines nobles et les fonctions de réinsertion. Et puis, cette mesure est un bon moyen pour les juges de contourner les détestables peines minimum obligatoires.

La probation, pourtant, connaît aujourd'hui un triste sort. Elle est utilisée abondamment car elle fait miroiter à l'accusé la chance d'une libération immédiate et de cette manière, il est fortement incité à plaider coupable.

La probation a connu une montée vertigineuse en vingt ans. En décembre 2003, plus de quatre millions d'adultes étaient en probation, dont un demi-million au Texas et un autre demi-million en Californie. Un quart des personnes condamnées en probation l'étaient pour usage de drogue, 17 % pour conduite en état d'ébriété (*driving under influence, DUI*).[1]

On estime aujourd'hui que la moitié des inculpés pour *felony* bénéficient de la probation. Pour les délinquants mineurs (*misdemeanants*), le chiffre est bien sûr nettement supérieur. Mais les conditions qui sont attachées à la probation sont un vrai piège. Par exemple, l'accusé est obligé de payer une forte amende, sous forme de mensualités à verser durant la totalité de sa probation. Qu'il oublie un versement, il tombe sous le coup d'une violation de probation et il est incarcéré car la violation de probation ne suit pas la règle de la preuve au-delà du doute raisonnable mais celle moins stricte de la prépondérance des preuves (*preponderance of evidence*). Or, aucune enquête préalable n'est conduite pour savoir si l'accusé est en mesure de payer cette amende. Les agents de probation, censés

[1] *Bureau of Justice Statistics* Bulletin, juillet 2004.

aider ces personnes, sont débordés : "*Although ideal caseloads for probation officers range from 25 to 50, many probation officers actually have caseloads of 200 or more.*"[2]

Ainsi le taux d'incarcération suite aux violations de probation est énorme. Seulement trois personnes sur cinq parviennent à respecter les conditions de leur probation. Le professeur Susan Rutberg de Golden Gate University à San Francisco appelle la probation "*a slow guilty plea to prison*".[3] Car, explique-t-elle, c'est demander à des personnes qui ne maîtrisent pas leur vie, des responsabilités supplémentaires qu'elles ne parviennent pas à assumer.

Les prisons sont donc pleines de ces délinquants qui n'ont pas respecté les termes de leur probation. Naturellement, ils ne font pas la une des journaux. Or, un phénomène étrange a lieu par endroits. Les maisons d'arrêt (*jails*) débordent et le Sheriff est obligé de libérer des prisonniers pour laisser la place à d'autres. Mais cela signifie que des détenus sont libérés bien avant d'avoir fini leur peine et la population réagit très mal. La rumeur se répand que le système est laxiste et que les criminels ne sont pas punis. Le système devient anarchique. Des personnes condamnées pour des actes violents servent parfois 10 % de leur peine pour permettre l'incarcération d'auteurs d'actes non violents, souvent de jeunes drogués. On imagine sans peine l'impression que l'annonce suivante dans les journaux - ici en première page du *Los Angeles Times* - peut donner au public :

About 200 000 inmates have been let out of Los Angeles County jails before their sentences were completed over the last three years, the vast majority after serving 10 % of their terms. Critics complained that the releases undermined the deterrent of jail and pointed out that in some cases, inmates who were released early went on to commit other crimes when they should have been incarcerated.[4]

On estime qu'une personne en probation sur neuf est en fuite. Ce qui explique qu'on parle beaucoup aux Etats-Unis des "*fugitives*". Le même phénomène se répète pour la libération conditionnelle, *parole,* assortie de nombreuses conditions, environ 800 000 personnes en décembre 2003. A ceux-là aussi on demande souvent de payer une somme en "restitution" sous forme de mensualités.

Mais plus d'un tiers (38 %)[5] retourne en prison parce que, livrés à eux-mêmes, souvent sans emploi, n'ayant pas bénéficié en prison de programme de désintoxication, ils sont incapables de respecter les nombreuses et drastiques conditions imposées. Michael Jacobson, qui a été pendant plus de vingt ans directeur des prisons de New York, considère que des politiques non contrôlées de ré-incarcération systématique suite aux "violations techniques" de liberté

---

[2] Kenneth PEAK, *Justice Administration*, Prentice Hall, 2001, p.272.

[3] Entretien le 14 avril 2005.

[4] *LA Times*, 19 avril 2005, "Windfall to Ease LA Jails' Crowding".

[5] *Bureau of Justice Statistics*, 2004..

conditionnelle sont à l'origine de l'accroissement vertigineux des taux d'emprisonnement. Ces violations techniques sont le plus souvent liées à un usage de drogue que bien sûr la vie en prison n'a pas guéri.

Section 2. Vers un nouveau modèle de justice pénale

La lutte contre la drogue est l'une des raisons principales de l'emballement punitif depuis les années 80 aux Etats-Unis. En vingt ans, les poursuites judiciaires pour détention ou trafic de stupéfiants ont quadruplé. En 1990, elles représentaient déjà un tiers des inculpations de *felony.* En 2003, le FBI a comptabilisé presque 1 700 000 arrestations liées à la drogue dans tout le pays. [6] Les peines encourues sont extrêmement dures. Face à ce déluge, les tribunaux ont cherché des solutions, en partie pour échapper à l'étreinte législative des peines planchers. C'est ainsi que les *drug courts* ont rencontré un succès fulgurant. De plus, ils ont joué un rôle pionnier dans le développement d'une forme de justice connue outre-Atlantique sous le nom de *problem-solving courts.*

La première expérience de *drug court* est apparue en 1989 dans le Dade County en Floride. En 1994, l'expérience avait essaimé et on comptait 40 *drug courts* dans le pays. Cette année-là, le Congrès autorisa *l'Attorney General* à verser des subsides aux Etats aux fins d'établir des *drug courts.* Le mouvement, dopé par les subventions fédérales, prit de l'ampleur ; en janvier 2005, il y en avait 1262 répartis dans tout le pays, et 575 ouvertures sont prévues à court terme.

Ces tribunaux d'un nouveau genre, pratiquant une justice alternative, apportaient en effet une réponse à la frustration grandissante des juges face à un système où ils avaient de plus en plus l'impression d'être acculés à un rôle de bourreau et de bureaucrate dont ils n'avaient jamais voulu. Les expressions décrivant le système ne laissaient d'ailleurs pas de doute à ce sujet : "*assembly-line justice*", "*McJustice*" ou encore, pour stigmatiser la désespérante récidivité, "*revolving door justice*". Les juges n'étaient pas non plus insensibles aux cinglantes critiques adressées à la politique pénale américaine venant des milieux intellectuels et ils tenaient à manifester leur propre sentiment d'aliénation face à des politiques douteuses dont ils faisaient eux-mêmes les frais.[7]

Dans ces tribunaux, les toxicomanes (à savoir les personnes non soupçonnées de se livrer à la vente de drogue, uniquement les consommateurs) ont la possibilité d'échapper à la prison en s'engageant à suivre un programme intensif de désintoxication et à être contrôlés par le juge à intervalles réguliers. Lors de ces comparutions, les progrès du client (on évite le mot *defendant*) sont évalués,

---

[6] Source FBI *The Uniform Crime Reports, Bureau of Justice Statistics*, 2005.

[7] Voir l'article incendiaire paru dans *The Economist* le 8 juin 1996, "Crime in America : Violent and Irrational –that's the Policy." Sous-titre "American criminal justice policy is misconceived and dangerous".

résultat d'analyse d'urine à l'appui. Les conditions sont strictes. Le juge n'hésite pas à délivrer des mandats d'arrêt (*bench warrant*) à tous ceux qui ne se présentent pas au tribunal le jour de leur contrôle. Si les progrès sont jugés insuffisants, le client est vertement sermonné et le juge peut avoir recours à des sanctions de plus en plus sévères, telles que l'incarcération pendant quelques jours (*shock incarceration*) ou un travail d'utilité publique (*community service*). Le client doit se soumettre à cette discipline pendant une période d'au moins une année, au terme de laquelle les charges sont abandonnées, le casier judiciaire effacé (*expunged record of arrest*) et il est félicité.[8] En cas d'échecs répétés, le client est "*terminated*" et envoyé en prison sur ordre du juge. Dans un autre type de *drug court* le client doit obligatoirement plaider coupable pour avoir accès à ce programme. S'il échoue il encourt la peine prévue par la loi.

Ce nouveau modèle de justice faisait aussi suite à la mise en place dans les grandes villes, telle que New York, des politiques de *zero tolerance*. Les tribunaux voyaient affluer des milliers de miséreux arrêtés pour de petits délits (*low-level offenses*). En 1993, le premier *community court* ouvre ses portes à New York Manhattan (*Midtown Community Court*). Il s'agit de s'attaquer aux "*quality-of-life crimes*" : ivrognerie, mendicité, ventes illégales de trottoir, graffiti, atteinte à l'ordre public (*disorderly conduct*), prostitution... Pour éviter l'explosion des incarcérations, on a recours aux travaux d'intérêt général et à divers programmes obligatoires, par exemple de re-scolarisation.

En 1996, le premier tribunal spécial pour violences conjugales voit le jour à Brooklyn, suivant le même principe. En 2000, on en compte plus de 200.

En 1997, c'est le tour des délits commis par les malades mentaux. Depuis que les asiles ont fermé leurs portes suite au mouvement de désinstitutionnalisation, les malades mentaux courent les rues, sans domicile fixe et se retrouvent souvent sur les bancs des tribunaux. Des tribunaux spéciaux, stimulés par les crédits fédéraux, vont les prendre en charge. Chaque fois il s'agit de soumettre l'individu à un programme de rééducation surveillé de près par le juge.

En un sens, le système mis en place semble reproduire le modèle de la probation mais il n'en est rien. Nous avons vu que la probation est devenue un miroir aux alouettes, le suivi étant presque inexistant. En revanche, les *problem solving courts* bénéficient de moyens financiers spéciaux, souvent mi-privés, qui

[8] Le visiteur novice entrant dans un tribunal américain risque fort de se trouver en face d'un spectacle pour le moins insolite, compte tenu de la fonction traditionnellement punitive des lieux. En salle d'audience, le juge se lève, serre la main de la personne à la barre et demande à tous les spectateurs d'applaudir. Le premier "client" s'en va, un autre prend sa place et de nouveau, après les félicitations du juge, éclate un concert d'applaudissements. Il s'agit en fait d'une audience dénommée "*graduation ceremony*". Lors de ces sessions, on distribue parfois des diplômes, *graduation certificates*, aux personnes ayant réussi leur cure de désintoxication.

leur permettent d'organiser un réel suivi, non pas simplement par un agent de probation mais par le juge en personne lors d'audiences régulières au tribunal.[9]

Il est indubitable que le prodigieux succès de ces tribunaux est dû en grande partie à l'attrait financier qu'ils présentent et à leur promesse d'une efficacité redoublée dans la disposition des affaires, en diminuant la récidive et surtout en court-circuitant la longue procédure pénale. Les pressions politiques pour la création de ces tribunaux jouent un rôle non négligeable. Quant au milieu académique, l'accueil a été très chaleureux. Il faut dire que les minima obligatoires sont devenus la bête noire des intellectuels et toute manière de les contourner la bienvenue. *L' American Bar Association* a également apporté son soutien. En un mot le mouvement bénéficie d'un soutien quasi consensuel auprès des élites et d'une grande popularité.[10] Ainsi Marc Mauer, directeur du *Sentencing Project* qui lutte contre l'incarcération massive, place de grands espoirs dans ce mouvement.[11]

Dans ce climat favorable, les *problem-solving courts* semblent promis à un bel avenir. En 2005, des variantes apparaissent un peu partout, souvent créées à l'initiative de juges individuels inspirés. Telle cette expérience d'un "tribunal d'assistance" (*outreach court*) qui ouvrira ses portes en 2006 dans le Sud de Los Angeles et viendra compléter le maillage déjà impressionnant de tribunaux dans cette région. Le *Los Angeles Times* publie un article dithyrambique à ce sujet :

An Orange County judge plans to open an outreach court to connect the homeless with mental health services, job training and legal counsel under one roof in hopes of saving money and reducing criminal recidivism. We've been filling oûr prisons with the mentally ill, and that's not working. This is a compassionate alternative.[12]

L'article parle de la satisfaction du sheriff : "*less people sitting in my jail*" et du soutien actif des services sociaux. Il note aussi l'aspect créatif et l'espoir de servir de modèle, "*a pilot program that could be duplicated elsewhere in the county*", avec en filigrane la grande idée américaine du progrès accompli par l'initiative locale plutôt que par des injonctions d'un pouvoir central.

---

[9] Naturellement les juges doivent veiller à ne pas octroyer le bénéfice de ce programme à tout inculpé. Car çà et là, des scandales ont éclaté à propos de trafiquants de drogue se faisant passer pour de simples drogués afin de se trouver de nouveaux clients dans ces programmes.

[10] Voir Veronica S. McBETH "Judicial Outreach Initiatives" in 62 *Albany Law Review* 1379, 1999. Judith S. KAYE, "Rethinking Traditional Approaches" in 62 *Albany Law Review* 1491, 1999. Ces deux auteurs mettent surtout l'accent sur le fait que ces tribunaux redonnent confiance au public en la justice.

[11] Marc MAUER, *Race to Incarcerate*, op.cit. p.160.

[12] *LA Times* 31 mars 2005, "Justice with a Side Order of Help".

Des auteurs critiques, tels James Nolan ou Eric Miller[13], n'ont pas manqué de noter l'ironie de l'histoire en faisant le rapprochement avec l'idéal de réinsertion (*rehabilitative model*) des années 50 et 60 tant battu en brèche dans les années 70. Pour eux, le mouvement ne fait que renouer avec la grande tradition humaniste de la pénologie américaine oubliée dans les années 80. De même, Sudip Kundu remarque que le juge est devenu un succédané de professeur et d'assistant social : "*the judge in the Washington drug court seemed to be not only an 'arbiter of facts and law' but also a social worker and teacher.*"[14]

Le mouvement a été associé à la "pensée du droit thérapeutique", (*therapeutic jurisprudence)*[15] non dénuée de connotations sinistres, évocatrice d'une justice de type *Clockwork Orange*[16], où l'individu est rééduqué, modelé et conditionné. Ne s'agit-il pas d'une forme nouvelle de contrôle social ? Mais Greg Berman, directeur du *Center for Court Innovation*, s'en défend en mettant l'accent sur la dynamique "restauratrice" (*restorative justice*) du mouvement, c'est-à-dire l'idée de payer symboliquement son écot à la collectivité qu'on a blessée :

> *When community courts sentence low-level offenders to perform community service, it is not because they are trying to "heal" the offenders, but because they want to pay back the local neighborhood that has been harmed by crime.*[17]

En fait, le caractère le plus novateur de ce mouvement se situe bien là : c'est une justice qui replonge ses racines dans la "communauté" et défait les liens du *due process* constitutionnel. Greg Berman, d'ailleurs, ne cache pas le fait que les *drug courts* se sont développés en réaction à ce qui est perçu comme de graves défauts dans la procédure accusatoire façonnée par le *due process.* La lourdeur du *due process*, dit-il, a fatalement conduit à la pratique écrasante du *plea* négocié, lequel a lui-même conduit à l'omniprésente probation comme valeur d'échange, avec les piètres résultats que l'on connaît. Il est temps, ajoute-t-il, d'inventer des formes de justice non accusatoire, *non-adversarial.* Le *due process* serait-il devenu obsolète ?

Mais on ne défait pas les liens du *due process* sans danger. Les dérives des *problem-solving courts* viennent à point nommé rappeler que les expériences de terrain, sans un solide ancrage constitutionnel, peuvent gravement déraper. Or

---

[13] James NOLAN, "Redefining Criminal Courts" in 40 *American Criminal Law Review* 1541, 2003. Eric MILLER, "Embracing Addiction : Drug Courts and the False Promise of Judicial Interventionism" in 65 *Ohio State Law Journal* 1479, 2004.

[14] Sudip KUNDU, "Privately Funded Courts and the Homeless : A Critical Look at Community Courts" in 14 *Journal of Affordable Housing* 170, 2005, p. 178.

[15] En anglais le mot *jurisprudence* a deux sens, soit jurisprudence soit philosophie, pensée légale. Dans le contexte, le deuxième sens s'impose car la Cour suprême est restée étonnamment muette sur le sujet, la jurisprudence est quasi inexistante.

[16] *Orange mécanique,* film de Stanley Kubrick d'après un roman de Anthony Burgess, sorti en 1971.

[17] Greg BERMAN, "Redefining Criminal Courts – response to James Nolan" in 41 *American Criminal Law Review* 1313, p. 1314.

c'est justement, par les temps qui courent de déclin du contrôle constitutionnel, ce qui manque encore à ce grand mouvement humaniste.

Les dérives d'expériences sauvages mal encadrées

A partir des années 2000, des bémols apparaissent dans la presse. Des expressions peu élogieuses, "*cattle-call justice*", "*mill*", fleurissent pour traduire un certain désenchantement face à cette nouvelle forme de justice. L'ouvrage de Steve Bogira, *Courtroom 302*, paru en 2005, dresse un portrait calamiteux des *drug courts* de Chicago. Que s'est-il passé ? Nous allons tenter d'analyser les dérives possibles du mouvement à la lumière du *due process of law.*

Tout d'abord, l'un des premiers principes du *due process* est l'impartialité du jugement (6ème Amendement). Or nombre de ces tribunaux sont financés en partie par des fonds privés.[18] Sudip Kundu examine l'une des premières décisions légales sur ce point, provenant d'une cour d'appel du Missouri qui, en 2005, a déclaré inconstitutionnel le *Downtown Community Court* de St Louis au motif que son financement privé créait un intérêt financier dans le jugement des affaires.[19] L'auteur conclut :

If the funding for these courts is provided by the business community, which lobbies for stricter action against the homeless, and revitalizes cities by removing homeless people and homeless services, how can a homeless person be tried in front of an impartial judiciary ? [20]

Quand bien même le tribunal ne serait pas financé par des fonds privés, le risque d'une violation du *due process* est élevé car les juges des *community courts* siègent dans les instances de conseils locaux (*community advisory panels*). Ainsi, le comité de pilotage du *New York Midtown Community Court* comprend un conseil de douze notables locaux qui se rencontrent tous les trimestres pour discuter des problèmes du tribunal. Le juge fait partie de ce conseil. Sudip Kundu pose la question de l'impartialité d'un juge qui aura écouté les recommandations des corporations de commerçants et hommes d'affaires, pour juger les *homeless* et *drug-addicts* de la ville. Et de même, la doctrine constitutionnelle de séparation des pouvoirs exigerait que les juges ne siègent pas aux côtés du maire ou du shériff.

Un autre grand principe du *due process*, depuis l'arrêt *Gideon*, est le droit à un avocat de la défense, y compris pour les délits mineurs. Or, le délaissement de

---

[18] Exemple : *Red Hook Community Justice Centre* à Brooklyn est souvent cité comme un modèle du genre. Il est financé en partie par des subventions fédérales, par la mairie de New York et par des fonds privés. Il n'y a pas de rotation de juges. Le juge en place doit suivre les besoins de la collectivité. "*We want the judge to understand the community and the problems which it faces.*" dit le directeur du centre qui supervise les opérations. Voir *The Economist* 13 mai 1999, "Dispensing Justice, a Tree Grows in Brooklyn".

[19] *Bogan v. Bonner* (2005), Missouri Circuit court, 22nd Judicial Circuit (city of St Louis).

[20] Sudip KUNDU, art.cit., p.177.

la procédure accusatoire est l'une des caractéristiques les plus frappantes de ces nouveau tribunaux dans lesquels le juge joue un rôle central et dialogue avec le client placé debout au centre du prétoire face au magistrat, comme en une reproduction exacte d'une audience française en tribunal correctionnel. Mais le juge Morris Hoffman s'insurge :

The entire drug court milieu is constructed as a single, unified institutional response to the problem of drugs. Prosecutors, defense lawyers, and judges are meant to meld together as a kind of single public service institution designed to do what is best for drug-defendants, or "clients", as they are referred to in in the drug court new-speak. Indeed, it is de rigeur [sic] that drug courts cannot operate successfully without the "cooperation" of the judge, prosecutors, police, sheriffs, and defense lawyers. The very instant this "cooperation" is achieved, the protections inherent in the adversary nature of our system are put at risk. [21]

Dans certains tribunaux, en effet, les avocats de la défense ne sont en général plus présents. Lorsqu'ils le sont, ils ne peuvent guère que conseiller à leur client d'accepter le programme proposé. Quand celui-ci est proposé en échange d'un plaider coupable, la quasi-coercition est un risque réel. Les avocats se disent inquiets de ce développement. La renonciation au droit au procès signifie que si le client ne parvient pas à remplir les termes du programme-contrat, il est déclaré coupable et va droit en prison. Il a alors un casier judiciaire qui le suivra toute sa vie. Les avocats de la défense assistent parfois impuissants à une vaste opération de laminage avec des plaider coupable à la chaîne, sans qu'ils puissent faire comprendre à certains clients que leur intérêt à long terme serait plutôt de plaider non coupable.

Car vient ici se greffer un autre grand principe de pénalité : l'existence d'une intention de nuire. Le *mens rea* risque d'être complètement oublié. Dans les *drug courts,* les clients qui échouent sont souvent les toxicomanes les plus gravement dépendants de la drogue et donc les vrais malades tandis que ceux qui réussissent leur épreuve de désintoxication sont les usagers dont la dépendance légère suggère une capacité à se prendre en charge, donc des non-malades se laissant aller de façon intentionnelle à leur addiction. Ainsi les personnes finalement condamnées sont justement celles qui présentent une intention délictueuse des plus discutables. Il en va de même pour les malades mentaux. Nous avons vu qu'il y a quelques décennies, on pouvait encore obtenir des acquittements ou des remises de peines importantes suivant l'état mental de l'accusé. Il n'en est plus guère question aujourd'hui.

Drug courts thus may be performing a kind of reverse moral screening –those defendants who do not respond to treatment, and therefore may be the most diseased, go to prison, while

---

[21] Morris B. HOFFMAN, "The drug Court Scandal" in 78 *North Carolina Law Review* 1437, 2000, p. 1524.

defendants who respond well and whose use of drugs truly may have been voluntary, escape prison.[22]

Mais revenons à l'abandon de la procédure accusatoire et des droits constitutionnels des accusés. Il est à l'origine de la plus grave dérive du mouvement. C'est ce que Morris Hoffman désigne sous le nom de "*popcorn effect*" ou d'autres, le "*net widening*", le filet qui s'élargit. Le relâchement procédural et l'aspect généreux déculpabilisant de ces tribunaux a conduit les procureurs à augmenter les poursuites judiciaires et réduire les classements sans suite. Les policiers, qui autrefois avaient tendance à fermer les yeux sur la toxicomanie légère, n'hésitent plus aujourd'hui à procéder à des arrestations, sachant que l'institution judiciaire est capable d'absorber cette masse de petits délinquants.

The jail population rose from 6500 when the night courts opened to 86000 three years later –a result of the decision to prosecute the "virtually inexhaustible supply" of drug users.[23]

Partout, on constate la même tendance à une augmentation exponentielle de la clientèle de ces tribunaux, et même avec une récidive moins élevée que dans le système traditionnel, le nombre de personnes qui finissent ainsi en prison est impressionnant.[24] On parle aujourd'hui de justice-troupeau, de moulins à condamnations bénéficiant d'un approvisionnement inépuisable de drogués interpellés au coin des rues à la recherche de leurs doses journalières. Les *drug courts* sont victimes de leur succès et les rôles d'audience surchargés. Pour faire face au flot ininterrompu, on créa les *drug night courts*. Par exemple, à Santa Ana (Californie), tous les mardis soirs, le tribunal est ouvert pour ces affaires courantes dont on peut disposer rapidement, sans atermoiements.

Enfin, il faut noter une évolution encore dans les limbes mais qui, si elle prenait corps, entrerait directement en conflit avec la clause de punition cruelle du 8ème Amendement. Certains auteurs, tel John Braithwaite, se prononcent, dans le cadre de ces programmes, pour le concept d' "humiliation publique restauratrice" (*reintegrative shaming*) : port de vêtements humiliants ou marques d'infamie en public. Va-t-on régresser jusqu'à la Lettre Ecarlate ?

L'histoire des *problem-solving courts* nous enseigne que la vertigineuse montée de l'incarcération aux Etats-Unis n'est pas due simplement à un état d'esprit punitif et vengeur. Elle est aussi le sous-produit de l'*hubris* de la démocratie locale, "*the bureaucrats' universal fear of being the last on the block to have the latest administrative gimmick*"[25] qui puise dans la thématique d'une régénérescence morale.

---

[22] Morris HOFFMAN, ibid p. 1476.

[23] Steve BOGIRA, op.cit. p. 119.

[24] Deux exemples : à Minneapolis en 1996 1200 affaires de drogue furent instruites. En 1997, l'augmentation a été de 50 %. A Denver, en 1995, l'année où le *drug court* fut créé, 434 inculpés finirent en prison (80 % d'augmentation), en 1997, 625 soit une nouvelle augmentation de 80 %. Source HOFFMAN, ibid p. 1511.

[25] Morris HOFFMAN, ibid p. 1440.

Quelques voix, çà et là, se lèvent pour dire que le système judiciaire pénal n'est pas le lieu idoine pour régler les grands problèmes sociaux. Certes, il est tentant de voir dans le juge une figure d'autorité qui remplace avantageusement la figure parentale bien souvent déficiente. Juges, DA et *public defenders* aiment mettre en avant leur rôle d'adultes-relais et de "magistrats du sujet"[26] auprès des individus en déshérence. C'est sans doute une évolution inéluctable de toute société moderne puisque le même constat est fait par Antoine Garapon concernant le juge dans la société française : "*cette demande inédite ouvre un nouveau terrain pour la justice en sollicitant plus sa fonction tutélaire que sa fonction arbitrale*".[27] L'individualisme de la société moderne et la crise de l'autorité assignent aux derniers symboles d'une transcendance, parmi lesquels se trouvent les juges, la tâche de voler au secours des êtres fragiles. Partout, on constate le même phénomène. En Hollande, l'assistanat social imprègne tout le système judiciaire et pénitentiaire. Anneke Wassink, assistante sociale et professeur à la *Inholland School of Social Work* de La Haye, constate l'évolution dans son pays vers des pratiques plus coercitives : "*The first aim of social work has become not curing the individual but moving towards programmes of pressure and obligation. Very much like the American system. Nowadays drug addicts are offered a choice : accept a treatment or go to prison. Obviously this does motivate people to accept treatment.*"[28]

Cependant, l'expérience américaine montre que cette double fonction du juge peut conduire à une insidieuse banalisation de la criminalisation des comportements (*victimless crimes*). Il n'est bien sûr pas question de dénigrer les efforts courageux de ces juges qui se battent pour prendre en charge ces personnes souvent délaissées de tous. Il s'agit simplement de montrer que sans garde-fous, ces expérimentations hors du champ traditionnel de la justice peuvent générer des effets pervers qu'il convient de circonscrire. En ce sens, le *due process* n'apparaît plus comme l'empêcheur de tourner en rond mais comme un cadre strict à l'intérieur duquel peuvent se déployer les initiatives locales.

Par ailleurs, nous avons vu que la FAMM (*Families Against Mandatory Minimums*) se bat pour l'abrogation des peines planchers. L'association fait partie d'un vaste mouvement, *smart-on-crime*, qui vise au relâchement des politiques de criminalisation de la misère.

Mais devant l'ampleur de la tâche, le pouvoir judiciaire ne devrait-il pas montrer le bon exemple en utilisant la seule arme véritable qui lui permette de résister à l'empire des deux autres branches, à savoir une méticuleuse adhésion au *due process of law* ? Les procureurs ne seraient-ils pas alors incités à être plus circonspects et moins gourmands dans le choix et la quantité des poursuites judiciaires ? Le *due process*, par ses lenteurs inhérentes, sa laborieuse et exigeante quête d'impartialité, constitue une entrave naturelle à une justice de masse.

---

[26] Expression de Antoine GARAPON, *Le gardien des promesses*, op.cit. p. 139.
[27] Antoine GARAPON, ibid, p.151.
[28] Entretien 27 décembre 2004.

Chapitre 6. Les procédures d'appel : un chemin de Sisyphe

La revue en appel d'une décision de justice n'est pas de droit, elle est soumise à l'approbation des juges qui souvent la rejettent d'emblée, sur l'appréciation de son bien-fondé, *on the merits.* Mais notons que dans la plupart des Etats, le premier appel est maintenant de droit. D'autre part, le mot " appel " peut prêter à confusion car il s'agit plutôt d'un pourvoi en cassation, dans la mesure où le procès n'est pas recommencé mais juste passé en revue, en particulier grâce aux transcriptions écrites systématiques des échanges tenus lors du procès en question. L'appel peut déboucher soit sur une confirmation du jugement (*the case is affirmed*), soit une cassation (*the case is reversed*), soit un renvoi de l'affaire afin qu'elle soit rejugée (*the case is remanded*). Dans ce cas, le procureur juge de l'opportunité de relancer la poursuite, il peut décider de l'abandonner. Si la cour d'appel casse une condamnation, le ministère public peut refuser cette décision et faire appel auprès d'une cour supérieure, en l'occurrence la Cour suprême de l'Etat. Toute partie déboutée peut se pourvoir auprès d'une cour supérieure. Ainsi le veut la tradition démocratique des poids et contrepoids. La notion de jugement définitif et sans appel est assimilée à de l'autoritarisme. Il est donc possible d'interjeter appel d'une décision de la Cour suprême de l'Etat auprès de la Cour suprême des Etats-Unis .

En *common law*, l'appel n'a pourtant jamais été ni bien considéré ni respecté. Ainsi, seulement une trentaine d'Etats possède une Cour d'appel intermédiaire, appelée généralement *Court of Appeals*, ou *appellate court.*

Celle-ci siège avec trois juges, sans jury. Question cruciale : accepte-t-elle de revoir les preuves ? Peut-elle éviter de possibles erreurs judiciaires en revoyant l'affaire sur le fond ? C'est un sujet fort débattu car en théorie, elle ne revoit que des points de droit : la revue des éléments factuels est très limitée. En outre, il faut souligner l'extrême prudence observée par les tribunaux américains dans le tri des appels et cela pour deux raisons essentielles. D'une part, le jury populaire est investi d'un rôle irremplaçable : *The right to trial by jury would not mean very much if either trial or appellate judges could simply reverse jury findings whenever they disagreed with them.*[1]

---

[1] W. BURNHAM, *Introduction to the Law and Legal System of the US*, op.cit. p. 179.

D'autre part, le *trial* confère, outre le sceau du verdict citoyen, un avantage qu'aucune autre audience ne peut fournir : les débats y sont oraux, les témoins présents et visibles. Les juges d'appel, eux, doivent statuer au vu d'une transcription écrite du procès. On considère en droit de *common law* que l'écrit a moins de valeur que l'oral, il ne capte pas l'ambiance et les inflexions du procès. Le *jury trial* est vraiment le cœur de la procédure où tout se joue. La difficulté des accusés à faire aboutir leurs pourvois en appel tient, en grande partie, à cette confiance quasi absolue mise dans la pièce maîtresse qu'est le *jury trial.* Ainsi, les nombreuses procédures d'appel existantes ne doivent pas faire illusion. Le sort de l'accusé est le plus souvent irrémédiablement scellé au procès devant jury. Performance théâtrale, scène dramatique, aveux en direct, regards, hésitations, mais aussi évaluation de la profondeur du traumatisme infligé à la victime : le *jury trial* est un moment de vie qu'aucun froid compte-rendu ne peut restituer.

Jerome Frank, dans son ouvrage classique *Courts on Trial,* paru en 1949, parlait déjà d'un *upper-court myth*, c'est-à-dire l'illusion de l'efficacité des recours :

The appearance and manner of a witness, many courts have said, is often a complete antidote to what he testifies.[2]

Mais, en même temps, il est plus facile aux Etats-Unis de faire aboutir un appel sur un point de droit ; on n'imaginerait pas en France parvenir à faire annuler un procès parce que le jury n'était composé que d'hommes, ou encore pour une remarque légèrement tendancieuse du juge, ou bien en invoquant le manque de compétence de l'avocat de la défense sur un point de détail.

La Cour suprême des Etats-Unis, quant à elle, n'entend qu'environ 1 à 3 % des demandes qui lui sont soumises. Son rôle d'audience (*docket*) ne cesse de diminuer. Selon Martin Garbus, la Haute Cour a réduit de moitié le nombre d'appels qu'elle entend en dix ans.[3]

De plus, la Cour suprême fédérale est gouvernée par un historicisme pragmatique qui forcément a pour conséquence d'instrumentaliser les cas individuels : ses décisions ont une portée immense, bien au-delà du sort de l'accusé. Celui-ci dépend de l'opportunité de résoudre un point de procédure dans le contexte social du moment. Ainsi, une requête aux fins d'obtenir un *writ of certiorari* est rarement acceptée lorsque l'erreur alléguée consiste en une erreur de fait (comme une allégation de preuve d'innocence non présentée au moment du procès) ou en la mauvaise application d'une règle clairement établie.

Les *direct appeals* sont donc presque uniquement l'affaire des tribunaux d'Etat. Or, les implications politiques ne sont pas négligeables. Les juges des cours d'appel ne sont pas comme leurs homologues fédéraux nommés à vie. Ils

---

[2] Jerome FRANK, op.cit. p.21.

[3] Martin GARBUS, *Courting Disaster*, Times Books, 2002, p. 8.

doivent faire face aux électeurs, y compris les juges des cours suprêmes. Dans le prolongement de l'esprit du jury, voix de la *community*, le juge doit respecter les désirs du peuple. Au total, 53 % des juges d'appel sont élus pour leur premier mandat, 89 % doivent l'être pour le renouvellement de leur mandat (*retention election*).

Depuis une décision de la Cour suprême en 2002, *Republican Party of Minnesota v. White*, les juges ont un droit reconnu de faire campagne en affichant leurs opinions politiques, de diverses manières, y compris par des messages publicitaires à la télévision. La politisation des campagnes électorales des juges des cours d'appel d'Etat s'est accrue au point d'inquiéter sérieusement les grandes organisations de la magistrature, telle *l'American Judicature Society*. Dans ces conditions, les juges d'appel d'Etat risquent de devenir la voix servile des groupes d'intérêt dominants, bien souvent à la source des financements des campagnes, et non les serviteurs impartiaux du *due process of law*.

En conclusion, c'est bien toujours le *jury trial*, et lui seul, qui porte le flambeau de la justice. Les procédures ultérieures, au niveau des Etats, sont très hasardeuses, d'autant qu'elles sont de moins en moins couronnées par l'auréole de la Cour suprême et, dans le même temps, de plus en plus soumises aux humeurs politiques locales.

Terminologie des recours successifs possibles

Appellate review (direct appeal)

1) Appeal to State Appellate Court

2) State Supreme Court Appeal

3) Appeal to the US Supreme Court

Habeas Corpus (Collateral Attack)

Article I section 9 de la Constitution : Le privilège de l'ordonnance de l'habeas corpus ne pourra être suspendu, sauf en cas de rébellion ou d'invasion, lorsque la sécurité publique l'exigera.

4) State Habeas Corpus (trial court)

5) State Habeas Corpus (Appelate Court)

6) State Habeas Corpus (State Supreme Court)

Quand les recours d'Etat sont épuisés, le recours fédéral devient possible.

7) Federal Habeas Corpus (US District Court)

8) Appeal of Federal Habeas Corpus (US Court of Appeals)

9) Appeal of Federal Habeas Corpus to the US Supreme Court

Section 1. Grandeur et fragilité de l'*habeas corpus*

Si les appels directs ont échoué, le condamné a encore à sa disposition un formidable instrument pour faire valoir ses droits constitutionnels : l'*habeas corpus* – pour le différencier de l'*Appeal*, on le désigne souvent par l'expression "attaque collatérale", *collateral attack*.

Contrairement aux autres garanties du procès qui sont des conquêtes tardives, *l'habeas corpus* plonge ses racines dans une histoire séculaire, prestigieuse, emblématique des avancées de la démocratie sur la barbarie des arrestations arbitraires et des sinistres cachots du roi et de ses prévôts. La Constitution américaine le consacra solennellement.

Pourtant il resta, lui aussi, très longtemps un grand principe largement virtuel. *L'habeas corpus* fédéral ne s'appliquait qu'aux crimes fédéraux (dont nous savons qu'au 19ème siècle ils ne représentaient qu'une infime partie des crimes) et l'*habeas corpus* d'Etat était rarement utilisé. En 1861, dès les débuts de la guerre, Abraham Lincoln n'hésita pas à le suspendre en tant que mesure d'urgence pour procéder à l'arrestation de centaines de sympathisants du mouvement des Confédérés. Après un bras de fer entre la Cour suprême et le Président Lincoln, le Congrès autorisa cette suspension en 1863, mais assortie de la garantie d'une mise en accusation devant un *grand jury*. Après la guerre, l'*habeas corpus* retrouva ses lettres de noblesse et en 1867, devant la résistance ouverte des Etats du Sud à l'application de la nouvelle législation pour l'égalité des Noirs, une loi du Congrès, aujourd'hui toujours en vigueur, étendit *l'habeas corpus* fédéral aux prisonniers d'Etat.[4] Le contrôle fédéral se resserrait lentement.

L'habeas corpus fédéral est donc un fleuron de la procédure, destiné à contrer les errements d'une justice locale toujours soupçonnée de corruption, d'émotivité et teintée de préjugés. William Burnham insiste sur le fait que les juges fédéraux, nommés à vie, contrairement à leurs homologues d'Etat qui sont le plus souvent élus, ont gagné une indépendance qui les met à l'abri des pressions populaires. Or, l'annulation d'un verdict de jury peut s'avérer une décision très impopulaire, que seul le juge fédéral saura prendre.

De plus, l'*habeas corpus* fédéral exerce une forte pression indirecte sur les juridictions d'Etat en agitant un drapeau rouge chaque fois que les juges et

---

[4] Rappelons que l'*habeas corpus* a deux usages. Elle conteste la validité d'une détention mais elle permet aussi de contester les conditions de détention des prisonniers qui s'en servent pour obtenir des court orders améliorant leur vie en prison.

procureurs élus seraient tentés de s'adonner à des pratiques abusives pour plaire à leur électorat ou par négligence.[5]

La volonté de restreindre l'*habeas corpus* fédéral a commencé dans les années 70, sous la forme d'un débat sur la nécessité de conserver deux procédures de même type, *state habeas corpus* et *federal habeas corpus (parity debate)*. Or il semblait à ce moment-là que, face à l'infléchissement conservateur de la cour Burger, les Etats protégeraient mieux les droits des accusés que les cours fédérales. A quoi servait encore l'*habeas corpus* fédéral ? Le *New Judicial Federalism*, encore appelé "*state Bill of Rights movement*" était né.[6] En 1976, la Cour Burger mit fin au recours à l'*habeas corpus* fédéral pour les appels concernant le 4ème Amendement.[7]

La Cour suprême, en cherchant à limiter les abus des appels, rendit en 1993 une décision aux conséquences graves qui montrent que dans le système américain, les atteintes à l'*habeas corpus* risquent toujours de déséquilibrer le grand principe des poids et contrepoids. Pour comprendre les péripéties de l'*habeas corpus*, il est donc utile de s'attarder sur cet arrêt majeur : *Herrera v. Collins.*

Au Texas, le condamné à mort Leonel Herrera clamait son innocence et demandait la révision de son procès, assurant que des preuves nouvelles étaient apparues, cela dix ans après sa condamnation. Il prétendait que son frère, décédé depuis, avait commis les crimes qui lui étaient reprochés. Il déposa en ce sens une nouvelle requête en *habeas corpus*, laquelle fut refusée, car aucune violation constitutionnelle ne pouvait être identifiée. Herrera fit appel auprès de la Cour suprême qui, à son tour, statua en faveur du Texas (par 6 voix contre 3).

Tout d'abord, la Cour rappelait que le code des *Federal Rules of Criminal Evidence* établissait la règle de deux années comme délai pour déposer une demande en révision suivant la découverte de nouvelles preuves. Mais la Cour admettait aussi que, exceptionnellement, l'*habeas corpus* pouvait constituer un recours si ces nouvelles preuves paraissaient si claires et évidentes que l'équité obligeait la Cour à passer outre la règle habituelle de la non-revue des faits. Dans le cas de Herrera, il fut décidé que les preuves manquaient de cette luminosité.

La Cour concluait qu'il existait déjà bien assez de garanties constitutionnelles pour permettre l'équité du procès devant jury et que "*to conclude otherwise would all but paralyse our system for enforcement of the criminal law.*"

---

[5] Notons que la portée de l'*habeas corpus* est bien plus étendue que celle des procédures civiles qui restent possibles (procédures complexes sur lesquelles nous ne nous étendrons pas dans le cadre de cette étude). Une action civile suite à une erreur de négligence sera souvent déboutée car elle ne constitue pas une "faute caractérisée", alors qu'en appel, toute erreur de droit sera prise en compte. D'où la force de l'*habeas corpus* .

[6] Voir Barry LATZER, "The Hidden Conservatism of the State Court Revolution" in 74 *Judicature* 190, 1991.

[7] *Stone v. Powell* (1976)

L'arrêt ne remettait pas en question le principe de prise en compte des preuves d'innocence pour éviter l'erreur judiciaire (*fundamental miscarriage of justice*) que *Fay v. Noia* en 1963 avait affirmé mais ce principe ne devait plus s'appliquer que lorsqu'il était accompagné d'un vice de forme caractérisé. Cette nouvelle règle devait donner naissance à une nouvelle guerre doctrinale : les preuves d'innocence justifiaient-elles un réexamen de la procédure ou bien fallait-il commencer par examiner les vices potentiels pour arriver éventuellement au réexamen des preuves ? *Herrera* ajoutait à la confusion en introduisant le concept de *legal innocence* distinct de l'innocence réelle (*actual innocence).* Cette illisibilité des décisions devait créer beaucoup de malentendus.

Puis le rédacteur de l'opinion majoritaire, le juge Rehnquist, s'étendait longuement sur les vertus du recours en grâce auprès du gouverneur, "*the historic remedy for preventing miscarriages of justice where judicial process has been exhausted.*"

Etrange constat d'échec que de faire porter au gouverneur, représentant du pouvoir exécutif, le lourd fardeau de redresseur des erreurs du système judiciaire, surtout quand on sait que la grâce du gouverneur est rare, dans la mesure où elle a mauvaise presse. Symboliquement, elle représente un vestige de l'arbitraire royal. Une mesure de clémence vis-à-vis d'un condamné est ressentie par la population comme une injustice par rapport aux autres condamnés mais surtout comme un déni de démocratie. Entachée d'arbitraire à coloration politicienne – que dire du gouverneur Ryan commuant 167 peines de mort dans l'Illinois avant de prendre sa retraite alors que dans des Etats voisins, aucune peine n'est commuée ? – la grâce du gouverneur accroît encore l'instabilité du système judiciaire.

De plus, la clémence (*clemency*), comme son nom l'indique, signifie rarement que la personne est innocentée, elle est juste graciée (*forgiven*). Le plus souvent elle ne vise donc pas à corriger les erreurs judiciaires mais à adoucir la peine par la commutation en prison à perpétuité.[8]

Le magazine *The Atlantic Monthly* a publié en juillet 2003 une enquête édifiante qui montre bien le danger de transférer la charge des juges sur le pouvoir exécutif aux Etats-Unis.[9] Le journaliste révèle que George Bush, lorsqu'il était gouverneur du Texas, signa 152 arrêts de mort (*death warrants*) sans même prendre connaissance des recours en grâce (*clemency petitions*), sur simple résumé de son conseiller juridique. En octobre 2003, une réponse du conseiller adjoint est publiée. Pour prendre la défense du gouverneur Bush, il affirme : "*According to American jurisprudence, clemency is a discretionary act of grace bestowed by the governor under the state's constitution. It is not part of the judicial process.*" Ainsi, selon lui, le

---

[8] Je ne m'étendrai pas non plus sur le débat, à la frontière de notre sujet, qui entoure les différentes formes de grâce du gouverneur. Un résumé se trouve dans le livre d'André KASPI, *La peine de mort aux Etats-Unis*, Paris, Plon, 2003, p. 149 -154.

[9] Alan BERLOW, "Texas Clemency Memos" in *The Atlantic Monthly*, juillet 2003.

gouverneur n'avait pas pour obligation de consulter le dossier des condamnés, sa décision était de nature extra-juridique, selon son bon vouloir. Y aurait-il donc deux jurisprudences, celle de la Cour suprême dans *Herrera* et une autre, plus diffuse, ressortissant à l'esprit du temps ? L'absence de cohérence dans les jugements adoptés par les différents acteurs, leur multiplicité et manque d'interaction aboutissent à des décisions prises unilatéralement tout en rejetant le fardeau de la responsabilité sur l'autre.

Le juge Rehnquist conclut son Opinion dans *Herrera* ainsi :

This is not to say that petitioner's affidavits are without probative value. Had this sort of testimony been offered at trial, it could have been weighed by the jury, along with the evidence offered by the State and petitioner, in deliberating upon its verdict.

Nous retrouvons ici la mythologie du jury. Trop tard : l'accusé a eu "*his day in court*", il était trop tard, malgré la valeur probante possible des nouvelles preuves. Cette conclusion résignée et paradoxale, aux accents très postmodernistes, trahit le manque de conviction et une certaine lassitude fataliste de la Cour suprême. Celle-ci devait par la suite prendre plusieurs décisions contraires qui redonnaient à l'*habeas corpus* une partie de son pouvoir perdu de corriger de possibles erreurs judiciaires.[10]

Leonel Herrera fut exécuté le 12 mai 1993 au Texas, par injection létale, trois mois après la décision de la Cour suprême. Une décennie plus tard, l'arrêt est devenu pour beaucoup le symbole de la dérive de la jurisprudence pénale de la Cour suprême, comme l'exprime assez brutalement la citation mise en exergue de son article par Nicholas Berg : "*Herrera ranks as one of those infamous Supreme Court opinions, like Lochner and Plessy, repugnant to any basic sense of fairness.*"[11]

Section 2. Sortir du cercle infernal des appels

La question de l'*habeas corpus* est très complexe et ses adversaires ne manquent pas d'arguments convaincants. *Herrera* peut être considéré comme une tentative de réponse malheureuse et inquiète à un grave problème que connaît le système judiciaire américain dans les dernières décennies, bien traduit sous la

---

[10] Voir par exemple en 1995 *Kyles v. Whitley* et *Schlup v. Delo*. En 2000 *Slack v. Daniel* et *Williams v. Taylor* : l'"AEDPA stipule que l'*habeas corpus* fédéral doit être refusé si les motifs d'appel n'ont pas été présentés dans les tribunaux d'Etat. La Cour prit position en faveur du requérant car l'*habeas corpus* est admissible quand ce manquement est dû à des causes indépendantes de la volonté du condamné. C'est seulement la clause de *lack of diligence* dans la présentation des arguments au préalable, qui met en cause l'opportunité de ce recours fédéral. La Cour, après avoir entériné la loi de 1996, cherchait à en limiter les rigueurs.

[11] Nicholas BERG, "Turning a Blind Eye to Innocence : the Legacy of Herrera v. Collins" in 42 *American Criminal Law Review* 121, 2005. On peut lire aussi l'analyse très intéressante de Roger BERKOWITZ, "Error-Centricity, *Habeas corpus* and the Rule of Law as the Law of Rulings" in *Louisiana Law Review*, Vol. 64 , SSRN: http://ssrn.com/abstract=466381

plume du juge Macklin Fleming pour qui le système d'appel ressemble à une autruche sans ailes, ne pouvant voler :

With parallel systems of courts operating on identical subject matter, a defendant can switch back and forth from one system to the other as his interests dictate, and, if fortune smiles, he may succeed in setting one system of courts in contention with the other.[12]

En effet en 1940, il y eut, selon Fleming, 89 requêtes devant les cours fédérales. En 1998, il y avait 58 000 requêtes devant les US *district courts* (première instance) et 17 000 devant les cours d'appel fédérales.[13] Les juges débordés devenaient amers et ne cachaient plus leur irritation. Comment en est-on arrivé là ? Deux raisons principales sont avancées.

Tout d'abord, la grande faiblesse de l'*habeas corpus* est son caractère flou, mal défini. Dans tous les livres de droit, il est expressément mentionné que l'*habeas corpus* permet seulement de revoir un jugement en droit mais non sur le fond. Pourtant, dans la pratique et dans la jurisprudence, il est admis que les juges puissent choisir de revoir les faits, en vertu du principe de justice fondamentale que le contrôle fédéral doit garantir. Macklin Fleming, juge fédéral, le dit sans ambages en ce qui concerne l'*habeas corpus* fédéral : "*In theory, the scope of this review is restricted to federal constitutionality. In practice, the review has become unlimited and now embraces the entire body of state criminal law.*"[14] Une grande confusion règne. Le détail procédural prévaut sur le fond (*the merits of the case*) sans toutefois que la distinction entre les deux soit nette. Ainsi, le motif le plus fréquemment invoqué en *habeas corpus* est l'incompétence de l'avocat commis d'office (*ineffective assistance of counsel*), représentant environ un quart des recours. Comment une cour pourrait-elle vérifier cet aspect de la procédure sans s'attacher à la façon dont les preuves ont été déterminées et exposées, donc aux faits ?

Mais devant l'afflux des demandes, l'appel au secours d'un innocent risque fort de se trouver noyé au milieu d'un flot de requêtes artificielles privilégiant le détail procédurier. Et comme la première mission de l'*habeas corpus*, ainsi que l'a rappelé *Herrera,* est bien de vérifier la constitutionnalité de la procédure, la revue des preuves étant seulement discrétionnaire, la justice pénale s'est vite

---

[12] Macklin FLEMING, op.cit., p. 30.

[13] Ces chiffres ne font pas la distinction entre les requêtes issues des procès fédéraux et ceux des *habeas corpus* d'Etat. Les chiffres fournis par le *Administrative Office of US Courts* permettent de relativiser. Depuis 1990, le nombre d'*habeas corpus* fédéraux en provenance des Etats tourne autour des 10 000. Ils ont augmenté régulièrement chaque année, pour culminer à presque 12 000 en 2003, mais en sachant bien sûr que le nombre de crimes jugés (*criminal filings*) a lui aussi augmenté. Selon le rapport Hanson-Daley (NCJ Bureau Statistics) publié en 1995, le nombre moyen de requêtes s'établissait à 14 pour 1000 prisonniers d'Etat en 1991, soit 10 310 demandes pour un total de 752 565 prisonniers. Les différences entre Etats sont très marquées : 37 pour le Missouri contre par exemple 5 pour le Connecticut. Le rapport concluait que "*Federal review is neither disruptive of State court convictions nor is it a chaotic process that is out of control*" (p. 36)

[14] Macklin FLEMING, *Perfect Justice*, op.cit., p. 26.

retrouvée au banc des accusés : elle laissait condamner des innocents tout en libérant de dangereux criminels.

De plus, à l'origine, la stratification des recours, c'est-à-dire la possibilité de faire consécutivement plusieurs requêtes, dans une succession sans fin, aboutit inévitablement à des abus, "*the abuse of the writ*", "*saving grounds for attack*". L'astuce consistait alors à déposer un recours en arguant chaque fois d'une raison différente, dans l'espoir qu'un argument finirait par prévaloir.

Grâce à la rétroactivité des arrêts de la Cour suprême, il fut même longtemps possible de recommencer tout le processus d'appel à zéro, chaque fois qu'une nouvelle décision jurisprudentielle le permettait. Jusqu'en 1989, en effet, la règle générale voulait que la Cour rende rétroactives ses décisions. Ainsi *Gideon* a été déclaré rétroactif fin 1963, à la suite de quoi en Floride, 6000 requêtes en *habeas corpus* de détenus qui n'avaient pas bénéficié d'un avocat étaient déposées, conduisant soit à un nouveau procès ou à la libération du prisonnier (*vacated sentence*). Dans *Teague v. Lane* (1989), la Cour suprême mit un frein à la rétroactivité en refusant de l'appliquer à *Batson* (1986), prévoyant un flot incontrôlable de demandes car *Batson* s'attaquait au problème du racisme dans les *peremptory challenges*.[15]

La rétroactivité est au centre de brûlants débats et emprunte souvent le canal de l'*habeas corpus* pour régler ses querelles doctrinales. Comme c'est souvent le cas, la peine de mort sert d'aiguillon aux affrontements (*doctrinal warfare*). Voyons le cas exemplaire de Warren Summerlin. En 2002, l'arrêt de la Cour suprême *Ring v. Arizona* stipule que le jury, et non plus le juge, se prononce sur les circonstances aggravantes menant à la sentence de mort. Elle laisse le soin à chaque Etat de mettre en application la nouvelle règle (en fait, la plupart des Etats avaient devancé la Cour et l'appliquaient déjà) et ne se prononce pas sur la rétroactivité. En 2003, la Cour d'appel du 9ème Circuit annule la sentence de mort de Warren Summerlin condamné il y a 22 ans : le juge qui avait prononcé la peine se droguait et avait ensuite été radié du barreau. La Cour du 9ème Circuit en profite pour déclarer la rétroactivité de *Ring*. Sont concernés 111 détenus du couloir de la mort dans l'Arizona, l'Idaho et le Montana (Etats couverts par le 9ème circuit fédéral), ces 111 personnes ayant été condamnées par un juge, et non un jury, antérieurement à l'arrêt de la Cour suprême. Mais l'Arizona, qui à lui seul détient 90 de ces condamnés à mort, se fâche et fait appel auprès de la Cour suprême des Etats-Unis de cette décision. En effet, la propre Cour suprême de l'Arizona avait déjà statué contre la rétroactivité.

En juin 2004, par cinq voix contre quatre, la Cour suprême annonce sa décision : renversant l'arrêt de la Haute Instance du 9ème circuit, elle déclare la

---

15 Autre cas représentatif en 2001 : *Tyler v. Cain* qui refusa la rétroactivité de *Cage v. Louisiana* (1990) à Tyler pour qui il s'agissait de la 6ème requête en *habeas corpus*. La décision fut prise à 5 voix contre 4. La rétroactivité reste un pouvoir discrétionnaire de la Cour auquel elle tient beaucoup.

non-rétroactivité de *Ring v. Arizona.* L'insistance de la Cour sur l'idée d'appels successifs qui n'en finissent plus est révélatrice de l'exaspération des juges devant la non-finalité des appels. Le désir d'en finir avec ces appels incessants a pris le dessus sur toute autre considération.

Le flou de l'*habeas corpus ,* qui en fait un fourre-tout de toutes sortes de causes instrumentalisées, est donc la première raison du malaise qui traverse le système car il génère un déluge de demandes difficiles à traiter. En cas de rétroactivité, comment rejuger une personne qui a été condamnée il y a 22 ans ? C'est pourquoi l'*habeas corpus* conduit à des libérations ou des commutations de peine automatiques (en cas de peine de mort) qui peuvent être mal perçues par le grand public.

Depuis 1996, suivant la loi signée par le président Clinton, *the Antiterrorism and Effective Death Penalty Act* ou AEDPA, l'*habeas corpus* a été considérablement limité. D'une part, il faut maintenant prouver que la décision rendue par les Cours d'appel d'Etat est "déraisonnable", d'autre part, la loi instaure des délais stricts (6 mois ou un an selon les cas) et l'assurance que tous les motifs de plainte ont déjà été exposés avant le *federal habeas corpus.* Une tempête de protestations se déchaîna. La Cour suprême procéda immédiatement, dans *Felker v. Turpin,* au contrôle de constitutionnalité (judicial review) de cette loi. Unanimement, les juges l'approuvèrent, considérant que les nouvelles restrictions constituaient une forme de règle *res judicata* : l'autorité d'un jugement doit être respectée, sauf lorsqu'existent des "circonstances exceptionnelles".

Il faut dire que la Cour suprême, en rendant cet arrêt, ne se déjugeait pas. Elle avait maintes fois manifesté son irritation face à l'incroyable imbroglio de ces *collateral attacks,* qui finissait par donner l'impression qu'un condamné obtenait gain de cause par un coup de poker, tandis que les malchanceux formaient l'immense majorité laissée au bord de la route.

Mais il n'est pas sûr que l'AEDPA ait beaucoup changé la situation des cours d'appel. Celles-ci se trouvent à présent engorgées de demandes afférentes au mot "déraisonnable" et contestant les termes exacts des limitations temporelles de leurs requêtes. Les véritables bénéficiaires de cette loi semblent encore une fois les débrouillards (et ceux qui bénéficient de soutiens puissants) mais les vrais innocents ne peuvent guère en profiter. L'AEDPA n'a pas ralenti le flot des demandes.

Maintes voix s'élèvent aujourd'hui pour demander qu'on supprime tout simplement l'*habeas corpus* appliqué aux condamnations. Il est expliqué que son rôle historique était d'empêcher les arrestations arbitraires et non de permettre l'immixtion du fédéral dans le droit pénal d'Etat. Car la deuxième cause du malaise se situe bien là : l'*habeas corpus* fédéral entre en collision avec la souveraineté des Etats. Pour comprendre ce qu'il peut avoir de profondément impopulaire et humiliant au niveau local, il faut s'imprégner de sa démarche. Quand la Cour suprême d'un Etat réexamine une affaire en appel direct et rejette la requête, une simple *US district court*, c'est-à-dire le tribunal de première instance au niveau fédéral, où siège un juge unique, peut passer outre et désavouer le jugement suprême d'un Etat, au nom de la suprématie du fédéral. Toute la démocratie locale tremble. Ce n'est pas seulement l'institution judiciaire qui est mise en cause mais la communauté locale à travers son choix des juges élus et son jury populaire.

L'Etat peut, bien sûr, en la personne de son gardien de prison[16], faire appel de la décision de la US *district court.* Les querelles intestines peuvent ainsi s'étaler sur des années. Depuis *Brown v. Allen* en 1953, il n'y a plus qu'un arrêt de la Cour suprême des Etats-Unis qui puisse mettre fin au processus infini d'appels et de contre-appels. Pas même un *writ of certiorari* refusé par elle ne peut être considéré comme final. Dans *Brown,* les prisonniers avaient épuisé leurs recours directs et la Cour suprême des Etats-Unis avait refusé d'entendre leur affaire en appel direct. Ils s'adressèrent de nouveau à elle pour lui demander si l'*habeas corpus* leur était encore ouvert. La Cour abonda en leur sens, car un refus de *certiorari* ne signifie pas que la Cour suprême déconsidère la demande, simplement que suivant son pouvoir discrétionnaire elle choisit les affaires les plus pressantes. Pour le juge Macklin Fleming, la boîte de Pandore de l'*habeas corpus* a été ouverte à ce moment-là.[17]

L'*habeas corpus* reste un instrument précieux pour suppléer à des procès douteux mais ses adversaires nous permettent d'en voir les limites. Il est permis de se demander si la non-finalité des jugements successifs, qui s'étale aux yeux du public, ne finit pas par dénaturer tout le processus. La fragmentation des procédures d'appel peut avoir un effet terriblement pernicieux, conduisant à un émiettement des responsabilités. Un juge paresseux, débordé ou partial, peut mentalement déléguer à un collègue d'une autre juridiction le soin de l'affaire.

Le jury peut se sentir déresponsabilisé. Une sentence de mort peut ainsi se trouver dangereusement diluée par la conscience que le condamné verra pendant de longues années sa peine vue et revue par de multiples tribunaux. Mais lequel de tous ces tribunaux aura la patience de revoir l'affaire dans ses détails tout en sachant que sa décision a de grandes chances de faire elle-même l'objet d'un appel ? Le jury qui déléguerait aux tribunaux d'appel la charge de la

---

[16] En *habeas corpus* le défendeur est symbolisé par le gardien de prison, ce qui explique pourquoi certains arrêts de la Cour suprême portent deux noms de famille plutôt que celui du condamné contre le nom de l'Etat de poursuite. Moyen bien commode pour savoir si l'arrêt fait suite à un certiorari accepté en appel direct ou à une procédure en *habeas corpus.*

[17] Pour une réfutation énergique de cette interprétation de *Brown v. Allen,* voir Eric FREEDMAN, *Habeas corpus* , *Rethinking the Great Writ of Liberty*, New York University Press, 2001, 3ème partie.

condamnation pour soulager sa conscience prendrait un pari risqué.[18] C'est l'émiettement des responsabilités, la fragmentation extrême, qui pose problème.

De surcroît, le cercle infernal des appels du fait de l'*habeas corpus* a provoqué un développement inattendu. Devant la menace d'asphyxie du système, ses résultats incohérents et ses dérives procédurières et face à l'impossibilité de remettre en question les droits fondamentaux garantis par l'*habeas corpus* fédéral, comment sortir de l'impasse ? Les analystes soulignent alors une incidence de la peine de mort et des peines extrêmement lourdes, ce qu'ils appellent l'effet déformant. Parce que certains juges d'appel sont opposés à la peine de mort, ils recherchent la moindre vétille qui puisse s'apparenter à un vice de forme pour leur permettre de sauver une vie. Le "*judicial nullification* " consiste à "trouver la faille" dans la procédure (*find the flaw*). Ce faisant, ils créent des précédents de détails procéduriers qui peuvent par la suite être exploités à tort et à travers, et en particulier par des criminels, pour échapper à la justice.

Mais n'a-t-on pas exagéré les travers de *l'habeas corpus* ? N'est-elle pas l'arbre qui cache la forêt ? Une fois encore, le débat procédural masque les problèmes de fond. Si l'on se reporte à la courbe d'évolution des demandes, on observe que, en dehors de la période 1962-1976 durant laquelle l'*habeas corpus* connaît une forte croissance suite à la jurisprudence favorable de la Cour Warren, l'augmentation ne fait que suivre la ligne ascendante du nombre de condamnés.[19] Tout naturellement, lorsqu'il y a plus de détenus, il y a plus d'appels à l'aide. Les législateurs ont-ils bien pris la mesure des conséquences de leurs politiques d'incarcération massive ? Les cours fédérales en subissent le contrecoup. A qui la faute ? Dans le contexte actuel, les attaques contre l'*habeas corpus* ressemblent fort à une stratégie politique classique qui consiste à tuer le messager : plutôt que de s'interroger sur les raisons profondes de l'afflux des plaintes, on invente des mécanismes de restrictions des recours pour les faire taire.

Il est certain également que l'extrême lourdeur des peines aux Etats-Unis ne peut que rendre les recours cruciaux, voire vitaux et qu'elle encourage la tendance procédurière, comme un ultime ballon d'oxygène. Tant que les peines resteront aussi dures, il est difficile d'imaginer comment les cours d'appel pourraient être désengorgées. A l'automne 2003, suite à une vague sans précédent

---

[18] Austin SARAT a interviewé des jurés qui ont admis avoir voté pour la peine de mort parce qu'ils pensaient que, de toute façon, la décision serait revue en appel (in *When the State Kills*, Princeton University Press, 2001, p.149). Dans *Caldwell v. Mississippi* (1985), la Cour suprême eut à connaître une affaire au cours de laquelle le procureur avait déclaré aux jurés qu'ils ne devaient pas s'imaginer être les vrais décideurs car le condamné à mort aurait automatiquement droit à des appels. La Cour invalida le verdict.

[19] Le nombre de pourvois qui aboutissent (*relief granted*) reste très faible. Environ 4 % des demandes sont acceptées pour examen (*writ granted*). Sur ce nombre, il faut compter que environ 40 % obtiennent gain de cause en cas de peine de mort. Pour les peines de prison, ce chiffre s'amenuise encore : il ne dépasse pas les 15 %. (Source : rapport Liebman & Fagan, "A Broken System : Error Rates in Capital Cases, 1973-1995" in 78 *Texas Law Review* 1839, 2000)

d'erreurs judiciaires découvertes grâce à l'*habeas corpus*, une pièce de théâtre était montée à Broadway, *The Exonerated*, tirée des histoires réelles des nombreux innocents ainsi libérés du couloir de la mort.

Section 3. L'impact du *New Federalism*

En justice pénale, les cours d'appel fédérales ont toujours eu pour mission, suivant une doctrine dite des coûts-bénéfices (*cost-benefit approach*), de rechercher un équilibre entre le respect des décisions des cours étatiques (symbolisé par l'expression *state's interest in finality and comity*) et le respect des droits de la Constitution fédérale.

L'implication de la justice fédérale dans la justice d'Etat puise dans la thématique puissante, issue du traumatisme de la guerre civile, des obscurantismes locaux à combattre. Or dans les années 90, le néofédéralisme, dont la Cour suprême se fit le chantre, chercha à réhabiliter les droits des Etats discrédités par le *cooperative federalism* du *New Deal* des années 30, puis dans les années 60 par le formidable raz-de-marée des Civil Rights fédéraux. Sans vouloir renouer avec l'idéologie du fédéralisme d'avant le New Deal, évocateur du cautionnement silencieux des pratiques les plus racistes et les plus socialement désastreuses du début du 20ème siècle, le néofédéralisme fut accueilli comme une révolution décentralisatrice, *a devolution revolution*. Mais, rapidement, cette révolution avorta, les pouvoirs du Congrès ne cessant de s'étendre.

La Cour Rehnquist s'engagea alors dans un franc activisme décentralisateur. Complétant l'action du Congrès en 1996 pour "émasculer" *l'habeas corpus* fédéral (AEDPA), elle mit un frein aux pouvoirs de révision des procès par les cours fédérales en instituant des limites procédurales fortes telles l'erreur sans conséquence (*harmless error*) ou l'obligation d'apporter la preuve de l'innocence réelle (*actual innocence*), qui cherchaient à immuniser les tribunaux locaux contre les procédures d'appel.[20] Cette jurisprudence reflétait en partie un changement dans l'opinion publique ainsi que dans la pensée académique.[21]

---

[20] Par ailleurs, la Cour rendit une décision historique en 1999, *Alden v. Maine,* instituant l'immunité des Etats contre les procès civils à l'instigation de personnes privées dans les tribunaux de ces mêmes Etats. Pour adoucir cette règle drastique, il fut établi que seuls les procès en dommages et intérêts étaient concernés, les procès en équité (*equity relief*) sont encore possibles, de même qu'un agent de l'Etat n'est pas immunisé contre un procès civil s'il agit *ultra vires* (au-delà de ses attributions). La jurisprudence *Alden* est caractéristique d'une volonté affirmée de la Cour suprême d'étendre l'immunité des Etats souverains (doctrine de *sovereign immunity* du Onzième Amendement).

[21] Voir par exemple Timothy CONLAN, "The Rehnquist Court and Contemporary American Federalism : the Challenge of Dual Federalism", *IFRI* nov 2000, où il affirme : "*[...] idealized vision of the Court as an independent arbiter, "the living voice of the Constitution" is rejected by most contemporary political scientists. They would argue that the Court is an inherently political institution*" (in chap "Neutral Arbiter").

Nous avons vu comment les grands arrêts de la Cour Warren avaient pu donner à penser que les tribunaux fédéraux représentaient des arbitres neutres, des remparts contre-majoritaires. Cette vision romantique recula peu à peu à partir des années 70. Les tribunaux fédéraux n'étaient plus vénérés comme des citadelles olympiennes de justice impartiale. Ils n'apparaissaient plus comme "la branche la moins dangereuse du gouvernement" selon les mots célèbres d'Alexander Hamilton. Leur image souvent altérée par la politique mais aussi la conscience de plus en plus aiguë d'une cristallisation de toutes les tensions sociétales au niveau fédéral, avaient terni leur lustre de sagesse imperturbable. On redécouvrait que les cours fédérales étaient en fait des "*storm centers*"[22]

Mais la pression énorme exercée par la Cour Rehnquist en faveur des Etats fédérés, contre l'immixtion des cours d'appel fédérales dans leurs décisions, déstabilisa et politisa encore plus le travail de ces tribunaux constamment soupçonnés de travailler à la mauvaise cause.

En effet, donner plus de poids aux tribunaux des Etats fédérés caractérisés par le contrôle populaire direct de ses procureurs et juges, c'est politiser encore un peu plus tout le système judiciaire. On peut penser que, en transférant l'autorité dans les Etats, la politique pénale sera plus guidée par la voix de la rue avide de répression sécuritaire. Quant aux procureurs élus, ils subiront moins l'intimidation des cours d'appel fédérales et plus la pression populaire locale. Le législateur dans les Etats fédérés pourra, de même, s'adonner à une surenchère répressive sans grand risque de rencontrer l'ire de la Cour suprême désormais toute dévouée à la cause de la souveraineté des Etats.

Il est indéniable que le *New Federalism* a eu cet effet délétère. Alors que dans les années 60 et 70, on pensait aller vers une égalisation des systèmes et politiques, les disparités entre Etats sont restées flagrantes. Ainsi, les taux d'incarcération affichent des différences énormes entre Etats. Le Texas a par exemple un taux cinq fois plus élevé que le Vermont, chiffre qui ne se justifie pas nécessairement par un taux correspondant de criminalité. La Louisiane, avec son taux record de 797 détenus pour 100 000 habitants (2005), a un taux bien plus élevé que le Mississippi ou l'Alabama qui ont pourtant un taux de criminalité équivalent. La même constatation s'impose en observant l'application de la peine de mort, très inégale d'un Etat à l'autre.

Mais les disparités ne se sont pas creusées, les taux de variations agrégés sur 20 ans étant sensiblement identiques dans tous les Etats. Certes, l'effacement du rôle d'harmonisation par les Cours d'appel fédérales est attesté par ces disparités persistantes. Mais on ne peut pas dire que la révolution du *due process* ait jamais

---

[22] Cette désignation est surtout utilisée pour parler de la Cour suprême après la publication de l'ouvrage à succès de David O'BRIEN, *Storm Center : the Supreme Court in American Politics*, New York, Norton, 1990. J'extrapole cette expression imagée à toutes les cours d'appel de Circuit qui jouent un rôle majeur dans ce vaste pays.

eu une incidence significative sur l'égalité de traitement des citoyens à l'échelle nationale.

L'espoir d'uniformiser la justice du pays par le contrôle de constitutionnalité fédéral s'est brisé contre le mur des différences culturelles des Etats, entretenues par des politiques locales hardies. Une certaine désespérance semble s'être installée parmi les disciples du *due process*, qui ne croient plus, comme dans les années 50 et 60, en une transformation et une uniformisation de la justice grâce à la magie constitutionnelle émanant des cours fédérales. Le *due process*, dans lequel on plaçait tant d'espoir, n'a pas réussi à endiguer les politiques répressives de certains Etats. Ceux-ci sont parvenus à développer des méthodes de contournement très efficaces, de sorte que, aujourd'hui, lorsque la Cour suprême contre une législation d'Etat, la chose la plus à craindre est le contrecoup, c'est-à-dire la manière dont l'Etat appliquera le nouvel arrêt, quelles lois en résulteront, quelle interprétation en feront les tribunaux de l'Etat. Le droit pénal est encore si ancré dans le local qu'une mutation à l'échelle fédérale rencontre des résistances farouches dont les retombées peuvent être plus pernicieuses qu'on aurait cru de prime abord, à l'époque de la Cour Warren. Et c'est bien ce que craignent les progressistes, tentés par un abandon pur et simple de la "solution fédérale".

Section 4. Une procédure prise dans les rets des tensions politiques

Le système d'appel américain traverse aujourd'hui une crise. C'est tout l'équilibre de la procédure judiciaire qui en pâtit. Le contrôle constitutionnel ne parvient plus à servir d'outil efficace pour éviter les erreurs judiciaires. Et pourtant, jamais système judiciaire ne s'est doté d'un tel arsenal de structures et de procédures coûteuses pour y parvenir. Pourquoi un tel manque d'efficacité ? L'esprit procédurier et tatillon ne suffit pas à l'expliquer. Il faut aussi considérer la dimension politique du processus.

Les tensions entre néofédéralisme arc-bouté sur les exigences de la démocratie locale et nationalisme à la recherche d'une homogénéité par le *due process of law* du 14ème Amendement se sont déversées dans la procédure pénale, lui donnant des allures dangereusement politiciennes. Les arrêts de la Cour suprême sont appliqués de façon aléatoire, selon que les juridictions penchent d'un côté ou de l'autre de la barrière idéologique.

Or, depuis les années 80, la Cour suprême refuse de plus en plus de s'immiscer dans les affaires locales. Pourtant les *states'rights*, discrédités parce que souvent associés au racisme et aux idées réactionnaires, portent encore le lourd héritage du 19èmesiècle et début du 20ème.[23] Les défenseurs du *due process of law* considèrent ainsi que seule une intégration par le haut, en particulier grâce à l'activisme de la Cour suprême, gardienne de la Constitution, permettra d'éradiquer les pratiques iniques et jugements arbitraires au niveau local. Rivés aux *Civil Rights Acts,* ils voient toujours dans le fédéral la meilleure défense du faible face à des autorités oppressives et par extension des accusés face à l'Etat.

Les partisans du néofédéralisme, quant à eux, se moquent volontiers de la grandiloquence du *due process of law* fédéral, de ces grands principes impraticables qui interfèrent avec la démocratie locale. Ils citent les exemples d'Etats qui se sont dotés de législations et de codes beaucoup plus avancés et efficaces que les protections offertes par un *due process of law* fédéral devenu poussif. Ils avancent l'idée que les Constitutions des Etats fédérés sont d'aussi bonnes gardiennes des libertés publiques, sinon meilleures, comptant sur l'imitation par les Etats retardataires. Ils tournent avec envie leur regard vers une Europe qu'ils imaginent beaucoup plus imprégnée de l'idée d'un "droit commun par circulation des modèles".

Bien sûr, à cela il est facile de répondre que l'essence du *due process of law* est justement une justice équitable pour tous, et qu'on ne peut donc pas s'en remettre à une hypothétique bonne volonté de chacun pour s'aligner sur des Etats-modèles. Le *due process* est bâti autour de droits si fondamentaux qu'ils ne souffrent pas de dérogations d'Etats réfractaires. Aussi, diront les partisans de la nationalisation, le contrôle fédéral lui est-il consubstantiel.

La justice pénale, traditionnelle prérogative locale, subit de plein fouet ces discours conflictuels. De plus en plus affaibli par ces polémiques, le *due process of law* procédural, qui longtemps sembla détenir la clé du procès équitable, subit le feu nourri de diverses critiques. De la part des inconditionnels du *crime control* bien sûr, mais aussi de ceux qui se demandent si le *due process,* tel qu'il est habituellement interprété, rend véritablement compte des mécanismes profonds qui œuvrent à une bonne justice. Critiqué de part et d'autre, le contrôle constitutionnel est donc en déclin. Les structures, complexes à souhait, sont toujours bien en place mais leur cœur semble se vider, ne pouvant plus répondre à tous les cris de détresse qui s'élèvent de toutes parts.

---

[23] Ernest A. YOUNG, " Protecting Member State Autonomy in the European Union : Some Cautionary Tales from American Federalism " in *New York University Law Review* , vol 77 :1612, Dec 2002.

Chapitre 7. Un *due process* trompeur ?

Section 1. La thèse "*due process is for crime control*"

Il convient pour la clarté du développement qui suit de répéter que j'entends le *due process* uniquement dans son acception américaine étroite, c'est-à-dire les garanties fondamentales de protection des accusés énumérées par la Constitution, en symbiose avec les grands principes des droits de l'individu développés par la tradition de *common law*. Suivant toute autre définition, la problématique de la relation entre *due process* et *crime control* n'aurait aucun sens car elle ferait du *due process* une simple procédure malléable à souhait suivant les besoins du contrôle de la criminalité.

Ronald Dworkin s'est élevé contre l'erreur commune qui consiste à considérer les juges comme des politiciens et tyrans utilisant la Constitution à leur guise et légiférant librement : *It ignores the interpretative character of law.*[1]

Le *due process*, surtout dans le domaine pénal, consiste en de grandes règles dont aucun juge n'a le droit de se départir. Le juge n'a qu'un pouvoir d'interprétation, ce pouvoir se déclinant principalement en deux attitudes, soit passive, soit active. Mais même ce deuxième vocable (*activist*) est refusé par Ronald Dworkin, le philosophe du droit défenseur des avancées progressistes, qui lui préfère l'expression "*law as integrity*".

C'est donc dire que le *due process* n'est pas un vague concept fourre-tout mais bien un ensemble de garanties fondamentales, constitutionnelles, au fondement de la démocratie américaine (*foundational*). On peut parler d'un *due process* affaibli lorsque soit les juges refusent de l'appliquer en rejetant un appel, soit ils l'interprètent de manière floue (comme dans *Ewing v. California* : la notion de cruauté n'a de sens que celui que la communauté temporelle veut bien lui donner). Un *due process* fort se donne un droit de regard affirmé sur les institutions et pratiques diverses de la société.

Quoi qu'il en soit, le *due process*, en tant que garant des libertés individuelles, se positionne naturellement dans un face-à-face avec la force publique. On comprendra donc l'aspect fortement paradoxal – à première vue – de la thèse qui s'est développée suivant la formule laconique "*due process is for crime control*"

---

[1] Ronald DWORKIN, *Law's Empire*, London, Fontana, 1986, p. 357.

que l'on pourrait traduire "mieux protéger les droits des accusés conduit à une augmentation de la répression". Les observateurs du phénomène actuel se demandent en effet si la contiguïté des deux "révolutions", celle du *due process*, puis celle de la peine, ne rend pas compte d'un seul et même mouvement continu et logique. Le *due process* a été assailli par diverses critiques et en premier lieu attaqué dans son propre camp, par les adversaires des politiques ultra-sécuritaires. On l'a soupçonné d'être un faux-semblant, un habillage savant au service d'une vaste entreprise de contrôle social qui ne dit pas son nom. Serait-il subrepticement facteur d'inflation carcérale ?

L'ancien procureur fédéral William T. Pizzi a émis la thèse d'une synergie existant entre punition et procédure.[2] Selon lui, la sévérité des sanctions pénales aux Etats-Unis serait en quelque sorte la contrepartie des excès des droits des accusés, tels qu'ils sont perçus par la population. Il s'agirait d'une forme de réaction : si l'accusé bénéficie d'une protection renforcée contre l'accusation, au point de faire pencher la balance de la partialité dans son camp (bien des opposants à *Miranda* le pensent) et que, malgré tout, il est déclaré coupable, alors la punition doit être forte et sans pitié.

Cette idée n'est pas nouvelle. Ainsi, en Angleterre au 18ème siècle, pendant que Voltaire s'extasiait sur les lumières du droit anglais et ses protections des accusés grâce à *l'habeas corpus* et au *Bill of Rights* de 1689, on pendait haut et court les malfaiteurs dans tous les coins du royaume britannique (le dit "*legal massacre* "). Aujourd'hui, Antoine Garapon pense aussi que : "*la culture juridique anglo-saxonne repose sur l'idée que chacun doit pouvoir tenter sa chance... Les possibilités d'échapper à la justice sont plus grandes, mais le traitement réservé à ceux qui auront perdu est impitoyable.*"[3]

Ensuite il faut souligner ce fait apparemment paradoxal que la montée vertigineuse des droits de la défense a eu lieu au moment même où la criminalité, après avoir été stationnaire tout au long du siècle, amorçait une courbe ascendante très nette. Cécité volontaire née de l'idéologie libertaire du moment ? On peut penser plutôt que la révolution du *due process* établissait un socle de protections constitutionnelles permettant l'essor d'une justice plus ouverte, plus crédible, plus confiante en elle-même et donc plus ferme et déterminée face aux ravages du crime. L'affirmation des droits des accusés, les garde-fous mis au pouvoir de la police annonçaient l'envolée des sanctions et le durcissement des peines. La révolution du *due process* ouvrait la voie à une autre (presque) révolution, celle que Samuel Walker nomme "l'orgie punitive".[4]

---

[2] William PIZZI, *Trials without Truth*, New York University Press, 2000.
[3] Antoine GARAPON, *Bien juger, Essai sur le rituel judiciaire*, op.cit., p.162.
[4] Samuel WALKER, op.cit. p. 222.

De façon troublante, le même phénomène se produisit au Canada un peu plus tard. La Charte des Droits canadienne, imitation du *Bill of Rights* américain, fut adoptée en 1982. Or voici ce qu'écrit Kent Roach à ce sujet :

The accused had more rights, but more frequently landed in jail. Between 1980-1 and 1994-5, there was a 50 per cent increase in the population of Canada's prisons. [...] Clearly, due process was not inconsistent with increased punishment and some commentators argued that it legitimated increased crime control.[5]

Au cours des années 90, l'opposition entre les deux modèles de Packer, *due process model* et *crime control model*, est de plus en plus apparue aux yeux de certains comme un leurre pernicieux, et ceci pour plusieurs raisons dont deux ressortent particulièrement.

D'abord, des études empiriques montrent que les professionnels de la police et de la justice partagent des intérêts communs d'organisation. Ils sont amenés naturellement à coopérer entre eux. Le développement du *plea* négocié n'en est qu'un exemple. Par ailleurs, les acteurs de la justice ont tous une formation identique d'avocat et leurs métiers sont interchangeables : un avocat de la défense peut devenir *Assistant District attorney* et, cas plus rare, un ADA aller à la défense. Le juge est en général un ancien ADA. Les droits des accusés seraient donc toujours dominés par les intérêts propres aux organismes dont ils dépendent. L'opposition entre les deux modèles serait factice. Il faudrait parler d'un troisième modèle, le modèle gestionnaire, administratif de régulation des flux. [6]

D'autre part, le *due process* est considéré comme une force de légitimation du système pénal. Il renforce et rationalise le concept de la punition :

"Due process" refers here not so much to the operational content of the law, but to the "rhetoric of justice". This idealized and publicly consumed version of the law supports crime control by creating the illusion that accused are treated fairly and have every opportunity to exercise their rights in the due process obstacle course.[7]

Kent Roach a bien cerné le danger de prêter une dimension mythique au *due process* lorsqu'il parle d' "illusion", de "version idéalisée consommée par le public". Il n'y a alors rien de surprenant dans le fait que l'opinion publique demande au système d'être plus sévère alors même qu'elle a intériorisé cette exaltation du *due process.* L'idée est que si le système était perçu comme tyrannique, l'opinion américaine ne laisserait pas enfermer deux millions d'individus sans broncher. Dès les bancs de l'école, les Américains apprennent les vertus du

---

[5] Kent ROACH, op. cit. p.2. Notons toutefois qu'il convient d'être prudent dans la comparaison avec le Canada. Celui-ci est certes le deuxième pays occidental qui incarcère le plus derrière les Etats-Unis, mais l'écart reste énorme. Le Canada présente un taux d'incarcération six fois moins élevé que les Etats-Unis.

[6] Voir Gerard E. LYNCH, "Our Administrative System of Criminal Justice" in 66 *Fordham Law Review* 2117, 1998.

[7] Kent ROACH, ibid p. 22.

procès devant jury, ils participent à des compétitions de procès simulés (*mock trials*) tandis que leurs aînés regardent Court TV et *Law and Order.* Même lorsque les esprits s'échauffent et vitupèrent contre les excès du *due process*, la culture reste imprégnée de cette profonde certitude d'avoir une justice démocratique, comme le montre cette réflexion d'un professeur de communication (*media studies*) :

The idea that one is innocent until proven guilty, after all, is at the heart of our democracy, which differs –I would say admirably – from systems of justice even in other Western democracies.[8]

En témoignent aussi les innombrables ouvrages parus célébrant le *jury trial,* les autres aspects de la justice pénale étant laissés dans l'ombre.[9]

On assisterait donc à une banalisation de l'institution judiciaire légitimée par ses règles du jeu complexes qui en font un carrefour social idéal, un lieu de convergence où *due process* et *crime control* se renforcent mutuellement.

Cependant, cet argument contient sa propre réfutation car il met le doigt non sur un défaut intrinsèque du *due process* mais sur sa représentation imaginaire. C'est une critique de la mystification opérée par des médias populistes, de l'orchestration de discours simplistes qui contribuent à masquer la réalité de plus en plus prégnante d'un *due process* affaibli et manipulé. L'image de la justice véhiculée en particulier par des séries TV grand public telles que *Law and Order* ou *The Practice* est révélatrice. Ces séries diffusées chaque soir sur de grandes chaînes nationales, suivies par des millions de téléspectateurs, jouent sur une double rhétorique. D'un côté elles sont porteuses d'un puissant discours de légitimation du système judiciaire américain, célébrant ses avancées démocratiques et ses garanties constitutionnelles omniprésentes. Dans le même temps, elles jouent sur la corde sensible de la peur des criminels échappant à la justice à cause des droits de la défense. Combien de fois ne voit-on pas le célèbre Jack McCoy se battre dans le cabinet du juge pour empêcher que des preuves obtenues sans mandat par la police ou éventuellement préjudiciables ne soient rejetées ? Presqu'à chaque fois le juge se livre à une vibrante tirade sur la grandeur du *due process* et rejette les preuves. Le procureur-héros s'en va l'air contrit mais il jure qu'il va se battre pour que le criminel n'en réchappe pas aussi facilement. Naturellement, dans *Law and Order,* on ne plaide jamais coupable. Les

---

8 Elayne RAPPING, *Law and Justice as Seen on TV*, New York University Press, 2003, p. 37.

9 Notamment Sam SCHRAGER, *The Trial Lawyer's Art,* Philadelphia, Temple University Press, 1999 ; Robert P. BURNS, *A Theory of the Trial,* op. cit. Une littérature abondante se consacre à l'analyse des *jury trials* à partir de la littérature, considérant le procès comme une scène théâtrale, voire tragique. Ces analyses qui mettent l'accent sur les procès les plus sensationnels, les plus remarquables, donc assez exceptionnels et peu représentatifs, permettent de mesurer la distorsion du regard sur la justice opérée par la médiatisation des procès. Cette distorsion consiste principalement dans le renforcement du mythe du jury. Distorsion étudiée par Richard SHERWIN, *When Law Goes Pop,* University of Chicago Press, 2000 ; Robert HARIMAN, *Popular Trials, Rhetoric, Mass Media and the Law,* University of Alabama Press, 1990.

spectateurs doivent se rejouer inlassablement la scène mythique du *jury trial*. Ce scénario devenu rituel conforte la vision d'un *due process* symbole de la démocratie mais dont il faut plus que jamais se méfier, un ami traître. Celui-ci est le grand perdant médiatique car il ne peut pas lutter contre le thème omniprésent de la violence. Une violence qui a envahi les programmes de télévision, accentuée par les discours belliqueux des animateurs Bill O'Reilly, Nancy Grace, Jeanine Pirro, personnages incontournables du paysage médiatique.[10] Bill O'Reilly sur Fox News s'en prend aux juges qu'il trouve laxistes. Ses invectives tournent parfois aux insultes directes et à un appel à leur révocation. Nancy Grace est le personnage le plus célèbre aujourd'hui comme présentatrice à la fois sur Court TV et CNN. Son exceptionnelle virulence de ton et ses attaques verbales continuelles à l'encontre des juges lui ont cependant attiré quelques critiques. Elle a publié en 2005 un ouvrage dans lequel elle dénonce une justice trop indulgente, livrée selon elle aux mains des avocats de la défense.

Quant au premier argument stigmatisant la domination gestionnaire, notons tout d'abord qu'elle ne doit pas être exagérée car elle cède souvent le pas devant les conflits idéologiques très forts qui secouent aujourd'hui l'Amérique, la *culture war* très perceptible dans les discours des *district attorneys* et *public defenders*. Tel cet avocat de Riverside County (Ca) qui affirme l'existence d'un immense fossé culturel entre la défense et l'accusation puis, interrogé sur sa carrière, explique qu'il ne voudrait en aucun cas devenir *district attorney*, et d'ailleurs, ajoute-t-il, aujourd'hui "*very few public defenders would want to be DAs, knowing how harsh the system is*".[11]

Mais il est vrai que la pression énorme des flux conduit à robotiser les décisions sans trop se préoccuper des notions chronophages de défense de l'accusé ou de châtiment bien mérité. C'est là une sempiternelle critique des garanties constitutionnelles. Elles sont si lourdes, si poussives, si procédurières qu'elles ont été exploitées à tort et à travers, toujours dans le sens de l'intérêt gestionnaire. Mais là encore, est-ce bien le *due process* qui est en cause ? Kent Roach écrit :

Like Miranda rules and warrant requirements, the criminal trial in which the accused was represented by a lawyer and forced the prosecutor to prove guilt beyond a reasonable doubt was an important symbol of the due-process model of criminal justice. The irony, however, was that most cases ended in guilty pleas or prosecutorial withdrawals with minimal judicial involvement. Packer recognized that the guilty plea was the most efficient disposition of a case, and thus a goal for police and prosecutors who dominated the crime-control model. He did not, however, anticipate that guilty pleas might also serve the organizational interests of defence

---

[10] Ce discours est aussi, dans une moindre mesure, véhiculé par des ouvrages grand public. Ainsi ce livre du professeur Martha STOUT, *The Sociopath Next Door : the Ruthless versus the Rest of Us*, Broadway, 2005, également disponible en version audio CD. Le professeur explique qu'un Américain sur 25 est un dangereux sociopathe dissimulé qu'il faut apprendre à démasquer.

[11] Entretien 1er avril 2005.

lawyers and judges and that some accused with valid due-process claims might plead guilty to avoid the hassle of a trial. [12]

Selon ce raisonnement, le *due process* incite à plaider coupable et donc améliore la productivité de la machine judiciaire, augmentant sa redoutable capacité à prononcer des peines à la chaîne. Mais n'est-ce pas oublier que le plaider coupable lui-même est soumis au *due process* ? Suivant un pur modèle de *due process*, les règles de l'affrontement entre accusation et défense sont déplacées mais elles s'appliquent aussi pour le plaider coupable, objet d'une âpre négociation et se prêtant pour la défense à de multiples enquêtes, requêtes et ajournements avant d'aboutir.[13] L'apparition du plaider coupable à la chaîne n'est pas due *per se* au *due process*, mais à l'impitoyable pression exercée sur les tribunaux pour expédier les affaires qui arrivent par tombereaux.

Certes, le plaider coupable qui fait suite à la négociation s'accompagne de la renonciation aux droits constitutionnels. Mais l'erreur serait de faire de ces droits un corpus quasi-divin, inaliénable et sans lequel justice ne peut être rendue. Ronald Dworkin, l'auteur de *Taking Rights Seriously*, pense tout au contraire que les droits n'ont de valeur que dans leur interprétation vivante, créative, leur rapport au réel et non comme monuments figés, vestiges d'un droit naturel définissant l'humain et le juste. Le droit à un avocat est une bonne illustration de ce point important. S'est posé aux juristes américains le problème de savoir si l'on devait accepter qu'une personne refuse l'aide d'un avocat et demande à se défendre elle-même. D'aucuns pensaient que le droit était inhérent à la notion de procès équitable et qu'il ne fallait pas laisser un accusé se défendre lui-même au risque de commettre des erreurs préjudiciables à sa défense et à la bonne tenue du procès. Mais voici Howard Zinn commentant le procès dit des Camden 28[14] en 1973, qui se termina par l'acquittement de tous les accusés :

The defendants had decided to act as their own attorneys, to defend themselves. The Camden experience is the most powerful argument yet for the idea of self-defense in court. They worked harder to prepare their case than even the most dedicated movement lawyer.[15]

---

[12] Kent ROACH, op.cit., p. 88.

[13] Il est d'ailleurs ironique de voir qu'en 2005, les avocats français, ayant acquis une certaine expérience du tout nouveau *plea* négocié entré en vigueur en octobre 2004 (sous le nom officiel de "comparution sur reconnaissance préalable de culpabilité") constate la "lourdeur" de la procédure par rapport à la comparution immédiate. Voir *Le Monde* 20 mai 2005, "Le plaider coupable s'installe dans une grande confusion", article dans lequel on lit : "Le plaider coupable est 'chronophage', disent tous les magistrats. Contrairement à l'objectif initial de la chancellerie – désengorger les tribunaux correctionnels -, la nouvelle procédure prend plus de temps que d'autres modes de traitement rapide des infractions, les comparutions immédiates notamment. 'C'est une justice de luxe', affirment les procureurs."

[14] L'une des dernières affaires concernant la guerre du Viêtnam et les destructions de documents officiels par les opposants.

[15] Howard ZINN, "Amazing Grace : the Movement Wins in Camden" in *The Zinn Reader*, New York, Seven Stories Press, 1997, p.431.

Les droits découlant du *due process* ne sont ni des droits absolus ni des obligations, sinon ils se transformeraient en une tyrannie douce.

Considérons une autre critique : l'exploitation à des fins administratives des droits des accusés et prenons comme exemple le fait que le procureur, de façon habituelle, institue des poursuites contre des personnes avec lesquelles il ne parle pas, qu'il ne rencontre pas, et qui demeurent pour lui de parfaits inconnus. Il reçoit les victimes mais pas l'accusé. Cette étrange pratique conduit à des gâchis, des malentendus, des poursuites inutiles se soldant par de mauvais *pleas* furtivement négociés. Cette habitude a été légitimée par le système au nom du droit au silence. Le *due process* est dans ce cas précis interprété dans le sens de l'intérêt des deux parties : du procureur qui s'évite l'embarras d'une rencontre pénible et de l'avocat de la défense qui veut garder le contrôle de son client. Mais qu'en est-il du droit à la confrontation avec ses accusateurs ?

Les clauses du *Bill of Rights* entrent parfois en conflit entre elles et ce n'est que grâce à la clairvoyance et la sagesse des juges d'appel que ces conflits peuvent être déjoués, certainement pas en laissant l'arbitrage aux acteurs de terrain dont l'intérêt catégoriel est évident. Le *due process* fait au contraire barrage à une logique administrative de la procédure. C'est le silence des cours d'appel sur les dérives du système qui est en cause, leur laissez-faire. Le législateur peut alors à sa guise moduler les budgets de la justice et, de cette manière, réduire l'application du *due process* à une peau de chagrin s'il le désire.

Section 2. Un *due process* procédural envahissant ?

Mais, disent les sceptiques du contrôle constitutionnel, la qualité de la justice est bien plus tributaire des conditions économiques dans lesquelles celle-ci est rendue que des règles abstraites qui la contraignent. Ainsi, en Californie, comme dans beaucoup d'Etats, les salaires du procureur et de ses assistants, tout comme ceux des *public defenders*, sont fixés par le comté.[16] Il n'y a pas d'uniformité au niveau de l'Etat. Les disparités peuvent être énormes, non seulement entre comtés voisins, mais aussi par rapport au secteur très lucratif des cabinets d'avocats privés qui cherchent à attirer les meilleurs plaideurs. La rémunération des juges n'est pas non plus toujours très attractive. Selon le juge Reinhardt, il arrive même que des juges des Cours suprêmes abandonnent leur haute charge pour un emploi dans le secteur privé : "*In recent years we have seen Supreme Court justices who seem to be barely passing through the system on their way to better paying jobs.*"[17]

---

[16] 60 % des fonds pour la défense proviennent des comtés, seulement 25 % de l'Etat, ceci dans les 100 plus larges comtés (Source *Bureau of Justice Statistics* 2004). Les cabinets de DA et *public defender* reçoivent aussi des subventions fédérales.

[17] "9th Circuit Judge Reindhardt's 6/96 Speech On People's Deteriorating Opinion of Bench and Bar" in *The Lectric Law Library*, disponible sur www.lectlaw.com p. 2.

Dans les comtés aux salaires les plus bas, l'incessante défection du personnel crée des turbulences et perturbe le système :

In Santa Cruz, low prosecutor pay has led to a revolving door at the DA's office, said District attorney Kathryn Canlis. She says she has lost seven of 31 attorneys to Santa Clara in the past two years alone. Young attorneys sharpen their trial skills and then move over the hill, where they can make tens of thousands of dollars more. Canlis said county politicians don't always seem to understand how important it is to retain experienced prosecutors.[18]

Ici, l'expression "aiguiser leurs talents de plaideur" (*to sharpen their trial skills*) en dit long sur leur motivation. L'apprenti-plaideur en transit ne sera-t-il pas tenté de s'inscrire dans la logique du "gagner à tout prix" qui fera avancer sa carrière ? Or, le modèle *due process* évoque une lente course d'obstacles pour que justice soit bien rendue, non une justice expéditive parsemée de procès éclairs choisis pour gagner. Il y a bien sûr aussi le risque que les comtés riches attirent les meilleurs avocats et que les pauvres aient à se contenter d'une justice au rabais.

L'organisation de l'emploi et des salaires a donc un effet délétère sur la manière dont est rendue la justice, effet dont ne rend pas compte la modélisation suivant le schéma classique *due process contre crime control.* Au lieu de toujours se focaliser sur le *due process*, disent les économistes du droit, il vaudrait mieux s'atteler à régler ce type de problème.

Il s'agit là d'un argument puissant. Evidemment, face aux manquements professionnels, les cours d'appel disposent de deux armes pour parer aux dérives, elles peuvent agiter les deux drapeaux rouges "*prosecutorial misconduct*" et "*ineffective assistance of counsel*" mais nous avons vu que l'immunité des acteurs de la justice est presque toujours préservée lorsque l'un d'entre eux est pris en défaut.

Une fois encore, comme évoqué précédemment dans l'exemple des *problem-solving courts*, les expériences et adaptations de terrain dans ce grand pays profondément épris de culture locale, se révèlent irremplaçables. C'est une leçon de modestie pour le *due process* : William Stuntz va ainsi jusqu'à penser que les cours suprêmes devraient toujours tenir compte des aspects économiques de leurs décisions.[19]

En outre, les facteurs économiques sont en passe de devenir un levier de changement prometteur, et cela de façon totalement imprévue. La justice pénale a un coût de plus en plus exorbitant. On s'est aperçu, par exemple,

---

[18] Extrait du journal *The Recorder*, 4 mars 2002, "Making Crime Pay".

[19] Voir William STUNTZ, "The Uneasy Relationship Between Criminal Law and Criminal Justice" in 107 *Yale Law Journal* 1, 1997, p. 1 : "Funding decisions –how much money to spend on police, prosecutors, defense attorneys, judges and prisons. These forces determine the ratio of crimes to prosecutors and the ratio of prosecutions to *public defenders*, and those ratios in turn go far toward determining what the system does and how the system does it."

qu'après deux décennies de condamnations à de très lourdes peines incompressibles, les prisons commençaient en 2005 à être remplies d'une population vieillissante, composée d'individus devenus totalement inoffensifs, coûtant une fortune en soins médicaux. La presse ne se prive pas d'en faire état auprès d'Américains très conscients que ce sont leurs impôts qui financent cette entreprise punitive gigantesque. En Californie, la situation budgétaire devient intenable et le *Los Angeles Times* en profite pour rappeler aux citoyens que la *Three strikes law,* qu'ils ont votée, en porte une part de la responsabilité.[20] Les données économiques auront peut-être un jour raison de cette loi, là où les cours suprêmes auront échoué.

Mais est-ce à dire pour autant que le *due process* procédural aux Etats-Unis est inadéquat et étouffant ? Cela revient à se demander s'il ne pèche pas par ses excès. Or, le débat sur cette question est parasité par l'atrophie du *due process* substantiel – le contrôle constitutionnel de la criminalisation de certains comportements ainsi que le contrôle de la proportionnalité des peines.

Pour William Stuntz, le *due process* procédural, dont nous avons parlé jusqu'à présent, a perdu de sa crédibilité en grande partie à cause de son émiettement en mille règles de plus en plus complexes, impossibles à mettre en oeuvre compte-tenu du raz-de-marée des poursuites judiciaires provoqué par la criminalisation galopante que ne freine plus le contrôle constitutionnel. Le *due process* procédural ne peut soutenir une telle pression. Seuls quelques accusés fortunés peuvent, grâce à des tactiques agressives, utiliser toute l'artillerie du contentieux (*litigation*) disponible. Le professeur Stuntz est persuadé que la Constitution américaine a tout à fait moyen de faire barrage aux politiques de sur-criminalisation.

La Cour Warren avait compris le danger d'un déséquilibre entre un *due process* procédural pléthorique et un *due process* substantiel squelettique. Elle se saisit en particulier du 1er (liberté d'expression), du 8ème et du 14ème Amendements. Ce fut en 1962 *Robinson v. California* qui invalida une loi criminalisant la simple consommation d'une drogue. Puis en 1965 *Griswold v. Connecticut*, dont on a surtout retenu que l'arrêt marqua le début de la libéralisation des mœurs en invalidant les lois contre la contraception, envoya un signal fort aux assemblées législatives : la vie privée ne devait pas être criminalisée. A la fin des années 60,

---

[20] *Los Angeles Times*, 26 juin 2005, "Dying on our Dime : California's Prisons are Teeming with Older Inmates who Run up Staggering Medical Costs". *Arizona Republic*, 9 mai 2005, "Aged Inmates' Care Stresses State Prison Budget". La même idée gouverne la peine de mort qui coûte maintenant tellement cher que de nombreux comtés renoncent à instruire ces procès : *Idaho Statesman*, 19 septembre 2003 "Idaho Counties Struggle with Costs of the Death Penalty". Mais on est tenté de répondre que c'est indirectement le *due process* qui a permis à ces considérations économiques de faire surface, grâce aux barrages procéduraux. C'est évident pour la peine de mort. Mais aussi pour le problème du coût des prisons car le *due process* concerne aussi le vaste mouvement des droits des détenus, qui a permis en particulier que les vieillards détenus soient traités avec plus d'humanité.

la Cour suprême introduisit le principe selon lequel une loi est nulle et non avenue si elle manque de clarté (*void-for-vagueness doctrine*). De nombreuses lois sur le vagabondage (*vagrancy, loitering*) furent invalidées suivant ce principe.

Toutes ces lois sont revenues au grand galop et ainsi que nous l'avons vu, le *due process* substantiel a été mis en sourdine, surtout depuis *Ewing v. California*. Certes, certaines cours d'appel n'ont pas manqué de réagir courageusement aux excès, bravant les foudres populaires. Par exemple, la Cour fédérale du 9ème Circuit a fait savoir en 2002 que le téléchargement "accidentel" de photographies pornographiques à caractère pédophile sur l'Internet justifiait une importante dérogation à la très dure sanction de la pédophilie. Le 8ème Circuit s'est aussi illustré dans des prises de position nettes contre la sévérité des peines relatives à la guerre contre la drogue.

Mais ces décisions ne suffisent pas. Aujourd'hui, les juges de première instance et avocats de terrain racontent avec un sourire amer l'accumulation des lois criminelles qui conduisent à une justice d'abattage incapable de suivre les théoriques règles du *due process* procédural.

Le professeur Stuntz lance un appel pour une renaissance du *due process* substantiel et un certain recul du *due process* procédural afin de rétablir un équilibre qui donnerait à chacun, quel que soit le niveau de ses ressources pécuniaires, le même accès à la justice. On ne peut qu'admirer la sagesse du propos, en notant toutefois que le *due process* procédural n'a dégénéré en règles abstruses et procédurières qu'à partir du moment où la Cour suprême a cherché à mitiger et édulcorer les grands principes établis.

William Pizzi met lui aussi l'accent sur ce qu'il appelle l'*hubris* judiciaire consistant pour la Cour suprême à vouloir s'immiscer maladroitement dans le domaine législatif et à créer des règles inapplicables car inadaptées aux réalités de terrain. Ce n'est pas une critique du *due process* mais au contraire une tentative de renouer avec l'esprit profond qui l'anime. L'essence du *due process* est de jouer le rôle de phare, et de rappel à l'ordre si besoin est, non de se substituer au législateur. Les Américains disposent d'une expression propre à traduire ce concept de règle simple, lumineuse, dont le rôle est d'éclairer le législateur et toute politique locale : "*bright-line rule*". Sous la plume de Corinna Barrett Lain qui décrit la jurisprudence Warren, elle revient de façon répétée : "*the Supreme Court's first attempt at imposing a bright-line rule to curb coercive police interrogation ...*", "*to lay down another bright-line rule*"[21]... Encore faut-il, bien sûr, que le législateur, et derrière lui les citoyens, veulent bien mettre en application ces *bright-line rules*.

On peut conclure que la thèse selon laquelle le renforcement du *due process* serait en partie responsable du mouvement de criminalisation effréné qui s'est produit depuis les années 80, n'est guère probante. Tout au plus peut-on dire que le *due process* participe de la rhétorique d'une justice institutionnalisée

---

[21] Corinna BARRETT LAIN, "Countermajoritarian Hero or Zero ?...", art.cit. p. 1402, 1407.

contraire à l'esprit archaïque de la vengeance privée. L'expression "*due process is for crime control*" peut se comprendre dans un sens large : les défenseurs des droits des accusés n'ont jamais revendiqué une société libre de tout contrôle. Au surplus, le *due process* peut être considéré comme ayant des vertus sécuritaires en ce sens qu'il transmet le message essentiel que tout être humain, même dans la déchéance la plus totale, a droit aux garanties d'un procès équitable. On sait aujourd'hui que la majorité des inculpés aux Etats-Unis sont des indigents alcooliques ou toxicomanes. Les avocats de la défense font ainsi valoir que leur action, en donnant à ces individus à la dérive une meilleure image d'eux-mêmes, contribue à combattre la récidive.

Enfin, faut-il encore ajouter ce que l'on sait depuis longtemps : la prison utilisée sans le filtre fin du *due process* enfonce des jeunes qui, dès leur liberté retrouvée, plongent dans la récidive. La Little Hoover Commission dans son rapport officiel adressé au gouverneur Schwarzenegger en janvier 2007 s'inquiète sur la sécurité lorsque "*each year California communities are burdened with absorbing 123 000 offenders returning from prison, often more dangerous than when they left. Two-thirds of them will commit another crime, create another victim or simply violate a condition of parole.*"[22]

C'est la mise en retrait du *due process*, dans une certaine mesure procédural, mais surtout substantiel – concernant la proportionnalité des peines - qui contribue au phénomène d'incarcération de masse aux Etats-Unis.

[22] Little Hoover Commission Report 2007 (en ligne), p.17.

Chapitre 8. Les prémices d'un renouveau constitutionnel ?

En 2000, le système semblait s'enfoncer de plus en plus, croulant sous les diktats de l'exécutif (*zero tolerance*) et du législatif (minima de peines). Un mécontentement diffus se répandait de toutes parts. La nouvelle se propageait au sein du système judiciaire que le pays possédait désormais le record douteux du plus haut taux d'incarcération du monde entier.

La Cour suprême se résolut à intervenir. Elle choisit de se saisir de la clause du jury et de la charge de la preuve (6ème Amendement) pour exercer son arbitrage. Dans *Apprendi v. New Jersey* (2000), elle statua que le juge n'a pas le droit d'alourdir une peine de prison au-delà du maximum prévu par la loi sans qu'un jury ait au préalable décidé au-delà du doute raisonnable des facteurs aggravants. Cette décision peut paraître surprenante car elle semblait diminuer le pouvoir du juge. Et la tendance générale dans les dernières décennies est plutôt à l'abolition des *sentencing juries*, le Texas étant l'un des derniers Etats à les conserver.[1] Mais la Cour avait une idée en tête. En 2002 elle réitérait dans *Ring v. Arizona* : seul un jury unanime peut se prononcer sur les facteurs conduisant à la peine de mort.

C'étaient de petits pas pour assouplir la peine et réhumaniser la procédure. Mais ils étaient annonciateurs du grand pas qui fut accompli en 2004, dans ce que certains ont appelé le séisme *Blakely v. Washington*. *Blakely* allait étendre la portée de *Apprendi* en l'appliquant aux peines prononcées à l'intérieur même des grilles (*sentencing guidelines*).

---

[1] Huit Etats possèdent des *sentencing juries*, principalement dans le Sud : Texas, Arkansas, Kentucky, Mississippi, Missouri, Oklahoma, Tennessee, Virginia. De façon prévisible ils correspondent aux Etats où les juges sont élus. Le jury est un barrage contre la politisation de la peine. Cependant, les Etats ont mis beaucoup de conditions. Par exemple, au Mississippi, le jury ne décide que pour deux types précis d'incriminations.

Section 1. *Blakely* : un arrêt révélateur d'un grand malaise

Il n'est que de lire ce résumé de la manière de juger à la française pour mesurer le gouffre qui la sépare du mode opératoire dominant actuellement aux Etats-Unis :

Devant la Cour d'assises, le système de l'intime conviction, défini à l'article 353 CPP, laisse aux magistrats et aux jurés, une entière liberté d'appréciation ; quant aux Tribunaux correctionnels, l'article 427 CPP énonce que "les infractions peuvent être établies par tout mode de preuve, et le juge décide d'après son intime conviction".[2]

Par comparaison, les Américains se sont engagés depuis 30 ans sur le chemin escarpé, aventureux, de la rationalisation de la peine, non (répétons-le) par penchant bureaucratique - mot détestable à leurs oreilles - mais essentiellement comme une tentative d'exorciser les vieux démons de la discrimination raciale qui hantent les tribunaux. Cette volonté de transparence relève bien d'un désir de démocratisation de la peine, "*making the criminal justice system accountable to the public*".[3] Nous avons vu que, à cause du poids du *plea bargaining* et des peines planchers, le système s'est perdu dans des sentiers de traverse et s'est dévoyé.

L'arrêt *Blakely* est arrivé de façon inattendue dans le paysage désolé du droit constitutionnel de la peine. Pour la première fois depuis des décennies, la Cour suprême ose mettre un frein aux dérives dans ce domaine. Kevin Reitz résume la situation : "*Through the 1970s, 1980s, and nearly all of the 1990s, the Justices found themselves able to tolerate nearly all federal and state punishment mechanisms that came before them, however harsh, open ended, or absurd.*" [4] Le résultat a été une absence d'harmonie entre les systèmes d'Etat et un droit de la peine devenant si émietté, si disparate qu'il ne peut que perdre en légitimité. Par exemple, il ne faut pas oublier qu'une bonne moitié des Etats est restée fidèle aux peines indéterminées et quinze d'entre eux ont abrogé la possibilité de libération anticipée grâce au *parole board.* Kevin Reitz écrit :

We now have state and federal punishment systems so diverse that they can aptly be described as "fifty-one different countries". All are bafflingly complex in their multilevel operations, and subtle nuances in their legal designs have yielded wide differences in operations.[5]

---

[2] Antoine BULLIER & PANSIER Frédéric-Jérôme, "De la religion de l'aveu au droit au silence, ou faut-il introduire en France le droit au silence des pays de *Common law* ?" in *Gazette du Palais* vol 4 (doctrine), 1997, p.209.

[3] Sandra O'CONNOR, *Blakely v. Washington* (2004), opinion minoritaire (I).

[4] Kevin REITZ, "The New Sentencing Conundrum : Policy and Constitutional Law at Cross-purposes" in 105 *Columbia Law Review* 1082, 2005, p.1083.

[5] Kevin REITZ, ibid, p. 1085.

D'autre part, l'amertume, parfois la colère, des professionnels de la justice sont à la hauteur de leur sentiment d'impuissance face aux ordres envahissants du pouvoir législatif.[6]

L'arrêt *Blakely v. Washington* cherche à répondre à ce désarroi. Pour cela, la Cour suprême, dans *Blakely,* s'est saisie d'un phénomène inattendu, qui a vu le jour dans le sillage des peines pré-déterminées et s'est étendu à tout le système. Il s'agit des pressions exercées sur l'élaboration des facteurs justifiant la peine. En effet, le juge dérogeant aux peines présomptives doit motiver sa décision par écrit.[7] Or, cette opération-vérité que constitue l'explicitation "noir sur blanc" de l'intime conviction du juge, s'est révélée être rien moins que l'ouverture d'une boîte de Pandore. Les associations de victimes, en particulier, se sont engouffrées dans la brèche entr'ouverte. Mais surtout, elle a été ironiquement – car la motivation de la peine voulait donner confiance dans les jugements – le moyen privilégié par lequel le système a offert au regard extérieur ses contradictions internes et ses faiblesses. Car bien sûr, le juge qui prononce la peine est en première ligne et il est toujours celui qui en porte la responsabilité, même si le législateur ou la commission en sont les vrais auteurs. Que le juge allège la peine présomptive (*downward departure*), et on l'accuse de laxisme. Qu'il l'alourdisse, et d'autres crient à l'injustice.

Dans un premier temps, l'arrêt *Blakely* sera examiné pour en dégager les implications directes. Puis nous nous intéresserons à l'aspect symbolique de cet arrêt, pour montrer que *Blakely* est l'aveu officiel d'une crise majeure dans la confiance qui devrait régner entre le public et la justice institutionnelle.

Le drame initial eut lieu en 1998, dans l'Etat de Washington. Ralph Blakely était en instance de divorce à la demande de sa femme Yolanda et il le prenait très mal. Il avait souffert auparavant de schizophrénie et de paranoïa. Il enleva Yolanda sous la menace d'un couteau, la bâillonna, puis l'enferma dans une caisse qui se trouvait dans sa camionnette. Il l'implora d'abandonner la procédure de divorce. Puis il contraint leur fils à le suivre en voiture en le menaçant de blesser Yolanda avec son pistolet s'il n'obéissait pas. Celui-ci s'échappa en

---

[6] Tel ce *public defender* qui qualifie les nouvelles lois de "*politics, not policy*" ou ce juge qui remarque amèrement que la justice est devenue un tombereau, camion basculeur "*a dump truck*". Entretiens avril 2005.

[7] Ceci ne concerne que les Etats qui ont adopté des grilles. Pour les autres, les pratiques sont disparates. Certains Etats obligent les juges à motiver la peine, d'autres pas.
Notons qu'en France, depuis 1992, certains jugements correctionnels doivent être motivés (de façon minimale), mais jamais ceux de la Cour d'assises. Voir l'analyse bien étayée sur l'importance de la motivation, présentée dans CASADAMONT Guy, PONCELA Pierrette, *Il n'y a pas de peine juste*, Paris, Odile Jacob, 2004, p.110–127. Les auteurs concluent ainsi pour le droit français : "l'absence de motivation est la règle, la motivation est l'exception." p. 118.
Des pays comme l'Espagne ou la Belgique ou encore les Pays-Bas ont érigé la motivation comme règle de tout jugement pénal. L'Angleterre ne motive que ses jugements graves en Crown Court.

route. Blakely se rendit ensuite avec sa camionnette chez un ami qui alerta la police.

Il fut inculpé d'enlèvement au 1er degré. Mais grâce au *plea bargaining*, l'acte d'accusation fut ramené au 2nd degré, incluant un acte de violence conjugale et l'usage d'une arme à feu. Blakely plaida donc coupable de ces trois infractions.

L'Etat de Washington avait été l'un des premiers Etats à adopter un système de grille de peines présomptives (1984) et à abolir la libération conditionnelle anticipée. Dans la grille, la peine de Blakely allait de 49 à 53 mois d'emprisonnement, avec un plafond de dix ans dans le cas où le juge estimait devoir rehausser le tarif présomptif (*depart upward*). Il était bien spécifié que le juge devait faire état clairement des motifs qui l'amenaient à ne pas respecter la norme. Le juge, après avoir entendu le témoignage de Yolanda à l'audience de la peine, imposa une peine de 90 mois –soit 37 mois de plus, au motif que l'accusé avait agi avec une "cruauté intentionnelle" (*deliberate cruelty*).

Celui-ci, choqué d'apprendre qu'il devait passer trois années de plus sous les verrous, protesta. Le juge ordonna alors une nouvelle audience des témoins, après quoi il réaffirma la sentence.

Blakely fit appel, arguant du fait que le juge s'était servi d'éléments nouveaux, non admis au moment du plaider coupable. Il exerçait donc son droit constitutionnel au jury : le juge n'avait pas le droit d'ajouter des éléments incriminants non prouvés "au-delà du doute raisonnable". Le droit pénal américain opère en effet une distinction sémantique entre "éléments" constitutifs d'un crime, qui doivent être prouvés devant le jury, et "facteurs" entrant seulement dans la peine et admis par le juge, suivant la règle moins exigeante de "*preponderance of the evidence*".

Cette distinction majeure avait déjà fait l'objet de deux arrêts importants de la Cour suprême. En 1998, dans *Almendarez-Torres v. United States*, la règle traditionnelle de l'exclusion des délits antérieurs au procès fut reconsidérée : la récidive était-elle un "élément" ou seulement un "facteur" aggravant ? Fidèle à la tradition de *common law*, la Cour statua qu'elle n'était qu'un "facteur". En aucun cas le jury ne devait donc en être informé dans la recherche de la culpabilité. Mais, s'appuyant sur la logique de la séparation de la culpabilité et de la détermination de la peine, les preuves irrecevables devant le jury se muaient en *sentencing factors* au moment de dire la peine. Par ailleurs, la Cour adopta une conduite permissive quant aux facteurs aggravants acceptables. Ainsi, elle décida en 1997 que le juge pouvait prendre en considération comme facteur aggravant de la peine l'existence d'une poursuite judiciaire s'étant soldée par un acquittement du jury[8], décision fort malheureuse qui abasourdit la communauté

---

[8] Il s'agit de *United States v. Watts*. Voir à ce sujet JOH Elizabeth, "If it Suffices to Accuse. United States v. Watts and the Reassessment of Acquittals" in 74 *New York University Law Review* 887, 1999.

de *common law*. Les assemblées législatives s'en donnèrent également à cœur joie, acceptant toutes sortes de facteurs aggravants. On vit fleurir les *victim impact statements*, mais aussi les *community impact statements* [9] pour les infractions sans victime. Un dangereux écart se créait ainsi entre le verdict de culpabilité du jury et la peine effective prononcée.

En 2000, faisant volte-face, la Cour statua, dans *Apprendi v. New Jersey,* que tout fait aggravant la peine statutaire - hormis les délits antérieurs - devait être d'abord prouvé devant un jury. L'arrêt *Apprendi* eut cependant un retentissement limité parce qu'il ne s'attaquait qu'aux peines dépassant les limites législatives, cas assez exceptionnel. Dans le cas d'Apprendi, il s'agissait d'un délit à caractère racial (*hate crime*). Le juge avait ajouté deux ans à la peine maximale prévue par la loi, s'estimant autorisé par une autre loi qui permettait ce dépassement quand le motif racial était avéré. Mais le jury n'avait pas été mis au courant de cet élément. La Cour suprême refusa donc la sentence.

Par comparaison, l'arrêt *Blakely* allait beaucoup plus loin : il étendait la règle aux lignes directrices des grilles, "*the standard range*". Ainsi, même après l'allongement de la peine par le juge, Blakely était encore loin du maximum de dix ans : il devait purger 7 ans et demi. Mais la Cour annula cette peine et déclara que seul un jury pouvait décider des circonstances aggravantes :

> *Our commitment to Apprendi in this context reflects not just respect for longstanding precedent, but the need to give intelligible content to the right to jury trial. That right is no mere procedural formality, but a fundamental reservation of power in our constitutional structure. Just as suffrage ensures the people's ultimate control in the legislative and executive branches, jury trial is meant to ensure their control in the judiciary.*[10]

Affirmation étonnante lorsque l'on sait que les procès devant jury ne représentent pas plus de 4 % des affaires traitées (environ le même taux que les procès sans jury), loin derrière le plaider coupable, et que les règles des preuves admissibles au procès sont parmi les plus strictes et restrictives au monde. La Cour admet même à demi-mot qu'il y a là un paradoxe : les éléments exclus du procès devant jury sont justement ceux qui portent préjudice à l'accusé pour la détermination de la culpabilité. Si le juge décide de les porter à la connaissance du jury, outre le chamboulement de toute la procédure que cela provoque, l'accusé peut se trouver désavantagé et donc préférer l'ancien système. La Cour répondit à cela en mettant en avant le recours toujours possible à la renonciation au jury par l'accusé pour la détermination des facteurs aggravants de la peine.

---

[9] L'argument le plus couramment avancé est la dégradation de la qualité de vie d'un quartier, utilisé dans les affaires de prostitution et de drogue.

[10] *Blakely*, Opinion de la Cour énoncée par le juge Scalia (III)

Dans le cas le plus fréquent d'un plaider coupable, le juge se trouve fortement incité à freiner ses élans punitifs puisqu'il doit désormais faire appel à un jury pour alourdir la peine.

Les tribunaux, après *Blakely*, étaient en effervescence. Le jeu des subtilités procédurales, induites par cette décision, atteignait des sommets vertigineux. Le flou total du libellé de la Cour n'arrangeait pas les choses. Fallait-il instituer des audiences séparées, devant jury, en plus de l'audience de culpabilité, comme cela se fait déjà pour la peine de mort suite à l'arrêt *Ring v. Arizona* de 2002 ? Le juge O'Connor, exprimant son désaccord, s'inquiéta du coût énorme de cette accumulation de procès en perspective. Le juge Breyer dénonça l'hypocrisie d'un système à double jury, alors que le plaider coupable écrase déjà toute la procédure :

The Court can announce that the Constitution requires at least two jury trials for each criminal defendant – one for guilt, another for sentencing – but only because it knows full well that more than 90 % of defendants will not go to trial even once, much less insist on two or more trials .[11]

Et fallait-il, pour cette nouvelle procédure devant jury, créer un code spécial des preuves, étant donné que le juge, en audience de la peine, n'est pas soumis à la règle d'exclusion et peut tout entendre, même le ouï-dire (*hearsay*) ?

Ou alors devait-on faire preuve de pragmatisme et abandonner le principe séculaire de la séparation du fait et du droit en réunissant recherche de la culpabilité et appréciation de la peine dans une seule et même audience devant jury ? Mais cette idée relève de l'anathème juridique aux yeux des juristes américains car elle met en péril la présomption d'innocence et l'acquittement au bénéfice du doute. Tout le vaste corpus des règles gouvernant la recevabilité des preuves au procès est basé sur l'idée que le fait incriminé doit être isolé des données de type émotionnel, afin de ne répondre qu'à une seule question épurée : coupable ou non. Il était donc impensable de détruire les fondements même du procès pénal consacrés par une abondante jurisprudence sur la preuve (*evidentiary rules*).

La Cour suprême restait évasive sur tous les aspects pratiques de la nouvelle règle à appliquer, adoptant au contraire un ton grandiloquent, citant Blackstone et jouant sur la corde sensible de l'exceptionnalisme américain :

Our Constitution and the common law traditions it entrenches, however, do not admit the contention that facts are better discovered by judicial inquisition than by adversarial testing before a jury.

Et elle insistait, affirmant fièrement la différence américaine :

Ultimately, our decision cannot turn on whether or to what degree trial by jury impairs the efficiency or fairness of criminal justice. One can certainly argue that both these values

---

[11] *Blakely*, Opinion minoritaire du juge Breyer, at C, § 2.

would be better served by leaving justice entirely in the hands of professionals ; many nations of the world, particularly those following civil-law traditions, take just that course. There is not one shred of doubt, however, about the Framers' paradigm for criminal justice : not the civil-law ideal of administrative perfection, but the common law ideal of limited state power accomplished by strict division of authority between judge and jury. [12]

Devant le flou de ces déclarations, on comprit que l'arrêt visait en fait à remettre indirectement en question le principe des grilles de peines. L'opinion minoritaire du juge O'Connor ne laissait d'ailleurs guère de doute à ce sujet :

Congress and States, faced with the burdens imposed by the extension of Apprendi to the present context, will either trim or eliminate altogether their sentencing guidelines schemes and, with them, 20 years of sentencing reform.[13]

Concrètement, cela signifie qu'en abolissant les grilles, les juges peuvent de nouveau individualiser les peines sans avoir à se justifier, sauf à prononcer des sanctions excentriques, auquel cas il est toujours possible de faire appel. Car, si la grille n'avait pas existé, le juge aurait pu tout aussi bien condamner Blakely à 7 ans et demi de prison, sans dire pourquoi, et l'accusé n'aurait eu aucune prise pour protester.

Paradoxalement, l'arrêt *Blakely* qui semblait à première vue affaiblir encore la discrétion des juges, la renforçait. Le monde judiciaire ne mit pas longtemps à apprécier les avantages qu'il pouvait tirer de cette décision équivoque :

In reality, the decision will more likely expand, not limit, the power of judges –specifically by preventing legislatures from meaningfully guiding their choices in handing down sentences.[14]

L'arrêt *Blakely* peut donc se lire comme une tentative de réponse à un malaise diffus qui s'étend face aux effets pervers liés aux rigidités du système. Chose remarquable : la Cour suprême a choisi d'utiliser le *due process* procédural à des fins substantielles, à savoir le contrôle de la proportionnalité des peines.

Section 2. Le signe d'une crise de confiance majeure

Il est intéressant de se demander pourquoi le juge avait tant alourdi la peine de Ralph Blakely. On était de toute évidence en présence d'un acte passionnel et irréfléchi (il se rend chez un ami qui, inévitablement, alerte la police). Ralph Blakely n'était-il pas assez puni avec plus de quatre années de prison ferme,

---

[12] Opinion de la Cour (IV).

[13] Introduction de l'opinion minoritaire du juge O'Connor.

[14] Benjamin WITTES, "Suspended Sentencing" in *The Atlantic Monthly*, oct 2004. Voir aussi "Mopping up after Blakely" in *The Economist*, 2 oct 2004 ; Review of Leading Cases, "Blakely v. Washington" in 118 *Harvard Law Review* 1, 2004 ; BERMAN Douglas, "Examining the Blakely Earthquake and its Aftershocks" in 16 *Federal Sentencing Reporter* 5, juin 2004.

sachant que la libération anticipée a été abolie dans cet Etat ? Or, le juge a cru bon de sévir plus encore, après avoir entendu Yolanda.

L'arrêt *Blakely*, en invoquant l'autorité du jury, s'interroge sur la manière dont la collectivité (*community*) doit prendre part à l'appréciation de la peine, dont elle est traditionnellement tenue à l'écart. Le maillon fragile du procès pénal américain est la phase de *sentencing* à cause de son déficit démocratique. Dans l'affaire en question, il s'agissait de violence conjugale, un thème très en prise avec les valeurs culturelles et rendu sensible aux Etats-Unis par les campagnes féministes pour éradiquer le mal. Il est fort probable qu'un jury aurait alourdi la peine au moins autant que le juge, plus placide et gardien de la légalité. Par conséquent, l'affirmation de la Cour peut paraître paradoxale et surprenante :

The Framers would not have thought it too much to demand that, before depriving a man of three more years of his liberty, the State should suffer the modest inconvenience of submitting its accusation to "the unanimous suffrage of twelve of his equals and neighbours," (Blackstone, Commentaries, at 343), rather than a lone employee of the State.[15]

Dans cette affirmation, la Cour laisse entendre que la peine n'aurait peut-être pas été alourdie si un jury en avait décidé. Rien n'est moins sûr, et la Cour le sait bien.[16] Certes, le jury rend son verdict suivant le principe "au-delà du doute raisonnable", bien plus contraignant que la "prépondérance des preuves" du juge. Mais face à des faits aussi mal délimités que ceux permettant de conclure à de la "cruauté délibérée", le jury - non tenu de motiver sa décision - pourra alourdir la peine sans difficulté. Cette apparente contradiction montre qu'il ne faut donc pas lire l'arrêt *Blakely* dans un sens littéral.

Le véritable sens est à rechercher à un degré implicite. C'est la crédibilité des jugements qui inquiète la Cour. Comment cet "employé solitaire" –selon les mots de la Cour - qu'est le juge peut-il inspirer confiance au public ? Le jury, à un niveau symbolique, est bien plus rassurant, de par son adéquation aux attentes culturelles. Foin du manque de fiabilité du jury, la Cour se situe au niveau de l'image que renvoie la justice, de son imaginaire. L'appel à l'instance populaire est un cri d'alerte, adressé au monde judiciaire, l'enjoignant de trouver d'urgence des solutions face à un système qui traverse une grave crise de confiance. D'où le style volontiers provocateur de l'Opinion de la Cour : le juge n'est plus qu'un *lone employee*, le jury un salutaire "disjoncteur de l'appareil d'Etat" : *circuitbreaker in the State's machinery of justice.*

---

[15] *Blakely*, Opinion de la Cour, IV.

[16] Les jurys ont la réputation d'être imprévisibles. Le sens commun est parfois très différent du sens légal. C'est la raison pour laquelle de nombreux juristes américains sont opposés à l'idée des *sentencing juries.* Voir Craig REESE, "Jury Sentencing in Texas. Time for a Change ?" in 31 *South Texas Law Review* 323, 1990. Le Texas est l'un des rares Etats où le jury décide de la peine.

Blakely cherche à provoquer un débat sur un système en mal de repères. Le décalage entre l'institution et le public n'a jamais été aussi profond, alors même que le but des réformes des trente dernières années était d'augmenter le capital-confiance de la justice en rendant la peine plus rationnelle, plus formelle. Le public, ce sont ces citoyens que jadis Tocqueville disait si impliqués dans leur justice.

L'arrêt *Blakely* se fait également l'écho d'un chœur de lamentations qui monte du monde judiciaire, académique et parfois journalistique depuis la fin des années 90, amplifié par la découverte de multiples erreurs judiciaires et surtout le constat de peines disproportionnées.

Section 3. La colère des juges fédéraux contre les peines planchers

La Cour suprême frappa fort de nouveau en 2005. Dans la suite logique de *Blakely*, l'arrêt *United States v. Booker* invalida la grille fédérale des peines (*sentencing guidelines*) sous sa forme obligatoire. Celle-ci est maintenant uniquement consultative (*advisory*). La Cour répondait à la grande frustration exprimée par les juges fédéraux.

Les grilles de peines ne furent pourtant pas la première cause de la colère des juges.[17] Derrière elles se cachaient les minima obligatoires, comme l'exprime bien ce juge démissionnaire : "*Congress has tried to micromanage the work of the commission and has undermined its efforts to provide judges with some discretion in sentencing or to ameliorate excessively harsh terms.*"[18]

Et Franklin Zimring est désolé que l'expérience d'une délégation d'experts, qu'on croyait indépendante, au-dessus des pressions politiques, puisse mal tourner. Mais les grilles de peines étaient la vitrine des politiques pénales et, face à un pouvoir législatif éléphantesque, il était plus facile de se tourner vers la commission à visage humain, pour déverser ses doléances.

Il est vrai aussi que la commission fédérale commit des maladresses comme son manque de dialogue avec les juges et son excessive soumission par rapport aux exigences du Congrès.

On peut aussi soutenir que le projet en soi, expérimental, était très risqué et peut-être condamné d'avance. La commission fédérale se croyait investie d'une

---

[17] Le mécontentement des juges débordait parfois sur les procureurs. Ainsi le US Attorney Robert H. EDMUNDS écrit : "*It was my perception when working for the government that many prosecutors who were quite willing to work within the guideline structure were uncomfortable with the Procrustean mandatories.*" In "The Need for Predictable, but not Mandatory Sentences", 8 *Federal Sentencing Reporter* 16, 1995.

[18] Juge John S. MARTIN, "Let Judges Do their Jobs" in *New York Times* 24 juin 2003.

mission, non dénuée d'une certaine teneur utopique, qui la poussait vers un zèle intempestif. Elle allait purifier la société en claironnant haut et fort aux malotrus de tous genres ce qu'il leur en coûterait de déroger aux règles sociales. Et on montrerait à tous que personne n'est au-dessus des lois, pas mêmes les riches.[19]

Mais en instaurant un quantum des peines, la commission faisait fi de la fonction symbolique de la sanction pénale conçue d'abord pour impressionner avant de punir. L'effet d'annonce de la punition est vital. "*Penal laws bark louder than they bite*" dit l'adage. Mais la punition réelle, infligée par le juge individuel *in fine* comprend des éléments supra-juridiques que la loi ne peut faire apparaître, telle la notion de pardon ou de pitié. Le risque de la vision procédurale de la peine réside dans ce que Thierry Pech appelle la "déliaison éthique".[20]

Inversement, la règle fixe peut difficilement chiffrer des paramètres aussi instables que l'horreur devant un crime particulièrement crapuleux ou la prédiction de la dangerosité future d'un individu. Il y faut tout le doigté, le sens intuitif, le pragmatisme, l'expérience professionnelle d'un juge aidé des experts psychiatres pour parvenir à cette difficile appréciation.

En outre, face aux ravages de la drogue, il était risqué d'envoyer un message mou aux dealers. La justice devait se montrer ferme, même si dans les pratiques de terrain le châtiment se trouvait ensuite adouci. Mais avec le mouvement *Truth in Sentencing* et les minima obligatoires, c'était le contraire qui se produisait. La norme punitive "mordait aussi fort qu'elle aboyait".

"*Do the crime do the time*" : les peines fixes, en se focalisant plus sur le délit que sur le délinquant, s'ôtaient les moyens d'ajustements nécessaires pour rassurer la population. Sans une mécanique précise, les criminels dangereux pouvaient en réchapper. Par conséquent, il fallait se prémunir de ce défaut consubstantiel à la méthode en durcissant les peines, en particulier à travers des stratégies de mise hors-circuit totale (*incapacitation).*

Les mécanismes que la commission avait mis en marche étaient d'une complexité inouïe, touchant à des domaines humains qui ne se laissent pas plier dans des cases et des catégories. Le résultat de cette démarche prométhéenne ne pouvait donc que décevoir cruellement.

Par ailleurs, la commission a sans doute souffert d'un déficit démocratique auprès d'une population traditionnellement portée à la méfiance à l'égard des autorités administratives, soi-disant composées de bureaucrates et de technocrates incontrôlables.

---

[19] En plus de l'uniformisation mécanique, la commission s'est attachée à alourdir les sanctions des criminels à col blanc, en particulier en 2003 suite au *Sarbanes-Oxley Act* de 2002.

[20] Thierry PECH, "Le consensus procédural" in A. GARAPON et al, *Et ce sera justice,* Odile Jacob, 2001, p. 208.

Mais, par-delà l'image d'Epinal, l'attachement américain à la démocratie représentative est si fort que les autorités administratives, mêmes dites indépendantes, se voient toujours obligées d'en déférer aux pouvoirs élus. Elles ne sont en fait qu'une sorte d' "anomalie dans la démocratie politique".[21]

En 2003, l'exaspération des juges fédéraux devant leur subordination à la grille des peines était à son comble. Il ne manquait plus qu'une étincelle pour mettre le feu aux poudres. Elle se produisit sous forme d'un petit alinéa inclus dans le PROTECT Act de 2003, une loi très populaire s'attaquant à la pédophilie. L'Amendement de Tom Feeney fut rajouté au dernier moment, ce qui prit tout le monde par surprise. Il prenait à parti les juges "activistes" qui ne respectaient pas assez la grille des peines.

Revenons un peu en arrière. Il était entendu dès le début que les juges seraient autorisés à s'éloigner de la grille, "*to depart downward*", s'ils pouvaient le justifier à partir de certains critères juridiques évasifs, tels qu'une conduite aberrante ou "la diminution de responsabilité par incapacité partielle" (*diminished capacity*). Chaque année, les pourcentages de ces allègements de peines étaient publiés ainsi que le pourcentage d'allègement dû au procureur lors du *plea bargaining*.

Au vu de ces résultats chiffrés, le Congrès était passablement irrité de constater les criantes disparités apparues avec le nouveau système, lequel avait justement pour fonction de les éliminer. Comme chaque fois qu'une procédure ne rencontre pas l'approbation de ses exécuteurs, la grille donnait lieu à diverses tactiques officieuses de contournement de la part de certains juges : omission de faits aggravants, arrangement avec le procureur, non-respect de la grille en espérant qu'aucune partie ne ferait appel… Dans ces conditions, le *forum-shopping* pouvait recommencer de plus belle.

L'Amendement Feeney élimina la plupart de ces motifs d'allègement. Il donna au Département de la Justice accès aux registres de chaque juge fédéral et exigeait un rapport au Congrès de tous les allègements de peines effectués. Les cours d'appel devaient revoir les allègements les plus patents. L'Amendement sommait également la commission des peines de modifier la grille pour réduire l'incidence des allègements. Enfin, la composition de la commission fut modifiée : elle devait désormais compter "pas plus" de trois juges au lieu de "au moins" trois juges auparavant. Une clause mineure certes mais très symbolique.

L'Attorney-General John Ashcroft ordonna aussitôt aux procureurs de procéder au recensement des peines prononcées par chaque juge. Ceux-ci prirent cette mesure comme une manœuvre d'intimidation, ce qui ne fit

[21] Expression de Elisabeth ZOLLER, art.cit., p.768.

qu'augmenter leur profonde irritation.[22] L'expression qui revenait le plus dans la presse pour décrire le climat qui régnait est *tug-of-war,* donnant l'idée d'une lutte acharnée. La *Judicial Conference of the United States*, qui est un organisme composé de 27 juges, avec à sa tête le président de la Cour suprême et chargé de superviser la bonne marche des tribunaux fédéraux, vota à l'unanimité pour demander au Congrès d'abroger l'Amendement Feeney. En décembre 2003, dans son rapport annuel (*annual report on the state of the judiciary*), William Rehnquist adressa une sévère réprimande au Congrès.

C'est dans ce climat de tension extrême que la Cour suprême rendit l'arrêt *Blakely*. Six mois plus tard, en janvier 2005, dans deux arrêts consécutifs, *U.S. v. Booker* et *U.S. v. Fanfan*, le caractère obligatoire de la grille des peines fédérale était déclaré inconstitutionnel. Et le *Feeney Amendment* devenait du coup caduc.

Ironie de l'histoire, ce fut le juge Stephen Breyer qui rédigea l'Opinion de la Cour dans *Booker* pour annoncer la fin de la grille obligatoire, lui qui en avait été l'un des pionniers. Mais cette ironie est en fait très révélatrice : le principe disparaissait au fédéral, en grande partie parce que la commission des peines n'avait pas su, ou pas pu, affirmer son indépendance par rapport à la volonté du Congrès. Stephen Breyer, comme tant d'autres, rêvait de mettre un frein à une démocratie populiste débridée. Mais l'idée de *insulated delegation*, trop peu américaine, n'avait pas réussi à s'imposer.

Tout aussi ironique est le fait que l'arrêt *Blakely* a été décidé par cinq voix contre quatre, les deux juges considérés comme les plus conservateurs (Scalia et Thomas) s'alliant avec trois libéraux (Stevens, Ginsberg et Souter), reflétant ainsi une absence de marquage politique. De la même manière, trente ans auparavant, les deux camps avaient uni leurs forces pour réformer les peines dans le sens inverse.

En résumé, il est important de bien faire la distinction entre les minima de peines (les peines planchers) édictés par les décideurs politiques et l'élaboration d'une charte commune, associée à l'idée haute de démocratie égalitaire et placée sous l'égide d'experts neutres et indépendants. L'exemple réussi de la grille des

---

[22] Parmi les innombrables critiques parues dans les journaux, l'article du *New York Times* du 10 août 2003, "Blacklisting Judges" est l'un des plus virulents. On y lit que "*by trying to make federal judges yield to political pressure from Washington, the Bush administration is engaging in a radical attack on our constitutional system.*"

peines du Minnesota montre que le fiasco fédéral aurait sans doute pu être évité.[23]

Les Etats Unis auraient pu aussi tourner leur regard vers leur voisin, le Canada, qui a créé une commission fédérale des peines en 1987, l'année où sortit la grille américaine. Elle rendit un rapport qui préconisait proportionnalité et modération, dans un schéma directeur peu contraignant. Le législateur canadien trouva cependant les propositions trop risquées et préféra ne pas aller "aussi loin dans la réforme". Les peines planchers existent dans ce pays depuis 1995 mais seulement pour un nombre restreint d'infractions commises au moyen d'une arme à feu avec une durée minimale ne dépassant en général pas quatre ans de prison. La magistrature au Canada s'oppose aux peines obligatoires.

Cependant, les minima obligatoires fédéraux demeurent intacts. En 2003, la très influente American Bar Association a mis en place une commission interne, *ABA Justice Kennedy Commission* [24], pour faire des propositions au Congrès visant à un relâchement de sa politique d'incarcération. Pour faire taire les voix qui les accusent de prôner le laxisme vis-à-vis des délinquants et d'être "soft *on crime*", les associations du vaste mouvement citoyen de protestation (dont la dynamique *Families Against Mandatory Minimums*) ont pris pour devise l'expression "*smart on crime*" : ayons une réponse sensée et raisonnable face à la délinquance.

La grille des peines n'est pas abolie, elle est encore très suivie par les juges qui craignent de trop s'en démarquer. Et la lutte contre les dérives législatives et ses funestes peines planchers ne fait que commencer. Toutefois, la Cour suprême des Etats-Unis a prononcé en janvier 2007 un arrêt prometteur, *Cunningham v. California*. Il concerne l'un des Etats les plus notoirement pris dans la tourmente répressive, la Californie. En invalidant le système de peines pré-fixées en vigueur dans cet Etat depuis trente ans, la Cour Roberts a décidé d'envoyer un message fort. *Apprendi*, puis *Blakely* et maintenant *Cunningham* permettent d'espérer un renouveau de confiance dans le contrôle constitutionnel en matière pénale.

---

[23] Voir Kevin REITZ, "The New Sentencing Conundrum" in 105 *Columbia Law Review* 1082, 2005, qui déplore le fait que l'attention se soit fixée sur la grille fédérale, discréditant de ce fait toutes les tentatives dans les Etats, certaines grilles se révélant être des réussites. Il affirme :"*The chief culprit in propagating ignorance on these matters is the much-publicised federal sentencing system as it existed prior to Booker.*" p. 1105. Et encore p. 1104 :"*Two-third of the states that have instituted sentencing guidelines have seen slower than average rates of prison growth than nonguideline states*". C'est dire que ce sont bien les peines planchers qui sont en cause, pas toujours le concept de "grilles". Mais qu'il serait bénéfique que tout cela soit simplifié et clarifié, au lieu de cet émiettement opaque de systèmes complexes ! Comment le public peut-il s'y retrouver ?

[24] Nom donné à la suite d'un discours solennel prononcé par le juge de la Cour suprême, Anthony Kennedy, lors de l'assemblée annuelle de l'ABA en 2003, dans lequel le juge a ouvertement condamné la politique du Congrès en matière de criminalité.

Chapitre 9. Le cas exemplaire de la Californie

Section 1. Un Etat-laboratoire

La Californie a toujours été perçue comme un Etat extrême, à l'avant-garde, dépositaire du modèle cher aux néofédéralistes du laboratoire d'idées qui, par *trial and error,* sert d'exemple (ou de contre-exemple) et guide les autres Etats vers des solutions politiques pragmatiques. Incontestablement, cet Etat a eu un rôle pionnier ou s'est distingué dans de nombreux domaines du droit pénal. Il a été le premier à instaurer un système d'indemnnisation aux victimes en 1965. L'idée des *Victim Impact Statements* est née en Californie en 1976. La peine de Travail d'Intérêt Général comme alternative à la prison (*community service*) est une création du Golden State dans les années 60, avant d'être copiée par l'Angleterre puis d'autres Etats. Il fut aussi parmi les premiers Etats en 1976 à abolir la tradition de libération conditionnelle et à instaurer un régime de peines déterminées qui est entré en vigueur en 1977, le *Uniform Determinate Sentencing Act*, sur lequel nous allons revenir.

D'autre part, la Californie n'a pas hésité jusqu'au tournant des années 70 à prendre ses distances avec Washington en instaurant des règles procédurales bien plus protectrices des libertés publiques que ne l'exigeait le *Bill of Rights* fédéral. Exemple : le jury. Alors que la jurisprudence fédérale a établi le principe que le jury n'est exigible qu'à partir d'une condamnation passible d'un minimum de six mois de prison (*Duncan v. Louisiana* (1968), *Blanton v. North Las Vegas* (1989)...), la Cour suprême de Californie a affirmé que le jugement par jury s'appliquait aussi aux délits mineurs, y compris ceux qui ne sont pas punis d'emprisonnement.[1] La Californie a également conservé l'institution du *grand jury* pour les cas graves. Cette insistance sur le jury populaire à un double niveau témoigne de l'engouement de cet Etat pour toutes les formes de démocratie directe. Au cabinet de *public defenders* de San Francisco, les avocats mettent leur point d'honneur à exiger un procès devant jury chaque fois que des preuves sont mal établies ou que l'offre du procureur est jugée trop sévère.

Les lois et règlements les plus conséquents font l'objet d'un vote d'initiative populaire (*ballot initiative*). Ainsi la légalité de la peine de mort résulte d'un *ballot*

---

[1] *Tracy v. Municipal Court* (1978).

initiative datant de 1972 (avec une majorité de 68 %). La loi "trois coups et vous êtes hors-jeu" (*Three Strikes You're Out Law)*, a pris naissance en Californie[2] avant de faire des émules dans d'autres Etats (résultat de deux propositions soumises au vote populaire : en 1994, approuvée de nouveau en 2004). On procède au doublement automatique de la peine à la première récidive (*two strikes*) d'un *felony.* A la récidive suivante (*three strikes*), et quel que soit le délit commis, même non-violent (cela peut être le simple vol d'une pizza, cas réel devenu emblématique), une peine incompressible d'au moins 25 ans d'emprisonnement est imposée sans possibilité de liberté conditionnelle. C'est ce qu'on appelle *incapacitation*, la mise hors d'état de nuire.

Mais des votes populaires ont permis aussi d'humaniser quelque peu les peines. En 2000, la Proposition 36 fut approuvée par la population : les personnes non récidivistes arrêtées pour détention et usage de drogue ne seraient plus poursuivies en justice mais dirigées vers des programmes de désintoxication. Aujourd'hui l'Etat est à la pointe du mouvement des *drug courts* et des *problem-solving courts.*

La Californie a inscrit dans sa Constitution trois formes de démocratie directe : les initiatives populaires, les référendums (initiés par la législature) et le renvoi d'un juge ou gouverneur par le peuple (*recall*).[3] C'est un Etat où la démocratie locale joue en effet un rôle considérable. Bien connue est la procédure de renvoi que la population a appliquée à l'encontre de son gouverneur Gray Davis. Moins connue, mais tout aussi implacable, l'est-elle visant ses magistrats. En 1986, la présidente de la Cour suprême de Californie, Rose Bird, ainsi que deux autres juges de cette haute cour, en firent les frais, dans un vote populaire nommé *retention election.* La Californie utilise, comme beaucoup d'Etats, un système hybride de nomination et élection de ses juges (alors que 28 Etats élisent leurs juges au suffrage universel). Les juges sont nommés par le gouverneur mais, au bout d'un mandat de six ans, leur maintien en poste doit être confirmé par le suffrage des citoyens. Tout avocat du barreau avec une expérience de dix ans d'exercice peut revendiquer la place d'un juge en poste (*challenge a sitting judge*).

A la suite d'une campagne de presse virulente, le mandat des trois juges suprêmes ne fut pas renouvelé. Leur impopularité était due à leur opposition franche et quasi-systématique à la peine de mort, la Cour Bird ayant prononcé en tout l'annulation de 58 condamnations à mort sur les 64 qu'elle entendit. Ils furent remplacés par des juges plus conformes aux sensibilités de la rue sécuritaires "*tough on crime*", ou, selon l'expression ordinaire, des "*hard-liners on crime*".

---

[2] L'Etat de Washington fut le précurseur de la formule mais c'est la Californie qui a réellement popularisé cette loi en la radicalisant.

[3] Notons toutefois que la Cour suprême de Californie conserve un droit de contrôle de constitutionnalité (*judicial review*) sur toutes ces décisions populaires.

Les juges de première instance ne sont pas épargnés par l'épreuve de la *retention election* qu'ils doivent affronter tous les six ans. Exceptionnellement des campagnes de signatures peuvent même aboutir à inscrire leur nom dans une *retention election* plus tôt que prévu.

Bien que les renvois de juges demeurent rares, le risque existe bel et bien. Ainsi, après l'acquittement sous haute tension de O.J. Simpson en 1995, celui-ci intenta un procès pour obtenir la garde de ses deux enfants qui vivaient alors avec les parents de son ex-femme assassinée. Le juge Nancy Wieben Stock accéda à la demande de O.J. Simpson ; mais on lui reprocha de ne pas avoir attendu le verdict du procès civil intenté contre lui pour "responsabilité dans un homicide" (*wrongful death*). Cette décision attira les foudres d'une organisation féministe, la Women's Progress Alliance, qui fit campagne pour la révocation du juge. Seul le soutien de la magistrature permit au juge Wieben Stock de sauver son poste de justesse.

Le juge, pour les Californiens comme d'ailleurs pour la plupart des Américains, occupe une place spéciale car il est symboliquement au carrefour des deux conceptions de la démocratie : l'expression de la volonté populaire en même temps que celle de la nécessité d'une certaine hauteur garante de la stabilité des institutions et de la règle de droit. C'est pourquoi le juge est à la fois élu (par confirmation) et nommé sur la base d'une longue expérience de terrain en tant qu'avocat ou, le plus souvent, assistant du procureur.

Le professeur Joseph Darby de l'Université de San Diego exprime son scepticisme devant cette ambivalence dans une formule percutante : "l'impossibilité de concilier la démocratie majoritaire (la responsabilité judiciaire) et l'aristocratie contre-majoritaire (l'indépendance judiciaire)".[4]

Le pessimisme qui pointe dans ce propos traduit le désarroi des intellectuels californiens face à leur histoire récente. Comment ne pas rester attaché à la démocratie locale participative (l'indépendance judiciaire est dangereuse puisqu'elle recrée une "aristocratie") mais comment aussi admettre l'ardeur répressive qui a saisi la population depuis le milieu des années 70 et qui se reflète dans les décisions des juges ?

Car, en l'espace de vingt ans, de 1980 à 2000, le taux d'incarcération a plus que triplé tandis que les programmes sociaux disparaissaient un à un. Plus de 400 lois furent adoptées pour allonger les peines. Le STEP Act de 1988 (*Street Terrorism Enhancement and Prevention Act*) fait partie de cet arsenal draconien. Il fait obligation à la police de ficher dans une base de données centralisée tous les individus qu'elle considère comme appartenant à un gang de rue. Des gens arrêtés pour délits mineurs découvrent ainsi qu'ils ont été fichés et voient de ce fait leur peine s'allonger considérablement suivant la grille de peines de l'Etat.

---

[4] Joseph DARBY, "Garanties et limites à l'indépendance et à l'impartialité du juge aux Etats-Unis d'Amérique" in *Revue Internationale de Droit Comparé* 2-2003, traduit de l'américain, p. 360.

Aujourd'hui, le quadrillage carcéral est impressionnant, comme le décrit le Californien Peter Schrag, utilisant le terme d'archipel.[5] En 2005, ont commencé les travaux d'agrandissement de la vieille prison de San Quentin proche de San Francisco où sont logés les quelque 640 condamnés à mort. La nouvelle prison est conçue pour pouvoir accueillir 1400 détenus.[6]

En 1998, la Proposition 220 a déclenché un processus de mutation des tribunaux locaux, jugés vétustes, (il y en a plus de 450) qui en 2007 doivent passer sous la responsabilité directe de l'Etat et ne dépendront plus des comtés. Cette unification du système, qui va à terme bouleverser le paysage judiciaire californien, a été entérinée en 2002 par le *Trial Court Facilities Act.* Ce projet ambitieux de rénovation des tribunaux nécessite des investissements importants.

Bien que le taux de criminalité ait fortement baissé dans l'Etat depuis le milieu des années 90, la Californie comptait en 2005 plus de 170 000 détenus dans les prisons de l'Etat (ceux séjournant dans les maisons d'arrêts locales, *jails*, ne sont pas pris en compte dans ce chiffre), la plus large population carcérale du pays, en dehors du fédéral. Son taux d'incarcération restait cependant dans la moyenne nationale, largement derrière celui du Texas et surtout celui de l'Etat le plus répressif de tous, à savoir la Louisiane.[7] Ce n'est donc pas le contraste avec les autres Etats qui constitue l'élément remarquable de la politique d'incarcération de cet Etat, mais plutôt son évolution dans le temps.

Alors que naguère la Californie faisait partie des Etats plutôt libéraux, le *due process* fut sérieusement attaqué. En juin 1990, la Proposition 115 élimina la loi d'exclusion californienne (*exclusionary law*) qui jusqu'alors protégeait la vie privée plus encore que le Quatrième Amendement ne l'exigeait. Elle autorisa aussi, entre autres, l'usage du ouï-dire au procès, ce qui signifie que les témoignages de prisonniers délateurs (*jail informants*) basés sur des conversations qu'ils prétendent avoir eues avec des co-prisonniers, le tout bien sûr assorti de généreuses remises de peine, figuraient désormais parmi les preuves recevables. Sans parler bien sûr de la fameuse *Three strikes you're out law* plébiscitée par les électeurs, qui aurait pu aboutir à un véritable désastre judiciaire et économique si les acteurs du système, procureurs et juges, effrayés, n'avaient pris des mesures, souvent officieuses, pour en limiter la portée. Sur fond de crise budgétaire, la *Three strikes law* risquait de faire exploser les finances publiques, d'une part par le coût

---

[5] Peter SCHRAG, *Paradise Lost, California's Experience, America's Future*, Los Angeles, University of California Press, 1998, p.97.

[6] Voir *New York Times* du 18 déc 2004 "San Quentin Debate : Death Row vs. Bay Views". La prison va coûter à la très endettée Californie 220 millions de dollars. Mais cette construction n'a provoqué un tollé qu'auprès des autorités locales. En effet la prison va occuper un site magnifique au Nord de la baie de San Francisco que des promoteurs aimeraient exploiter à des fins plus rentables. Les maires demandent qu'elle soit construite plus loin.

[7] Source " Prisoners in 2005 " in *Bureau of Justice Statistics*, disponible sur www.ojp.usdoj.gov/bjs/pub/pdf/

d'entretien des prisons déjà surpeuplées[8] mais aussi par l'accroissement brusque du nombre de procès devant jury, puisque les accusés ne pouvaient plus négocier leur peine avec le procureur et donc avaient tout intérêt à tenter leur chance avec un jury populaire. Cette explosion de procès n'a cependant pas eu lieu, car juges et procureurs ont trouvé des arrangements et des mesures de contournements, par exemple en transformant des *felonies* en *misdemeanors* pour que la récidive ne tombe pas sous le coup d'un "*three strikes*" ou encore en comptant deux délits séparés comme liés, de manière à ne former qu'un seul "coup".

La *Three strikes law* atteste d'un formidable durcissement des mentalités face aux délinquants et marginaux, mais aussi à toute personne qui touche à la drogue, dans une région qui fut, quatre décennies auparavant, la terre d'élection des hippies et de l'expérience psychédélique de la Beat Generation. Un procès célèbre est d'ailleurs resté dans toutes les mémoires. En 1969, on découvrit dans une riche demeure proche de Los Angeles sept cadavres atrocement mutilés dont celui de l'actrice Sharon Tate. L'enquête conclut à un crime rituel et les coupables, Charles Manson, musicien et gourou d'une tribu hippie, ainsi que quatre de ses disciples, furent condamnés à mort, peine commuée en prison à perpétuité en 1971. Ce procès marqua symboliquement la fin de la période de tolérance. Aujourd'hui, les *district attorneys* affichent fièrement leurs taux de condamnations sur leurs sites Internet et des livres à sensations comme *Ready for the People : My Most Chilling Cases as a Prosecutor*[9] rencontrent un grand succès.

La focalisation médiatique sur les crimes et délits les plus violents a contribué à détourner l'attention de ce qui constitue sans doute le trait le plus caractéristique de cette nouvelle pénalité : l'énorme proportion de petits délinquants non-violents (*low-level offenders*) dans les prisons d'Etat. Aujourd'hui la notoriété de la *Three Strikes law* a traversé les frontières du pays mais il faut savoir que les peines courtes de moins d'un an sont majoritaires en prison d'Etat. L'allongement spectaculaire des peines ne doit pas masquer le phénomène de l'incarcération de milliers de petits drogués et chapardeurs qui vont pendant quelques mois dans les sinistres prisons d'Etat faire leur apprentissage de la délinquance. Le taux de renouvellement dans les prisons est très élevé. En 2005, sur environ 64 000 sorties de prison, 69 % faisaient suite à des séjours de moins d'un an.[10] En particulier le nombre de femmes incarcérées a considérablement augmenté. Elles sont presque 12 000 derrière les barreaux, la majorité d'entre elles arrêtées pour usage de drogue.

Environ 70 % des délinquants libérés sous le régime de la libération conditionnelle (*parole*) sont de retour en prison dans les trois années qui suivent. Les ré-incarcérations automatiques – non contrôlées par un juge – sont dues à un

[8] 188 % de leur capacité selon Peter Schrag, ibid p. 98.

[9] Marissa N. BATT, *Ready for the People*, Los Angeles, Arcade Publishing, 2004.

[10] Source *Little Hoover Commission* 2007 p. 27.

manque de politique de ré-insertion en prison. Le système est pris dans un cycle infernal. Chaque jour, six entrées en prison sur dix concernent des habitués des lieux qui ont récidivé ou n'ont pas respecté les conditions de leur libération anticipée, le plus souvent la clause de non-usage de drogue.

La part du budget de l'Etat consacrée à la répression s'élevait à 8,5 % en 1998, comparée à 4 % en 1970. Compte tenu du nombre de personnes incarcérées multiplié par six sur cette période, cette augmentation budgétaire a été comparativement modeste et on est amené à en déduire que la manière dont la justice est rendue et les conditions de détention n'ont pu que se détériorer. C'est peu dire.

En 2006, les 33 prisons que compte l'Etat ont fonctionné à 200 % de leur capacité. Les nouveaux prisonniers campent dans les couloirs et salles de gymnastique. La violence dans certaines prisons y atteint des niveaux inouïs.

L'Etat de la Californie a été attaqué en justice pour violation des droits constitutionnels des détenus, au motif que la surpopulation carcérale constitue un châtiment cruel et inhabituel. Trois procès fédéraux sont en cours. Le juge fédéral Lawrence Karlton a posé un ultimatum à l'administration Schwarzenegger pour trouver une solution de sortie de crise avant juin 2007 si la Californie veut garder le contrôle de son système de prisons. Le gouverneur a en décembre 2006 fait des propositions en ce sens et en janvier 2007, la Little Hoover Commission, commission bipartisane diligentée en urgence pour établir un diagnostic et des recommandations, a remis un rapport alarmiste, appelant le gouverneur et les assemblées législatives à mettre en place des réformes immédiates. Devant la situation catastrophique des prisons pour mineurs (*juvenile justice*), l'Etat a dû en céder le contrôle aux tribunaux fédéraux. Les propos tenus par les rapporteurs de la Commission laissent imaginer l'étendue de la crise :

> *The consequences of failing to act aggressively now leave the State open to losing control of the State correctional system and with it, control of the state budget. The debacle developed over decades.*
>
> *The bare facts have earned California's Department of Corrections and Rehabilitation an ignoble distinction for systemic failure.*[11]

La Californie reste un cas complexe et déroutant qui ne se laisse pas facilement cataloguer. Ses traits majeurs, dynamisme, extrême réactivité, capacité à se lancer dans des réformes tête baissée, sans réfléchir aux conséquences, démocratie directe couplée à un fort désengagement civique (participation aux élections notoirement faible) en font un Etat en constant devenir mais ambivalent et traversé de contradictions qui sont en partie l'expression des idées rivales qui la travaillent. Ainsi la Californie, avec son taux record de condamnés à mort,

---

[11] Rapport de la *Little Hoover Commission* 2007, p.2.

affiche cependant un nombre d'exécutions peu élevé par rapport à d'autres Etats du Sud-Ouest. Entre 1977 et 2005, douze condamnés ont été mis à mort, contre 55 dans l'Oklahoma, 22 en Arizona, presque 300 au Texas. Nul doute que l'activisme des cours d'appel explique ce peu d'empressement, en particulier la Cour Bird. Mais la population californienne ne s'en offusque pas non plus outre mesure, comme le montre bien le fait que la construction d'un nouveau complexe en 2005 pour que des centaines de condamnés à mort finissent leurs vieux jours[12], ne provoque pas la colère des contribuables.

La Californie possède l'un des taux-record de *hung juries*, ces jurys qui ne parviennent pas à se mettre d'accord, témoignant de l'ambivalence des attitudes et des clivages très forts dans la population. Clivages de mentalités qui s'expriment aussi dans la géographie. Selon l'expression de Franklin Zimring, "*California isn't a state, it's a country with very different regions... We have our own Appalachia.*"[13] Chaque comté, chaque ville a sa propre culture indépendante des autres. Le mythe de la justice locale s'y incarne de façon frappante. Les différences entre comtés voisins sont proprement hallucinantes. Un monde sépare par exemple la libérale San Francisco de Orange County, le comté au sud de Los Angeles qui voue une guerre sans pitié à toute forme de déviance.[14]

L'exemple de la Californie, une fois encore, est déconcertant. Au vu des sommes énormes qui sont investies dans les infrastructures punitives, la thèse du criminologue norvégien Nils Christie selon laquelle le contrôle de la criminalité est devenu un produit et une industrie, se confirme clairement :

Il y a une concurrence terrible pour avoir une prison dans son district. [...] Pour le plus grand bien des régions rurales, pour le plus grand bien des industries privées et pour le plus grand bien des gardiens de prison. Leur syndicat en Californie milite en faveur d'un durcissement de la loi et d'une augmentation du nombre de gardiens de prison, des salaires et des avantages sociaux.[15]

Mais même sans lobbies, le nombre d'emplois, directs et indirects, créés par l'industrie de la punition est si élevé qu'il devient de plus en plus difficile de faire machine arrière. Le système s'auto-perpétue.

---

[12] La Californie détient le record de longévité du séjour de ses condamnés dans le couloir de la mort (plus de 20 ans pour certains). Il est notoire en Californie qu'un condamné à mort a plus de chance de mourir de vieillesse ou de maladie que de l'injection létale. Ne serait-ce que parce qu'il faut obligatoirement un avocat commis d'office pour faire appel ; or il y a une pénurie de ces avocats et les condamnés sont mis sur une liste d'attente pour en obtenir un. L'attente peut durer plus de dix ou vingt ans.

[13] *LA Times*, 19 avril 2005, "Outside Prosecutors Feel Urban Rural Rift".

[14] Ainsi un avocat de San Francisco aura ces mots : " Dans notre ville vous ne risquez pas la peine capitale, jamais requise, mais dix kilomètres plus loin, vous êtes dans le comté voisin où sont prononcées des condamnations à mort."

[15] Nils CHRISTIE, *L'industrie de la punition*, Paris, Autrement, 2003, p. 143.

Le Golden State semble être le meilleur exemple qui soit du phénomène de populisme pénal . Il correspond parfaitement à la thèse développée par James Whitman, selon laquelle un Etat faible, trop gouverné par la démocratie participative génère paradoxalement plus de répression. Selon cet historien et professeur de droit comparé, la défiance du public est l'une des deux sources majeures du problème de la justice américaine.[16] Il considère qu'il s'agit là de l'aboutissement d'un processus culturel inéluctable. Whitman pense que la résistance populaire au concept d'Autorité est la principale valeur culturelle expliquant la dureté des peines et l'incarcération massive aux Etats-Unis.

Arrêtons-nous sur le raisonnement qui lui permet de parvenir à cette conclusion stupéfiante, si peu conforme à la *doxa* moderne. Il prend en effet le contre-pied de la théorie de Durkheim sur la relation naturelle entre Etat fort et répression, tout autant que celle, non moins célèbre outre-Atlantique, de Tocqueville, lequel considérait que les sociétés en se démocratisant devenaient automatiquement plus amènes et les sanctions plus douces.

Following this idea [Durkheim's], one would imagine that the countries that punished harshly were what Montesquieu called the "despotic" ones. In particular, one would predict that America, home of a powerful antistatist tradition, would punish mildly. And indeed, most Americans assume that our traditions of resistance to state power, and especially our traditions of procedural protections against prosecution, make our country uniquely liberal in its criminal justice. Yet, despite our unmistakably libertarian traditions, ours, among Western countries, is the one with distinctively harsh punishment. [17]

James Whitman se révèle un wéberien convaincu lorsqu'il définit l'Etat fort comme un Etat en qui la population a mis sa confiance. Une bureaucratie indépendante, facteur de professionnalisme, peut alors gouverner les institutions avec l'appui populaire. Mais l'histoire américaine n'a pas suivi ce chemin-là.[18]

[European] tepid bureaucratic routinization of criminal law is an important barrier to the kind of overheated democratic retributivism that has come to America.[19]

Ainsi, les décideurs politiques américains, peu crédibles, peu respectés, s'adonnent plus facilement à la démagogie (*politicking*). Les citoyens méfiants pratiquent le vote symbolique, basé sur des slogans protestataires, au lieu d'un vote mûrement réfléchi.

---

[16] James WHITMAN, *Harsh justice, Criminal Punishment and the Widening Divide between America and Europe*, op.cit. L'auteur développe également une théorie selon laquelle l'Europe répugne à l'idée de dégradation de l'individu, évocatrice des abus de l'Ancien Régime, alors que l'Amérique y est moins sensible, selon le principe que chacun est égal à l'autre.

[17] Ibid p. 12.

[18] Voir Laurent COHEN-TANUGI, *Le Droit sans l'Etat*, Paris, PUF, 1985.

[19] Ibid p. 200.

De plus, l'antiétatisme aboutit à ce que l'interdit social soit transféré symboliquement dans la sphère des valeurs purement morales, voire religieuses, qui impliquent une sanction plus forte :

Because the state is sovereign, the state may declare certain types of behaviour impermissible. Americans will instinctively rebel against this characteristically continental attitude toward state power ; But it is important to recognize what Europeans gain by pursuing this form of analysis. Because they are able to defer to state power, they are able to treat some offenses as merely forbidden, rather than as evil - as mala prohibita rather than mala in se. The contrast with the United States is strong : our liberal, antistatist tradition leads us to conclude that nothing may be forbidden by the state unless it is evil ; otherwise the state would have no right to forbid us to do it.[20]

Il semble qu'il conviendrait de moduler cette allégation car l'antiétatisme n'a pas toujours eu la virulence qu'elle a acquise aujourd'hui. De plus, l'aspiration profonde des Américains à un *leadership* éclairé se manifeste dans leur culte des grands hommes.[21]

La leçon que donne Whitman est, de son propre aveu, modeste – mais néanmoins magistrale. Elle n'est pas exportable dans d'autres sociétés. Il n'y a pas de loi universelle qui gouverne l'évolution pénale. Whitman dit simplement que les Américains se sont trop laissé bercer par le credo démocratique qui n'offre pas de garantie intrinsèque contre les germes despotiques.

Cependant, la pensée de Whitman conduit à un pessimisme radical car en n'offrant qu'une explication culturelle à la dérive actuelle, on ne peut guère espérer une amélioration, "*real change does not loom.*"[22] James Whitman semble désillusionné face aux traditionnels mécanismes de freins et contrepoids de la démocratie américaine. Il ne croit pas, ou plus, aux vertus modératrices – voire contre-majoritaires – du contrôle de constitutionnalité. Pourtant la Cour suprême des Etats-Unis a montré dans le passé qu'elle pouvait modérer les excès de la démocratie d'opinion, et c'est peut-être ce qu'elle est en train d'accomplir en ce début de 21ème siècle avec *Blakely*, *Booker*, puis en janvier 2007 *Cunningham v. California.*

---

[20] Ibid p. 201.

[21] Les grands juristes, tel Oliver Wendell Holmes, sont vénérés comme des sages. Mais aussi les grands avocats de la défense. On ne compte plus les biographies qui s'étalent sur les étagères des bibliothèques de Clarence Darrow, l'avocat qui plaida dans deux procès restés célèbres, l'affaire Leopold and Loeb (magnifique plaidoirie contre la peine de mort) et surtout le procès dit du singe, *Scopes trial.*

[22] J. WHITMAN, ibid p. 207.

Section 2. Un signal de désaveu des politiques ultra-répressives

Le système de peines californien mis en place en 1977 ressemble très fort au système washingtonien mis en cause dans *Blakely*. En juin 2005, dans *People v. Black*, la Cour suprême de Californie considère cependant que *Blakely* ne s'applique pas au système californien et statue en faveur du maintien du système en vigueur : trois peines planchers pour chaque type d'infraction, une minimale, une moyenne et une élevée. Il appartient au juge de décider quel niveau de peine infliger, sans qu'il puisse se départir du quantum de la peine pré-fixé pour chaque niveau.

Le requérant Cunningham avait été condamné pour abus sexuel répété sur un mineur de moins de 14 ans. Les peines s'élevaient à 6, 12 ou 16 ans de réclusion criminelle, la peine la plus élevée devant être dûment motivée par des circonstances aggravantes. Cunningham fut condamné par le juge à 16 ans de prison. La Cour d'appel de Californie confirma cette sentence. Mais la Cour suprême des États-Unis, par six voix contre trois, donna raison à Cunningham et déclara le système de peines californien inconstitutionnel parce qu'il permettait aux juges d'augmenter les peines sans que les raisons invoquées pour cela aient été prouvées au-delà du doute raisonnable par un jury.

Désormais, le juge californien ne pourra donc plus augmenter une peine sans convoquer un jury pour le faire. Le régime des trois peines pré-fixées par voie législative n'a donc plus de raison d'être. La Californie doit mettre en place une autre structure. Ce coup de frein à l'emballement punitif signe peut-être le début d'un revirement majeur. La *Little Hoover Commission* a réagi en exhortant le gouverneur à mettre en place pour ce faire une commission d'experts indépendants qui puisse établir sereinement un encadrement de la peine flexible et raisonnable.

Rien n'est encore joué. Le gouverneur Schwarzenegger n'est guère favorable à ce genre de commission permanente. Il faudra de toute évidence attendre encore de longues années avant que la fièvre répressive californienne finisse par retomber. Mais la Cour suprême des Etats-Unis a envoyé un message fort. Il reste à savoir s'il sera entendu.

Conclusion

Aux Etats-Unis, comme en France, on a trop souvent tendance à stigmatiser les errements de la justice en les isolant de leur contexte sociopolitique. Cette hyper-focalisation empêche de voir qu'il n'est pas tant question de travers inhérents au système judiciaire américain que d'effets pervers induits par le développement historique et sans précédent de politiques répressives extrêmes. Les fondements du procès américain moderne, c'est-à-dire depuis la révolution des droits des accusés, ne sont pas en cause. En consacrant tous les principes du débat contradictoire devant un jury de douze citoyens qui rendent un verdict à l'unanimité, il incarne les plus hautes valeurs d'une démocratie avancée. De plus, le génie de cette procédure est d'avoir su peu à peu tirer les leçons de son histoire tourmentée en refusant de laisser l'esprit du lynchage *(vigilantism)* la contaminer. Nous avons ainsi vu que le système américain se distingue par la mise à distance de l'émotionnel au procès et l'extinction des poursuites pénales privées. Les Etats-Unis peuvent également se targuer d'être l'un des rares pays qui aient intégré le droit au silence, aussi bien durant la garde à vue que dans les étapes suivantes et lors du procès.

Les dysfonctionnements du système proviennent essentiellement des perturbations et déséquilibres créés par les politiques pénales, conjugués à un manque de contrôle de la part des cours d'appel. Celles-ci, le plus souvent prenant comme raison le credo du néofédéralisme, ont laissé faire. Or, s'il est indubitable que les Etats ont fait preuve d'un grand dynamisme dans la procédure pénale, les progrès d'un Etat à l'autre ont été très inégaux et la théorie des "50 laboratoires" a mal fonctionné : on commence à reconnaître en toute logique que les Etats sont plus portés à se concurrencer sur le terrain du durcissement pénal que dans le domaine des Droits de l'homme. N'est-ce pas alors la fonction du contrôle constitutionnel de faire fi des aléas et vicissitudes politiques dans l'application des principes fondamentaux pour empêcher ce type d'évolution délétère ?

Nous avons vu trois arrêts regrettables qui sont emblématiques de ce manque de contrôle constitutionnel : *Harmelin* en 1991, *Herrera* en 1993 et *Ewing* en 2003. *Harmelin*, en déclarant le critère de "punition grossièrement disproportionnée" trop subjectif pour être applicable, sonne le glas de la jurisprudence du Huitième Amendement. *Herrera* délie les cours d'appel de l'obligation de corriger les erreurs judiciaires et s'en décharge sur le gouverneur. *Ewing*, en avalisant les cruelles et insensées lois sur la récidive (*three strikes laws)*, s'incline servilement devant le vote de la rue - vote bien souvent manipulé.

Comment expliquer ce silence de la Cour suprême dans le domaine du *substantive due process*, autrement dit concernant la proportionnalité des peines ? Pour une raison essentielle : la Cour suit en général l'air du temps. Lorsque, dans les années soixante, elle a pris des décisions majeures concernant la procédure, celles-ci arrivaient à un moment opportun où la société était prête à les accepter. Or, les réformes des années quatre-vingt sur le droit de la peine rencontraient un consensus quasi-général et nous avons vu que même la gauche américaine s'enthousiasmait à propos de ces nouveaux quanta de peines fixés d'avance. La Cour suprême a été de toute évidence emportée par cette vague collective. Il lui était très difficile de résister à un courant si fort sans se délégitimer. Et ce n'est pas un hasard si elle commence à réagir maintenant que les rapports alarmistes sur l'état des prisons s'accumulent, les associations de protection des libertés individuelles s'organisent et l'opinion se met à douter de l'efficacité de politiques dispendieuses dans la lutte contre la délinquance.

Je pense que si le recul constitutionnel concernant la procédure a été bien documenté, on n'a pas encore assez pris la mesure des ravages opérés par le raz-de-marée punitif sur le système pénal américain. Les défauts du système américain sont toujours stigmatisés sans tenir compte du contexte particulier dans lequel il opère aujourd'hui. Dans ces conditions, les mesures prises pour réformer le fonctionnement des tribunaux risquent d'être de simples pis-aller coûteux, alors que les budgets pour les institutions répressives ont déjà explosé - sans jamais suffire -[1] et qu'on est en droit de se demander si une société saine ne ferait pas mieux d'investir dans des domaines plus socialement profitables. Certes, la justice américaine est loin d'être parfaite mais ses défauts intrinsèques ne pourront être corrigés valablement que lorsque les pressions politiques se seront relâchées.

Examinons les principaux malentendus pour voir comment les politiques d'incarcération massive les ont créés ou exacerbés.

La justice américaine serait une justice pour les riches, les pauvres n'ayant pas les moyens de se défendre : "les riches et les puissants gagnent, les pauvres perdent." Certes, il reste notoirement aux Etats-Unis des Etats et des comtés où la défense, sans financement sérieux, reste un simulacre. Mais les efforts pour assurer une bonne défense aux pauvres ont été globalement considérables. 70 % de la défense est assurée aujourd'hui par les *public defenders* réunis en des cabinets de spécialistes qui font un travail de grande qualité. Malgré des salaires souvent dérisoires, alors qu'ils pourraient rejoindre le secteur très lucratif des

---

[1] Entre 1970 et 2000, l'augmentation des dépenses nationales pour la police est évaluée à environ 150% (en dollars constants), les dépenses pour la justice pénale ont globalement augmenté de presque 300 % et les dépenses pour les prisons d'environ 450 %. Source : *Bureau of Justice Statistics.*

juristes et avocats privés, ces héros des temps modernes se battent, avec guère de reconnaissance sociale, pour restituer un peu de sens à la justice.

Mais celle-ci est inondée d'inculpations et les avocats sont débordés. De plus, la dureté des peines les pousse vers la négociation avec le procureur, qu'on interprète trop facilement comme une volonté de leur part de se débarrasser des dossiers, alors que cette négociation est souvent le résultat d'un âpre combat préliminaire. En témoigne la place énorme qu'occupent dans les tribunaux les requêtes diverses auprès du juge, avant tout accord ou procès.

Un deuxième malentendu ne sévit qu'aux Etats-Unis et a de quoi surprendre en France : la justice est perçue comme trop indulgente par beaucoup d'Américains, *soft on crime*. Nous savons bien sûr qu'il n'en est rien mais pourquoi ce préjugé tenace perdure-t-il ? Je pense que, face aux exigences ultra-sécuritaires, le pouvoir judiciaire a eu tendance à se replier sur lui-même. Il s'est servi du *due process* pour créer un vaste champ procédural fourmillant de règles obscures qui lui donne un aura professionnel protecteur, légitimant. Ce faisant, il a fait diversion face à des questions plus fondamentales qu'il n'ose pas – ou plus - se poser. Ainsi, le droit pénal américain donne aujourd'hui l'impression d'avoir été usurpé par une technocratie juridique de plus en plus fermée sur une vision strictement procéduraliste de la justice. Le grand public ne s'intéresse plus guère à sa justice que pour s'en distraire à la télévision. Dans son ignorance du fonctionnement judiciaire, il développe une méfiance spontanée vis-à-vis de l'institution. L'extension du *plea bargaining*, causé lui aussi par des peines trop sévères, n'a fait qu'aggraver cette opacité du système.

Il faut pourtant rappeler que la justice traite de problèmes universels, aux sources de l'humain. Elle trempe dans la boue, le sang et les désastres intimes d'êtres vivants : elle est l'affaire de tous et affaire de bon sens. Toute immixtion idéologique ou politique lui est nuisible. C'est la démagogie sécuritaire actuelle qui a provoqué en premier lieu cette regrettable réaction de repli au sein du monde judiciaire américain. Et par là même, nous voyons bien qu'il ne sert à rien de stigmatiser le système d'élection par la population des juges et procureurs, système qui peut certes s'avérer le talon d'Achille de la justice américaine, l'exposant au danger populiste mais qui lui permet aussi de conserver son assise démocratique, en phase avec la population. L'élection des procureurs – et dans une moindre mesure, celle des juges - vise à garantir l'indépendance de la magistrature face aux pouvoirs exécutif et législatif. Elle est consubstantielle à la démocratie américaine.

Suivant un autre malentendu, la justice américaine serait foncièrement arbitraire, voire raciste. Or, l'histoire des grilles de peines démontre que les divers systèmes ont vraiment essayé, s'appuyant sur une bonne volonté incontestable, de mettre un frein à la peine "arbitraire et capricieuse", même si, pour l'instant, le droit de la peine reste disparate et terni par des expériences manquées, comme la grille des peines fédérale. En réalité, l'arbitraire de la justice découle principalement de la prolifération des lois de criminalisation, aboutissant, par des processus tortueux, à un dangereux déséquilibre en faveur du procureur.

Cela dit, que penser de l'expérience des grilles de peines établies par des délégations d'experts ? C'est une question délicate dont personne, à l'heure actuelle, ne semble détenir la réponse définitive, tant il est vrai que les meilleures évolutions se déploient non à partir de dogmes mais par un processus d'adaptations intelligentes et de mutations opportunes. Un retour aux peines indéterminées ne prêterait-il pas le flanc aux dangers d'une justice raciste et soumise à la subjectivité du juge, dangers qui réveillent de sombres souvenirs dans l'histoire américaine ?

En revanche, il ne fait aucun doute que les peines planchers ont eu un effet désastreux. Rigides et inflexibles, elles font fi de l'idée d'individualisation de la peine. La Cour suprême a commencé à corriger les injustices les plus criantes qui en découlent et tente de mettre à sa manière un peu d'ordre dans ce domaine. Elle a enclenché un salutaire processus de réflexion, dont on peut penser qu'il va se prolonger et être le signe d'un renouveau constitutionnel. Mais la route sera longue car il est plus facile de mettre en place des structures oppressives que de les démanteler par la suite.

Pour l'observateur étranger, il semble évident que la tâche urgente des cours d'appel est de desserrer l'étreinte législative qui vise à la criminalisation de la société ou, devrait-on dire plus exactement, à la criminalisation de la misère.[2] Les cours suprêmes, quelles qu'elles soient, ne peuvent se contenter de se draper dans une indignation vertueuse.[3] Elles peuvent jouer un grand rôle, et le *due process*, procédural et substantiel, leur en donne amplement la possibilité. Car le *due process* peut être restauré dans sa dimension première transcendant les formels discours focalisés sur le *Bill of Rights*. De plus en plus de voix dans le monde académique américain s'élèvent pour dire que rien n'empêche une cour de se déterminer selon la doctrine d'équité fondamentale (*fundamental fairness*) dérivée de la Clause de *due process* du 14ème Amendement, en dehors des précep-

---

[2] Voir notamment Marc MAUER, *Race to Incarcerate*, New York, The New Press, 1999 (chapitre 9, "What's Class Got to Do with It ?") ; Katherine BECKETT & Theodore SASSON, *The Politics of Injustice : Crime and Punishment in America*, Thousand Oaks CA, Pine Forge Press, 1999 ; John IRWIN, *The Jail. Managing the Underclass in American Society*, Berkeley, University of California Press, 1992.

[3] Les discours et articles faisant état du taux d'incarcération américain sont maintenant légion aux Etats-Unis. La présidente de la *Supreme Judicial Court du Massachusetts*, Margaret MARSHALL, a prononcé un discours remarquable en 2004 ("Wise Parents do not Hesitate to Learn from their Children : Interpreting State Constitutions in an Age of Global Jurisprudence" in 79 *New York University Law Review* 1633, 2004) dans lequel elle dresse un état des lieux alarmant et n'hésite pas à appeler les juges suprêmes à se tourner vers le droit étranger et l'exemple des autres cours constitutionnelles pour faire preuve d'un peu plus d'audace normative.

tes du *Bill of Rights*, chaque fois qu'elle l'estime nécessaire.[4] La Cour suprême s'est illustrée dans le passé en prenant des décisions courageuses concernant la déségrégation scolaire et les droits civiques en une époque minée par le racisme et la discrimination raciale. Il reste à voir si elle saura être à la pointe du nouveau mouvement civique qui se dessine contre cette dérive carcérale historique.

Car croire au pouvoir de contrôle des cours suprêmes, c'est rendre hommage au génie propre du système politique de cette grande démocratie que sont les États-Unis. Si le système judiciaire américain ne parvient plus à rendre une bonne justice, à n'en pas douter, il a plus que jamais besoin du *leadership* des gardiens de la Constitution.

[4] Ainsi, la Cour d'Appel du 3ème Circuit a ordonné en 2001 à un juge fédéral de revoir la peine d'un condamné auquel il n'avait pas donné clairement la possibilité de s'exprimer lors de l'audience de la peine (*right of allocution*). Ce droit est inscrit dans le code de procédure fédérale mais ne prend pas sa source dans la Constitution puisque celle-ci ne garantit que le droit au silence. Toute parole en principe peut donner lieu à une récusation par l'autre partie, mais dans ce cas précis, le code stipule que l'allocution est exempte de toute récusation. La Cour expliqua que "*while the right of allocution is not constitutional, nonetheless it is ancient in origin, and it is the type of important safeguard that helps assure the fairness, and hence legitimacy, of the sentencing process*".

Index

1

4

5

6

8

A

B

C

D

E

F

G

H

I

J

L

M

S

T

U

V

W

Z

Bibliographie

I LA PENSÉE DU DROIT PÉNAL ET DE LA DÉMOCRATIE

Choix d'œuvres classiques

ARENDT Hannah, *Eichmann à Jerusalem, Rapport sur la banalité du mal*, Paris, Gallimard, 1966.

BENTHAM Jeremy, *Le Panoptique* (1791), Paris, Belfond, 1977.

DWORKIN Ronald, *Law's Empire*, London, Fontana Press, 1986.

Taking Rights Seriously, Cambridge, Harvard University Press, 1978.

ESCHYLE, *L'Orestie (Les Euménides)*, Paris, GF-Flammarion, 1964.

FOUCAULT Michel, *Surveiller et punir*, Paris, Gallimard, 1975.

PACKER Herbert L, *The Limits of the Criminal Sanction*, Palo Alto, Stanford University Press, 1968.

TOCQUEVILLE Alexis (De), *De la démocratie en Amérique*, vol 1 (1835), Paris, Gallimard, 1992.

Sources actuelles

1. Ouvrages et thèses

ELY John Hart, *Democracy and Distrust : A Theory of Judicial Review*Cambridge, Harvard University Press, 1980

On Constitutional Ground, Princeton, Princeton University Press, 1996.

FAGET Jacques, *Sociologie de la délinquance et de la justice pénale*, Ramonville Saint-Agne, Erès, 2002.

FAVOREU Louis (dir), *Droit constitutionnel*, 5ème édition, Paris, Dalloz, 2002.

GARAPON Antoine, GROS Frédéric, PECH Thierry, *Et ce sera justice, Punir en démocratie*, Paris, Odile Jacob, 2001.

GARAPON Antoine, *Le gardien des promesses. Justice et démocratie*, Paris, Odile Jacob, 1996.

GARLAND David, *The Culture of Control : Crime and Social Order in Contemporary Society*, Chicago, University of Chicago Press, 2001.

GAUCHET Marcel, *La démocratie contre elle-même*, Paris, Gallimard, 2002.

HODGSON Godfrey, *More Equal than Others*, Princeton, Princeton University Press, 2004.

LOCK Shmuel, *Crime, Public Opinion and Civil Liberties. The Tolerant Public*, Westport, Praeger, 1999.

NEGRIER-DORMONT L., TZITZIS S., *Criminologie de l'acte et philosophie pénale, de l'ontologie criminelle des Anciens à la victimologie appliquée des Modernes*, Paris, Editions Litec, 1994.

POLTIER Hugues, *Claude Lefort. La découverte du politique*, Paris, Michalon (coll. Le bien commun), 1997.

PRADEL Jean, *Histoire des doctrines pénales*, Paris, PUF, 1989.

ROBERTS Julian V. et al, *Penal Populism and Public Opinion : Lessons from Five Countries*, New York, Oxford University Press, 2003.

SALAS Denis, *Du procès pénal, Eléments pour une théorie interdisciplinaire du procès*, Paris, PUF, 1992.

La volonté de punir. Essai sur le populisme pénal, Paris, Hachette Littératures, 2005.

SARAT Austin, SIMON Jonathan, *Cultural Analysis, Cultural Studies and the Law : Moving Beyond Legal Realism*, Durham, Duke University Press, 2000.

TEBBIT Mark, *Philosophy of law*, London, New York, Routledge, 2000.

TROPER Michel, *La philosophie du droit*, Paris, PUF, 2003.

TZITZIS Stamatios, *Philosophie pénale*, Paris, PUF, 1996.

2. Articles spécialisés

DOLOVICH Sharon, "Legitimate Punishment in Liberal Democracy" in *Public Law & Legal Theory Research Paper Series 2004*, University of California, Los Angeles School of Law, p. 1-99, disponible sur http://ssrn.com/abstract=503468

KAHAN Dan M., "The Logic of Reciprocity : Trust, Collective Action and Law" in *Social Science Research Network Electronic Paper Collection, Yale Law School*, Research paper n°31- 2002, p.1-36, disponible sur http://papers.ssrn.com/abstract=361400

PERRY Michael J., "Protecting Human Rights in a Democracy : What Role for the Courts ?" in *Public Law and Legal Theory Research Paper Series 2003*, p. 1-71, Wake Forest University School of Law http://ssrn.com/abstract_id=380283

PUTNAM Robert, "Bowling Alone : America's Declining Social Capital" in 6:1 *Journal of Democracy* 65, 1995.

SIMON Jonathan, "The Vicissitudes of Law's Violence" in *Law, Violence and the Possibility of Justice*, dir Austin Sarat, Princeton University Press, p. 17-48, 2001.

VALLOTTON André, "L'initiative populaire pour une vraie perpétuité : les méfaits du sentiment d'insécurité en démocratie directe" mai 2004, in *champpenal, Nouveautés, Varia.*], disponible sur http://champpenal.revues.org/document38.html

WRIGHT Ronald F., "Parity of Resources for Defense Counsel and the Reach of Public Choice Theory" in *Wake Forest Legal Studies, Research Paper* n° *04-02 March* 2004, disponible sur http://ssrn.com/abstract=515382

II LE PROCÈS PÉNAL AUX ÉTATS-UNIS

Spécificités du procès américain

1. Ouvrages et thèses

ABRAMSON Jeffrey, *We the Jury : The Jury System and the Ideal of Democracy*, Cambridge, Harvard University Press, 1999.

AMSTERDAM Anthony G., BRUNER Jerome, *Minding the Law, how Courts Rely on Storytelling, and how their Stories Change the Way we Understand the Law –and Ourselves*, 2ème édition, Cambridge, Harvard University Press, 2002.

BODENHAMER David, *Fair trial, Rights of the Accused in American History*, New York, Oxford, Oxford University Press, 1992.

BURNHAM William, *Introduction to the Law and Legal System of the US*, St Paul MN, West Publishing Co, 1995.

BURNS Robert, *A Theory of the Trial*, Princeton, Princeton University Press, 1999.

CEDRAS Jean, *La justice pénale aux Etats-Unis*, Marseille, Presses Universitaires d'Aix-Marseille, Economica, 1990.

Le droit pénal américain, Paris, PUF, 1997.

CONRAD Clay, *Jury Nullification, The Evolution of a Doctrine*, Durham, Carolina Academy Press, 1999.

DAVIS Angela, *Arbitrary Justice : the Power of the American Prosecutor*, New York, OUP, 2007.

DEYSINE Anne, *La Justice aux Etats-Unis*, Paris, PUF, 1998.

Les Etats-Unis aujourd'hui, permanence et changements, Paris, La Documentation Française, 2006.

FEELEY Malcolm M., *The Process is the Punishment*, New York, Russell Sage Foundation, 1992.

FINKEL Norman, *Commonsense Justice, Jurors' Notions of the Law,* Cambridge, Harvard University Press, 1995.

FRANK Jerome, *Courts on Trial, Myth and Reality in American justice*, Princeton, Princeton University Press, 1949.

FRIEDMAN Lawrence, *Law in America*, New York, The Modern Library, 2002.

Crime and Punishment in American History, New York, Basic Books, 1993.

GAULTIER Martin, *Le Due Process of Law aux Etats-Unis*, thèse de doctorat droit public, Paris 2, 1997.

HAGE Armand, *Le Système judiciaire américain*, Paris, Ellipses, 2000.

HAY Peter, *Law of the United States*, Munich, Beck & Dalloz, 2002.

KRESSEL Neil & Dorit, *Stack and Sway. The New Science of Jury Consulting*, Boulder, Oxford, Westview Press, 2002.

LEHMAN Godfrey, *Great Jury trials of History. We the Jury : The Impact of Jurors on Our Basic Freedoms*, New York, Prometheus, 1997.

LEVASSEUR Alain, *Le droit américain*, Paris, Dalloz, 2004.

LEWIS Anthony, *Gideon's Trumpet*, New York, Random House, 1964.

PEAK Kenneth J., *Justice Administration : Police, Courts and Corrections Management*, Upper Saddle River, Prentice Hall, 2001.

STOLZENBERG Lisa, D'ALESSIO Stewart (dir), *Criminal Courts for the 21st Century*, Upper Saddle River, Prentice Hall, 1999.

WALKER T. Stuart, WALKER Samuel, *Popular Justice : a History of American Criminal Justice,* Oxford, Oxford University Press, 1997.

ZOLLER Elisabeth & Philippe RAYNAUD (dir), *Le droit dans la culture américaine*, Paris, Panthéon Assas, 2001.

ZOLLER Elisabeth, *Le Droit des Etats-Unis*, Paris, PUF, 2001.

2. Articles spécialisés

ALSCHULER Albert, "A Peculiar Privilege in Historical Perspective, The Right to Remain Silent" in 94 *Michigan Law Review* 2625, 1996.

ALTHOUSE Ann, "Inside the Federalism Cases : Concern about the Federal Courts" in 574 *The Annals of the American Academy of Political and Social Science 132,* 2001.

BERMAN Greg, "Redefining Criminal Courts : Problem-solving and the Meaning of Justice – Response to James Nolan" in 41 *American Criminal Law Review* 1313, 2004.

BIBAS Stephanos, "The Real-world Shift in Criminal Procedure" in 93 *Journal of Criminal Law and Criminology*" 789, 2003.

"Bringing Moral Values into a Flawed *Plea bargaining* System" in 88 *Cornell Law Review* 1425, 2003.

CALABRESI Guido, "Federal and State Courts : Restoring a Workable Balance" in 78 *New York University Law Review* 1293, 2003.

CURTIS Dennis E., "The Effect of Federalization on the Defense Function" in *543 The Annals of the American Academy of Political and Social Science 85* , 1996.

DARBY Joseph J., " Garanties et limites à l'indépendance et à l'impartialité du juge aux Etats-Unis d'Amérique " in *Revue internationale de droit comparé*, n° 2 , p. 351, 2003.

DEYSINE Anne, "Accès à la justice : égalité et qualité de la représentation aux Etats-Unis" in *Droit et Cultures*, n° 49, p. 41, 2005.

EASTERBROOK Frank H., "*Plea* Bargaining as Compromise" in 101 *Yale Law Journal* 1909, 1992.

EDMUNDS Robert H., "The Need for Predictable but not Mandatory Sentences" in 8 *Federal Sentencing Reporter* 16, 1995.

FISCHER George, "Plea Bargaining's Triumph" in 109 *Yale Law Journal* 857, 2000.

FERGUSON-GILBERT Catherine, "It's Not Whether You Win or Lose, It's How you Play the Game : Is the Win-Loss Scorekeeping Mentality Doing Justice for Prosecutors ?" in 38 *California Western Law Review* 283, 2002.

HANSON Roger & Henry DALEY, "Federal Habeas Corpus Review : Challenging State Court Criminal Convictions", *Report to the Bureau of Justice Statistics, NCJ* – 155504, sept 1995.

HARPER-HO Virginia, "Tolling of the AEDPA Statute of Limitations: *Bennett, Walker* and the Equitable Last Resort", 4 *California Criminal Law Review 2*, 2001.

HAYNIE Erick J., "Populism, Free Speech, and the Rule of Law ; the 'Fully Informed Jury Movement and its Implications" in 88 *Journal of Criminal Law and Criminology* 343, 1997.

HOFFMAN Morris B., "The Drug Court Scandal" in 78 *North Carolina Law Review* 1437, 2000.

INBAU Fred E., "Should we Abolish the Constitutional Privilege against Self-incrimination ?" in 89 *Journal of Criminal Law and Criminology* 1385, 1999.

IONTCHEVA Jenia, "Jury Sentencing as Democratic Practice" in 89 *Virginia Law Review 311*, 2003.

KING Nancy Jean, "The American Criminal Jury" in 62 *Law and Contemporary Problems* 41, 1999.

KUNDU Sudip, "Privately Funded Courts and the Homeless : A Critical Look at Community Courts" in 14 *Journal of Affordable Housing* 170, 2005.

LANDERS Renée M., "Prosecutorial Limits on Overlapping Federal and State Jurisdiction" in 543 *The Annals of the American Academy of Political and Social Science* 64, 1996.

LEIPOLD Andrew D., "Rethinking Jury Nullification" in 82 *Virginia Law Review* 253, 1996.

LITMAN Harry, GREENBERG Mark, "Dual Prosecutions : a Model for Concurrent Federal Jurisdiction" in 543 *The Annals of the American Academy of Political and Social Science 72,* 1996.

LYNCH Gerard E., "Screening versus Plea bargaining : Exactly what are we Trading off ?" in 55 *Stanford Law Review* 1399, 2003.

"Our Administrative System of Criminal Justice" in 66 *Fordham Law Review* 2117, 1998.

MCBETH Veronica S., "Judicial Outreach Initiatives" in 62 *Albany Law Review* 1379, 1999.

MILLER Eric J., "Embracing Addiction : Drug Courts and the False Promise of Judicial Interventionism" in 65 *Ohio State Law Journal* 1504, 2004.

MOYD Olinda, "Mental Health and Incarceration : What a Bad Combination" in 7 *District of Columbia Law Review* 201, 2003.

"New Directions from the Field : Victims' Rights and Services for the 21st Century", rapport officiel sous l'égide de l'OVC *(Office for Victims of Crime), US Department of Justice*, 1997.

NOLAN James L., "Redefining Criminal Courts : Problem-solving and the Meaning of Justice" in 40 *American Criminal Law Review* 1541, 2003.

REINHARDT Stephen, "The Anatomy of an Execution : Fairness v. Process" in 74 *New York University Law Review* 313, 1999.

SEIDMAN Louis Michael, "Left Out (Issues on Crime and Punishment)" in 67 *Law and Contemporary Problems* 23, 2004.

SIMONS Michael A., "Prosecutorial discretion and prosecution guidelines : a case study in controlling federalization" in 75 *New York University Law* Review 893, 2000.

STRAZELLA James A., "The Federal Role in Criminal Law" , in 543 *The Annals of the American Academy of Political and Social Science* 9, 1996.

STROSNIDER Kim, "Anti-gang ordinances after *City of Chicago v. Morales* : the Intersection of Race, Vagueness Doctrine and Equal Protection in the Criminal Law" in 39 *American Criminal Law Review* 101, 2002.

STUNTZ William J., "The Uneasy Relationship Between Criminal Law and Criminal Justice" in 107 *Yale Law Journal* 1, 1997.

"The Pathological Politics of Criminal Law" in *Harvard Law School Public Law Working Paper n° 022* (dec 2001), p.1- 109, disponible sur http://papers.ssrn.com/abstract=286392

WEISBERG Robert, "A New Agenda for Criminal Procedure" in 2 *Buffalo Criminal Law Review* 367, 1999.

WHITE Welsh S., "Miranda's Failure to Restrain Pernicious Interrogation Practices" in 99 *Michigan Law Review* 1211, 2001.

WHITEHURST Bill (dir), "Gideon's Broken Promise : America's Continuing Quest for Equal Justice". *Report on the American Bar Association's Hearings on the Right to Counsel in Criminal Proceedings*, 2004, disponible sur www.abanet.org

WRIGHT Ronald, MILLER Marc, "The Screening/Bargaining Tradeoff " in 55 *Stanford Law Review* 29, 2002.

Droit pénal comparé

1. Ouvrages et thèses

BULLIER Antoine J., *La common law*, Paris, Dalloz, 2002.

DALLE Hubert & SOULEZ LARIVIERE Daniel (dir), *Notre justice, le livre-vérité de la justice française*, Paris, Robert Laffont, 2002.

DAMASKA Mirjan R., *The Faces of Justice and State Authority : a Comparative Approach to the Legal Process,* New Haven, Yale University Press, 1986.

DELMAS-MARTY Mireille (dir), *Procédures pénales d'Europe*, Paris, Thémis PUF, 1995.

DESCAZEAUX Marie-José, *L'aveu. Essai d'une contribution à l'étude de la justice négociée*, thèse de droit privé, Université sciences sociales Toulouse 1, 1998.

GARAPON Antoine & Ioannis PAPADOPOULOS, *Juger en Amérique et en France, Culture juridique française et common law*, Paris, Odile Jacob, 2003.

GARAPON Antoine, *Bien juger, essai sur le rituel judiciaire*, Paris, Odile Jacob, 1997.

GRUEL Louis, *Pardons et châtiments : les jurés français face aux violences criminelles*, Paris , Nathan , 1991.

JEULAND Emmanuel, *Droit processuel*, Paris, LCDJ, 2003.

LARGUIER Jean, *La procédure pénale*, Paris, PUF, 2001.

LEVY Leonard L., *The Palladium of Justice. Origins of Trial by Jury*, Chicago, Ivan Dee, 1999.

LIPSET Seymour Martin, *American Exceptionalism : a Double-edged Sword*, New York, Norton, 1997.

MASSOL Véronique, *La présomption d'innocence*, thèse de droit privé, Université des sciences socialesToulouse 1, 1996.

MCCONVILLE Mike & Geoffrey WILSON (dir), *The Handbook of the Criminal Justice Process*, Oxford, Oxford University Press, 2002.

PAPADOPOULOS Ioannis, *"Plaider coupable". La pratique américaine. Le texte français*, Paris, PUF, 2004.

PRADEL Jean, *Droit pénal comparé*, Paris, Dalloz, 2002.

RENNEVILLE Marc, *Crime et folie : deux siècles d'enquêtes médicales et judiciaires*, Paris, Fayard, 2003.

ROACH Kent, *Due Process and Victims' Rights. The New law and Politics of Criminal Justice*, Toronto, University of Toronto Press, 1999.

ROUMIER William, *L'avenir du jury criminel*, Paris, L.G.D.J, 2003.

SALLMANN Peter & John WILLIS, *Criminal Justice in Australia*, Melbourne, Oxford University Press, 1984.

SERVIDIO-DELABRE Eileen, *Common Law : Introduction to the English and American Systems*, Paris, Dalloz, 2004.

THAMAN Stephen C., *Comparative Criminal Procedure, a Casebook Approach*, Durham, Carolina Academic Press, 2002.

VERGES Jacques, *De la stratégie judiciaire*, Paris, Minuit, 1968

ZOLLER Elisabeth, *De Nixon à Clinton : Malentendus juridiques transatlantiques*, Paris, PUF coll Béhémoth, 1999.

2. Articles spécialisés

BULLIER Antoine, PANSIER Frédéric-Jérôme, "De la religion de l'aveu au droit au silence, ou faut-il introduire en France le droit au silence des pays de Common Law ?" in *Gazette du Palais* vol 4 (doctrine), p. 208-211, 1997.

CHASE Oscar G., "American Exceptionalism and Comparative Procedure", in 50 *The American Journal of Comparative Law* 277, 2002.

COMMAILLE Jacques et al, " La justice 'd'en bas' : témoignages de jurés de cours d'assises " in *Droit et Société*, 51/52, p. 397 – 436, 2002.

D'ANS André-Marcel, " La justice 'd'en bas' II : la Cour d'assises en examen. Réflexion-témoignage d'un juré sociologue " in *Droit et Société*, 54, p. 403 – 434, 2003.

DARBYSHIRE Penny , " What can the English legal system learn from jury research published up to 2001 ? ", Kingston Law school, England, www.criminal-courts-review.org.uk

FAULKNER David, "Taking Citizenship Seriously : Social Capital and Criminal Justice in a Changing World" in 3 *Criminal Justice – The International Journal of Policy and Practice 287*, 2003.

FERNAGUT-SANSON Marie-M., SALAS Denis (dir), "Un procès au crible des sciences humaines : l'affaire MC Ruby " in *Droit et Cultures*, 36, p.9 –148, 1998.

FRASE Richard S., "Comparative Criminal Justice as a Guide to American Law Reform : How Do the French Do It, How Can we Find Out, and Why Should We Care ?" in 78 *California Law Review* 539, 1990.

HODGSON Jacqueline, "The Police, the Prosecutor and the Juge d'Instruction" in 41 *British Journal of Criminology* 342, 2001.

LAZERGUES Christine, "La dérive de la procédure pénale " in RSC *revue de science criminelle et de droit comparé* n°3 , Paris, Dalloz, p. 644 - 654, 2003.

MCKILLOP Bron, "Anatomy of a French Murder Case" in 45 *The American Journal of Comparative Law 527*, 1997.

MA Yue, "Lay Participation in Criminal *Trials* : a Comparative Perspective" in 8 *International Criminal Justice Review* 74, 1998.

MA Yue, "Prosecutorial Discretion and *Plea bargaining* in the United States, France, Germany and Italy : A Comparative Perspective" in 12 *International Criminal Justice Review* 22, 2002.

MILLIE Andrew (et al), "Understanding the Growth in the Prison Population in England and Wales" in 3 *Criminal Justice – The International Journal of Policy and Practice* 369, 2003.

O'DONNELL Ian, "Interpreting Penal Change" in 4 *Criminal Justice – The International Journal of Policy and Practice* 199, 2004.

OUIMET Marc, "Oh Canada ! La baisse de la criminalité au Canada et aux Etats-Unis entre 1991 et 2002 ", mars 2004, *Champpenal* Vol 1(2004), disponible sur http://champpenal.revues.org/document11.html

RICHARDSON Elizabeth, FREIBERG Arie, "Protecting Dangerous Offenders from the Community" in 4 *Criminal Justice – The International Journal of Policy and Practice* 81, 2004.

VIDMAR Neil, "The Canadian Criminal Jury : Searching for a Middle Ground" in 62 *Law and Contemporary Problems* 141, 1999.

Justice pénale et contrôle constitutionnel

1. Ouvrages et thèses

GARBUS Martin, *Courting Disaster : the Supreme Court and the Unmaking of American Law*, New York, Henry Holt, 2002.

O'BRIEN David M., *Storm Center : The Supreme Court in American Politics*, New York, Norton, 1990.

O'CONNOR Sandra Day, *The Majesty of the Law, Reflections of a Supreme Court Justice*, New York, Random House, 2003.

TOINET Marie-France, *La Cour suprême, les grands arrêts*, Nancy, Presses Universitaires de Nancy, 1989.

ZOLLER Elisabeth, *Grands arrêts de la Cour suprême des Etats-Unis*, Paris, PUF, 2000.

Ouvrages axés sur la justice criminelle :

ALDERMAN Ellen & Caroline KENNEDY, *In Our Defense, the Bill of Rights in Action*, New York, William Morrow, 1991.

ALLEN Ronald Jay, *Constitutional Criminal procedure : an Examination of the Fourth, Fifth and Sixth Amendments, and Related Areas*, Boston, Little Brown, 1995.

CHAMPION Dean J., *Dictionary of American Criminal Justice : Key Terms and Major Supreme Court Cases*, Chicago, Fitzroy Dearborn, 1998.

COX Archibald, *The Court and the Constitution*, Boston, Houghton-Mifflin Co, 1987.

FRANKLIN Carl J., *Constitutional Law for the Criminal Justice Professional*, Boca Raton (Florida), CRC Press, 1999.

FREEDMAN Eric M., *Habeas Corpus, Rethinking the Great Writ of Liberty*, New York, New York University Press, 2001.

HARRISON Maureen & Steve GILBERT, *Criminal Justice Decisions of the US Supreme Court*, Carlsbad California, Excellent Books, 2003.

POHLMAN H. L., *Constitutional Debate in Action : Criminal Justice*, New York, HarperCollins College Publishers, 1995.

Pour consulter les arrêts et opinions de la Cour suprême des Etats-Unis (sites Internet gratuits) :

www.law.cornell.edu/supct/
www.law.com/ sélection "Supreme court" et "criminal justice".
www.oyez.org Plaidoiries et arrêts par sujets.

2. Articles spécialisés

AMAR Akhil Reed, "The *Bill of Rights* as a Constitution" in 100 *Yale Law Journal* 1131, 1991.

BARRETT LAIN Corinna, "Countermajoritarian Hero or Zero ? Rethinking the Warren Court's Role in the Criminal Procedure Revolution" in 152 *University of Pennsylvania Law Review 1360*, 2004.

BERMAN Douglas A., "Examining the *Blakely* Earthquake and its Aftershocks" in *16:5 Federal Sentencing Reporter 307*, 2004.

BERG Nicholas, "Turning a Blind Eye to Innocence : the Legacy of *Herrera v. Collins*" in 42 *American Criminal Law Review* 121, 2005.

CHEMERINSKY Erwin, "The Constitution and Punishment" in 56 *Stanford Law Review* 1049, 2004.

"In Defense of Judicial Review : A Reply to Professor Kramer" in 92 *California Law Review* 1013, 2004.

DUBBER Markus Dirk, "Toward a Constitutional Law of Crime and Punishment" in 55 *Hastings Law Journal* 509, 2004.

KLARMAN Michael, "The Racial Origins of Modern Criminal Procedure" in *University of Virginia School of Law – working paper n°00-5 - May 2000*, Social Science Research Network disponible sur http://papers.ssrn.com

LATZER Barry, "Toward the Decentralization of Criminal Procedure : State Constitutional Law and Selective Disincorporation" in 87 *Journal of Criminal Law and Criminology* 63, 1996.

"The Hidden Conservatism of the State Court 'Revolution' ", in 74 *Judicature* 190, 1991.

MEARES Tracey L., "What's Wrong with *Gideon* ?" in 70 *University of Chicago Law Review* 215, 2003.

MURPHY Amy R., "The Constitutional Failure of the *Strickland* Standard in the Capital Cases Under the 8th Amendment" in 63 *Law and Contemporary Problems* 179, 2000.

STEIKER Carol & Jordan, "Sober Second Thoughts : Reflections on Two Decades of Constitutional Regulation of Capital Punishment" in 109 *Harvard Law Review* 357, 1996.

STUNTZ William, "The Political Constitution of Criminal Justice" in Social *Science Research Network Electronic Paper Collection*, 2005, disponible sur http://ssrn.com/abstract=783565

TEICHMAN Doron, "The Market for Criminal Justice : Federalism, Crime Control, and Jurisdictional Competition" in 103 *Michigan Law Review* 1831, 2005.

WOOL Jon, "Beyond *Blakely* : Implications of the *Booker* Decision for State Sentencing Systems" in *Vera Institute of Justice, State Sentencing and Corrections, Policy and Practice Review*, disponible sur www.vera.org

WRIGHT Ronald F., "How the Supreme Court Delivers Fire and Ice to State Criminal Justice" in *Wake Forest University School of Law, Public Law and Legal Theory Research Paper* July 2002, disponible sur http://ssrn.com/abstract_id=319143

La sanction pénale

1. Ouvrages et thèses

BANNER Stuart, *The Death Penalty : an American History*, Cambridge, Harvard University Press, 2002.

BECKETT Katherine, SASSON Theodore, *The Politics of Injustice : Crime and Punishment in America*, Thousand Oaks California, Pine Forge Press, 2000.

CHRISTIE Nils, *L'industrie de la punition, Prison et politique pénale en Occident*, Paris, Autrement, 2003.

CERE Jean-Paul, *La prison*, Paris, Dalloz, 2007.

CERE Jean-Paul & JAPIASSU Carlos (dir), *Les systèmes pénitentiaires dans le monde*, Paris, Dalloz, 2007.

FRANKEL Marvin, *Criminal Sentences : Law Without Order*, New York, Hill & Wang, 1973.

GARLAND David, *The Culture of Control : Crime and Social Order in Contemporary Society*, Oxford, Oxford University Press, 2001.

GILMORE Ruth Wilson, *Golden Gulag*, Berkeley, University of California Press, 2007.

HATLESTAD Kathleen, TONRY Michael (dir), *Sentencing Reform in Overcrowed Times*, Oxford, Oxford University Press, 1997.

JACOBSON Michael, *Downsizing Prisons : How to Reduce Crime and End Mass Incarceration*, New York, New York University Press, 2005.

MAUER Marc, *Race to Incarcerate*, New York, The New Press, 1999.

NOLAN James L.& Viviana ZEILIZER, *Reinventing Justice : the American Drug Court Movement*,Princeton, Princeton University Press, 2001.

OCQUETEAU Frédéric (dir), *Community Policing et Zero Tolerance à New York et Chicago. En finir avec les mythes*, Paris, La Documentation française, 2003.

OTTENHOF Reynald (dir), *L'individualisation de la peine, de Saleilles à aujourd'hui*, Ramonville Saint-Agne, Erès, 2001.

PAPADOPOULOS Ioannis & Jacques-Henri ROBERT, *La peine de mort : droit, histoire, anthropologie, philosophie*, Paris, Université Panthéon-Assas (Institut de criminologie), 2000.

SIMON Jonathan, *Poor Discipline : Parole and the Social Control of the Underclass 1890-1990*, Chicago, University of Chicago Press, 1994.

Governing Through Crime, New York, OUP, 2007.

TONRY Michael H., *Thinking About Crime : Sense and Sensibility in American Penal Culture*, New York, OUP, 2003.

VON HIRSCH A., *Doing Justice : the Choice of Punishment*, New York, Hill and Wang, 1976.

WACQUANT Loïc, *Les prisons de la misère*, Paris, Editions Raisons d'Agir, 1999.

WHITMAN James, *Harsh Justice : Criminal Punishment and the Widening Divide Between America and Europe*, New York, OUP, 2003.

ZIMRING Franklin E., *The Contradictions of American Capital Punishment*, Oxford, New York, OUP, 2004.

ZIMRING Franklin E., HAWKINS Gordon, KAMIN Sam, *Punishment and Democracy: Three Strikes and You're Out in California*, Oxford, New York, OUP, 2001.

2. Articles spécialisés

BAGARIC Mirko, "Consistency and Fairness in Sentencing – The splendor of Fixed Penalties", 2 *California Law Review* 1, 2000.

BEDAU Hugo Adam, "La situation actuelle de la peine de mort aux Etats-Unis" in *Peine de mort. Après l'abolition*, Strasbourg, Conseil de l'Europe, p.215-240, 2004.

BIBAS Stephanos, BIERSCHBACH Richard, "Integrating Remorse and Apology into Criminal Procedure" in 114 *Yale Law Journal* 85, 2004.

BLACKWELL Brenda, CUNNINGHAM Clark, "Taking the Punishment out of the Process : from Substantive Criminal Justice Through Procedural Justice to Restorative Justice" in 67 *Law and Contemporary Problems* 59, 2004.

BORETOS Steven J., "The Role of Discrimination and Drug Policy in Excessive Incarceration in the United States" in 6 *District of Columbia Law Review* 73, 2001..

GARLAND David, "The Meaning of Mass Incarceration" in 3 *Punishment and Society* 5, 2001.

"The New Iron Cage" in 3 *Punishment and Society* 197, 2001.

GERBER Michael S., "Down with Discretion : How a Few prosecutors Passed a Sweeping Law that Reduced the Power of Judges across the Country" in *Legal Affairs,* March/April 2004, disponible sur www.legalaffairs.org

HOWELL Robert, "Sentencing Reform Lessons : from the Sentencing Reform Act of 1984 to the Feeney Amendment" in 94 *Journal of Criminal Law and Criminology* 1069, 2004.

KING Nancy J., "How Different is Death ? Jury Sentencing in Capital and Non-capital Cases Compared" in *2 Ohio State Journal of Criminal law 195*, 2004.

KING Ryan, MAUER Marc, "Aging Behind Bars : 'Three Strikes' Seven years Later" in *The Sentencing Project,* August 2001, disponible sur www.sentencingproject.org

MOYD Olinda, "Mental Health and Incarceration : What a Bad Combination" in 7 *District of Columbia Law Review* 201, 2003.

NORMANDEAU André, "Bilan criminologique de quatre politiques et pratiques pénales américaines contemporaines" in *Revue de science criminelle et de droit comparé* n° 2, p. 333 – 346, 1996.

PRATT John, "Beyond 'gulags western style' : A Reconsideration of Nils Christie's *Crime Control as Industry*" in 5 *Theoretical Criminology* 283, 2001.

REESE Craig, "Jury Sentencing in Texas ? Time for a Change ?" in 31 *South Texas Law Review* 323, 1990.

REITZ R. Kevin, "The New Sentencing Conundrum : Policy and Constitutional Law at Cross-Purposes" in 105 *Columbia Law Review* 1082, 2005.

RUDDELL Rick, "Social Disruption, State Priorities, and Minority Threat : a Cross-national Study of Imprisonment" in 7 *Punishment and Society* 7, 2005.

SADY Stephen R., "Eliminating the Adversarial Role of the Probation Office" in 8 *Federal Sentencing Reporter* 28, 1995.

SAMPLE James J., "The sentences that Bind (The States)" in *103 Columbia Law Review 969*, 2003.

SCHECK Barry, NEUFELD Peter, "Toward the Formation of Innocence Commissions in America" in 86:2 *Judicature* 98, 2002.

SERVIDIO-DELABRE Eileen, "Les nouvelles lois américaines sur la récidive sont-elles constitutionnelles ? " in *RSC revue de science criminelle et de droit comparé* n°3, Dalloz, p.537- 542, 2003.

TONRY Michael, "Symbol, Substance and Severity in Western Penal Policies" in *3 Punishment and Society 517*, 2001.

Pour consulter les statistiques :

www.prisonstudies.org *International Centre for Prison Studies*, basé à Londres. Site qui offre des statistiques officielles du monde entier.
www.ojp.usdoj.gov/bjs/ Statistiques officielles du *Department of Justice* américain.
www.dredmundhiggins.com Base de données des erreurs judiciaires, constituée par un psychiatre assermenté.
www.innocenceproject.org Large mouvement oeuvrant à démasquer les erreurs judiciaires.
http://web.amnesty.org Des informations très complètes fournies dans le rapport annuel de *Amnesty International*.
http://www.ncsconline.org/ *National Center for State Courts.*
http://www.ussc.gov/ Site de la *United States Sentencing Commission.*

Témoignages

BERTHES Colette, *La Machine à tuer. Odell Barnes exécuté au Texas le 1er mars 2000*, Paris, Les Arènes, 2000.

BOGIRA Steve, *Courtroom 302 : A Year Behind the Scenes in an American Criminal Courthouse*, New York, Alfred Knopf, 2005.

BURNETT Graham D., *A Trial by Jury*, New York, Alfred A. Knopf, 2001.

COULON Jean-Marie & SOULEZ LARIVIERE Daniel, *La justice à l'épreuve*, Paris, Odile Jacob, 2002.

FEIGE David, *Indefensible. One Lawyer's Journey into the Inferno of American Justice*, New York, Little, Brown &co, 2006.

FLEMING Macklin, *Perfect Justice : The Continuing Riptides and Crosscurrents in American Criminal Law*, West Haven, University of New Haven Press, 2001.

GIDE André, *Souvenirs de la cour d'assises*, Paris, La Pléiade, Gallimard, 2001.

HEILBRONER David, *Rough Justice. Days and Nights of a Young DA*, New York, Pantheon, 1990.

HERIVEL Tara, WRIGHT Paul (dir), *Prison Nation, The Warehousing of America's Poor*, New York, Routledge, 2003.

MCFEELY William, *Proximity to Death*, New York, Norton, 2000.

SCHECK Barry, NEUFELD Peter & DWYER Jim, *Actual Innocence*, New York, Signet, 2001.

Sites Internet de quelques associations américaines et *think-tanks* influents

www.justicepolicy.org : site du *Justice Policy Institute*, *think-tank* basé à Washington qui cherche à freiner les politiques d'incarcération.
www.vera.org : *Vera Institute of Justice.*
www.famm.org : *Families Against Mandatory Minimums.*
www.hrw.org : *Human Rights Watch*
www.law.northwestern.edu/wrongfulconvictions/ : *Center for Wrongful Convictions*, le groupe conduit des enquêtes pour traquer les erreurs judiciaires.
www.sentencingproject.org/ : association militante contre les politiques d'incarcération massive, elle publie de nombreux rapports sur la justice. Son directeur, Marc Mauer, auteur prolifique, a notamment publié *Race to Incarcerate* (voir référence).
www.justiceproject.org/ : association pour la réforme du système pénal.
www.naacpldf.org/ : *National Association for the Advancement of Colored People Legal Defense Fund*, l'organisation a joué un rôle de premier plan dans les années soixante pour faire évoluer les droits des accusés et reculer la peine de mort. Le LDF exerce toujours une action puissante en prenant en charge la défense d'accusésnoirs auprès des tribunaux d'appel afin de faire avancer les droits civiques.
www.aclu.org/CriminalJustice/ : la puissante *American Civil Liberties Union.*

www.trynova.org/ : *National Organization for Victim Assistance*, association de victimes très modérée et conciliatrice.
www.citizensftv.org/ : *Citizens for the Fair Treatment of Victims*, autre association de victimes pour la réconciliation et le pardon. www.mvfr.org/ : *Murder Victim-s' Families For Reconciliation*, association de victimes qui milite contre la peine de mort.
www.ibiblio.org/fija/fijahome.htm : *Fully Informed Jury Association*, groupe de soutien et de promotion de l'indépendance du jury populaire (*jury nullification*).

Table des matières

L'HARMATTAN, ITALIA
Via Degli Artisti 15 ; 10124 Torino

L'HARMATTAN HONGRIE
Könyvesbolt ; Kossuth L. u. 14-16
1053 Budapest

L'HARMATTAN BURKINA FASO
Rue 15.167 Route du Pô Patte d'oie
12 BP 226
Ouagadougou 12
(00226) 50 37 54 36

ESPACE L'HARMATTAN KINSHASA
Faculté des Sciences Sociales,
Politiques et Administratives
BP243, KIN XI ; Université de Kinshasa

L'HARMATTAN GUINEE
Almamya Rue KA 028
En face du restaurant le cèdre
OKB agency BP 3470 Conakry
(00224) 60 20 85 08
harmattanguinee@yahoo.fr

L'HARMATTAN COTE D'IVOIRE
M. Etien N'dah Ahmon
Résidence Karl / cité des arts
Abidjan-Cocody 03 BP 1588 Abidjan 03
(00225) 05 77 87 31

L'HARMATTAN MAURITANIE
Espace El Kettab du livre francophone
N° 472 avenue Palais des Congrès
BP 316 Nouakchott
(00222) 63 25 980

L'HARMATTAN CAMEROUN
BP 11486
Yaoundé
(00237) 458 67 00
(00237) 976 61 66
harmattancam@yahoo.fr

594631 - Janvier 2015
Achevé d'imprimer par

1livre.com
du rêve à la réalité !

www.ingramcontent.com/pod-product-compliance
Lightning Source LLC
LaVergne TN
LVHW011502061026
849535LV00004BA/1170
* 9 7 8 2 2 9 6 0 4 7 5 0 1 *